细说大宋大全集

细说大宋_{大全集}

李鹏 主编

中国华侨出版社

北京

图书在版编目（CIP）数据

细说大宋大全集／李鹏主编. —北京：中国华侨出版社，2011.1 （2022.1重印）
ISBN 978-7-5113-1076-7

Ⅰ.①细… Ⅱ.①李… Ⅲ.①中国—古代史—宋代—通俗读物 Ⅳ.①K244.09

中国版本图书馆CIP数据核字（2010）第264755号

细说大宋大全集

主　　编：李　鹏
责任编辑：江　冰
封面设计：阳春白雪
文字编辑：李　鹏
美术编辑：宇　枫
经　　销：新华书店
开　　本：720mm×1020mm　　1/16　　印张：24　　字数：342千字
印　　刷：唐山楠萍印务有限公司
版　　次：2011年4月第1版　2022年1月第3次印刷
书　　号：ISBN 978-7-5113-1076-7
定　　价：68.00 元

中国华侨出版社　北京市朝阳区西坝河东里77号楼底商5号　　邮编：100028
发 行 部：（010）88866079　　　　传　　真：（010）88877396
网　　址：www.oveaschin.com　　　E－mail：oveaschin@sina.com

如发现印装质量问题，影响阅读，请与印刷厂联系调换。

前　言

　　中国的历史源远流长，为将中国历史说清，历代历史学家用毕生精力著书立说，为后世留下大量历史典籍。但是，多数史书体例庞大、晦涩艰深，吓退许多读者；也有一些历史通俗读物，虽然读起来轻松愉快，但亦史亦说的方式，却不能起到正史的作用。鉴于此，编者在参考大量历史文献的基础上，编辑了这套既是严谨的正史，又可以轻松阅读的"细说中国历史"丛书，包括"细说大汉""细说大唐""细说大宋""细说大明""细说大清"5部。

　　宋朝是中国继唐末五代之后出现的朝代，根据首都及疆域的变迁，分为"北宋"（960~1127年）与"南宋"（1127~1279年）两个历史时期，合称两宋。这是一个自由但也任性、开阔但也禁锢、舒适但也离乱的朝代。盛与衰在此交融，高雅与低俗在这里磕碰，尘世的欲望与来世的幻想在这里纠结。它经济富庶，文化繁荣，科技进步，在中国历史上占有辉煌的地位，然而军事上它却频频败于比它落后得多的外族政权。汴河繁华、临安遗恨背后牵连着的是后人无限的想象和无尽的遗憾。

　　宋朝对中国乃至世界的影响是巨大的。从宋之后，方有中国。"中国"一词，从宋代起，才开始指一个国家。从更广阔的层面上看，使世界走向近代的主要科学发明大多产生在宋代，因而也可以说世界近代化源于宋代。

　　《细说大宋大全集》分为北宋和南宋两篇，讲述了自宋太祖统一全国至元灭南宋期间长达320年的历史，涉及两宋、西夏、辽、金等政权的重要历

1

史和人物。涵盖了两宋版图疆域、行政区划、人口、官制、军事、农业、商业、文化、宗教、思想等各个领域的内容。以"细说"的形式，叙述了陈桥兵变、杯酒释兵权、澶渊之盟、靖康之变等重大事件，以及宋太祖、辽太祖、金太祖、宋仁宗、宋高宗、岳飞等重要人物，并对宋朝时期的重大历史事件进行了历史的阐述，极富知识性与可读性。全书以宏大浩荡的气魄，充满激情的笔墨，刻画了一大批个性鲜明、呼之欲出的历史人物，描绘了一幅波澜壮阔的历史画卷，记录了北宋和南宋的兴亡沧桑，再现了那个辉煌王朝的勃兴与衰落。

为了帮助读者更方便、更轻松、更快捷地了解宋朝的历史，本书在编排过程中尽量避免枯燥繁冗的叙述方式，而是运用全新的"细说"理念，以通俗生动的文笔叙述严肃的历史故事，通过编写体例和艺术设计等多种要素的有机结合，从文献资料、考古发现、民间传说、学术论证等多种角度，全面详细地剖析历史事件、解读历史人物、研读历史智慧，力争给读者提供有关汉代历史更丰富、更全面的信息，让读者以看演义的轻松心情，获得真正的历史知识。

回味中国历史，品味千年文化；纵观风云变幻，感受时世变迁。本书力图通过对宋朝320年间重要事件和重要人物的回顾反思，帮助读者探寻中华民族兴与衰的因由与契机，感受当年的雄浑质朴、清丽温婉。一书在手，遍阅两宋王朝恢弘壮丽的历史；一卷在手，尽览大宋王朝320年的盛世传奇。

目 录

上 篇 北 宋

1

下 篇 南 宋

第一章 宋金和战

第二章 南宋腐朽

上 篇

北 宋

第一章 宋朝建立

1.陈桥兵变

显德六年（公元959年），后周检校太尉、殿前都点检赵匡胤发动陈桥兵变，被属下士兵拥立为帝。至此，赵匡胤建立了北宋。

（1）匡胤逸事

天降香孩洛阳城

唐明宗天成二年（公元927年）三月二十一日，洛阳夹马营赵氏府邸的赵夫人临产。

赵家"累代仕宦"，几世为官。赵弘殷的曾祖父赵朓，曾历任唐朝的永清、文安、幽都令等官职；祖父赵珽，曾做过御史中丞；父亲赵敬，也曾经一度是营、蓟、涿三州刺史。赵弘殷年少时精于骑射，以勇猛著称，成年后投入赵王王熔麾下，适逢梁、晋两国开战。双方激战之时，赵弘殷奉命率领五百精骑驰援晋王。在两军混战中赵弘殷左冲右突，跃马横戈，大展神威，因此深得晋王赏识，晋王将其任命为禁兵小头目。后来晋王夺取后梁政权当上了皇帝，赵弘殷攀龙附凤，也得以步步高升，官拜飞捷指挥使。

赵弘殷已人近中年，但膝下尚无一儿半女。夫人杜氏，此前曾生育过一男一女，都不幸夭亡了。赵弘殷一直希望有一个可以延续赵氏香火的儿子。

一声小孩的啼哭，打破了赵府沉闷的空气，赵弘殷心中的一块石头总算落下地来。

唐玄宗天宝十四载，坐镇一方的节度使安禄山发兵十五万，公然叛唐，唐王朝的统治岌岌可危。

公元873年，宦官田令孜拥立李儇为皇帝，这个十二岁的皇帝就是唐僖宗。唐僖宗的荒淫无度加速了唐王朝的灭亡。公元874年，唐僖宗即位的第二年，黄河以北大旱，庄稼颗粒无收，官府仍然横征暴敛，农民无以为生，只好操起大刀长矛，扯起了造反大旗，形成了轰轰烈烈的农民起义声势。

文德元年（公元888年），唐僖宗病死，其弟昭宗李晔即位。靠镇压黄巢起义兴起的军阀李克用控制了河东，朱全忠霸占了河南。李茂贞则占据了凤翔，并且将唐昭宗李晔劫持到凤翔，等待时机夺取皇位。

李茂贞挟天子以令诸侯之举首先遭到朱全忠的反对。朱全忠早年投靠黄巢起义军，后归顺唐朝依靠武力在三十年混战中得以雄踞中原。朱全忠亲率大军入陇，猛攻凤翔城。攻城者称守城者为"劫天子贼"，城中人则大骂城下人为"夺天子贼"。此时正值公元10世纪开始的第二个年头，百姓备受战争之苦。当时城中一斤人肉一百钱，狗肉一斤五百钱，许多人衣不蔽体，食不果腹。

最后，势单力薄的李茂贞被朱全忠的强大攻势所慑服，被迫交出唐昭帝，朱全忠挟持唐昭帝李晔返回洛阳。天祐元年（公元904年），朱全忠派人杀死了傀儡皇帝，矫诏扶立了年仅十三岁的哀帝李柷。三年后，朱全忠登上了帝位。李柷本人则被发落到山东曹州济阴的一座四周布满荆棘的宅院里。十个月后，朱全忠派人毒死了李柷，至此延续近三百年的大唐朝已走到了尽头。朱全忠（原名朱温）则名正言顺地做了皇帝，改国号为梁。

自朱温篡唐建梁开始，中国历史进入了又一个分裂割据的时期——五代十国时期。后梁的建立，没有消除军阀割据的局面，反而使军阀混战局面更加严重。

封建军阀们相互争战仇杀。唐末的蔡州节度使秦宗权，每次出兵都不带军需，而以穷人尸体充当军粮。他们"所至屠老孺，焚屋庐，城府穷为荆莱"。朱温父子为阻止李克用骑兵南下，先后三次掘开黄河大堤，导致山东、河南一带变成沼泽水国，淹死民众无数。

赵弘殷望子成龙，期望自己的儿子能有一番作为。于是，赵弘殷给儿子起名为"匡胤"，希望其继承和发扬父祖事业，匡正时弊，拯救世人。

关于赵匡胤的出生，有很多传说，非常离奇。据说其母曾梦日入怀而怀孕，生时胞衣如菡萏，身上有金色，三天不褪；生下后体有异香，过了很长时间才消失，刚好与唐明宗日夜焚香祷盼真龙天子出世的传说相合。由于有这个传说，后人将夹马营改为应天禅院。后人也就称这一"应天"禅院为"香孩儿营"。

赵匡胤十一岁时，其弟赵匡义（即赵光义）降生。《宋史·太宗本纪》称赵匡义出生的那个夜晚"赤光上腾如火，闾巷闻有异香"。《宋人轶事汇编》里有这样一个故事：某日，败兵逃到夹马营，烧杀掠抢，无恶不作。其时，赵弘殷不在家，只有杜氏带着赵匡胤、赵匡义兄弟二人在家。为避兵祸，杜氏用箩筐担着兄弟二人逃出夹马营，路上遇到隐士陈抟，他一看到坐于箩筐中的赵家两兄弟，仰天长歌道："莫道当今无天子，都将天子上担挑。"

赵匡义小时候很喜欢读书，而赵匡胤却不同于他弟弟，他从小便喜欢习武，对儒家经典没有什么兴趣。他所热衷的是纵马驰骋，舞枪弄棒。他的老师陈学究也拿他没办法，只好叹道："孺子不可教也！"

赵匡胤无意于学问，却承继了父亲的秉赋，不仅擅长舞枪弄棒，而且骑射的技艺也非同一般。《宋史》记载说，一次有人拉来一匹没有驯化的烈马，他竟等不及配上马鞍和笼头，就跃马扬鞭，放纵狂奔。

浪迹天涯

朝代更迭频繁，十多年的时间内，经历了三个朝代，五个皇帝。政治风云变幻莫测，战事不止，生灵涂炭，中原大地还屡遭契丹军队的侵扰。后晋开运三年（公元946年）十二月，契丹再度南下，攻入开封，烧杀淫掠，

"括借都城士民钱帛，自将相以下皆不免，又分遣使者数十人诣诸州托借，皆迫以严诛，民不聊生"。赵弘殷是后晋的禁军将领，其家室也随之从洛阳迁至开封。赵弘殷仕途不顺，一直没有得到提升，他的家庭生计也因此受到了很大的影响。开运二年，十九岁的赵匡胤应父母之命与贺家小姐成婚，承担起了丈夫的责任。

成家之后，家境一直不好，赵匡胤感到肩上责任重大，他决定出去闯荡一番。于是二十一岁的赵匡胤背起简单的行囊，走出了家门，走出了后汉都城开封。

赵匡胤在外过着四海为家、浪迹天涯的流浪生活，在两三年的时间里，他的足迹遍及今日的陕西、甘肃、湖北诸省。但是两三年过去了，他依然没有找到他所期待的机遇。

一次赵匡胤路过原州的潘原县城时，身上带的盘缠所剩无几，于是和一帮市井无赖赌博，希望能赢上几吊钱。这天赵匡胤手气不错，每盘都赢。正当赵匡胤赢了钱准备离开时，输红了眼的赌徒一拥而上，对他拳打脚踢，身上的钱财也被抢劫一空。他只得忍气吞声，自认倒霉。

赵匡胤沿着黄河西上，浪迹河南、陕西、甘肃，仍旧一无所成，赵匡胤只得硬着头皮，转而向东，沿着汉水，前往湖北投奔复州防御使王彦超。王彦超只拿出十贯钱来打发他，赵匡胤只好又前往随州。随州刺史董宗本看在与他父亲同殿称臣的分儿上，勉强收留了他。可是董宗本的儿子董遵海却不管这些，经常欺侮赵匡胤。

赵匡胤只得离开董家，再次流浪，经常忍饥挨饿，后来只好在佛舍僧寺寄身乞食。有一老僧善观相占卜，他看见赵匡胤尽管风尘劳顿，仍紫面丰颐，一袭破衣却不显寒酸之态，暗中称奇。待一交谈，更觉此人前途无法估量。他告诉赵匡胤，汉水以南各个政权都比较稳定，发展前途不大，北方正处乱世，乱世出英雄，他建议赵匡胤北上而不能南下。老者认定此人日后必会发达，不但对他非常客气，而且厚赠金钱，送其北归。

赵匡胤后来到了宋州归德府。城中有一高辛庙，前往烧香拜佛的人很多。赵匡胤想占卜一下自己的命运，便随着人群进了庙内。

赵匡胤进庙后，便在一尊高大的高辛氏泥塑像前停下来。赵匡胤真心希望高辛帝的在天之灵能够给予他力量和勇气，福佑他事业有成，便郑重地在塑像前叩了三个响头。他拿起杯珓，默默祈祷："此行若得一小校，请赐吉兆。"赵匡胤随手一掷，结果却是不吉。

赵匡胤心想，再求一铃辖吧，但第二次抛掷仍是不吉，赵匡胤心有不甘，又一级一级的问卜，一直到节度使，那杯珓也没有显示出吉兆。赵匡胤很是泄气，随手再将杯珓用力一掷，大声问道："我能当天子吗？"

赵匡胤本来是想掷完就走的，但就在他有意无意地将目光投射到香案上时，却吃惊地发现，那杯珓一俯一仰，是圣珓！

占卜的大吉使赵匡胤忘却了艰辛和冷眼，他要按照僧人的指点继续北行。

肇基皇业

赵匡胤到了北方后，正碰上后汉枢密使、留守邺都的郭威招兵买马，扩充实力。赵匡胤凭借一身武艺和在朝中当官的父亲的势力，很快成为郭威麾下的一名士兵。

郭威是后汉王朝的重臣。他以枢密使身份统率大军平定李守贞叛乱后，后汉隐帝对他厚加赏赐，加封为检校太师兼侍中，地位非常高。朝廷倚重他抵御契丹入侵，任命他为邺都留守，以宰相兼方镇，掌管河北诸州一切军政事务。

郭威镇守河朔、主政邺都，应当说颇有起色。他同他的助手天雄军节度使、养子柴荣在邺地推行改革，地方政务井然有序，百姓安居乐业，政治声誉颇好，但由此也引起了汉隐帝的猜忌。乾祐三年（公元950年）十月，汉隐帝派使者诏杀郭威，并杀了郭威留在开封的妻小。郭威一怒之下，统率大军，自澶州、滑州一路过关斩将，招降纳叛，直抵京师，代汉而立，成为后周王朝的开国之君。

赵匡胤因拥立郭威有功，被提升为东西班行首，做了一名禁军小军官。

不久又被提升为滑州驻军的副指挥使，这也奠定了赵匡胤日后飞黄腾达的基础。

郭威称帝后，因其家属遭杀戮，便想提拔他的养子柴荣。郭威是柴荣的姑父，郭威率大军南下攻打开封时，柴荣被郭威留在邺都稳定后方。后周政权建立后，柴荣以"皇子"身份担任澶州节度使，后周广顺三年又被任命为开封尹。

赵匡胤深得柴荣器重，在征得郭威的同意后，柴荣将赵匡胤调到自己手下，担任了开封府马直军使。由地方军事副官改任京畿卫戍部队军事，并受到柴荣的器重，这是赵匡胤发迹的关键一步。

广顺三年（公元953年）十二月，郭威突然身患重病，便把治国的重担交给了柴荣。第二年一月一日，柴荣在郭威的灵柩前即位，称为世宗。

柴荣即位后，赵匡胤被调到中央禁军任职，成为新皇帝手下一名皇家近卫军中级军官。

柴荣即位仅两个月，北汉刘崇联合辽国，发动四万余人，大举进攻后周，企图乘后周国丧、世宗新立之机将后周消灭。赵匡胤率领两千名侍卫亲兵随同周世宗出征。

战争之初，周军因援军未到而惨遭失败。千钧一发之际，赵匡胤向张永德建议：兵分两路，由他本人率兵作为右翼，请张永德引兵占领高地，作为左翼，充分利用神箭手的优势，造成两军合击之势。张永德采纳了他的建议，当即执行。于是两人各率两千人出击以挽救危局。赵匡胤跃马横刀，身先士卒，直冲敌阵。由于赵匡胤身先士卒，使得士兵大受鼓舞，他们奋力杀敌，"无不以一当百"，汉兵纷纷溃退。北汉先锋将张元徽的坐骑被周将马仁瑀一箭射中，张元徽跌落在地，被后周兵士乱刀杀死。北汉兵见先锋殒阵，士气马上一落千丈，全军溃败。契丹援军望而生畏，不敢救援，遂引兵而返。

一见刘崇败退，周军士气大振，再加上周将刘词后军赶到，汉兵被杀得尸横遍野。赵匡胤在力挽危局后越战越勇，率兵斩杀了北汉枢密副使王延嗣，并乘势攻打高平城，后因周世宗左臂中箭，才不得不鸣金收兵。

高平之战显示了赵匡胤非凡的军事指挥才能。战后，张永德对赵匡胤的智识和勇气赞赏不已，柴荣对赵匡胤更是宠爱有加，并将其提升为殿前散员都虞候兼严州刺史。后世史家因此称这场战争乃赵匡胤"肇基皇业"的开始。

滁州大捷

显德三年（公元956年）正月，周世宗挥师与南唐军相持于寿州。

一月二十六日，柴荣命令赵匡胤出击。赵匡胤接到命令后，先派一百余名骑兵迫使唐军实施进攻，之后又佯装逃跑诱敌，同时在涡口设下伏兵以待唐军。唐军上当中了埋伏，被后周军队团团包围，唐军大败，斩杀了兵马都监何锡，并缴获五十余艘战舰。涡口一役，解除了唐军来自寿州北面的危险，撕开了唐军的包围圈，使寿州东面的滁州守军无法互相援应。

涡口一役的胜利，使柴荣顿觉轻松，他更加宠爱赵匡胤，又把肃清东面滁州守敌的任务交给了赵匡胤。

驻守在滁州西南清流关的十万南唐军，由皇甫晖、姚凤统领，倚山背水，凭借天险，严阵以待。

赵匡胤此次攻打清流关可以说是奇兵取胜。当赵匡胤见清流关易守难攻，皇甫晖又是南唐名将，强攻难取，于是苦心筹划智取之计。他听说附近有位教书先生赵普，学识渊博，足智多谋，便前去拜访求教。赵普告诉赵匡胤，清流山背后有一条小路，此路崎岖难行，鲜为人知，若从这条小路绕道而出，出其不意，攻其不备，即可破敌。敌军失守清流关后，必然逃入滁州，再趁涧水大涨，浮水而下，切断敌军后路，定能大获全胜。

赵匡胤闻听，连声叫好，遂听从赵普的计谋，沿水路布置奇兵直抵清流山后。皇甫晖一心想着与周军在山前交战，待到山后奇兵一出，一时惊慌失措，方寸大乱，不战而逃。

皇甫晖的本意是想撤回滁州桥自守，可为时已晚，赵匡胤率领的周军已渡水直抵滁州城下。

皇甫晖又一次慌了手脚。

决战开始了，赵匡胤用压倒敌人的气势直扑敌阵。周军将士见赵匡胤勇不可当，也争先恐后，奋力杀敌。此时的南唐军新败于清流关，士气不振，今见周军一往无前，更无斗志，阵中一片混乱。赵匡胤则只顾向前冲杀，并大声呼喊："我只取皇甫晖，不与他人为敌！"唐军将士不敢与赵匡胤交锋，只顾自己保全性命。赵匡胤直奔皇甫晖，手挥利剑，刺中皇甫晖，皇甫晖落马就擒，唐军遂败，滁州被后周攻下。战后，赵匡胤遣使将皇甫晖送交周世宗处置，皇甫晖伤势很重，见到周世宗后，对周世宗说："臣非不忠于所事，但士卒勇怯不同耳。臣前日屡与契丹战，未尝见精兵如此。"他还盛赞赵匡胤的勇敢，自叹不如。

皇甫晖所说的"屡与契丹战"是指后唐庄宗时他曾奉命戍守瓦桥以抗拒契丹，取得过一些战绩，故引以为荣。但这一次，皇甫晖却遇到了一位强大的敌手，倍感耻辱。

周世宗没有杀死皇甫晖，还非常大度地释放了他，但皇甫晖因伤势过重，没几天便死去了。

滁州大捷具有非同一般的意义，它解除了周军周围的威胁，切断了南唐都城金陵与寿州之间的联系，使寿州变成了一座孤城。

滁州大捷，对赵匡胤本人来说也很重要。宋仁宗皇祐五年十月，滁州通判王靖向朝廷建议，在滁州天庆观西侧修建一座战役纪念馆，以褒扬赵匡胤的功业。朝廷赞同并将它命名为"端命殿"。端命者，是说赵匡胤"应天顺人，启运立极，功业自此而成，王基自此而创"。经过此役，赵匡胤威望日盛。

滁州大战中，赵匡胤显示出的军事才能，深为周军上下所佩服。此后每临战，赵匡胤"必以繁缨饰马，铠仗鲜明"，有人劝他说，这样目标太明显，易被敌所识，赵匡胤却说："我就是让他们认识我！"言谈之中，流露出无敌于天下的自豪和信心。

赵匡胤在征战天下的道路上树起了一座丰碑，他的威名在军伍中更加响亮。

古人云：三十而立。滁州之战这年，赵匡胤恰好二十九岁，站在滁州城头，北望开封，回想随驾出征的经历，赵匡胤心中充满了自豪。这一段时间来，后周军数次与南唐军交战，也有兵锋受挫和损兵折将的时候，而赵匡胤却是不辱使命，每战必胜。先败唐军于涡口，继而又奇袭清流关，功耀滁州城，所向披靡。接连不断的成功使这位年轻的禁军将领威名日盛，眼前展现出一片光明。

想起这些，高辛庙占卜时那个"圣玫"吉兆又浮现于赵匡胤脑海中。

赵匡胤激情澎湃，热血沸腾。但是，赵匡胤理智地克制住了自己的情绪。他深知，自己资历尚浅，功不高位不显，必须谨慎小心，对皇帝要表现出一贯的忠诚，决不能给谗奸小人留下口实。若谗诌之口不禁，君怀猜忌之心，将会前功尽弃，功亏一篑！

赵匡胤率军占领滁州后，士兵不骚扰民众，民众也就安居乐业。赵匡胤的部下各司其职，秩序井然。

有一天半夜，滁州城外来了一干人马，声称是马军副都指挥使的队伍，传呼开门。守城的兵士将来人的旗帜标识认真地察看了一番，虽觉得也确实是自己人，却仍不肯把城门打开，他们委婉地对来人说，主帅有令，夜间不得开城门，以防有诈，请他们天亮后再进城。

这时，一位五十多岁的老将驰马近前，怒气冲冲地说："我乃你们主帅之父，马军副都护使赵弘殷，快将城门打开，让我等进城！"

守城兵士闻听，大吃一惊，赶紧去报知赵匡胤。赵匡胤此时已就寝，得知此事，马上披衣而起，随守城兵士来到城门楼上。当赵匡胤看到那位老将时，心中猛地涌起一股热流。自己二十岁离家出走，闯荡天下，不觉已历十年。十年来，他无时无刻不在思念着他的亲人，无时无刻不铭记着父母对他的教诲。其间，他也间或打听过父亲的消息。他得知，父亲在后汉乾祐年间，曾在阵仓讨伐王景。那次战斗中，他左眼中箭，仍奋勇冲杀，大败敌军，因功迁护圣都指挥使。周太祖广顺末年，改为铁骑第一军指挥使，转右厢都指挥，领岳州防御使。征淮南之役，也立了战功。赵匡胤既对父亲的功绩感到自豪，又终日牵挂父亲的伤情。但是，因征战连年，无暇多顾，鲜尽孝心。今日父亲风尘仆仆夜至滁州，赵匡胤何尝不想把父亲迎入城中，倾诉别情？

不过，他严守军纪的意志是不可动摇的，他没有让兵士把城门打开。他歉疚地对赵弘殷说："父子虽至亲，城门王事也，不敢奉命。"

威望日隆

滁州大捷，终于去掉了周世宗的一块心病。面对南唐的求和，柴荣不为所动。他这次举兵的目的在于尽收东南之地，区区一城一地，根本满足不了他的胃口。因此，周军在柴荣的督促下加紧进攻。

柴荣一方面继续实施对寿州的包围，一方面则在探知江北重镇扬州兵力空虚之后，乘机派韩令坤率兵攻打，迅速占领该城。韩令坤率士卒乘胜追击，又攻克了泰州等地。柴荣令韩就地防守。南唐见江北周军直接威胁首都安全，便令齐王李景达为元帅，挑选精锐兵士六万，迎战周军。四月，右卫将军陆孟俊自常州将兵万余，进攻泰州，收复失地后，兵锋又直指扬州。

紧急关头，赵匡胤再次率军上前线。柴荣给的任务很明确，那就是迅速扭转战局。

临危受命的赵匡胤细细体会，明白了柴荣的两重意图。一是迅速阻止周军的溃退，保住扬州城；二是要相机攻打唐军，遏制唐军的进攻势头。

赵匡胤深知周世宗的意图，兵屯六合后即严阵以待，严加把守。赵匡胤这样做不是为了防敌，而是为了防己。因南唐军尚在蜀岗，不能与其交战，而扬州周军若逃归西北，必须经过六合。赵匡胤决心制止如此耻辱的逃亡，他给将士下达了一道铁令："扬州军有过六合者，折其足！"将士们惧怕赵匡胤，遂不敢懈怠。而扬州的周军得知赵匡胤已切断了他们的退路，也不敢再有弃城的念头，在这种情况下，韩令坤"始有固守之志"。

扬州保住了。当周世宗终于舒了一口气的时候并不觉得韩令坤有如何了不起的功劳，反倒以为赵匡胤功不可没。从某种意义上说，扬州之战是赵匡胤"逼"出来的士气，"逼"出来的胜利。

这时，南唐又派大将李景达统兵两万，由瓜步进逼六合，企图一举歼灭赵匡胤部周军。李景达进至离六合二十多里的地方后，便停止前进，安营扎寨。赵匡胤部将纷纷请战，赵匡胤说："他们设栅自固，表明对我心怀恐惧。我军人数只有两千，如果主动出击，被他们知道我军虚实，这仗就不好打了。不如等待他们前来进攻，我才能寻机击败他们。"过了几天，李景达进攻周军。赵匡胤下令奋起反击，南唐兵大败，有五千人被杀被俘。残余的一万多溃兵，退至江边，唯恐周军追来，争抢船只南渡，坠入江中淹死的不计其数。

尽管有赵匡胤这样的战将屡胜唐军，但周军长期师劳于外，士卒疲惫，粮草不继，加上夏季多雨天气来临，周世宗柴荣决定留向训坐镇扬州，李重进继续围攻寿州，自己于五月十日启程返京，以图再作部署。

两个月后，赵匡胤率部从六合班师回朝，路过寿州。这时周世宗已先行返京，围攻寿州的任务交给了李重进。当赵匡胤来到寿州时，正遇上周军久攻寿州不下，加上粮运不继，缺衣少粮，天气又酷热难耐，军心涣散。赵匡胤一看形势不妙，便决定暂时留驻寿州协助李重进，千方百计鼓舞士气。十天后，赵匡胤才安心地启程了。

带着满身的征尘，赵匡胤凯旋归来，返回京城。周世宗提拔他为同州节度使兼殿前指挥使以示奖赏。节度使，名高位重。赵匡胤因滁州战役之功而得到这一职务，标志着他威望日隆，根基已固。以至后来人们将这里称为赵氏王朝的发祥之地。宋真宗也就是他的侄儿赵恒在位时，特地在滁州盖起了一座庙宇叫端庙，将大殿命名为"端命"，意思是说："太祖历试于周，功业自此而成，王业自此而始。"由此可见，做节度使，实在是赵匡胤政治生涯中的一个重大转折点。

显德四年（公元957年）三月二日夜，周世宗率领一部分水军渡淮至寿州城下。三日，披甲执锐，驻扎在紫金山南。紫金山在寿州城南，地势高峻，是保卫寿州的军事要地。寿州被围后，城中食尽，形势危急，南唐军主帅齐王李景达于正月里调遣永安节度使许文稹、都军使边镐、北面招讨使朱元等兵将数万，溯淮水前往救援，驻扎于紫金山，还建起了一条运粮夹道，直达寿州。后周大将李重进曾于此夹道即将通到寿州时发起进攻，大破唐军，斩杀五千人，攻取两座营寨。这次周世宗率军前来，继续把切断唐军运粮夹道视为当务之急。

赵匡胤接受了这一任务。周世宗在向赵匡胤下达命令时反复强调，运粮夹道如同寿州血脉，如不切断，寿州城便会不断得到补给，刘仁赡坚守不出，便很难攻破。而紫金山诸寨，则是寿州的屏障，只有拔掉这些营寨方可扫除攻打寿州的障碍。赵匡胤当然明白这个道理。他当即表示，他一定会担起重任，效死一战，当好三军前锋。

经过仔细观察，他认定，唐军的十余座营寨中先锋寨和山北一寨易于攻破，此二寨既破，必将对其他营寨产生影响。于是，他集中兵力向这两座营寨发起猛攻，一战而胜，歼敌三千多。接着，赵匡胤又派兵切断了唐军的运粮夹道，寿州城遂陷于孤立。

赵匡胤的凌厉攻势使唐军难以招架，加之权衡何去何从之争导致南唐军内讧发生。三月四日夜，唐将朱元、朱仁裕等率领万余人向后周投降，其余驻扎在紫金山的部队陷入一片混乱。三月五日晨，周世宗驻军赵步，阻止唐军退逃，并命诸将向紫金山唐军营寨发动全面进攻，唐军被杀得落花流水，十多座营寨均被攻破，唐军万余人被歼，唐将许文稹、边镐、杨守忠被俘，残敌沿淮河向东逃去。为了全歼敌军，周世宗亲率数百骑沿淮河北岸追击敌人，又令诸将以步骑沿南岸猛追，水军则自中流而下，三支队伍朝着一个方向，水陆两军形成一股合力，使紫金山残敌欲逃无路，战死及投降者近四万人，无数战船、兵器、粮草被周军缴获。

紫金山援军的惨败使寿州守将刘仁赡如坐针毡。不久周军攻破寿州。

大军凯旋回京，赵匡胤因功改领义成军节度使，检校太保兼殿前都指挥使职。

这年冬天，周世宗再次亲征淮南，主要是为了征服濠、泗，赵匡胤率部任前锋，向濠州进发。南唐在城东北的十八里滩上建立营寨，企图利用这里四面环水的天然屏障，阻击周军，保卫州城。周世宗正打算用骆驼济师渡过淮水，赵匡胤却策马跃入河中，截流而渡。见此种情况，南唐战船赶紧包围，却被赵匡胤一顿砍杀，水寨很快就被攻破了。后周大军沿淮水水陆齐进，逼近泗州城。赵匡胤率领前锋，首先焚烧城门，守将范再遇被迫投降，泗州被后周军占领。后周军从这里向东，兵分两路，周世宗自领一军在淮河之北，赵匡胤率军一部在淮河之南，在两岸夹河而进，所经之处，南唐兵闻风而逃。行至楚州附近，赵匡胤又打了一次胜仗，俘虏了南唐大将陈承昭，占领楚州。大军向南，势如破竹。在迎銮口赵匡胤率部击败唐军，乘胜追击，直至长江南岸，唐军营寨被焚毁。很快，又在瓜洲击毁南唐战船一百多艘。

此时，南唐水军主力已大半被歼灭，淮南东部地区全被后周占领，后周势力已拓展到长江北岸，江南的安全受到威胁。后周班师，奖赏在淮南战役中的立功者，赵匡胤改领忠武军节度使职。

节度使位高权重，握有兵权，五代以来不少人由此而飞黄腾达，甚至飞登天子之位。赵匡胤既领此职，足见周世宗对他的信任。

重金收买和挑拨离间是南唐的一贯做法。显德三年（公元956年），周将张永德与李重进不合，因二将各拥重兵，众人都为此事担心。唐主闻听，密送李重进蜡丸书一封，"其书皆谤毁及反间之语"，并以厚利引诱。李重进没有中计，将蜡丸书呈交周世宗。

在从征淮南的日子里，赵匡胤曾接到过南唐主派专使送来的一封密信，还有白金三千两，想要赵匡胤背离后周。但是赵匡胤并未动心，将白金全部交公，"输之内府"，使唐主空费苦心，"间乃不行"。赵匡胤不会因小失大，三千两白金是不能与他的宏图大志相比的。

这件事以后，赵匡胤进一步获取了周世宗对他的信任。赵匡胤决心继续忠贞无二地效命柴荣，以求有更大作为。

（2）"点检做天子"

显德六年（公元959年）三月，周世宗挥师北伐，尽管出师顺利，但突然不幸病倒，北伐不得不停止。

在回京后的一天，周世宗躺在榻上，忧心忡忡。周世宗是一位颇具开拓意识的皇帝，按照他的设想，此番北伐，是准备一举攻克幽州，完全扫除边患，但是没有人赞同他的计划，这对他打击很大。车驾南返时，他还听到这样一种议论，说是幽州之民得知周军回戈京师，私下议论说："此不足忧，且天子姓柴，幽州为燕地，燕者烟火之谓也，木柴入火，不利之兆，怎能成功？"

柴荣之子名宗训，当时年仅七岁，不能执掌国政，只有靠大臣辅佐，便想选定几位顾命大臣，辅佐他的儿子共创大周未来。

他首先想到了殿前都检点张永德。此人曾经辅佐太祖，是太祖的女婿，而今又是殿前军最高统帅，威望很高，他是最合适的人选。不过，当他正准备决定这一重要人选时，却又迟疑起来。

这还得从赵匡胤身上说起。赵匡胤升迁甚快，心中的野心也渐渐大了起来。

李重进，是郭威的外甥，而张永德，则是郭威的女婿。他们手握重权，地位都比赵匡胤高。如果他们能和衷共济，联起手来，完全有可能阻止任何变乱发生。可是两个人矛盾很深。要了解其中奥妙，还得从后周的军制谈起。

后周军制同后汉相比，一个重大的变化就是增设殿前司，与侍卫亲军司分掌全国兵权。郭威本是在侍卫亲军司的高中级将领支持下夺取政权的，为了不让别人重走他的老路，分散侍卫亲军司的权力，新创殿前司，任命李重进担任殿前都指挥使。下辖左右两厢步兵，每厢各两军，共两万人。虽然人数不是很多，可战斗力颇强，是一支中央禁卫军，地位重要。

侍卫亲军司的最高统帅是侍卫亲军马步军都指挥使，其次为副都指挥使、都虞候。下设马军都指挥使，统率骑兵；步军都指挥使，统率步兵。

马步军均分左右两厢，厢下设军，所辖兵力比殿前司要多。郭威称帝后，王殷任侍卫亲军马步军都指挥使，位高权重，有"震主之势"。郭威去世前，害怕王殷发动兵变夺取后周政权，便想办法将他害死，改命李重进为马步军都虞候，统率侍卫司。又任命驸马张永德为殿前都指挥使，统率殿前司。

由于两司实力不同，官员级别也不同，有高低之分。殿前司的都指挥使地位比侍卫司的马步军都虞候略低，也就是说，张永德比李重进的权力要小。高平之战中，由侍卫亲军司组成的右翼军一触即溃，幸赖殿前司军奋力抗战，才扭转战局。战后世宗处死逃将七十多人，并对军队进行整顿。赵匡胤受命挑选"武艺超绝者，署为殿前诸班"。通过精选组成的皇帝近卫班归殿前司指挥，这样，殿前司的兵力人数大增，达到近三万人。同时，由于侍卫亲军司的士兵，"累朝以来，老少相半，强懦不分"，也被精简裁并，于是兵力比原来有所下降，大概有六万人左右。

殿前司的兵力虽有所加强，但张永德的地位没有得到提高。相反，李重进却由都虞候升为都指挥使，使张永德心中特别郁闷，于是，经常讲李重进的坏话，甚至派人向世宗密告"重进有奸谋"。两人的不和已尽人皆知。周世宗对此洞若观火，于是特设殿前都点检一职，由张永德担任，以此来安抚和平息张永德的不满和怨气。这样，张永德总算是和李重进地位相当，平起平坐了。张永德留下的空缺，便由赵匡胤顶替了。

赵匡胤首先将矛头对准了张永德。

张永德本来一直是赵匡胤的上级，两人甚至还可以说是朋友。但是最好的朋友往往是最可怕的敌人，无毒不丈夫，在政治斗争的生死场上没有仁人之心可讲。于是赵匡胤操起了黑刀，从背后向张永德的头上砍去。

时值北伐契丹途中，有一天，周世宗翻阅四方文书，突然见到一皮囊，裹得十分紧，打开一看，只见皮囊中有一块木牌，上面赫然写着五个大字："点检做天子"。

因正值北伐，军情重大，周世宗未及多想。但现在，当他对后周未来进行最后设计的时候，这件事却顽固地占据了他的脑海，久久难以挥去。

身患重病的周世宗把皇位的继承、辅臣的选择看得非常重要，他要让他的未竟事业继续下去，他要让亲手缔造的强大步骑踏入幽州，打败契丹夷敌，让他们朝拜纳贡，俯首称臣！

接着，他把赵匡胤召到万岁殿，满怀期待地对赵匡胤说，他将要离开人世，戎马半生，志在统一大业，却未完成，恳请赵匡胤接任都检点之职，辅佐皇子来完成大业。

周世宗说这番话时非常诚恳。他还追述起赵匡胤效命周室以来的功绩，滁州歼敌、高平大捷、勇闯十八滩险阻、扫平柴金山营寨，这些事情历历在目。他毫不掩饰地表白，他始终看重赵匡胤的才智，满朝文武中只有他能担此重任。他希望赵匡胤不负厚望，尽忠所事，力保帝业永固。

赵匡胤向皇帝表示，他一定尽心辅佐皇子，把皇帝的未竟事业进行到底。

显德六年（公元959年）六月十八日，一代明主周世宗驾崩于万岁殿，时年三十九岁。七岁皇子梁王柴宗训柩前即位，是为恭帝。

赵匡胤挤掉张永德后，下一个就轮到李重进了。这次赵匡胤走的是女人路线。

恭帝的母亲符太后也只有二十出头，凑巧的是符太后同赵匡胤弟弟赵匡义的老婆是亲姐妹。于是，赵匡义的老婆衔命来到宫中，极力游说。符太后不懂其中用意，便满口应允了。于是，一纸命令，将李重进贬到离京城遥远的扬州当节度使，虽仍保留侍卫马步军都指挥使的职务，但已有名无实，难以遥控京城的事务了。李重进就这样被排斥出去。

到这时，殿前司的前四位实权派人物是：殿前都点检赵匡胤，副都点检慕容延钊，都指挥使石守信，都虞候王审琦。石守信、王审琦是赵匡胤的把兄弟，慕容延钊也同赵匡胤关系很好。至此，殿前司已基本控制在赵匡胤手中。

再来看看侍卫亲军司。前五号人物是：马步军都指挥使李重进，副都指挥使韩通，都虞候令坤，马军都指挥高怀德，步军都指挥使张令铎。其中李重进已被打发到扬州，高怀德、张令铎、韩令坤都站在赵匡胤的一边。执掌侍卫司大权的，唯剩韩通一人。韩通"振迹戎伍，委质前朝，彰灼茂功，践更勇爵"，在李重进离京后，成为侍卫司的头号人物，掌握了数万大军，对后周也是忠心耿耿，本来应该能够阻止任何不利于后周政权的举动的。可惜的是这人勇有余而谋不足，性情刚愎暴戾，依恃大权在握，盛气凌人，专与别人持反对意见，吹胡子瞪眼，因此被人背后称作"韩瞪眼"，最后成了朋友不多，仇人不少，整个一个孤家寡人，没有多少人买他的账。因此，尽管韩通大权在握，但也不足为虑。

新继位的宗训，年幼无知，军国政务，只好交给大臣们处理。

先帝在位时人们对赵匡胤的举动，已有所察觉。谏官郑起看见赵匡胤久掌禁兵，"有人望，乃贻书范质，极言其事，质不听"。杨徽之也曾"言于世，以为上有人望，不宜典禁兵"。但世宗一方面对自己过于自信，以为只要自己在世，赵匡胤不会有非分之想；同时，赵匡胤曾是自己的"患难兄弟"，又是自己一手栽培和提拔起来的，决不会做出对不起自己的事情。当然，更重要的是赵匡胤本人颇有心计，善于伪装，最终得到世宗的信赖，因而对于赵匡胤不利的逆耳忠言，世宗自然难以听进去。

周世宗英年早逝，给赵匡胤提供了千载难逢的机遇。现在只有韩通一人是障碍。韩通本人是个赳赳武夫，胸无点墨，可他有个儿子韩微足智多谋。韩微小时生病，落下终生残疾，成了驼背，虽然长得丑些，却极有远见，劝父亲尽快除掉赵匡胤，否则定会后悔，却遭拒绝。不过，这时赵匡胤羽翼已丰，势力庞大，要除掉他又谈何容易。这时对于赵匡胤而言，真是万事俱备，只欠东风。皇位已是近在咫尺，唾手可得，唯一让他考虑的，就是采取什么手段去领取传国玉玺了。

（3）兵起陈桥

筹划兵变

赵匡胤对后周的创始之君太祖郭威和一代有为之主世宗柴荣都十分忠

心。他曾经把皇帝的恩赐视为荣登高位的唯一途径，不畏锋镝，奋勇向前，忠心耿耿效命于皇帝，有鉴于此，皇帝对他深信之。

虽然赵匡胤百般遮掩，但他的野心还是时有显露。一个突出的迹象便是他的志趣、爱好的变化。这是在征战南唐的日子里，他利用空闲时间，仔细收集了很多图书，随时阅读。这对于笃信武力的赵匡胤来说并不正常。他认为勇武只可为将帅，得天下还得文武兼备。他已经不满足眼前能够统兵作战，于是把眼光放在了未来。

赵匡胤这一变化被精明的周世宗察觉了，问道："既为将帅，应以治戎装、磨刀剑为正事，怎么读起诗书来了？"

周世宗的发问使赵匡胤吃惊不小，忙道："臣受陛下厚恩，常感力不从心，所以想博学多闻增长见识，以不负圣望。"

周世宗不再追问，这正是战事繁忙之际。后来周世宗变慢慢将此事忘记了。

可是赵匡胤并未因此改变初衷。

赵匡胤是把握机遇的能手。在意识到机会来临的时候，手握重兵的赵匡胤迅速调整了自己的策略。

首先是朝廷内部的变化，周世宗柴荣已经死去。柴荣从发病到去世，不足两月，又正当盛年，对后事没有做深思熟虑的妥善安排，不得已，只好匆忙地将符氏立为皇后，封年幼的皇长子柴宗训为梁王。

再看人事方面的调整，对赵匡胤也非常有利。柴荣在病情加剧的时候，对后事草草地做了些安排。文臣方面，任命范质、王溥参知枢密院事，魏仁浦兼枢密使。这三位宰相中，魏仁浦"虽处权要而能谦谨"，性情宽厚，不咄咄逼人，与赵也没什么过节。而且，赵家与魏家颇有交情，母亲杜氏还是魏家的常客；王溥则早以向赵"阴效诚款"，暗送秋波并开始巴结赵。急性而好面折人的范质与赵虽无深交，需要小心对付，但范毕竟是文官，在军队中没有派系，没有什么号召力，不足为虑。最使赵匡胤感到欣慰的是，真正使他畏惧的谏议大夫、开封府尹王朴已在三个月前去世。

赵匡胤最不放心的军队系统，此时也出现了对赵绝对有利的变动。殿前司系统，张永德已被免职，殿前都点检一职已由赵本人担任，安排赵做殿前都点检，自然也带有"托孤"的使命。赵因此位高权重，行事十分方便。原来一直空缺的殿前副都点检一职，由慕容延钊出任。慕容延钊和赵匡胤交情很深；原来空缺的殿前都虞候一职，则由王审琦担任，此人也和赵匡胤关系非同一般，与当时已担任殿前都指挥使的石守信一样，都是赵匡胤所亲近的人。这样，整个殿前司系统的所有高级将领全部换成了"赵家军"成员。京师中实际只剩下副都指挥使韩通，但他根本不是赵匡胤的对手。

赵匡胤还在进行积极的筹备，他估摸到了对他有利的民情。还是在周世宗在位时，就已有"点检做天子"的说法，周世宗死后，年仅七岁的梁王在柴荣的灵柩前即位，太后符氏既不是梁王的亲生母亲，又是仓促册封的皇后，并没有什么威望。孤儿寡母充当后周国主，难以服众。一种"主少国疑"的失望情绪，正在弥漫于京城的每个角落。柴荣所进行的北伐，也半途而废。后周王朝命运如何，谁都没有把握，因此整个京城人心惶惶。

不过，赵匡胤也非常担心。特别是韩通手握重兵驻守在开封城内，周围又有许多誓死效忠周室的臣子，要在京城下手，如果没有必胜的把握，后果将不堪设想。

没有十足把握的事，赵匡胤是从来不会做的。

显德七年（公元960年）正月初一日，正当后周君臣喜庆新年，朝野上下沉浸在节日的欢乐之中的时候，忽接镇、定二州急报：契丹举兵入侵，北汉也引兵东下，与契丹合而为一，正势不可当地越过边界，直奔开封而来！

如同以往领受圣命一样，赵匡胤对柴宗训行了君臣叩拜大礼，然后，从坐者手上接过那道发兵的诏令，连呼万岁，表示不负圣望，御敌于国门之外，誓死捍卫大周的基业。

范质、王溥一班文臣大为感动，小皇帝柴宗训走下御座，搀起跪地接旨的赵匡胤，十分感激。

赵匡胤谦恭地离开大殿，口中连呼万岁告别了皇帝，场面十分感人。

小皇帝又继续陶醉在佳节的欢乐之中了。

相比之下，赵匡胤却惊恐不安。这紧张不是来自对强敌的畏惧，而是来自对前途的疑虑。因为一场兵变即将爆发。

当然，赵匡胤对这件事非常小心，生怕走漏一点风声。他像历次出征前一样，煞有介事地运筹谋划，调兵遣将，部署兵力，郑重其事地任命他的莫逆之交嫡系亲信、殿前副点检慕容延钊为前锋，率领一支精锐部队先期出发，他自己则调集大军，紧随其后。这一天是正月初二，即接到军情报告的第二天。赵匡胤对敌情反应迅捷，出乎众人的意料，众人都十分钦佩赵匡胤忠心报国的精神。

与此同时，赵匡胤又派人到处散布"将以出军之日，策点检为天子"的言论。

离开京师，赵匡胤便大刀阔斧地干起来。先是禁军军校苗训跳了出来。此人学过星相术，善于望气观星，士卒十分信服。他指着太阳对众人说："天上有两个太阳，黑光磨荡争斗了很长时间。"并十分虔诚地对赵的亲信幕僚楚昭辅解释道："一日克一日，这是天命。"两人的戏演得十分逼真，周围兵士信以为真，这一说法迅速蔓延开来。

苗训的"一日克一日"的神秘预言，经过楚昭辅的大力宣传，在目不识丁、以当兵为职业养家糊口的士卒们眼里，赵匡胤已成了天命所归的真龙天子。

当晚，大军到达离开封四十里的陈桥驿，此地紧靠黄河。在陈桥与封丘二门之间，是开封通向东北方大道的第一驿站，唐朝时称上源驿，后改为班荆馆，是迎接封赏少数民族使臣的地方。赵匡胤大军来到这里，已人困马乏，于是传令军中安营扎寨，第二天再行赶路。

黄袍加身

夜色将陈桥驿染成一片漆黑，兵士们很快进入梦乡，陈桥驿死一般寂静。这时，一些将校聚集在一起，商议道："主上幼弱，未能亲政，今我辈出死力为国家破贼，谁能知道？不如先立点检为天子，然后再北征不迟。"

老谋深算的赵普早有打算。他先是装模作样地对他们大声呵斥了一通，待众人安静下来后才把他的想法和盘托出："策立，大事也！固宜审图。尔等何得放肆狂悖！"这是说，这样的大事得周密筹划，轻举妄动成得什么气候！赵普讲这番话的目的，一是要把兵变的责任推给众将。二是要从气势上压住骄兵悍将：有勇无谋，难成大事。三是道出他的真实想法：不能胡来，得仔细策划。

谁来策划？自然非赵普莫属。为了试探诸将士的决心，赵普故意讲了番大道理，意思是大敌当前，应先"攘外"再讨论此事。按照赵普所说的先退敌，班师回朝时再议此事会是什么结果呢？这是任何人都能想得到的。推翻皇帝就是大逆不道，就是谋反，在当时是要受诛族的处罚的。再说，在这场即将开始的战斗中，谁也不知道能否生还。这些心理，赵普其实十分清楚，他只是想借众人之口说出自己想要说的话来。果然，诸将纷纷反对，说："当今政出多门，便当急入京城，策立太尉，徐行而北，破贼不难。太尉如不受策立，六军定亦难以使之向前。"

赵普需要的就是这个。于是他按照早已准备好的路数发话了："兴王易姓，虽云天命，实系人心。前军已过河，节度使各据一方，京城若乱，不惟外寇愈深，四方必转生变。若能严敕军士，无令剽劫，都城人心不摇，则四方自然宁谧，诸将亦可长保富贵矣。"

赵普这番话含义深刻，既有威逼，也有利诱。第一，扶立新皇帝合天意顺民心，所以赵匡胤当皇帝是天命所归。第二，必须维持京城的安定。第三，必须严肃军纪，不能洗劫民众，如能做到，大家都有好处。若不行，则后果不堪设想。

诸将表示服从。赵普和赵匡义于是开始了下一步的行动。一方面让诸将校分头鼓动，加紧调遣部队，做好准备。另一方面又火速派遣军使郭延连夜返回京城，向石守信和王审琦通报情况，以便里应外合。

整夜守候在赵匡胤帐前的将士们发出了呼叫，此地呼声一起，四面群起响应，惊天动地。接着，一部分将士握刀持剑，直奔赵匡胤寝帐。不等赵匡胤答话，就将他拥至厅堂，把一件早已预备好的绣黄龙袍披在他的身上。然后退至庭前，齐刷刷跪倒在地，口中高呼"万岁"。

赵匡胤高声宣布："你们贪图富贵，强立我为天子，我心存感激。可是没有军纪难以领导众人，你们若能服从我的命令，我就当这个天子。否则，就请诸位另请高明。"众将齐声高呼："我们一定服从命令。"赵匡胤见目的已经达到，就不再推辞，当即约法三章："少帝及太后，我曾北面称臣；文武百官，都同我并肩共事。因此你们不可骚扰侮辱他们。近代帝王起兵，初入京师时放纵手下，烧杀抢掠。今天你们不得再这样劫掠都市民众，抢夺府库财物。服从命令的，将得到重赏，不服从命令的，将杀无赦！"

赵匡胤率师离京，就是为了黄袍加身。

后周的宰相大臣们，听说赵匡胤称帝，都一时没了主意。只有韩通一人，从朝中飞奔回家，企图组织抵抗。行至中途，被赵匡胤的部将王彦升发觉。韩通刚进家门，还来不及掩上大门，就被随后赶到的王彦升杀死，而且把韩橐驼一并杀掉。宰相范质，紧紧抓住另一宰相王溥的手，后悔不迭道："匆匆派兵，导致此变。我们有负先皇临终所托，断送了周家天下，罪该万死啊！"

这时，诸将拥簇赵匡胤登上了明德门。这里是天子登基的地方，赵匡胤身处此地，俯瞰京城，踌躇满志。他意识到，他已经获得了成功，于是，便传令甲士还营，他自己也回到殿前都点检的公署小住。他不再担忧敌对势力的反抗，而是考虑如何登基即位的事情。他准备平稳地从恭帝手中接过皇权，把登基大典办得异常隆重。

赵匡胤故作姿态地说："我受世宗厚恩，怎敢忘怀？今日之事，全因六军所迫，深觉有负先皇重托，你看如何是好？"

范质鄙夷地一笑，正想说什么，站在他身旁的散指挥都虞候罗彦环拔剑上前，厉声喝道："我辈无主，今日须得天子！"

赵匡胤佯怒，示意他退下，罗彦环不仅不退，反而持剑逼近范质。

范质不愧是颇识时务的老臣，在这种形势下，他明智地调整了自己的思维，迅速地转到赵匡胤一边。他向赵匡胤献策道："事已尔，无太仓卒。自古帝王有禅位之礼，今可行也。"赵匡胤追问详细，范质道："太尉以礼受禅，则事太后如母，养少主如子，不会辜负先帝旧恩，"赵匡胤流泪允诺，然后率百官成礼。世宗临终顾命的大臣，就这样改换了门庭。剩下宫中的孤儿寡母，唯一能做的就是拱手让出江山。

事情进展顺利，使赵匡胤兵不血刃，轻而易举地夺取了政权。于是，赵姓集团忙碌地筹备着禅代大典。当天下午，开封城中锣鼓喧天，旌旗招展，甚是热闹。

禅代礼在崇元殿进行。到了黄昏时分，一切安排就绪，赵匡胤召集百官排列整齐，只差恭帝的禅位诏书到来。众人正焦急等待，忽见翰林学士陶谷走上殿来，大呼："禅诏在此！"赵匡胤和侍立班位的百官都舒了一口气。

禅诏宣读完毕，宣徽使引导赵匡胤就龙墀北向而拜，宰相扶赵匡胤升殿，在东厢房换上了皇帝的冠冕，然后神采奕奕地端坐在皇帝的御座上，开始接受百官朝拜。这时，万岁声此起彼伏，禅让仪式进入高潮。

赵匡胤登基后改元建隆。因赵匡胤即位前任归德军节度使，镇府治宋州，所以，诏定国号为宋，赵匡胤从此成了大宋王朝的开国之君，庙号宋太祖。这一年，赵匡胤三十四岁。

延续了三百多年的宋王朝由此粉墨登场。

从陈桥驿兵变到崇元殿禅代，只有三天的时间。这三天是赵匡胤的一生中最辉煌的三天，也是唐末以来从分裂走向统一的开端。宋王朝的建立结束了小朝廷频繁更迭、割据政权犬牙交错、政治经济混乱不堪的局面。赵匡胤称帝后没有让这场不流血的兵变再染上鲜血的颜色。他封后周小皇帝为郡王，符太后为周太后，迁居西宫，依旧让他们过着养尊处优的生活。又大赦天下，内外马步军士都大加封赏。又命官员祭告天地，表明天授皇权，天使之然。遣中使传谕天下，诸道节度使也分别诏赐。

这一切，对还不懂事理的后周恭帝柴宗训来说简直像一场梦。禅让本是古代明君的让贤之举，他却根本不知道禅让是怎么回事，更不知道那件印着皇帝玉玺的禅诏是怎么出笼的。从皇位上被赶下来，又进入西宫当了大宋的郡王，统统是一片混沌。

赵匡胤却是十分清醒的。他敏锐地观察着形势，稳稳地控制着政局，他要按照他的意志，一扫前朝弊政，振兴天下，改善民生！

2.加强中央集权

（1）削弱藩镇

建隆二年（公元961年）七月，宋太祖赵匡胤采纳赵普的建议，开始了削藩活动。

五代时，藩镇强横，地方势力强大，节度使的职位往往是父死子继，皇帝的诏令经常受到地方势力的抵制。朝廷如果要调动节度使，总是先派出军队防备，然后才能下诏书。宋初，沿袭五代的惯例，带有王爵和宰相称号的节度使有几十人之多。他们拥兵自重，形同土皇帝。赵匡胤采用赵普的计策，逐渐削夺节度使的权力，以消除节度使反叛的隐患。

赵匡胤在平定各割据政权和反叛节度使的时候，没收了他们所统领的州县，由朝廷直接管辖。建隆四年（公元963年）他下诏将各节度使驻扎州以外所兼领的支郡都收归朝廷直属，皇帝直接任命州官，州官直接向皇帝奏事，不再受节度使的管辖。各州设知州管理行政事务，另设通判为其助手，两者地位平等，州的文书必须有知州和通判连署，才能生效，以达到二官互相牵制的效果。而这些州官全部由文人充当，对节度使有很大的牵制作用。譬如天雄军节度使符彦卿长期在大名（今河北大名）任职，其亲吏刘思遇贪污不法，用大斗收取百姓租税，百姓苦不堪言。赵匡胤派一个文官去大名担任常参官，管理收租税的事，从此当地的斗量才公平了。

本来，各节度使总是截留地方赋税的大部分，只将极少的部分上供朝廷。管理场院关市的人也都是节度使的心腹，收入全部归节度使。为了剥夺节度使的财权，赵匡胤再次听从赵普的意见，于乾德三年（公元965年）三月下诏，要求各州的赋税收入，除留下必要的开支外，其余全部调送到汴京，各地的场院关市，由朝廷委派文臣管理。又在州以上行政区域设置了转运使，掌管财政税收及水陆转运事务，转运使一般都是京官。所有地方官员，包括节度使、防御团练使、观察使、州刺史等，都无权干预钱粮之事，如此一来，节度使聚敛的源流被切断，国家的财政收入也得以增加。

五代时，地方的司法权也被各地节度使控制。节度使任用将校担任马步都虞候和判官，兼管刑法狱讼，称马步院，朝廷不能干预。开宝六年（公元973年）七月，赵匡胤下诏罢免所有由地方任命的马步都虞候和判官，改马步院为司寇院，担任司寇参军的是新及第的进士、九经、五经等文官，由他们掌管各州的刑法。

赵匡胤一方面解除节度使对禁军的控制权，另一方面又让文臣任武职，削减节度使的数量。最先是以左补阙辛仲甫担任四川兵马都监。赵匡胤对赵普说："五代时，方镇暴虐残酷，百姓苦不堪言。我要任用干练的文臣，去治理那些大节度使的藩镇。这些人即使贪污，祸害也会远远低于武将。"于是，赵匡胤抓住一切机会，用文臣代替武将。例如，当节度使病死时，不许其子孙袭职；让文官继任、调任武官以及年老武官退休的职位。开宝二年（公元969年），凤翔节度使王彦超以及其他节度使到汴京朝见，赵匡胤设宴招待他们。酒足饭饱后，赵匡胤假装说："各位都是国家的旧臣元勋，长期在各重要兵镇任职，日理万机，事务繁重，不能体现我体恤贤能的思想。"王彦超知道皇帝的言中之意，跪奏道："为臣没有什么功劳，却长期得到这么多的荣誉和宠信。现在年事已高，身体也大不如前，请皇上准我回家安享晚年！"同在宴席上的安远节度使武行德、定国节度使白重质、保大节度使杨廷璋等人不满王彦超的做法，各自列举出自己赫赫战功以及镇守边防的辛苦。赵匡胤不为所动，只是冷冷地说："这些事已经成了过去，说了又有何用！"于是，在第二天下诏罢免了王彦超、武行德等人的节度使之职，给他们每人一个奉朝请的虚衔。以后，凡节度使去世，就不再任命新的节度使，所以节度使数量减少，权力下降。

经过一系列努力，赵匡胤如愿以偿地限制和削弱了节度使的权力，由朝廷直接控制了州县官的任免，将地方的行政权、财政权和司法权全部收归朝廷，极大地加强了中央集权。更重要的是赵匡胤从根本上解决了唐末五代以来的军阀割据混战的问题，使社会安定下来，社会经济也开始蓬勃发展起来。

（2）杯酒释兵权

建隆二年（公元961年）七月，宋太祖赵匡胤用"杯酒释兵权"的手段，巧妙地解除了石守信等元老重臣的军权，从而大大加强了中央集权。

唐安史之乱以来，节度使的势力日益增强。他们拥兵自重，割据大片土地，还拥有当地的民政权和财赋权，形同土皇帝。唐朝末年，军阀朱温废去唐帝，自任皇帝。延续到五代十国，时常发生大臣夺权篡政的事，政权更迭像走马灯一样。宋朝建国之后，如何避免这种局面的出现，成为朝廷考虑的首要问题。一天，赵匡胤与赵普谈论天下事，赵匡胤问道："唐末以来，皇帝更迭频繁，连年争战，百姓苦不堪言，我应该采取什么措施来杜绝这类事件的发生呢？"赵普回答说："天下之所以战争不断，就是因为节镇权力太大，只要稍夺其权，天下自然就会安定了。"从此赵匡胤下定了削夺节镇兵权的决心。

赵匡胤初即帝位时，除了四方节镇各掌本镇兵权之外，执掌禁军兵权的，在内是石守信、王审琦等人，都是赵匡胤的心腹，他们都是发动陈桥兵变，助他成就帝业的功臣。在外的还有两个，一个是殿前司副都点检、镇宁军守节度使慕容延钊，另一个是镇安节度使、侍卫军马都虞候韩令坤。赵匡胤为获得他们的支持，曾对他们进行了破格升迁，以韩令坤为侍卫马步军都指挥、天平节度使、同平章事，慕容延钊为殿前都点检、昭化节度使、同中书门下二品。殿前都点检是禁军总统领，赵匡胤便是从这个职位篡夺皇权的，如今授予别人，心实不安。建隆二年（公元961年）闰三月，在平定维扬李重进的叛乱以后，便免除了二人在禁军的全部职务。改任慕容延钊为山南西道节度使，韩令坤为成德军节度使。而且，将殿前都点检一职，控于己手。当赵普告诉他"节镇权力太重"，应该"稍夺其权"的时候，他已经走完了削夺节镇兵权的第一步。

前文提到石守信等人都是赵匡胤的亲信，是他们把赵匡胤扶上皇帝宝座的，照理应该信任他们。但赵普曾屡次建议削去石守信等人的兵权，起初赵匡胤也不能理解，说："这些人不会背叛我的，你为什么对他们不放心呢？"赵普道："他们不是将才，不会驾驭部下，一旦部下作乱，他们会身不由己。"赵匡胤恍然大悟，决定首先收回禁军兵权。

七月某日，晚朝后，赵匡胤特地留下石守信等人宴饮。酒过三巡，赵匡胤忽然长叹，闷闷不乐。石守信等人问他何故，赵匡胤屏退左右，说道："若不是你等全力扶持，我如今也难得做皇帝，我一辈子也忘不了你们的好处。可是，做皇帝也不是件容易事，我常常寝食难安。比较起来，还是做节度使更快乐些。"石守信等人不解道："如今天下太平，征服汉唐等国也只是早晚的事，皇帝为何这等忧心？"赵匡胤道："汉唐都是垂尽之国，倒是不必担忧。其实我所忧者你们也不难理解，你们想，做皇帝在众人眼中是何等风光，这个宝座有多少人日夜想夺取它。稍有不慎，不但皇权丢失，只怕身家性命都不可保，叫我如何不忧？"石守信等人听了，吓得目瞪口呆，齐跪倒在地，连声说道："陛下为何要这样想，如今天命已定，天下皆知，天命既定，没有人再敢违天命造反的。"听起来似乎臣服于赵匡胤，其实他们也不是等闲之辈。

赵匡胤即位以后，自己称帝说是天命的安排，其实还不是欺负恭帝孤儿寡母，用武力得来的。陈桥兵变后，赵匡胤出行，遭人伏击，跟随的仆人被箭射伤，左右大惊，要他回辕，赵匡胤却大笑说道："让他射吧，天子有天命，他射不着我，如果他也有天命，就让他做天子好了。"为了了解下情，他常常微服私访。大臣劝告他，这样做太危险了。他说："帝王的兴起，自有天命，不能强求，不能拒绝。周世宗时，有方面大耳的将官都被他杀掉，防范可以说是严密。我整天在他身边，他还不是毫无办法？所以天命规定他应该做皇帝，谁也奈何不了他，如果没有做皇帝的天命，即使天天躲在家里，照样会被杀头。"又常说："谁也可以任意来坐这皇帝的位子，只要有天命，我绝不禁止。"但其实他也害怕皇帝的位子被别人抢去。

赵匡胤听了群臣的话后，继续道："我知道你们各位当然没有异心了。但是，如果你们手下的将领有人贪图富贵，你们怎么办？一旦他们把黄龙袍披到你们身上，拥立你们为帝，你们虽然不想当皇帝，又能有什么办法？"这明明是将以前石守信等人做过的事来挤兑他们。事实上，石守信等人以前虽曾做过逼赵匡胤黄袍加身的事，但赵匡胤南征北战多年，是何等的精明，自己若不愿意夺取皇位，有谁敢在军中胡来？石守信等人闹到中帐中，他始终"沉醉"不醒，只是当时没有人揭穿他的诡计，他不但不感激，倒反咬一口，自己登上皇位，却将造反的帽子加在别人的头上。不过石守信等人此时已无法分辩。假若不说是他们所做，"推戴"的功劳不是全付之东流了？本来可以回答说："若不是你有天命，我们又如何能把黄袍加在你身上？"一句话便可以搪塞过去。但石守信等做大臣已久，也明白此事争辩也是没用的。皇帝今日既绝口不提天命，必有"深意"，于是一边磕头，一边哭道："我们都太愚蠢了，没有想到这些。陛下就可怜我们，给指出一条活路吧！"

赵匡胤等的就是这句话，于是直截了当地说："人生在世，如白驹过隙，稍纵即逝。忙忙碌碌，不过是为'富贵'二字。何谓富贵？还不是要多积聚金帛财物，以使终生享受不尽，而且使后世子孙永不贫乏。既然这样，你们不如解除兵权，选择一个繁华富庶的地方，去做藩镇。在那里可以多多置买土地园宅，为子孙后代建立殷实的家业，再多买上些歌妓舞女，寻欢作乐，安享晚年，难道不是美事一桩？我今天跟诸位约定：世代与你们的子孙通婚。我从此也不用担心你们会黄袍加身，你们也可以完全信赖我，咱们君臣之间两无猜忌，上下相安，该有多好！"石守信等人追随赵匡胤都很长时间了，深深了解他的脾气和性格。他既如此说，那是无法挽回的了。因此一齐拜谢道："陛下为臣等想得这般周到，真是生死之交，骨肉之亲啊！"第二天，这几员大将宣称因身体有病，不能胜任繁重的军务，请求解除在朝廷的军权。七月三日，以侍卫都指挥使、归德军节度使石守信为天平节度使（治宋州，今河南商丘）；殿前都指挥使、义成军节度使王审琦为忠正节度使（治所为东平府，今山东东平），殿前副都点检、忠武节度使高怀德为归德节度使（治所寿春，今安徽寿县）；侍卫都虞候、镇安节度使张令铎为镇宁节度使（治澶渊郡，今河南濮阳）。让他们都离开都城，仅保留节度名号，但削去其禁军的职务，到镇就任，还给他们许多赏赐。只有石守信还兼有侍卫都指挥使的职务，但兵权已不在他手里。

从此，连殿前副点检的职务也不再设置了。乾德元年（公元963年）二月，赵匡胤想以符彦卿率领禁军，赵普执意不同意，理由是符彦卿名位已高，不能再掌兵权。但没有得到赵匡胤的赞同，他把批准符彦卿统领禁军的文件"宣"，强发了下去。赵普将这份"宣"揣在怀中去见赵匡胤。赵匡胤已猜出其来意，说："若还是为符彦卿的事，就别来见我！"赵普道："有其他事情。"等到把"别事"启奏完毕，赵普又拿出了那件"宣"书。赵匡胤道："果然还是为了此事。你难道敢违抗朕命吗？"赵普不慌不忙说道："陛下既命臣处理政事，我有理由和陛下说个清楚。唯愿陛下衡量清楚此事的利害，以免以后后悔不及。"赵匡胤知他说得有理，知道三言两句是吓不倒他的，无可奈何地说道："究竟是因为什么使你如此怀疑符彦卿？"赵普见已无转圜的余地，便不再拐弯抹角，直截了当地说道："你确信符彦卿不会辜负你，当初周世宗不是也确信你不会辜负他？结果如何呢？世上的许多事是无法预料的，为防止遇到措手不及的打击，应该现在提早预防。"这席话说得赵匡胤哑口无言，只得作罢。

第二章 南征北战

1.南下荆湖

（1）雪夜问计

赵匡胤在夺得皇位、巩固统治之后的下一个目标便是统一全国了。

宋建隆四年（公元963年），赵匡胤开始了统一全国的战争。

天下大势

在北方的是契丹族所建立的辽，控制了燕云十六州和长城以北广大地区，早有入主中原之雄心，是宋王朝的劲敌。

在西北，党项族正在崛起，威胁中原王朝的端倪也显露出来。

夹在两者之间的北汉政权，以太原为中心，占据河北、山西、陕西部分地区，长期以来，有契丹辽国的撑腰，与以前的后周和现在的宋王朝公开敌对。

在西南，后蜀政权占据了四川全境，一度把势力范围扩展到汉中盆地和甘肃东南，自后唐以来，一直与中原王朝敌对。

江淮以南的吴越政权以杭州为中心，控制了浙江和苏南的太湖流域；而南唐政权控制着以金陵为中心的长江流域；此外，荆南、湖南、南汉、漳泉等割据政权分别占据湖北、湖南、广东、广西和福建等地区。

军阀之间，虽然各有固定的地盘，但钩心斗角，互有吞并之意，今日"连横"，明日"合纵"，干戈不息，弄得民不聊生。

在赵匡胤从邺都投军到开封称帝的十余年中，他事奉过两代君主，经历过多次战争。在他的推动下，郭威建立后周王朝，但也是因为他，后周被颠覆。后周三帝，除了末代皇帝柴宗训外，赵匡胤对太祖郭威和世宗柴荣都怀有极大的敬意。这不仅仅因为二帝对赵匡胤宠爱有加，而且因为二帝的雄才大略和文治武功使他不由得肃然起敬。尤其是世宗柴荣，一方面致力于内政的改革整顿，一方面又冒着生命危险，到处作战，致力于统一大业。

可惜的是，他英年早逝，壮志未酬。

赵匡胤不是后周王朝的继承人，可他在称帝伊始便下定决心继承柴荣未竟的事业，即平定天下，完成统一。在赵匡胤看来，这不仅仅是一种事业的延续，而且也是新王朝的需要。唐末以来的分裂割据阻碍了经济文化的发展和繁荣，这种局面如果继续下去必将严重地威胁大宋王朝的安全，这是赵匡胤决不愿看到的。

但四周的局势也让赵匡胤忧虑重重。他曾对赵普说："吾睡不着觉，一榻之外，皆他人家也。"这句话说明赵匡胤深知局势的严峻。

他不禁想起了当初周世宗柴荣制定进取大计的情景。

显德二年（公元955年），柴荣召集群臣商议统一的方案。当时大臣多有苟且偷安的思想，所以他们的计谋也没有什么可取之处。只有王朴的一篇《平边策》深得柴荣的赏识。

王朴提出"攻取之道，从容易的人开始"。他认为："当今吴国东至海，南至江，可以攻击的地方有两千里，我们可以从它缺少准备的地方先行攻击。它在东边有准备，我们攻打西边，它在西边有准备，我们攻打东边，让他们疲于奔命，而且我们也可以借此探知他们的虚实，则所向披靡矣。"他提出首先攻取南唐的江北地区，攻下江北以后，获其民众以补充我们的兵力，则长江以南的土地就不难攻下了。这样所用兵力少，但收获大。攻下吴国，则桂、广皆会臣服，然后便可以下书召见岷、蜀，他们不来，我们可以从四面攻击，削平蜀国。吴国和蜀国被打败，幽州地区的统一也就不是大问题了。只有对那些不怕死的，不能用恩赐和诏书引诱的，方以强兵攻之；但亦不足以为边患，可为后图，候其便则一削以平之"。

王朴的建议，言简意赅，切中要害，主要有以下几点：

一是在总体战略中贯彻"先易后难"的原则。

二是在具体步骤上，应先取江南，南下岭南、巴蜀；平定南方以后，再调遣部队攻取燕云，最后以强兵制服北汉。

三是在战术上，避实击虚，避强击弱。

四是在战略上，分别对待，先以恩惠引诱，不行的话，再用强大兵力去制服。

这个被概括为"先南后北"的著名策略，得到了周世宗的极力赞同，并且在实际执行过程中根据形势的变化做了一些改变。周世宗首先攻取了后蜀的秦、凤、阶、成四州之地，用两年的时间，于显德五年（公元958年）三月收取了南唐在长江以北的全部土地。但是，按照王朴的战略，周世宗此时应当乘胜攻灭南唐，他却直捣幽燕，向北攻取关南之地，直到后来由于患重病才不得不班师回京。

当时，任职殿前都虞候、领严州刺史的赵匡胤二十九岁，他既赞赏王朴的雄才大略，又钦佩周世宗的果断决策。现在，当他也像当年周世宗那样矢志统一的时候，他也希望有一位像王朴这样的谋臣。

因此，他相当敬重王朴，正如《默记》卷上记载："赵匡胤当上了皇帝后，一日路过功臣阁，风将门吹得半开，使王朴的画像正对着他，他慌忙'整御袍、襟领鞠躬顶礼乃过'。"随从见赵匡胤如此肃然，就疑惑地问："陛下贵为天子，王朴不过为前朝之臣，何须如此？"赵匡胤坦言："此人若在，朕是不能够穿上黄袍的。"正因为对王朴的敬畏，赵匡胤才没有意气用事将王朴的"先南后北"统一战略完全废弃。

不过，赵匡胤在采取何种统一方针上还是颇费周折，一时难以决定。

他也像周世宗一样，向近臣问计。他首先向被他亲切地称为"驸马"的武胜军节度使张永德密询进攻北汉之策。张永德认为进攻北汉大大不妥，原因是，北汉兵少，但很强悍，并且有契丹的援助，不易进攻。他的想法是，"每岁多设游兵，侵扰北汉的农耕，"再"离间北汉与契丹的关系，让契丹不会援助北汉。"对此骚扰离间之计，赵匡胤表示赞同，但又下不了决心。

后来，赵匡胤又对宰相魏仁浦说起打算攻打北汉之事，魏仁浦回答说："欲速则不达，请陛下谨慎考虑。"这番话引起了赵匡胤的深思。

在平灭李筠之后，宋太祖曾就出兵攻打黄河以东的事召见了华州团练使张晖，张晖认为，鉴于泽、潞战争创伤尚未痊愈的情况，不如收兵育民，等时机成熟再图进取。

由此看来，宋太祖赵匡胤在制定统一大计的过程中，曾一度想将北汉作为首要的进攻方向，然而，在经过多次征询朝臣的意见和深思熟虑之后，他渐改初衷，开始通盘设计统一方略。

统一大计

宋太祖直到在走访了谋臣权相赵普之后才最终下定决心。

宋太祖在平定了李重进反叛的当年十一月，又一次考虑统一问题。为此，他和弟弟殿前都虞候赵光义踏着漫天大雪在夜晚敲开了赵普家门。皇帝雪夜来访，赵普深为惊异，询问原因，赵匡胤如实相告："一榻之外，皆他人家，我实在难于入睡呀！"于是三人席地而坐，商量统一的对策。赵匡胤说："我想收复太原。"

赵普大吃一惊，道："我不知道陛下怎么有这种想法？"

赵匡胤忙问为什么，赵普道："陛下想先攻下太原，我认为万万不可。太原势强，一时难下，况且太原当西北二边，即便一举攻下，我国将独守边患。我想，我们不如先易后难，先南后北，待削平南方诸国，太原这个弹丸之地，如何能够逃脱？"

赵匡胤道："言之有理，你真是王朴再生啊！"

赵普道："臣不敢妄比王朴，只愿能够尽心效忠陛下。陛下推重王朴，一定是因为那篇誉满天下的《平边策》，但您欲先收太原的念头，与王朴的谋略可谓南辕北辙，臣感到难以理解。"

听完赵普的这一席话，赵匡胤正式放弃首攻太原的念头。

但是，他又不愿在赵普面前丢了面子，便笑道："我的意思与您相同，只不过想试试您。"赵普道："陛下的英明神武，不是我所能比的。"

经过这次长谈，赵匡胤终于将考虑已久，并多次征求谋臣意见的统一方略确定下来，即先南后北的统一全国的方略。

其实这个战略方针的制定，也根基于赵匡胤君臣对当时各方实力的冷静思考。战争，首先是交战各方军事力量的较量。宋和辽虽然都是当时力量最强的政权，可相比起来，辽的经济、军事实力又显然占据了优势。仅从军力方面讲，辽有军队三十万，擅长骑射的骑兵是军队主力；宋初军队只有十九万三千人，大多数是步兵。就在燕山以南华北的旷野平原上作战而言，辽军不仅在数量上，而且在兵种构成上，均处于有利地位。而北汉，兵力虽少，却精悍无比，又有辽朝作为后盾，也是很难攻取的。在这种情况下，如果贸然将兵锋北向，不仅毫无取胜的把握，而且还有可能损兵折将，动摇新建宋王朝的根基。对此，赵匡胤不能不认真考虑。

战争，还是双方经济实力的较量。宋政权虽有后周所奠定的良好基础，但由于中原地区受到唐中叶以来战祸的影响，使生产的恢复和发展比较慢。而这个时期的南方，由于军事冲突少，或者是战争规模比较小，对社会经济的发展影响也比较小。加上长期以来人口南移，经济重心向南转移，南方的经济实力胜过北方。但是，南方各政权政治腐败，军力衰弱，容易攻取。在上述情况下，赵匡胤选择了南方，是顺理成章的。

何为"先南后北"战略？赵匡胤本人对此作过较为完整的表述，他说："自五代以来，中原地区战乱频仍，国库空虚。必先取巴蜀，其次取广南、江南。这样，国家储藏才能丰厚。北汉与辽接壤，如先攻取北汉，那么我们就必须独自抵挡辽国，还不如先让北汉继续存在，作为我们的屏障，等到我财用富足后，再攻取它，也为时不晚。"这一战略的着眼点是先弱后强，也就是先易后难，北守南攻，待取得南方雄厚的人力物力资源后，再集中力量对付北面的强敌。在实施这一战略的过程中，精明的赵匡胤还根据环境以及主客观条件的变化，不断对其进行调整。

赵匡胤实施这一战略的初选对象是荆湖地区的武平和南平割据势力。

（2）平定荆湖

湖南内乱

宋朝建立的时候，北方有实力强大的辽朝在虎视眈眈，太原有北汉，南方有南唐、吴越、后蜀、南汉、南平（荆南）等割据政权。赵匡胤登基第四年（公元963年），开始了统一全国的战争。赵匡胤根据诸政权北强南弱，而且江南富庶的情况，制定了"先南后北"的统一方略。这一方略的核心是先平定南方，以南方的物资财富做基础，解决国家财政匮乏的问题。同时，避免与辽决战，以积蓄力量，等待时机再攻取辽国。事实证明，这是一个极其明智的方法。当时，辽朝正处于上升阶段，生气勃勃，如果宋一开始就直接与辽为敌，两虎相斗，必有一伤，无法想象将会出现多么严重的后果。

赵匡胤对南方的用兵，是从荆南开始的，荆是指荆南高氏政权。后唐时的高季兴，被封为荆南节度使、南平王，辖治荆（今湖北江陵）、归（今湖北秭归）、峡（今湖北宜昌）三州，地方狭小，兵力薄弱。宋初高保融任荆南节度使。据史书记载，此人比较迂腐迟钝，所以，把其辖区的大小事情，全都推给他的胞弟高保勖。建隆元年（公元960年）八月高保融去世后，高保勖便掌握了政权，并接受了宋朝节度使的封号。高保勖有两大毛病：一是纵淫无度，因此体弱多病，过度荒淫的生活使他没有多大"能耐"。二是大兴土木工程，建造亭台楼榭，无止无休。这两条都是古代帝王最忌讳的事，任何一条都足可以亡国。建隆三年（公元962年）十一月，荆南节度使高保勖死，留下遗训传位给侄儿高继冲，即高保融的长子。当时荆、归、峡三州老百姓对高氏政权非常不满，宋朝出兵灭高氏完全顺应民心。

自后唐开始，湖南也形成了割据局面，当时马氏据有湖南二十余州地。那时所说的湖南，包括今日的湖南省大部，以及广西、广东省的部分地区。后周太祖时，南唐把马氏灭掉。到了周世宗的时候，这地区的统治权落入武平节度使（治郎州，今湖南常德）周行逢手中。而所辖地区除全州（在今广西境）外，都在今湖南的范围内，约有十州大小。周行逢为政清廉，兢兢业业，也很俭朴节约，但他生性多疑，动不动就杀人，以致他的夫人严氏不肯和他住在一起，而独自在乡下务农。严氏说："你如此嗜杀，必定会大失民心，早晚有一天要大祸临头。住在乡下，也许能躲过祸事。"因此周氏的失败也有其必然性。

总之，荆、湖地区的高、周二氏割据政权，地面狭小，力量薄弱又失去民心，宋朝进行统一战争时，他们首先被灭掉是自然而然的事。

建隆三年（公元962年）九月，武平节度使周行逢生命垂危。在将要死去的时候，把几位亲信将吏召到病榻前嘱咐说："我出身于一个庄户人家，与我同时做团兵又一起打天下的十人，大多数凶残而不服管制，几乎全被我杀掉了，只剩下一个张文表。我死之后，文表一定会造反。如今我把我的儿子保权托付给诸公，希望你们能尽心辅佐他。万不得已时，可以举家归附宋朝，不能落到文表的手中。"

周行逢死后，张文表果然叛乱。当时张文表为衡州刺史（治所在今湖南衡阳），听到周行逢死了，其子保权继位，十分生气，说道："我与行逢同样是自贫贱中挣扎出来的，立下无数战功，才达到今天这个地步。如果在周行逢的手底下，那也就罢了。凭什么要我听命于周保权？"于是准备叛乱。

乾德三年（公元965年）十月，周保权派兵去永州，接替在那里戍守的士卒。路过衡阳时，张文表便威胁这些士兵发动叛乱，让每人穿上孝服，伪装成去武陵（即朗州，今湖南常德）奔丧。道经潭州（今湖南长沙）时，廖简为知潭州留后。他一贯轻视张文表，周行逢遗言中已经指出张文表一定会造反，但他毫不在意。张文表带兵过潭州时，他正在宴请客人，部下呈报说："张文表率兵到城外。"廖简对座上宾客吹牛说："量他不敢入我潭州城，诸君只管痛饮。只要他走进城中一步，我将把他生擒过来给诸君祝酒。"众人哄堂大笑。不久，张文表率兵直入刺史府，廖简已喝得酩酊大醉，见文表走来，急取弓矢，双臂毫无力气，已不能把弓拉满，只能破口大骂。张文表杀死廖简连同十余名座上客。搜出刺史印符后，自称权知潭州留后，并向周保权呈递文书，说明了这件事，还扬言要直取朗州灭绝周氏。周保权派大将杨师璠率领朗州的全部兵马讨伐张文表。当时周保权才十四岁，出发前，哭着对杨师璠说："我父亲很有先见之明，临死的时候就预言张文表必然造反，如今坟土还没有干，他的话便应验了，文表果然反叛。军府安危，就在此一举了。望诸君看在先父份上，费心辅佐我。事情过后，诸公给予我的好处我绝不会忘掉。"小小年纪，竟说得感人至深，杨师璠不禁落泪。他对军士说道："你们见过新继位的周大人的儿子吗？小小年纪，贤德如此，真是天下少有。"当下重复了周保权的话。军士也备受感动，士气猛增，誓死要报效少主。周保权仍担心战争可能难以胜利，又遣使向宋求援，这恰好给宋朝提供了出兵借口。赵匡胤兴高采烈地对宰相范质说："江陵是个四分五裂的小国，现在我出师湖南，借道江陵，并乘机占领江陵，这是一个难得的机会。"

十二月四日，宋封武平节度副使、权知朗州周保权为武平节度使。

二十一日，宋太祖又命中使赵璲带着诏书到湖南调解潭、朗之间的争执。告诉张文表，朝廷愿意接纳他入汴京。同时命荆南高氏发兵援助周保权。

收复荆南

乾德元年（公元963年）正月七日，赵匡胤提升山南东道节度使兼侍中慕容延钊为湖南道行营都部署，率领十州的兵马向荆南进发，枢密副使李处耘为行营都监；又派遣使者十一人往安州（今湖北安陆）、复州（今湖北沔阳）、郢州（今湖北钟祥）等十州发兵，在襄阳集合兵马，讨伐张文表。

赵匡胤在卢怀忠奉命出使荆南的时候，吩咐他："察看江陵地方的山川地形，人情世事，汇报给我。"这时他已有出兵荆南的打算。卢怀忠出使回来就向赵匡胤奏报说："高继冲的军队虽然装备整齐，但人数较少，不超过三万人。虽然年景较好，谷物收获不错，但由于赋税沉重，百姓仍然异常贫困。江陵东、南、西三边强敌环绕，它北边的国家又有向我国纳贡称臣的意图，它的形势岌岌可危，要想灭他，易如反掌。"恰于此时，周保权请求出兵援助的文书来到，一个"假道灭虢"的行动计划便在赵匡胤心中酝酿而生。他召见宰相范质，与其商议道："江陵四面皆敌，四分五裂。我们先向其借道进攻湖南，回师时趁其不防备，一举灭掉荆南，必然会成功。"九日，李处耘向赵匡胤辞行，赵匡胤便将这套计划告诉他，要他按计划认真执行。

二十七日，赵匡胤任命荆南节度使、权知军府事高继冲为荆南节度使。高继冲无论如何也想不到，朝廷一面给他加官晋爵，一面又用一张大网罩向他。

杨师璠讨伐张文表，开始的时候，战事进展很不顺利。双方相持不下之际，朝廷与荆南出兵讨伐的消息陆续传来，张文表的部下开始军心涣散。张文表一面派人向朝廷使者解释，他是率部下路过潭州去朗州奔丧，由于受到廖简的侮辱，双方私斗才夺了他的潭州城，并不是蓄意造反；一面急急出城挑战，想赶快打败杨师璠，结束二者之间战斗，灭掉周氏。朝廷失了正主，对他也就无可奈何了。但这仅仅是他自己个人的意愿而已，军心已经动摇，如何能取胜？果然被杨师璠打得大败，潭州失陷，自己也被俘。

此时，奉命抚慰张文表的赵璲尚在赶赴潭州的路上，听说张文表愿意归顺朝廷，并不是蓄意反叛，心中大为高兴，以为这次出使能化干戈为玉帛，功劳不小。于是先派人去潭州安抚张文表的将士，说自己随后就到。杨师璠兵入潭州后，放纵部下烧杀抢掠。恰于此时赵璲来到潭州，对杨师璠的兵十分不满。他询问张文表现在何处，杨师璠回说："在押。"赵璲命："等会儿带他来见我。"杨部将士答应了。赵璲本身是来慰抚张文表将士的，事情既然已经到了这种地步，只好临时改变，大设宴席，抚慰杨师璠的部下。赵璲的头脑也许没有反应过来，总是不忘自己调和的使命，而不顾局面已经改变的事实，对于双方来说和解已是不可能的了。但他的话早已使杨师璠部下将士担心。其中一个名叫高超的指挥使，悄悄离席到外间对手下将士道："听赵中使的话风，好像要释放张文表，让他回到京城，这样倘若张文表以后在京城当了官，他肯定会攻击我们，那时咱们朗州的弟兄还有活头吗？"众人一下子沸腾起来。高超问："弟兄们说眼下怎么办？"众人一起答道："将军的任何命令我们都愿听从"。高超道："好！咱们先杀了张文表。"当下张文表被拉到市中心，零刀碎割而死。五代以来，士卒都是野蛮成风，不但将张文表凌迟处死，并且将他的肉割下吃尽。宴会散后，赵璲要召见张文表，高超答说："张文表图谋脱逃，杀了卫士，死在赶去拦截的兄弟的乱刀之下。"赵璲只惊得目瞪口呆，无话可说。

二月一日，荆南高继冲得知朝廷要派兵讨伐张文表，想大军通过荆南时，肯定得花一大笔钱。于是以"供应王师"为名，在境内加紧征集钱粮，搜刮百姓，赵匡胤得知后，下令禁止此事的发生。

高继冲继位以后，将境内的行政赋役等事都交给节度判官孙光宪处理，让衙内指挥使梁延嗣掌管军事方面的事务，对这两人异常信赖，常常对人说："凡事只要能使孙梁二人满意就行。"

李处耘奉命讨伐张文表，来到襄阳城，而慕容延钊正疾病缠身，虽然受命为湖南道行营都部署，却已无法动身前往。赵匡胤命人用轿子把他抬到襄阳城。李处耘先期派遣阁门使丁德裕去通知荆南的高继冲，大军讨伐张文表，要路经江陵，军中军粮充足，只要稍稍准备点柴草和茶水就行了。外来军队过境，历来是各国的忌讳，高继冲召集军队来商议此事，僚佐们也说凶险未卜，一致建议拒绝宋军入境。于是高继冲以"百姓惊恐"为理由，只答应在城外百里处招待大军，还说："不但可以供给薪和水，还可以供给军粮。"李处耘怀疑高氏对他们的意图已有所察觉，但君命难违，只好再次派丁德裕前往，说服孙光宪、梁延嗣二人，务必请他们允许大军借道。荆南兵马副使李景威私下对高继冲说道："宋军拒绝我们如此优厚的条件，执意要进入江陵城，借收复湖湘为幌子，其真实意图是要灭我们荆南。我愿为主公效劳，您拨给我三千人马，让我去险要处伏击宋军，让他们插翅难逃，您另派一支人马攻入湖南，活擒张文表献给朝廷。否则，主公您恐怕要面临灭族灭国的危险。"

高继冲迟疑很久才说："我每年都按时向朝廷进献贡物，并没有什么差错，朝廷也许不会对荆南下手。何况，即使打起来，我们也不是慕容延钊的对手，我们是无法阻止他们强攻江陵的。假如他们没有夺取江陵之意，我们妄加猜测，引起兵端，岂不坏事？"李景威又想用天命鬼神说服他："咱们荆南地区有个古老的故事：江陵各处一共有九十九个洲，一旦满百，就有王者兴起。武信王初起时，江心深处就曾忽然生出一洲，成百数。现在这个洲渐渐消去，可能要发生危险之事，我们怎能不加倍小心？"孙光宪听了，很不以为然，对继冲道："圣人都不敢妄说天道，李景威一介草民，哪里懂什么天数？中原自周世宗时已经有统一天下的意思。宋朝建立以后，朝政具有深谋远虑，绝没有苟且偷生之意。如今兴兵南下讨伐张文表，必定会马到成功，平定张文表，便可以班师回京，何苦借道荆南？如果他有夺取江陵的野心，荆南三州的民众也不是他们的对手，不如向朝廷自献疆土，这样，既可以使荆楚免受一场兵祸，也可以让主公仍然享有荣华富贵。"高继冲认为此话有理。李景威见荆南的灭亡已不可避免，伤心欲绝，扼颈而亡。

李景威的死，并没有惊醒高继冲，他仍命梁延嗣和他的叔父高保寅，带着牛肉、烈酒前往宋营犒劳士卒，一面暗中观察宋军的意向。

九日，宋军驻扎在荆门（在今湖北境内）。李处耘会见梁延嗣等人的礼节十分周到全面，并告诉他们第二天可先回江陵。梁延嗣等人十分高兴，暗想：宋军若是有其他想法，必然要扣留他这样的荆南要人，现在他们不但没有拘留他，而且礼数周全，看来是我们多虑了。于是命人向高继冲报告说："一切正常，只管放心。"荆门距江陵大约一百里，当晚，慕容延钊设盛宴招待梁延嗣，宾主同欢，非常热闹。与此同时，李处耘亲率轻骑数千人，火速赶往江陵。

高继冲得到梁延嗣的使者送来的报告，正在暗自庆幸逃过一劫，不料，忽有亲随来报："宋军一支骑兵，直奔江陵而来。"高继冲闻言大吃一惊，赶紧命令部将布置防务，自己打马出城迎接宋军，以期给城中多争取些准备时间。在距城十五里处与李处耘相遇，尚来不及寒暄，李处耘先发话道："高将军，慕容将军有重要事与你相商，请吧！"话未说完，他的背后便窜出两人，抓住了高继冲的马缰。而李处耘则率领部众冲进城中。城中队伍还没有集结好，李处耘已登上北门城楼。将近晌午，慕容延钊才与大队一起缓缓向江陵而来。高继冲回到江陵时，江陵已尽在宋军控制之下，他只好投降，并将归降朝廷的消息传达给归、峡二州，宋军兵不血刃便占领了荆南三州十七县的地盘。一仗没打，荆南就这样平定了。

平定湖南

二月十日，宋收复荆南后，挑选荆南三州中的精壮者入伍，然后昼夜不停地向朗州进发。周保权闻讯，不知所措，召见观察判官李观象商量对策。李观象道："前些时向朝廷请援，是为了讨伐张文表。张文表已被诛杀，朝廷不肯班师回朝，意在夺取湖湘，如今荆楚已经降宋，朗州无法独拒朝廷兵力，不如俯首称臣，也许还能保住荣华富贵。"周保权犹豫不决。指挥使张从富等武官反对降宋，商议如何阻止宋军。

慕容延钊于军队到达朗州之前，便派遣丁德裕到朗州宣布安抚诏书。这使得朗州城君臣议论纷纷，不知是应该投降还是应该抵抗，最后张从富等武臣力排众议，拆除境内桥梁，堵塞交通，沉没船只，坚决抵抗。丁德裕只好退回待命，慕容延钊把这种情况报告了朝廷。

本来，荆南平定后，赵匡胤已增派枢密都承旨王仁赡为巡检。高继冲官居原职，仍然是荆南节度使，但已没有实权，大权落入王仁赡之手。二十八日，又加封原高继冲的大臣梁延嗣为复州防御使，孙光宪为黄州刺史，五昭济为左领军卫将军，并下诏抚恤了李景威的家属。

得知湖南情势后，赵匡胤先以发兵救援周保权讨伐张文表为由，威胁周保权让宋军入境，但周保权为武将挟持，未能满足朝廷的要求，于是赵匡胤下令讨伐。慕容延钊先命战棹都监武怀节等分兵攻岳州。在三江口一带，大败湖湘兵，岳州被宋军攻下。

三月，张从富军在澧州城南与宋军遭遇。未曾交战，张军已经溃逃。李处耘率兵追杀，到敖山寨，张军又弃寨逃走。宋副将李处耘命令部下，将俘虏中的几十名肥胖者杀死，吃尽他们的肉；少壮者在脸上涂矾刺字放回。这些被黥面者回到朗州城，说起宋军吃食俘虏肉的情景，听到的人都恐慌之极，纷纷逃亡，无人守城。宋军长驱入城，湖南又被平定。宋军占领荆州湖南以后，左为南唐，右是后蜀，南接南汉，形势对宋军来说越来越有利了。

十日，宋军进入朗州，在西山下张从富被宋军活捉斩首。周保权及其家属在将领汪端的保护下逃走，躲在沅江南岸的一个庙中。李处耘得到消息后，将其捕捉。这样周氏灭亡，湖南十四州、一监，共六十六县全部归顺宋朝。

湖南还有一个很棘手的问题，就是有许多少数民族聚居在这一带，主要有僚族、瑶族、苗族等，他们时常骚扰边郡。周行逢在湖南统治时用的是笼络政策，广封诸洞蛮酋长为司空、太保等号。赵匡胤平定湖南以后，他急需寻找一个熟悉少数民族情况以及少数民族聚居区地形的谋略之士，来管理这些地方。瑶族人秦再雄，身材高大，足智多谋，蛮人非常信服他，并且在周行逢时，他就曾立下赫赫战功，正好符合赵匡胤的要求。他被赵匡胤召到京城，任命为辰州（今湖南沅陵）刺史，并给他刺史诸佐官的任免权，州租赋的征收权，以及大量的财富。秦再雄感激涕零，表示誓死报效朝廷。到辰州任所后，他精心训练士卒，选派校官到各少数民族聚居区劝其首领归顺朝廷。由于他在少数民族中的威信，各首领纷纷向朝廷递上降表表示愿意归顺。赵匡胤因此特意把秦再雄召到京都，当面予以奖励，提拔他担任辰州团练，负责辰、锦、溪、叙、巫等五州地区的治安。秦再雄尽心尽力，虽然没有增加一兵一卒，但终太祖赵匡胤一朝，这地区再没有出现边患。这虽说是缘于秦再雄的武勇有谋，但更深层的因素还是赵匡胤用人有方。

2.一征北汉

开宝元年（公元968年）八月，宋太祖赵匡胤下诏讨伐北汉。

（1）宋汉之争

北汉立国后，统治着忻、代、岚、宪、石、并、麟、沁、汾、辽十州，都城是并州，又称晋阳、太原府等，治所在今山西阳曲县。因为国土狭小且土地比较贫瘠，很难凭自己的力量与宋朝单独对抗，便投靠契丹，希望能得到契丹的援助。

宋太祖即位的那一年（公元960年）夏天，上党李筠叛乱，对外想得到北汉支援，便囚禁了宋朝泽潞监军周光逊等人，作为见面礼，对北汉俯首称臣。北汉主刘钧亲自到太平驿（今山西长治西北）与李筠见面，还派宣徽使卢赞带数千骑兵协助李筠。后来李筠兵败，卢赞被杀。被派到李筠营中干事的北汉宰相卫融被俘，刘钧仓皇地从太平驿逃到代州。

泽潞叛乱被平定后，赵匡胤曾打算以北汉支持李筠叛乱为借口，出兵北汉。建隆元年（公元960年）八月，他向也曾任过后周殿前都点检、现任忠武节度使兼侍中的张永德问计。张永德是一位资历较深的军事家，他回答说："北汉兵少，但凶猛异常，又有契丹的援助，很难一举攻下，不如一面派散兵游卒骚扰其农耕，使其国力衰弱，一面离间北汉与契丹的关系，拆散他们的同盟，然后再攻打它，就方便多了。"这番话启发赵匡胤制定了较为完善的对付北汉的战略方针。《宋史·赵普传》记载：宋初期，赵匡胤曾夜访赵普府，讨论攻北汉的事。赵普道："太原虽臣服契丹，可仍然对契丹心存戒心。所以它的存在使我们在西、北两方免受契丹直接威胁。不如先平定其他割据的政权，再来对付北汉。"赵匡胤哈哈笑道："这话正合我意。"正是因为这个"先南后北"的战略，所以李筠败后，宋朝没对北汉用兵。

但是，两军之间小规模战争却从未间断过。宋朝的守边大将荆罕儒就经常深入北汉境内，烧杀抢掠。由于他异常凶猛，北汉的守城官员一听他出兵，就闭城坚守不出。建隆元年十月，他再次出兵，攻打到汾州（今山西汾阳）城下，大获全胜，满载而归。当晚在附近的京土原安营扎寨。北汉主遣大将郝贵超领兵前来拦截。荆罕儒在战斗中坠马而亡。这对宋兵是个极大损失，皇帝悲痛不已，迁怒于他的手下部将，阎彦进等人被贬官，龙捷指挥使石进德等二十九人被斩。

建隆二年（公元961年）十二月，宋昭义节度使李继勋在院州（今山西昔阳）城下打败北汉军，俘虏了辽州刺史傅廷彦的亲弟傅勋。

三年（公元962年）二月，刘钧出兵攻宋晋（今山西临汾）、潞（今山西长治）二州，不敌守城士兵，大败而回。

四年（公元963年）八月，宋将王全斌攻下北汉的乐平县，将之改名为平晋军。乐平是北汉辽州的治所，刘钧多次派兵援救，均被击败。

自从李筠失败之后，北汉主日不能食，夜不能寐，日夜担心宋朝大举讨伐，因此广招谋略人士，策划防御的事。他任命赵文度为宰相，从太原附近的抱腹山招来道士郭无为任谏议大夫，参议中书事；又从五台山招了个和尚参议国家，枢密使段常和侍卫亲军使蔚进都封了同平章事。后来赵文度与郭无为不和，刘钧将赵文度贬知汾州，杀死段常，赶走蔚进，朝政为郭无为一人独揽。宋初，契丹曾表示愿与宋朝修好，刘钧协助李筠对抗宋朝，令契丹大为不悦，现在又杀了契丹的段常，契丹遣使责备刘钧道："你竟敢不遵我号令，犯下三条大罪：第一条是擅自篡改年号，第二是私下援助李筠，第三条是冤杀段常。你到底有何打算？"刘钧大惊失色，连连赔罪，契丹人对此却不予理睬。从此北汉派到契丹的使臣一概被拘留，不放回国。刘钧忧怒交加，最终得病，开宝元年（公元968年）七月亡故，年仅四十三岁。

刘钧死后，刘继恩即位。刘继恩并非刘钧亲生，而是其妹的儿子，为刘钧收养。刘继恩懦弱，不果断，刘钧知道他没有济世之才，没有立他为皇子，只是刘钧死后，刘继恩自称继嗣，契丹予以承认，于开宝元年（公元968年）七月做了北汉皇帝。

（2）无功而返

开宝元年（公元968年）八月，赵匡胤下令征讨北汉。十五日命内客省使卢怀忠等二十二名将领率禁兵屯扎在潞州。十七日以昭义节度使李继勋为河东行营前军都部署，命侍卫步军都指挥使党进任副职；宣徽南院使曹彬任都监；棣州防御使何继筠为先锋，康延昭为都监。又以建雄节度赵赞为汾州部署，绛州防御使司超为副职，隰州刺史李谦溥为都监。

强兵压境，刘继恩却念念不忘当年刘钧与郭无为商量是否立他为嗣时，郭无为没有赞美他几句，将他明升暗降为司空。刘继恩优柔寡断，为避免得罪宫廷侍卫，没有将自己在太原府衙门的亲信召进宫中，结果，供奉官侯霸荣率兵士进内宫刺杀了他。郭无为又率兵杀了侯霸荣和他的士兵，拥立刘继元为帝。

刘继元即位时，宋朝大军已进入北汉境，他匆匆派人到契丹请求援救，同时又派遣大将刘继业、冯进珂等人统兵扼守北上太原的要道团柏谷（又名团柏镇，在今山西祁县东南六十里）。刘继业本名杨崇贵，因其自幼追随北汉世祖刘崇，颇得信任，刘崇赐给他刘姓，改名刘继业。监军马峰与宋军先锋何继筠部遭遇，北汉军大败。宋军兵临太原城下。九月二十七日，北汉佐胜军迫使李琼投降。

北汉内部的争斗仍未停止，刘继元即位后，先以私嫌杀了刘均皇后郭氏，又接连杀了刘崇的几个儿子刘镐、刘奇、刘锡等，只有刘铣因装傻而得以活命。

开宝二年（公元969年）二月十六日，赵匡胤带兵从京城亲征太原。第二天，因天降大雨，就驻扎在了潞州。这时北汉刘继业、冯进珂屯兵团柏谷，遣牙队指挥使陈廷山率几百骑兵前来打探消息，遭遇李继勋部前军，便降了李继勋。刘继业、冯进珂领兵退回晋阳，本意是想聚集力量，固守京城，避免兵力分散，被宋军各个击破。刘继元不领他们的一番好意，怒发冲冠，剥夺了刘、冯二人的兵权。李继勋大军随后也到了城下。恰好契丹派来册封北汉主的使臣也到城下，刘继元乘着夜晚偷开北城门，将他放了进来，第二天便大设筵席，招待契丹使臣，北汉众臣也前往作陪。正在大家尽情欢乐时，宰相郭无为放声大哭道："宋朝大军压境，契丹上国的援兵不见踪影。满朝文武却坐在这里大吃大喝，与其等到城破被杀，还不如我自杀得了。"边哭边从侍卫胁下拔出佩刀，就要剖腹，却被身旁的人夺下。刘继元亲自走下堂阶，询问他该如何是好。郭无为道："为什么用太原这一座小小的孤城去对抗宋朝百万大军呢？"意即劝刘继元投降。刘继元沉默不语。

三月十五日赵匡胤从潞州出发，二十一日兵临太原城下。二十三日，命人在太原城四周修筑长连城，以图长期围困。

二十六日，北汉宪州（今山西静乐）判官史昭文开城投降，赵匡胤当即命史昭文为宪州刺史，并赏赐了礼服、玉带等财物。二十八日，他在城的东南边巡视，见城下宋军尸体遍地，认识到自围城以来，损失惨重，而太原城仍然岿然不动。赵匡胤知道靠兵多强攻，虽然能够拿下城池，但伤亡也必然很大。精兵良将都死于太原城下，谁来攻打江南，平定南汉，如此统一大业岂不是化为泡影！就在赵匡胤不知如何是好之时，左神武统军陈承诏提出一条妙计，即用汾河水灌城，水攻太原，可以不伤一兵一卒，赵匡胤欣然同意，任命陈诏负责办理。

二十九日，引晋祠水灌太原。

三十日，分兵四面逼城，城南是李继勋，城西是赵赞，城北是曹彬，城东是党进。万一汾水灌入城中，四面又有兵把守，岂不成了瓮中之鳖？城中人哪能不急。不等四面围严，便分别派兵突围了。首先从西门突围，赵赞奋勇作战，率众坚守，北汉兵死战不退。后来赵赞受伤，形势对宋军不利，在城西观战的赵匡胤焦急万分，幸亏东城党进派出伐木的队伍听到战鼓声，前往救助，才击退北汉军队。

刘继业率众从东门突围，受到党进的阻击，结果大败，刘继业跳进漆黑的城壕，党进不敢紧追，刘继业才侥幸得以逃脱。

当初，赵匡胤任命棣州防御使何继筠为石岭关部署，驻守曲阳（在今河北境），意在防备契丹。四月，赵匡胤得知契丹分兵数路援救北汉，经过石岭关，便急急召见何继筠，面授破敌计谋，并拨出几千精兵给他。

何继筠依计行事，契丹兵大败，将领王破得、武州刺史王彦符被活捉。何继筠缴获了大量的马匹和铠甲，然后派儿子何承睿去向赵匡胤报捷。赵匡胤命人将契丹军的铠甲首级悬挂起来给城中的北汉将士看，这彻底击破了北汉将士寄希望于契丹援军的美梦，北汉军心动荡。

二十九日，北汉麟州（今陕西神木）刺史结齐罗等开城投降。

五月，契丹兵从定州（今河北定州市）前来援救晋阳，中了义武节度使韩重的埋伏，契丹兵再次大败。

五月十二日，赵匡胤命水军驾船载弩箭攻城，横州团练使王廷义中箭而亡；十五日，殿前指挥使都虞候石汉卿又中箭落水而亡。

二十日，攻城西仍无功而回。他又派一支军队攻打岚州（今山西岚县），守官赵文度弃城投降。

二十六日，宋兵围城已经很长时间，城内得不到城外的救援，宰相郭无为想投降宋朝，便假意请求亲率士兵夜袭宋军。北汉主为他挑选了精兵千人，派刘继业、郭守斌作为他的副将，又亲自登延夏门为他送行。但当天晚上风雨大作，刘继业的马足扭伤返回，郭守斌迷路，郭无为一个文官，也只好返回城中。

闰五月初二，水从延夏门瓮城穿过外城的两重城墙，流入城中，城中大乱。北汉军见水口越冲越大，便纷纷用竹笆、木桩等物堵塞。城外宋军弓箭手对准水口，万箭齐发，使得北汉军民无法用竹笆、木桩去挡水。正值危急时分，却见一草垛自水上漂来，北汉人大喜，十几个人将草垛推向水口，宋军弓箭射在草垛上，推草垛的人身在垛后，弓箭无法射到，这样水口被堵死。此时水深只差数米就要漫过城头，宋军也无可奈何。

北汉主再次拒绝郭无为投降的主张。宦官卫德贵乘机控告郭无为谋反。当时城中人心惶惶，惊恐不安，北汉主刘继元乘机杀死郭无为安定人心。某日半夜，突然宋军中有人大声呼喊："北汉主前来投降。"赵匡胤信以为真，命人打开壁门。八作使赵提醒他半夜三更，不知真假，不要轻易就相信这件事。赵匡胤顿悟，立刻传命，暂缓开门，命人登上壁垒盘问清楚。结果真是有人假借投降之名来攻营。

宋军自二月底围城，已历时近四个月。从赵匡胤来到太原，也已百日有余，将士伤亡很重。在一次攻城中，东西班都指挥使李怀忠中了箭伤，生命垂危。几个要好的朋友义愤填膺，殿前指挥使、都虞候赵廷翰率领诸班卫士叩头请战，愿意出生入死，率士登城，并请求派兵接应。赵匡胤道："你们都是我训练出来的勇士，一个人可以抵一百个人用。我宁可不要这太原城，也不忍心让你们冒着生命危险攻城。"将士听了，自是感激万分，趴在地上不停地磕头，口中连呼"万岁"。此时探事官报告说又有契丹援兵将要到达，太常博士李光赞奏道："河东蕞尔小国，弹丸之地，攻下它没什么光荣，攻不下也没有什么可耻，用不着陛下亲自征讨。请陛下速回京都，屯驻精兵于上党，夏天入北汉境抢收麦子，秋天抢收它的谷田。如此一来，过不了几年，北汉必灭亡。"赵匡胤便征询赵普的意见，赵普也表示完全同意，于是决定撤兵。

闰五月十六日，赵匡胤起身回京，第一次大规模讨伐北汉的战争就这样不了了之了。

3.出兵南汉

开宝三年（公元970年），南汉昏君刘昏庸无能，奢侈残酷，南汉政权腐败不堪，处于风雨飘摇之中。宋太祖赵匡胤决定出兵南汉，夺取岭南。

（1）兵进岭南

南汉是据有现在两广及湖南南部，以广州为都城的割据政权。南汉主刘铱昏庸荒淫，每天与宫人波斯女淫戏后宫，还以烧煮、剥剔、刀山剑等酷刑为乐，政事全由宦官龚澄和才人卢仙处理，政治黑暗至极，所以宋太祖早有出兵南汉，夺取岭南之意。

开宝元年（公元968年）九月，宋道州（今湖南道县）刺史王继勋又上表说：刘铱残暴昏庸，岭南百姓身受其苦。近年来屡次出兵，骚扰我国边境，请求朝廷派兵讨伐南汉。但赵匡胤认为对岭南地形不熟，士兵也难以适应岭南气候，不肯出兵，只令南唐主李煜劝降刘铱。劝降遭到刘铱的拒绝，言辞很是无理，赵匡胤这才决定派兵南下使用武力征服。

开宝三年（公元970年）九月一日，赵匡胤任命潭州防御使潘美为贺州道行营兵马都部署，道州刺史王继勋为行营马军都监，朗州团练使尹崇珂为副都部署，约定最后会合在贺州城下。

二十九日，潘美向朝廷奏捷说："击败南汉一万多兵众，并把富州（今广西昭平）拿下。"

那时，许多南汉宿将皆遭诬陷而死，宗室也被杀戮殆尽，只有几名宦官可以带兵作战，国库钱财被挥霍一空，船只和器甲却没有得到修缮，军备非常差。等到宋军压境，对阵的贺州刺史陈守忠派使者告急，内外慌乱。刘铱派龚澄枢往贺州慰问将士。久戍边境的士兵早已疲惫不堪，眼见战事将起，朝廷派重臣前来慰问，按例应该有一笔厚赏，不料盼来的却是一张诏书和几句空话，士兵哗然。宋军进军冯乘（今湖南江华西六十里），前锋军到达芳林渡（今广西贺州市八步区北）。龚澄枢乘船回广州，而宋军则于当月十五日兵临贺州城下。

刘铱急忙召集大臣商议对策，大家一致推荐潘崇彻领军御敌。潘崇彻原是南汉旧将，战功赫赫，刘铱即位时任西北面都统。刘铱因听信谗言，对他非常不信任。开宝元年时，曾命专使郭崇岳调查他的"罪行"，并暗自吩咐郭崇岳："一旦发现他的可疑形迹，就地将其处死。"由于潘崇彻防范严密，才免遭毒手。但刘铱还是剥夺了他的兵权，潘崇彻对此怀恨在心，现在让他冒着生命危险，带兵打仗，他自然摆摆架子。刘铱见他推让不肯受命，一气之下任命伍彦柔率兵前往救援贺州。

二十日，宋军得知伍彦柔军来援贺州，后撤二十里，在南乡（今广西信都）附近的贺江岸两侧设下埋伏。深夜伍彦柔乘船到达贺江，士卒正在离船上岸，便遭到宋伏兵的袭击，部队一哄而散，伍彦柔被生擒。宋军割下他的脑袋号令城中，城中人仍然坚守不降。随军转运使王明对潘美说道："现在应争取时间把城拿下来，否则再有援兵来到，与城中之兵一起对我军形成夹击之势，胜负就很难预料了。"其他将领怕强攻伤亡太大，犹豫不决。王明只身率领运粮士兵和几千名丁夫，填平壕沟，直攻到城门之下。城中人对防守已失去信心，遂开城投降。宋军声言要直取广州。刘铱已是黔驴技穷，再也没有办法顾及自己的颜面，将潘崇彻加封为内太师，马步军都统。让他率兵三万，驻扎在贺江岸边，阻止宋军攻打广州。其实宋军只是虚晃一招，西出昭州（今广西平乐）城，才是其真实意图。

十月二十三日，潘美奏称："行营马军都监、道州刺史王继勋战死。"赵匡胤任命郴州刺史朱宪代理他的职务。宋军继续进发，先打败昭州城外南汉开建寨军，生擒其将军靳晖。昭州刺史田行稠见大事不妙，弃城逃走，桂州（今广西桂林）刺史李承进也望风而逃。昭桂二州被宋军轻而易举地拿下。

十一月，连州（今广东连州市）也被宋军攻下，南汉招讨使卢收退入清远县（在今广东省境）。宋军的下一个目标便是韶州（今广东曲江）城。

不久宋军兵临韶州（今广东曲江）城下。作为南汉北部门户的韶州，其战略意义非同小可。眼见宋军到来，都统李崇渥率十万多兵卒，结营于城外的莲花山下，把国中作为依靠的象军也派了出来，打算与宋军决一死战。象军是南汉军克敌制胜的法宝，具体作战方法是让每只大象身驮十几名士卒在前面冲锋陷阵，步兵随后追杀。宋军早已想好破敌之法，他们用密集的箭射击大象，大象受惊，掉头往回跑，结果踏死大量的南汉军士，南汉军大败。宋军乘势追击，大获全胜。李崇渥只身逃走，韶州陷落。留在城中的刺史辛延渥、谏议大夫邹文远等被俘。辛延渥遣使劝刘铱投降，刘铱没有反对，但遭到六军观容使李讬的坚决反对。南汉军民听说朝中在争论降与不降，军心动摇。刘鋹下令军士加固城壕，准备长期固守；并任命郭崇岳为招讨使，与大将植廷晓一起率领六万兵马，驻扎在马迳（在广州城北），以抗击宋军。从马迳到番禺（南汉都城，今属广州）大约只有一百里路。

开宝四年（公元971）正月，宋军又攻下英（今广东英德市东）、雄（今广东南雄）二州，南汉都统潘崇彻眼见大势已去便投降了宋军。宋军自英州南下，到达泷水头。泷水头地势险要，路的两边都是高山，易守难攻。宋将潘美害怕中南汉军的埋伏。正在踌躇间，突然有人来报说，南汉遣使求和。潘美想："看来这里果然没有伏兵，不然的话怎会低声下气的求和。"但是为稳妥起见，命人把使者绑了，在马前引路。军士簇拥着汉使，顺利通过山口，正月二十七日，便到达栅口。二十八日来到马迳，这里地势比较高，可以俯视郭崇岳军的营盘。

郭崇岳没有将才，部下士兵大多是英州等州被攻占后逃回来的兵士，毫无斗志。面对宋军的游骑挑战，郭崇岳只是坚壁自守，不肯迎战，却在半夜三更祈祷神灵保佑他逢凶化吉。

（2）汉主出降

南汉主刘鋹本想携金银珠宝以及妻妾逃走，但他平时不体恤下人，手下宦官将十几船的珠宝私自运走。刘鋹众叛亲离，只好投降。于是派右仆射萧、中书舍人卓惟休，带着降表到宋军营前乞降。潘美将他们护送入汴京，去见皇帝赵匡胤。

刘鋹在宫中等候回音，左等右等，不见萧、卓二人回来。心中不禁害怕起来，急忙再次下令命郭崇岳加紧戒严。

二月一日，刘鋹又派遣胞弟祯王刘保兴率领封国内的士兵前来助战。植廷晓建议郭崇岳说："宋军一路势如破竹，士气极盛不可抵挡。而我军人数虽多，但大都吃过败仗，如惊弓之鸟，不能抵抗敌人。应该用'置之死地而后生'的方法，把士兵放在一个凶险的去处，促使他们拼死一战，或许能有一线生路。"

于是在二月四日，植廷晓把前锋军带到江边，准备背水一战。为防止士卒逃跑，由郭崇岳亲自殿后。但还是被宋军打败，植廷晓战败身亡，郭崇岳逃回，仍命令坚守不出。潘美巡视后对王明说道："敌方营栅是用竹编成，若用火攻，他们必然被吓得手忙脚乱。我方大军乘其混乱之机展开攻击，当可一战而胜。"是夜，宋军便按潘美的计划行事，果然大败南汉军，郭崇岳也在混乱中被杀。祯王刘保兴见势单力孤，也弃营逃归城中。龚澄枢、李托与内侍中薛崇誉等人商议对策，龚说："宋军千里迢迢，攻打我国，他们想必是看中了国库的珍宝。不如一把火全都烧了，只剩一座空城，宋军自然退兵。"大家一起称赞说："好主意。"于是放火烧掉府库和宫殿。宋军却仍是不退，并于二月五日（辛未）进军到白田。不得已，刘𬬮开城投降请罪。潘美照例以宋朝廷的名义免去他的罪过，宋军进驻广州城。南汉平定后，将刘𬬮、刘铣的家属以及俘虏的南汉官员共97人安置在龙德宫集中看管。刘保兴起初逃遁出城，躲藏在民间，不久也被抓获。潘美一边命人张贴告示，安抚百姓，一边遣人入京城告捷。安排已毕，班师回朝。二月二十三日，回到京城。二十四日，群臣上朝祝贺，赵匡胤大喜，赐宴嘉奖众将。

自开宝三年（公元970年）九月一日点将发兵，到开宝四年（公元971年）二月二十三日奏凯回朝，前后共一百七十一日。灭南汉后，得到州六十个，县城二百一十四座，户口增加了十七万二百六十三户。

赵匡胤下令在原南汉境内州县免租赦罪，废除一切危害百姓的政令。四月七日，任命南面行营都部署潘美、副都部署尹崇珂同知广州；二十七日命令选择广州的英才担任知州。岭南逐渐安定下来。

潘美遣使押送刘𬬮等去汴京，在经过公安县（今湖北境）时，管理县邸的官员庞师请求谒见。刘𬬮问学士黄德昭："他是什么人？为什么来求见我呢？"黄德昭说："他是南汉的官员，自然要晋见陛下。"刘𬬮道："我朝的官员，何以流落到此？"黄德昭道："多年来，高皇帝向中原大朝纳贡，均需途经这里，便命他在此设置官邸，打造车辆，转运贡品。"

刘铱感慨道："原来我国的领土本来就是大朝的土地，今返还大朝，我也没什么可怨恨的。"入京后刘铱在京郊玉津园居住，赵匡胤派参知政事吕余庆审问说："为什么遣使请降后重又反叛？为什么放火焚烧府库宫室？"刘铱把罪过全都推在大臣龚澄枢、李托、薛崇誉身上，自己原是一身"清白"。再问龚、李、薛等，三人只是不语。

五月一日（乙未）将刘铱等人以帛系颈，牵入太庙，行了献俘礼。礼毕，赵匡胤命刑部尚书卢多逊就烧府库等事进行盘问，刘铱以自己年幼，朝中之事皆由大臣掌管，再次将罪过推给龚澄枢、李托、薛崇誉。于是，赵匡胤命人将龚、李、薛推出去斩首，赦免刘铱罪过，封为太保，从此随朝伴驾，刘铱也乐此不疲。

4.宋灭南唐

开宝八年（公元975年）十一月，宋太祖赵匡胤用兵江南，宋俘李煜至汴京。南唐自李昪立国，割据了39年之后亡国。其实，冰冻三尺，非一日之寒。自周世宗显德五年（公元958年）以后，南唐内政不修，而中原政治势力日益强大，尤其宋朝建国以后，双方力量更加悬殊，南唐国的灭亡只是时间的问题。

（1）南唐后主

赵匡胤登基后不久，南唐国主李煜派遣使者带着绢布、银两等贡品到汴京朝见赵匡胤。那时宋朝在汴京城南的迎銮镇操练水军，准备平定李重进叛乱，李煜心中害怕，派遣儿子李从镒与户部尚书冯延鲁到扬州慰问宋军。在平乱后的酒宴间，赵匡胤呵斥说："你们国主与我叛臣李重进相互勾结，作何解释？"李从镒闻言，胆战心惊。冯延鲁从容说道："陛下只知其一，不知其二，我们不但与李重进勾结，还参与谋划了他的谋反呢。"赵匡胤惊疑道："此话当真？"冯延鲁道："千真万确。"赵匡胤道："那你如实说来。"冯延鲁道："当时国主命令我对使者说：'大丈夫不得志而反叛，很合理，但反叛要审时度势。宋初李筠在泽路揭竿而起，你没有抓住时机与他一同反叛，如今宋朝外无战事，兵精粮足，你怎能以区区之地，疲惫之兵与他抗衡？我国虽兵粮充足也不会支持你'。李重进果然因为没有外援而兵败，您看我主的策划高明吧？"赵匡胤点头道："原来如此。可是——"他略一沉思后说道："如今诸将纷纷劝我，乘士卒士气旺盛，大举渡江。你怎样看待这件事呢？"冯延鲁郑重回答说："陛下若统帅六军，大举南下，像我们这样一个弹丸小国，是无法与陛下抗衡的。但我主有几万侍卫军，这些亲兵都是先主的手下，誓与国主同生共死。而且我们有长江天险为恃，陛下若过江后，后路阻断，无法补充粮草，也会惹上麻烦的。总之，陛下若不怕伤亡士卒，决心血战一场，可以试一试。"赵匡胤闻言，道："好一张利口！我不过开个玩笑，你倒说了一大堆道理，难道是你们国主有意要你游说来的吗？"

那时，一个南唐的下级官吏杜著，口才不错，假扮作商人，从建安（今江苏南京）偷渡长江，投奔宋朝；又有一个彭泽令薛良，因罪贬官，来投降宋朝，都向朝廷献了"平南策"。李璟更是害怕，以为宋军旦夕之间就要过江。虽然赵匡胤为了安抚南唐，杀了杜著，流放薛良，但是李璟还是心惊胆战。

建隆二年（公元961年）二月，南唐都城由建康迁往南都豫章城（今江西南昌），太子从嘉被任命为建康留守，由左仆射严续、知枢密院事汤悦辅佐他。六月，李璟病卒，终年四十六岁，庙号元宗。七月，从嘉在建康即位为南唐国主，改名李煜。

李煜（公元937~978年），初名从嘉，字重光，号钟山隐士、钟峰隐士、钟峰白莲居士、莲峰居士等，是南唐中主李璟的第六子。李煜聪明好学，作得一手好诗词，尤其擅长书画，通晓音律，是个才子皇帝，但在政治上是个外行。即位后，他也想励精图治，下令国中四品以下，九品以上官员，每天二人轮流等候召见。然而一些才高位卑的人曾给他提出了许多建议，但不见实施，他们都倍感失望。

建隆三年（公元962年）五月，南唐将士投降宋朝，但家眷仍留在江南。赵匡胤诏命李煜，把这些人的家属送到江北来。七月，又从投降宋朝的南唐士卒中，挑选数千老弱病残送回南唐。

乾德元年（公元963年）八月，南唐任命吏部尚书游简言知尚书省事，不久又提升为右仆射。十月，割据泉州的陈洪进，上表请求宋朝册封为清源节度副使。十一月，宋给李煜颁诏书，说明陈洪进归降的情形，表明将授给陈洪进节度使的职位，赐给钺、旌等仪仗法物。十二月，南唐主李煜上表，揭露陈洪进狡猾多端，归顺的事不一定可信，请朝廷暂不要赐给他旌钺。隔日，又上表请朝廷诏书直呼其名，不要用国主之名称呼他。

乾德五年（公元967年）三月，南唐主李煜分命两省侍郎、谏议大夫、给事中、集贤殿学士、勤政殿学士等轮流在光政殿值夜，每晚与值夜的人一起闲聊，常常聊到三更半夜。李煜崇信佛法，宫中设立不少寺院，拥有数百和尚、尼姑。他每日退朝后与后妃一起穿僧服，诵读佛经，烧香拜佛。僧人犯罪，不绳之以法，常常将其罪免去。上行下效，国中崇信佛教的风气日盛，大臣中许多人不食荤腥，持戒奉佛。他选择一些有辩才的年轻僧人，南渡去给他讲论因果报应的佛家学说，李煜对他们佩服得五体投地，称他们是"一佛出世"。从此再也不把治理国家、守卫边疆的事放在心上。

开宝元年（公元968年）三月，南唐以枢密使右仆射汤悦为左仆射，兼门下侍郎平章事。汤悦平素对清辉殿学士张洎非常尊敬，可是张洎喜欢诽谤议论他人，见汤悦四个儿子分别在三省、枢密院做官，便上了一道秘表给李煜，说三省、枢密院是政府要害部门，而汤悦一家四口皆在枢密院任职，不利于朝廷；又说汤悦才能较低，不适宜于担任宰相。李煜以为汤悦是文学旧臣，张洎诽谤大臣，就免去他学士职位，不过没几天就又让他官复原职。五月，以勤政殿学士承旨、兵部尚书韩熙载为中书侍郎、百胜节度使兼中书令。韩熙载幼年时与李谷为同窗学友。

李谷后来在周朝做官，韩熙载辅佐南唐李璟，时南唐雄踞江淮三十余州，兵精粮足。韩熙载写信给李谷说："江南若任命我为宰相，我必定会率兵长驱直入，夺取中原。"李谷答书也说："中原若以我为相，我夺取江南就如同囊中取物一样容易。"后来李谷果然当了宰相，辅助周世宗攻取了南唐的淮南十多个州郡。李谷派陶谷出兵南唐，先使人通知韩熙载说："陶大学士才高八斗，你们莫要慢待了他。"果然陶谷到江南后趾高气扬，对谁都不理睬，礼数稍有不周则大加呵斥，使接待他的人很为难。韩熙载仔细观察，知他才气虽高，但并非正人君子，于是命妓女扮成驿卒的寡女，取名秦弱兰，前往勾引陶谷。陶谷很快上钩，与秦弱兰如胶似漆，并相赠自己所作的小词《春光好》。几日后，陶谷再次在酒宴上摆架子，韩熙载以请歌妓助兴为由乘机让秦弱兰怀抱琵琶，弹唱陶谷所作的《春光好》，陶谷大惊，才知上当。因为害怕出使宿妓的消息传到江北，从此再也不敢摆架子，心中暗暗佩服韩熙载。可是韩熙载见南唐国事日非，心灰意冷，遂沉迷于声色犬马，李煜想重用他，见他如此，就打消了念头。

（2）朝纲废弛

开宝元年（公元968年）十一月，李煜立周氏为后。她是原宫中昭惠后的妹妹，经常出入后宫，于是与其有了不正当的关系。时昭惠后身有重病，得知此事，气病身亡。李煜索性把周氏立为后。周氏不但容颜俏丽，还精通音律。自入宫以后，李煜终于找到了知音，二人日日讲究音律。李煜沉迷声色，渐渐与教坊艺人交好，他甚至想把原户部侍郎孟拱辰的一处宅舍赐给教坊艺人袁承进，遭到监察御史张宪的极力反对才不得不作罢。

开宝二年（公元969年）正月，南唐左仆射平章事汤悦被罢免宰相一职，封为镇海节度使。为求解此新职，汤悦几次上表皇上，于是改封为太子太傅、监修国史，兼领节度使。三月，以右仆射游简言兼门下侍郎平章事。游简言自知才能不够，多次上表推辞，但李煜不听。七月，李煜遣弟从谦到宋朝进献贡物，让水部员外郎查元方作为他的副手，掌管奏章的起草工作。赵匡胤命知制诰卢多逊接待来使，双方会见于胙城县（在今河南延津北）。一次，双方在下棋，卢多逊问查元方："如今江南的境况到底怎么样？"这话听似简单，却很难回答。说好，好像在自吹自擂，说不好，又有不满自己国家之嫌。于是查元方站起来回答："江南臣服中原十多年，只知对中原尽君臣之礼，不知其他事。"卢多逊碰了一个不软不硬的钉子，意识到自己的问话太唐突了，连忙道歉，心中暗暗佩服查元方是个人才。十一月，李煜在青龙山（在江苏省南京市江宁区境）打猎，路过大理寺，亲自审讯关押的罪犯，许多罪犯被赦免。中书侍郎韩熙载说道："刑事案件是由大理寺的官员审办的。君侵臣职，是个错误，君臣应该同等对待，有过错就应该惩罚。臣请罚陛下内库钱三百万作为军备费用。"李煜哈哈一笑答应，过后却没有付诸行动。

开宝三年（公元970年）七月，韩熙载死，李煜封追赠他为平章事。同年，宋朝先出兵灭荆湘，九月又出兵讨伐北汉。南都留守林仁肇向李煜呈递密表说："宋朝前年灭蜀，今又带兵去攻打岭南，行军来回有数千里之遥，士卒疲惫不堪。淮南诸郡的防守之兵每郡不过千人。我请求率领几万兵渡过长江，从寿春（今安徽寿县）北渡淮河，进据正阳（在今河南省境），可以一举收复周世宗时期失去的两淮故地。纵然敌有兵来援，我凭借黄河建立营垒，也可以抗敌。为保万全，臣起兵时，陛下可以谎奏宋朝，说我是举兵叛乱。若取得成功，对国家十分有利；不成功，陛下可以诛灭我的家族，以表明陛下无叛宋之心。"李煜不肯答应。还有一位宜春人卢绛，因受到枢密使陈乔器重，一路升迁到枢密承旨，又做了沿江巡检。任此职后，他把许多亡命之徒聚集一起，操练水军，演习水战。卢绛曾经在海门（今江苏南通以东）击败过吴越王钱氏的军队，这时也对李煜说："吴越与南唐为敌，以后肯定会做宋国的向导，并与宋军一起夹攻我们。应及早把它灭掉，以除后患。"李煜道："吴越是宋朝的属国，对它我们怎敢用兵？"卢绛道："我假率宣州、歙州兵叛乱，您向吴越借兵讨伐，到时我们前后夹攻，吴越必定灭亡。事情如果不成功，您可以将罪过推在我一人身上，与国家无关。"李煜仍不答应。

李煜能够做的只有卑躬屈膝，每闻宋朝出师凯旋，或有节日喜庆之事，一定会派遣使节贡献贡品。

开宝四年（公元971年）十一月，李煜派遣弟李从善朝贡。将国家印章中的唐字去掉，改成"江南国印"；并请求赐诏江南时只须直呼其名，宋朝同意了他的要求。李煜曾贿赂宋宰相赵普二万两白银，赵普如实禀报赵匡胤，请示赵匡胤如何处理。赵匡胤道："写封信表示感谢即可。"赵普一时想不明白，不住地叩头推让。赵匡胤说："区区贿赂都不敢接受，岂不有失大国体统？只要你自己不贪图便宜，不必惧怕，何况收了他们的贿赂，让他们不知深浅岂不更好？"赵普这才将银子收下。这次李从善来朝，除了按常例赏赐以外，又悄悄地赏赐给他们白银五万两。果然搞得李煜君臣不知就里。

这一年，占城、都婆（都在今越南境）、大食（阿拉伯人）等国的使者到江南，把当地的许多土特产赠送给南唐。李煜不敢私自接受，派使者转送到宋朝。赵匡胤下诏说："以后尽管收下。"这时候，南汉已经被宋朝消灭，赵匡胤打算收复江南。适逢李从善来朝，便扣留了他，李煜闻讯大惊，匆忙向宋朝谢罪反省。

开宝五年（公元972年）二月，李煜对当时的制度进行更改：在国中下达文件，不再称"令"，改名为"教"，表明自己的身份只是一个师长，而不是国主。又改中书门下省为左、右内史府，御史台为司宪府，尚书省为司会府，翰林院为修文馆，枢密院为光政院；把起初封王的众兄弟，一律改封为国公。由此表明江南只是宋朝的附庸而已，不敢自称为国。

闰二月，宋封江南进奉使李从善为泰宁节度使，并把汴京的一所宅院赐给他，让他通知李煜来朝。李煜自是不肯，只答应增加每年进贡的数目。

赵匡胤知道，林仁肇是个人物，以后必然会成为他向江南进军的障碍，决定设计把他除掉。他先买通林仁肇的侍者，盗取林的画像，悬挂房中，引江南使者观看，说："林仁肇要投降朝廷，命人送来这张画像。"又指一指这座房子道："我已赐予他此宅专等他入京居住。"李煜听了使者的禀报，用毒酒毒死了林仁肇，于是江南又少了一个可用之才。

开宝六年（公元973年）四月，李煜任命汤悦知左右内史事。汤悦非常清楚南唐的大难即将来临，就以年老为由，不肯赴任。李煜不许。九月，内史舍人潘佑、户部侍郎李平因搅乱朝纲，畏惧受到惩罚而自杀。潘佑爱好法术，李平懂得一些修炼丹药和吐纳练气的事，二人关系密切。李自称能与神仙交往，还说潘已死的父亲他早已看到，并知道他还做了仙官，他本人与潘也都是仙官。于是各自在家设了静室，挂上神仙鬼怪的图像，装神弄鬼。李对潘说："六朝大臣的坟墓中埋葬的宝剑、宝镜等，能辟鬼邪助人成仙。"潘佑为了搜集这些陪葬品，便让也是神仙迷的清辉殿学士张洎买了位于鸡哭山前十亩大小的乱坟地，盖上别墅，一有空闲便带领仆人挖坟寻宝。潘佑向李煜提了一条"治国方略"说："治国的根本在于重视农耕，重视农业就要复古井田制，抑制土地兼并，并且要按《周礼》的惯例，登记民籍和牛籍。"为把这些措施认真贯彻，他推荐好友李平为判司农寺官。这个政策使得百姓苦不堪言，非常不满。不得已李煜下令取消这些政策。潘佑以为其"方略"行不通是执政大臣捣鬼的原因，便上书诋毁执政大臣，说他们早晚要与武臣勾结，发动政变。还说国家不久就有灭亡之灾，非由他潘佑出任宰相，才能把危险的形势扭转过来。这些奏章自然不会得到李煜的批准。潘佑又上疏请将宰相汤悦等大臣数十人斩首示众。李煜下诏书告诫他不可任意诽谤他人。从此潘佑再也不去上朝，但又上表说道："陛下即不能自强，还不能示弱？不如率兵去替宋朝收回河东，然后向宋称臣。这是保国的一条良策呢。"李煜不予理会。潘佑又多次请求辞官，并扬言说将避难于山中。十月，潘佑写了他的第七份表章，辱骂皇帝包庇奸臣，连桀纣都不如，是个昏君，自己不愿与奸臣为伍，为亡国之主效力，要求辞官。李煜大怒，下令说："潘佑如此狂悖，一定与李平有关，先把李平送大理寺狱关押，再逮捕潘佑。"潘佑闻讯自杀，李平也在狱中自缢身亡。李煜将潘佑的家属发配到饶州，后又加以赦免，并供给他们粮食。李煜宠幸张洎，封他为清辉殿学士，设清辉殿于皇宫中，以便随时召见。另设澄心堂，作为自己和太子太傅徐辽、太子太保徐游及张洎谋划策略之所，使中书省、枢密院这些机构形同虚设。

（3）曹彬下江南

自从开宝七年（公元974年）五月李从善被扣留在江北以后，李煜思念不已，停止举行所有宴会。又写了一篇《却登高》文，抒发他的感情。当年派常州刺史陆昭符到江北进贡，特意把自己亲笔书信托他带上，请求赵匡胤放李从善回江南。但没有得到赵匡胤的准许。六月，封从善的随从掌书记江直木为司门员外郎，同判兖州事。不久从善的母亲凌氏被封为吴国太夫人。赵匡胤得知陆昭符在江南与张泊有些过节后，对李昭符说道："听说张泊在你们国家窃弄政权，你回去让他来见我，我要看看他是何等人物！"张泊权势炙手可热，陆昭符怎敢传递这些话？不传又是失职，更不敢得罪赵匡胤。陆昭符左右为难，于是决定在宋朝留下来，不再回江南。这正中赵匡胤的下怀。七月，江南落第举人樊若冰投奔宋朝。樊若冰知道宋兵迟早将会南下，自己不能空手入宋，总得立些功劳。于是，伪装成渔夫在采石矶旁的长江中捕鱼，用了几年时间，摸清了长江水面宽窄和水流缓急的情况。之后，他来到江北，建议赵匡胤在采石矶江面上用船搭建一座浮桥，大军便可过江。赵匡胤大喜，赐樊若冰进士及第，把舒州团练的差事授于他；并且下诏让李煜将樊若冰江南老母以及家属送往江北，李煜急忙照办。数日后，赵匡胤又加封樊若冰为赞善大夫，派遣八作使郝守浚率领工匠到荆湖地区，按照樊若冰的计策，建造千艘大船和黄黑色相间的龙头船，留作将来使用。

早在几年之前，赵匡胤就命人在城南建了一座规模宏大的离宫，赐名为孔贤宅，作为诱降李煜和吴越王钱俶的诱饵。并许下诺言："李煜与吴越王钱俶，谁先归降，这座宅院便赐给谁。"又对吴越王的使者黄夷简说："告诉你的国主，江南不肯入朝，不久我将带军进军江南。要他早做准备，帮我作战。"吴越王又遣钱文赟来朝贡，归国时赵匡胤赏给钱俶许多器物钱币，并把将要进兵江南的日期告诉了他。

九月十八日，宋遣颖州团练使曹翰先期率兵赴荆南，准备从上流沿江东下攻打南唐。二十一日，又派宣徽南院使曹彬、侍卫马军都虞候李汉琼、判四方馆事田钦祚共同领兵随后到达。

宋太祖赵匡胤调兵遣将已毕，为找到发动战争的借口，派遣知制诰李穆出使江南，召李煜来朝。李煜若来，便扣留他，江南之事也就解决了；若不来，则以发动战争的理由加在他身上。李穆到了江南，说明来意，光政使、门下侍郎陈乔，清辉殿学士张泊，建议李煜不可北上。李煜遂以有病为借口，不北上朝见赵匡胤。赵匡胤得知后加紧部署军队。赵匡胤又派山南东道节度使潘美、侍卫步军都虞候刘遇、东上阁门使梁迥等一同领兵到荆南会合。二十九日，任命太子中允、知荆湖转运使许仲宣兼南面随军转运使，也就是进军江南的总军需官。

赵匡胤在讲武殿设宴为曹彬与诸将饯行。酒过三巡，曹彬请求面授机宜，赵匡胤对曹彬说道："江南的事，由你自己全权处理好了。卿要牢记：不可杀害无辜百姓；最好的办法就是对他们多加招降，不要强攻城池，贪图速胜。"曹彬等人叩头接旨。赵匡胤又从袖中取出一个封好的信笺，说道："我把命令写在这里面，自副将潘美以下，有谁胆敢不听命令，你拆开此笺，照此执行，但杀不妨，无须再向朝廷奏报。"潘美等人听了此言，一个个吓得大汗淋漓。曹彬敬谨答道："臣遵旨。"

十八日，曹彬等自荆南出发，直奔金陵（今江苏南京）而去。

二十三日，任命吴越王钱俶为升州东南面行营招抚制置使，赐给他二百匹战马，要他从东南方起兵助攻南唐。又派客省使丁德裕领禁兵千人作为钱俶的前锋，同时监视吴越王的军队。

二十五日，曹彬等人率军自蕲阳（今湖北蕲春西北）渡江，攻破江南峡口寨，俘虏池州城派来的牙校王仁震、王宴、钱兴三人。

三十日，正式任命曹彬为升州西南面行营马步军、战棹都部署，曹翰为先锋都指挥，潘美为行营都监。宋军沿江东进，直趋池州（今安徽贵州）。池州守将戈彦弃城逃走。

闰十月五日，池州城被曹彬轻而易举地拿下了。

郝守浚在荆南打造好大船，又在朗州打造好黄黑龙船，之后曹彬命人先在石牌口一带的江面上试造浮桥。成功以后，命令曾任汝州防御使的陆万友率兵守护。十三日，曹彬等人率兵与江南的军队在铜陵（在安徽境内）大战，缴获二百多艘战船，俘虏八百多人。十八日，攻下芜湖，战火烧到今安徽境内当涂县（在安徽境内），守官魏羽开城投降。宋军遂到达采石矶。二十三日，江南二万多人迎战，大败，一千多人被宋军生擒，包括马步军副都署杨收、兵马都监孙震这些高级将领。还缴获战马三百多匹。

十一月一日，宋朝的地方军队潭州兵入南唐境内，进攻萍乡（在江西境内），萍乡守将制置使刘茂忠将其击败。李煜当即把刘茂忠提升为袁州（今江西宜春）刺史。

九日，原泰宁节度使李从善所辖的军队及其他江南归附的水军共一千三百多人改编成禁军，称之为"归圣军"。

十日，赵匡胤下诏，命令将石牌镇的浮桥移到采石矶。宋军按照樊若冰的设计，用大绳将巨舰连接成浮桥，步兵过江，像在平地上走动一样。

刚开始建浮桥的时候，南唐国主李煜便听到了这件事，就转告清辉殿学士张洎，张洎道："这等事情，他们不会成功。"李煜也点头称是。于是，派遣镇海节度使、同平章事郑彦华率领一万水军，天德都虞候杜真率领一万步军，对即将过江的宋军进行阻击。李煜告诫他们："水陆两军相互配合，就一定能胜利。"

十四日，吴越王钱俶遣使者到宋朝进贡，把李煜劝他反叛宋朝的书信献上，大意是说："你我两国临近，唇亡齿寒。在南唐灭亡以后，'宋天子'酬劳诸将时，你就不再是南越王，而是汴梁的一个平民百姓了。"

十五日，知汉阳军李恕率当地军队击败了江南鄂州三千多水军，缴获敌战船四十多艘。

二十日，曹彬军在新林寨（今江苏江宁西南）缴获三十艘战船。

二十八日，堵截宋军过江部队的郑彦华和杜真部与宋军遭遇，杜真的步兵首先与宋军交战，当时形势比较危急，眼看要战败，郑彦华的水军竟然坐视不救，最终杜真军大败，金陵吃紧。

十二月，金陵戒严。李煜命令国中废除"开宝"年号，只以甲子纪年，当年称甲戌年。又大量招募民兵，有愿为国家出力而自愿献粮者，将按数目加官封爵，表示破釜沉舟，与宋军决一死战。

四日，江南鄂州三千多水军向北进犯，到达长江北岸，宋汉阳兵马监宁光作率军把江南水军击败。

吴越王钱俶率兵围常州，俘获南唐二百五十名守军，八十匹马。二十日，又攻破利城寨，击杀两千多人。

二十三日，曹彬等人在新林港口大败江南兵。

北汉主刘继元见宋兵南伐，想趁其国中空虚，派遣代州刺史蔚进提兵南下，攻打宋平阳城（今山西临汾西南）。宋地方官权知晋州武守琦率众奋力抵抗，二十七日，双方在洪洞县（今山西境内）遭遇，发生激战，大败五千多北汉兵。

二十八日，吴越王钱俶在常州大败江南李煜五万人马。

契丹见宋朝渐强，打算与宋朝改善关系，遣使告诉北汉主刘继元说："如今中原与北汉实力悬殊，你千万不能随随便便出兵南犯。"北汉主听了失声恸哭，以为有这样千载难逢的机会，契丹非但不助他南下，还阻止其出兵，大为惋惜。

（4）围困金陵

开宝八年（公元975年）正月初三，权知池州樊若冰将江南兵四千多人击败。

曹彬出兵以前，赵匡胤就把韶州（今广东曲江）刺史王明调任为黄州（今湖北黄冈）刺史，并把进攻的计划方略面授王明。王明上任后，立刻把州中的人员全都动员起来，修筑城池训练兵马。等到曹彬出兵，首先任命王明为池州到岳州江路巡检战棹都部署。八日，王明派兵马都监武守谦等人领兵过江，在武昌城下将江南兵一万多人击败，杀死七百多人，并夺取了樊山寨。同一天，曹彬遣行营左厢战棹都监田钦祚攻栗水（金陵属县），江南统军使李雄父子八人全都战死军中。

十七日，曹彬率大军直捣金陵，部将马军都指挥使李汉琼率所部渡过秦淮河，火攻江南水寨。水寨火起，一片大乱，李汉琼乘乱挥兵进击，夺取了水寨。起初，宋军到达秦淮河畔，江南兵水陆共十多万人，据城顽抗。因宋兵没有渡船，隔江与江南兵对峙。潘美亲率大军泗水过河，大败江南军。宋军沿浮桥源源过江，江南军为抢回浮桥溯流而上。潘美纵兵与战，活捉神卫都军头郑宾等七人。

二月十三日，宋军攻破金陵外城，大量江南将士被杀或落水溺亡。天德军都知兵马使张进等九人，见大势已去，投降宋军。

李煜听从张洎、陈乔的计策，坚壁清野，以为宋军没有粮食，师劳兵疲，必然会不攻自退。于是每日身处后苑，谈经论道，不问政事，以致江陵城被围一个多月，还蒙在鼓里。当时掌握兵权的是老将皇甫晖的儿子皇甫继勋，他只是一个富家子弟，无计御敌，一心降宋，不但经常与同僚和下级谈论投降之事，还阻止部下将校招募兵士夜袭宋营。五月，李煜亲自巡城，才发现金陵已处于宋军围困之下，大怒，将皇甫继勋斩首示众，从此，军令从澄心堂颁下，张洎控制了兵权。李煜见宋军围城难以突围，便命湖口（在江西境内）都虞候朱令赟率兵求救，朱令赟却一再拖延。

九月，江南都虞候刘澄投降，润州失陷。润州就是今日的江苏镇江市，由于与金陵毗邻，有非常重要的战略地位。润州的失陷，使得江南陷入危机。

十六日，宋将丁德裕押送润州降兵到金陵城下，许多人中途逃亡。曹彬怕降兵闹事，将他们悉数斩杀，然后向朝廷报告："在升州（即金陵）城下击败润州溃兵，杀死七百人。"此举被当作非常大的战功。

润州降后，围城的宋兵没有了后顾之忧，更加奋力攻城。李煜派遣道士周惟简和修文馆学士、承旨徐铉出使宋廷，请求缓兵。临行前，李煜传令停止上江兵入援。徐铉道："臣此行不一定能为国家排忧解难，为何下令停止入援呢？"李煜道："若征调援兵，对你们的安全不利。"徐铉道：

"国家社稷的利益为重，臣等的安全算得了什么？"李煜十分感动，下令加封他为左仆射，参知左右内史事。徐铉执意不肯接受。李煜怕周惟简自命清高，不能为国事力争，于是亲拟"奏目"，让他按奏目奏禀宋廷。

十月初一，徐、周入宋营。二人被曹彬遣使送到汴京。徐铉知道这次出使是要凭三寸不烂之舌退敌数十万兵，一路绞尽脑汁，进行了详细推敲，务必要说服宋朝君臣自动退兵。宋朝诸臣久闻徐铉的名气，提醒赵匡胤，要准备好应付之方法，免得当众出丑。赵匡胤很不以为然：历来文武兼济，方能成就大事。从未见过武事不备，专以口舌把人说服的。徐铉入朝后，口如悬河，说这些年来，李煜对宋朝是以小事大，如同以子事父一般，毫无任何过失可言。宋军兵伐江南，师出无名。赵匡胤缓缓反问："你说李煜对宋朝如同以子事父，既是父子，是不是也应该两家分居而住呢？"徐铉无言对答，周惟简只是把李煜写好的奏目呈上，一言不发。

二十日，江南援兵终于启程了。朱令赟从湖口出发。一行十五万人浩浩荡荡，顺江东下。准备先把采石矶的浮桥破了，再解金陵之围。宋将王明闻信，屯兵独树口，并遣使入朝，请求再增造三百只战船。赵匡胤道："朱令赟很快便到金陵，现在打造船只已经来不及。"便让王明在沿江洲浦不远处多树立些长木。朱令赟多疑，是个谨慎有余，果决不足的大将，远远看到这些长木，怀疑是宋军的伏兵的桅木杆，迟疑不敢前行。时当初冬，江水日浅。朱令赟乘坐的大船，高十几层，转动不灵，花了好长时间才到达皖口（今安徽怀宁西，为皖水入江口）。这时，宋军船帆紧贴朱令赟的船舷，令命士兵火烧敌帆，宋船着火，损失不少，但忽然风向改变，朱令赟的船也被点着，军中大乱，宋军乘机攻击，大败朱令赟，朱令赟兵败被俘。金陵守军日夜盼望这支军队来援，如今全成泡影。只剩下孤城一座，又无援兵，以后的防守更加困难了。

十一月初三，李煜再派徐铉、周惟简到宋朝请求退兵，赵匡胤在便殿接见了他们。徐铉仍是那套老话，赵匡胤如何肯依。徐铉反复陈请，见赵匡胤总是不答应，一时性起，痛斥宋朝仗势欺人，不讲道理。赵匡胤手按剑柄怒曰："如今天下统一，江南国主却要独立一国，卧榻之侧，岂容他人鼾睡？这就是我攻打江南的道理，你休再多说。"徐铉无话可说，匆匆退出。赵匡胤又责备周惟简，周惟简道："臣本来隐居山野，不求升官发财，是李煜强派臣到此。臣平素听人说终南山中有许多罕见药草，他日成为大王的臣民，愿陛下允许臣在那里安居。"原来他是为自己谋后路来了。李煜所用之人多如此辈，怎能不亡国？对他的要求赵匡胤自然满口应允。二人仍是无功而返。

（5）李煜败降

在宋军围困金陵长达一年之后，城中虽然存粮充足，但柴薪日见短缺。城中兵多次出战，均遭惨败，士气大减。但曹彬谨记赵匡胤"不可强攻"和"让州郡自降"的吩咐，不敢强攻。这样拖了一年，曹彬遣使告诉李煜："一年来，我已做到仁至义尽，不能再等。我将在本月二十七日破城。是战是降，你自己拿主意。"李煜大惊，约定先让他的儿子清源郡公仲寓到宋朝治谈投降的条款，但又拖延时间迟迟不出城。曹彬每日派人催促。李煜身边的臣僚道："金陵城楼高大，战壕很深，这一年来宋军都没有把城攻破，如今说二十七日破城，只不过是自己一厢情愿罢了。"李煜又不知如何是好，只得通知曹彬说："李仲寓正在准备行李，大约二十七日就可出城。"曹彬对来人道："我已说过二十七日破城，二十六日仲寓再出，已经来不及了，更不要说二十七日了。"李煜不听。

起初，赵匡胤数次托军使捎口信：不要杀害金陵城中的百姓，若形势所逼，至少对李煜一家的老小一定要严加保护。如今强攻金陵城，士卒必有伤亡，愤怒至极必定要杀人，纵然严令约束，也无济于事。曹彬为此思虑成疾。大小将士前来探望。有的还要介绍名医为他诊治。曹彬道："我的病不是药石能医好的。"众将以为他病势严重，不禁悲伤落泪。有心细的人问道："元帅这场病因何而得？"曹彬叹道："其实也不难治，只不知诸位肯不肯尽力。"众将一听，心中大喜，纷纷说道："元帅只管说，我们会不惜一切帮助元帅康复。"曹彬这才说道："只要诸君对天起誓，城破之日，不妄杀一人即可。"众将应允，于是共同焚香立誓。第二日，曹彬病愈，下令攻城。

二十七日，金陵城破，江南将士与宋军对抗，主谋是陈乔、张洎二人。城将破，二人约定与国共存亡。陈乔自缢身亡，但张洎心里并不想殉国，他假意对李煜说，我本来应该与陈乔一样，以死报国，但我苟且偷生，是为了以后朝廷向陛下问罪时，为陛下辩解。

曹彬率众入城，秋毫无犯。曹彬以宾客之礼对待李煜和江南群臣，又让李煜回宫收拾行装。李煜答应了，曹彬命人把他送回宫去，挑选精兵千人守护宫门。部将梁迥、田钦祚等人说道："放李煜入宫，这件事做得恐怕不稳妥。皇上一再吩咐我们保护李煜一家老小，但如他寻短见，这我等如何能担当得起这重大的罪责？"曹彬道："你们不必担心，要是有勇气自杀，何必来营中与我见面，徒受其辱？"梁、田等人听了，非常佩服曹彬明事理。曹彬又委派五百人为李煜运载行装，但李煜伤心国亡，把宫中黄金、财物一古脑儿分给了近臣，自己所剩无几。

曹彬入城后，严明军纪，禁止士兵抢掠。城中仓廪府库，诸般财物，委派转运使许仲宣按籍账、文卷查收。班师回朝时，曹彬船中只有一床棉被，几套换洗衣服，几卷图书，因此深得赵匡胤信任。

十二月一日，江南被平定的捷报传到汴京，宋朝新得州城19座，郡3座，县城108座。赵匡胤乐得老泪纵横。为了掩饰自己的失态，说道："如今天下统一，可喜可贺，但是战争也给百姓带来深重的灾难，想想实在可怜。"下令开仓赈济百姓。

开宝九年（公元976年）正月四日，曹彬派翰林副使郭守文押送李煜及其子弟、官属55人入朝。在明德门赵匡胤接受献俘。赵匡胤下令免去李煜的罪过，另赏给冠带、鞍马等物，名义上担任光禄大夫、检校太傅、右千朱卫上将军，实际上只是较体面的囚徒罢了。后来他又召见徐铉，责备他不及早劝李煜投降。徐铉从容答道："臣为江南大臣，我最大的罪过就是无法使国家避免灭亡。你怎能因我没有劝国公投降之事来怪罪我？"如此回答令赵匡胤非常满意。抚慰了他一番。唤来张洎问道："是你唆使李煜，坚持抵抗到现在。你知罪吗？"说完，取出张洎起草的召上江援兵蜡丸书，让张洎亲自过目。张洎磕头请死，说道："这的确是臣所写。'桀犬吠尧、吠非其主'蜡丸书只是其一，还有很多其他的事是臣所为。臣只求一死。"赵匡胤见他从容不迫，凛然不屈的神态，言辞又慷慨磊落，对他不由得动了惜才之心，也赦免了他。

曹彬归国后，命监门者向朝中递了一个折子道："曹彬办完江南的事情回来了。"赵匡胤闻报，说："曹国华（曹彬字国华）如此谦虚恭敬，果然有儒将之风。"急命人迎接入宫，设宴庆贺。曹彬将当年请求面授机宜时，赵匡胤赐给他的信封归还给赵匡胤。赵匡胤见信没有被拆开，知道是无一人犯法。随后赵匡胤顺手将信拆了，抽出的却是一张白纸。曹彬一时呆了。微愕之间，已明白这是赵匡胤玩弄的权术，让诸将以为曹彬得了信封可以生杀予夺因而不敢造次。但若真有人犯令，曹彬依言拆开信封，发现是白纸，必然要禀告皇上。归根结底，生杀权还是掌握在赵匡胤之手。曹彬叩头说道："陛下英明，臣等万不能及。"赵匡胤哈哈大笑，命人将纸收起，再也不谈这件事。

二月，大封平定江南的功臣，让曹彬担任枢密使领忠武军节度使；李汉琼领镇武节度使；潘美以山南东道节度使领宣徽北院使；刘遇领大同节度使等。曹彬动身前，赵匡胤曾悄悄对他说："待讨平李煜，我就将使相之职授予你。"江南平定后，潘美预先向曹彬祝贺，曹彬说："哪有这等好事，我根本没有这样奢望。"潘美问何故，曹彬说："第一，平定江南，全凭朝廷的成算和陛下的天威，我个人没有半点军功，无功怎能受禄？第二，太原没有平定，此高职陛下怎肯轻易授人？"后来朝廷大封平江南功臣，果然应验了曹彬的话，潘美与曹彬相视一笑，却被赵匡胤发现，询问，潘美如实相告，赵匡胤被说中心事，只好赏给曹彬50万钱。

李煜投降后，按曹彬的命令，他让其他州郡也投降。各地接到命令相继投降。江州刺史谢彦章也要投降宋军，军校胡则、牙校宋德明杀刺史，号召军士坚守城池。曹彬命先锋、都指挥使曹翰前往讨伐。江州城高池深，竟然屡攻不下。自头年冬天直到来年四月，不计其数的宋军战死城下。后因胡则病重，军队群龙无首，城门才被宋军攻破。军士又坚持巷战，直到全部战死。胡则和宋德明被俘身亡。起初，赵匡胤知江州一定能够破，委任右补阙张霁为江州知州事，与曹翰一同入城。乘局势混乱，曹翰的兵大肆抢掠，百姓到州衙喊冤。张霁查明真相，将士兵斩首示众。曹翰大怒，于是下令屠城，数万人被杀死。被杀者家中财产不下亿万，全被曹翰据为己有。因为害怕张霁告发，便先下手为强，上表诬陷张霁，捏造了一些罪名，朝廷不问青红皂白，竟将张霁调任饶州。曹翰以将江州庐山东林寺中的罗汉像运往颍州之名，用船将所掠财物全部运回江北。

第三章 太宗征伐

1.太宗登基

开宝九年（公元976年）十月二十日夜，宋太祖赵匡胤与晋王赵光义于烛影之下，一席长谈后暴死，其弟赵光义继位，是为宋太宗。其个中原因至今不为人所知，遂成为千古疑案。

宋太祖赵匡胤即位后，尊其母杜氏为皇太后，而杜氏却最为疼爱二儿子赵光义，并于建隆三年（公元962年），在自己弥留之际以赵普为证人留下"兄终弟及"的遗言。但是在杜氏死后赵匡胤不遵遗嘱，而赵光义却"暗结豪杰"准备登基，两人矛盾渐深。

开宝九年（公元976年）十月，赵匡胤病重。起初，周至县（在今陕西境）民张守真家突然有神降临，自称是玉皇大帝的辅佐，号黑杀将军，从此只要张守真焚香祭请，黑杀将军就会降临，并伴有呼呼的风声，能够预测人的吉凶祸福。从那以后，张守真就不再做事，当了道士。赵匡胤得知后，命人把张守真请到宫中。太祖于十月十九日，设立斋坛，令张守真请神，对赵匡胤的吉凶祸福进行占卜。果然，黑杀将军又按时来了，说了两句话："天上宫阙已成，玉锁已开；晋王有仁心。"再问已没有任何声音了。这两句话暗示赵匡胤即将死亡，应该传位给晋王。赵匡胤听了，让宦官王继恩去把皇弟赵光义叫来，以嘱后事。左右人员全都被屏退，在寝殿仅有他们兄弟俩留下议事。外人听不到说话的声音，只是远远地看见烛光摇曳，其间赵光义曾离开座位，像谦让的样子。一会儿，宋太祖拿起旁边立着的柱斧，跺着地，大声对赵光义说："好自为之！"第二天一大早，赵匡胤驾崩。

也有史书上记载道：十月十九日晚，病重的宋太祖召见赵光义，兄弟俩谈到半夜，赵光义才在大雪中出宫。赵匡胤入睡后，侍寝的差官听到他鼾声如雷，不久发现情况有些异常，一看发现他已咽气多时。急忙通报宋皇后。夜四更左右，宋皇后命内侍王继恩把贵州防御使赵德芳召入宫中。赵匡胤先后立过三个皇后：贺皇后死于后周显德五年（公元98年），生了魏王赵德昭。王皇后死于乾德元年（公元963年），所生三个女儿都夭折了。第三个就是这位宋皇后。宋皇后召见赵德芳是因为皇帝新丧，一下子六神无主，想召个男人进来理事。因她素与晋王赵光义有染，怕遭口舌，而且父死子葬是正理，再说她向来比较喜欢贵州防御使赵德芳，遂命人传他进来。内侍王继恩听说宋皇后召见赵德芳而不是晋王，颇为惊诧，他不知皇后避叔嫂之嫌的深意，以为她想拥立年幼的赵德芳挟天子以令诸侯，垂帘听政，觉得此事万万不可。于是假意去传赵德芳，却直奔晋王府。刚巧，医官左押衙程德元因听见有人叩门喊"晋王召见"，开门却不见人影，便以为晋王生病，特来晋王府看看。

于是两人一同叩门进见晋王，禀明情况，要他急速进宫。晋王大惊失色，对是否进宫抢夺皇位犹豫不决，拖延了很长时间，才与王继恩、程德元一同来到内宫。宋皇后见王继恩抗旨召来晋王恐惧万分，联想到历代为争夺皇位，皇族自相残杀的旧事，只好屈服，同意晋王即皇帝位，并要求他保全她母子数人的性命。晋王一一答应。

在万岁殿中，君臣朝拜新帝，赵匡胤的尸身正停放在正堂上，太宗一边接受朝贺，一边号啕大哭，悲痛万分。

宋太宗赵光义生于公元939年，公元976年至997年在位。他自幼喜爱读书，他父亲宣祖统兵淮南，攻破州县，财物丝毫不取，只是搜求古书给太宗，并且经常告诫、勉励他，太宗因此学问精深，多才多艺。

后周时，赵光义官至供奉官都知。宋朝建立后，被授予殿前都虞候之职，领睦州防御使。太祖亲征泽州、潞州的时候，赵光义以大内点检的身份留守东都，不久担任泰宁军节度使。太祖亲征李重进的时候，赵光义为大内都部署，还授予他同平章事之职，并行使开封尹的职权，又加官兼中书令。太祖亲征太原的时候，赵光义改任为东都留守，封为晋王，赐给他房宅，其职位位居宰相之上。开宝九年（公元976年）十月，赵匡胤逝世，赵光义继承皇位，为便于臣民避讳，改名赵炅，死后追封庙号太宗，谥号神功圣德文武皇帝，史称宋太宗。宋太宗在位的二十二年间，把割据势力最终大致扫平，基本实现了统一，进一步加强了中央集权，社会经济得到恢复和发展，国力昌盛，吏治清明，创造了封建社会的又一个太平盛世，史称"宋太宗之治"。

太宗即位第三天，二十二日，大赦天下，命边境士兵停止侵扰外境，群臣要提建议，可以上表，也可以面谈。宣布遵循先皇所制定的各项制度，封赏文武百官。二十七日，封皇弟永兴节度使兼侍中赵廷美为齐王，担任开封尹兼中书令。同时给赵德昭、赵德芳也都加了官。命令太祖的儿子与齐王赵廷美的儿子都称为皇子，女儿都称为皇女。

十二月，下诏称次年为太平兴国元年（公元976年）。

太平兴国二年（公元977年）正月，增加科举考试的录取名额。太祖时每次录取人数不超过百人，太宗将亲试进士增为109人，诸科207人，全都赐予进士及第，又将被州县推荐到京城参加考试15次以上而不中者184人（包括进士和诸科二类），全都赐给进士出身，总共录取500人，都从优授官。士人非常高兴。

赵光义即位后，委派心腹到各地访察官吏的行为，秘密上报，对那些不守法的官员当即处死，不问口供。这种做法，虽然有利于打击贪官污吏，但也滥杀了一批无辜官吏。

太平兴国初，卢多逊掌握朝政，他向太宗诉说当年赵普劝说宋太祖立子为嗣，而不能立弟为嗣的旧事，使得皇帝不信任赵普，赵普因此只做了一个随朝班见驾的闲散官员。太平兴国六年三月，原晋王府邸的旧僚柴禹锡等报告齐王赵廷美谋反，赵普自告奋勇，要求由他来处理这个案件。他乘机向太宗辩白自己曾经拥护晋王继位，并拿出杜太后临终遗书和自己罢相时写给太祖的自辩表章作为证明，太宗原谅了他。

2.二征北汉

开宝元年（公元968年）八月，宋太祖一征北汉无功而返。宋太宗赵光义即位后，宋廷又重提征伐北汉之事，并于太平兴国四年（公元979年）二月开始第二次讨伐北汉。

宋太宗即位不久就表示："我一定要拿下太原！"太平兴国四年（公元979年）正月，南方全部归顺，宋太宗召集大臣商议讨伐北汉之策。宰相薛居正等许多朝臣反对讨伐北汉。薛居正说："当初，周世宗举兵进攻，北汉依靠辽的支援，坚守城池，按兵不动，周只得撤兵。后来，太祖在雁门以南打败辽人，将其百姓都安置在黄河、洛水之间。北汉已经没有多大力量，得到它也不能增加多少国土。请陛下慎重考虑此事。""周世宗时，在石岭关失利，军心动摇，不得不班师回朝；太祖时，因士兵多患腹病才不得不退回，并不是北汉的城防坚不可摧。"宋太宗问："那么我现在出兵北伐，你认为如何呢？"曹彬回答道："如今国家兵精将勇，人心统一，铲平太原，易如反掌。"宋太宗于是下定了讨伐北汉的决心。

十日，宣徽南院使潘美为北路都招讨制置使，桂州观察使曹翰攻城西，河阳节度使崔彦进攻太原城东，彰德节度使李汉琼攻太原城南，彰信节度使刘遇攻城北，形成对太原的包围之势。最难攻的是城西，因为这里是北汉主的宫城所在，曹翰道："我只是个小小的观察使，官位低于节度使刘遇，应该让刘遇攻打城西。"刘遇不肯，曹翰执意要换，难以决定，后来太宗给了曹翰一顶"智勇双全"的高帽子，并说城西非卿不可攻破，曹翰才勉强答应。

十一日，命云州观察使郭进为石岭关都部署，负责堵截契丹援兵。派田仁朗、刘绪负责侦察太原城及其周围的军事设施，并置办攻城器材。

军队部署完毕，十五日潘美辞行，太宗在长春殿设宴，面授讨北汉机宜，要他依计行事。

二月十五日，宋太宗御驾亲征离开汴京，前往太原，宋对北汉二度大规模讨伐开始了。十八日，车驾到达澶州（今河南浚县），太仆寺的官员宋捷在路边迎接。宋太宗听到这人的名字，兴高采烈地说："此仗必胜了"。于是封宋捷为将作监丞。

三月，兵分几路攻打隆州、沁州、岚州等地，隆州是北汉人依险新筑的州城。

四月二十二日，赵光义率军抵达太原城下，驻扎在汾水东岸。

二十四日黎明前，赵光义亲到城西督军攻城，战斗非常惨烈。

五月一日，城外的羊马城被攻破。北汉宣徽使范超出城投降，宋军以为他出城迎战，将其生擒问斩。三日，北汉马军都指挥使郭万超又出城投降。

四日，赵光义到城南巡视督战，慰问众人说："明天端阳节，我们到刘继元的宫殿吃粽子庆贺节日，怎么样？"将士一齐欢呼道："好！"如此一来，士气更加高涨。

第二天，赵光义又到城南督战，将士争先抢攻，伤亡惨重。赵光义见士兵个个杀红了眼，知道攻破后，他们一定会屠杀百姓，这与"圣天子"的德行相违背。由于太祖死得突然，他当皇帝也不合传统，朝野间对此议论颇多。在这当口若发生屠城的事，实在不利于自己的威名。因此，眼看即将破城，便命将士退回，传命城中："最好自动投降！"北汉将士仍要固守，退休宰相马峰正卧病在床，闻讯，命人抬着他去见北汉主，含泪劝说刘继元投降，刘继元见大势已去，也只好答应投降。当天夜里，刘继元遣使送出投降书。到次日凌晨，刘继元带领官属，向宋太宗投降。赵光义照例下诏赦免他的罪过，并抚慰了他一番。

北汉降后，北汉的十州、一郡、四十一县、十三万五千二百二十户、三万军队，全部为宋朝所有。

五月十一日，封刘继元为右卫上将军，彭城郡公，其他投降的北汉臣僚也都得到了晋封。北汉自刘崇称帝割据了二十九年后灭亡。淳化二年（公元991年）刘继元病死于房州（今湖北房县）。

赵光义下令毁掉太原城，原榆次县改为并州，而将原并州内的僧道富户迁入洛阳。五月十八日，赵光义登上太原城北的沙河门楼，派人分片驱赶城内居民迁入新并州，纵火烧屋，许多老弱之人被烧死在城中，太原百姓为统一付出了沉痛代价！

从周世宗到宋太宗，经过二十六年的征战，终于结束唐末以来的军阀割据局面，除了被契丹占领的十六州以外，黄河、淮水、长江、珠江流域的广大地区，都在宋王朝的统治之下了。

3.北伐幽燕

宋太宗赵光义在灭北汉后，为了完成太祖未竟的统一大业，直接挥师北上，想一举收复幽州，太平兴国四年（公元979年）发动了北伐战争。

（1）太宗亲征

太平兴国四年（公元979年）五月下旬，宋太宗乘灭北汉之雄威，移师幽州，企图一举收复燕云地区。他不顾将士疲惫不堪、厌战情绪日涨，也不顾六月盛夏的酷热，亲自率兵北伐。

当时辽将萧讨古驻防辽南京，后来又派耶律奚底、耶律撒合率兵前来，增强戍守的力量。当宋军进至辽南京城下时，辽军耶律奚底、萧讨古所部与宋军于沙河（今北京城北）展开激战，辽军战败后撤退到沙河北，宋军就从四面进攻辽南京城。

六月十九日宋军进入幽州地区，初战告捷，接连攻下易（今河北易县）、涿（今河北涿州）等州。六月二十三日宋军抵达幽州城南，从二十五日起，对幽州发起围攻，辽军坚守待援，宋军接连进攻十多天不见成效。在辽将耶律休哥、耶律斜轸的夹击下，宋军大败，宋太宗中箭，退至涿州，"窃乘驴车逃去"。这次由宋太宗亲自策划并亲自坐镇指挥的进军幽州之战，以宋军失败告终。七月初，辽援兵至，两军在高粱河（今北京西直门外）展开激战，辽军耶律沙部败逃，宋军乘胜追击，但遭到了辽军耶律斜轸、耶律休哥两部的左右夹击，耶律沙又率部反击，宋军大败，全面溃退，中箭的宋太宗率军队逃到宁州（今属河北），才命崔翰镇守定州、李汉琼镇守镇州（今正定）、崔彦进镇守关南（后改为高阳关，今高阳东），以防辽军进攻，然后回首都开封（今属河南），宋辽战争以宋军惨败告终。

第二年十月，辽景宗决定御驾亲征。十一月，辽军围攻瓦桥关（雄州，今雄县），宋军战败向南逃窜，辽军追至莫州（今任丘），宋朝野震动，宋太宗为了稳定军心，出兵北部边境。辽军耶律休哥部与宋关南守将崔彦进激战，打得难解难分，辽军没有进展，只好退回辽境。

太平兴国七年（辽乾亨四年，公元982年）四月，辽景宗再次率兵亲征，兵分三路南下，但出师不利，主力部队在满城（今满城西）、唐兴（今安新东南）受到宋高阳关守将崔彦进的阻击，大败，辽军主将奚瓦里战亡，耶律斜轸率领部属救出被围困的辽军后退回辽国境内。西路辽军，在进攻雁门关（今山西代县北）、府州（今府谷）时，也被宋守军击败。辽景宗对宋发动的三次进攻，都没取得成效。

（2）雍熙北伐

太平兴国七年（辽乾亨四年，公元982年），辽景宗耶律贤病亡，幼子耶律隆绪即位，即辽圣宗，次年改国号为大契丹国，实权控于其母萧太后，以及宠臣韩德让之手。宋太宗见"契丹主少，母后专政"，认为攻取幽燕的时机来了。众大臣如雄州知州贺令图、岳州刺史贺怀浦、文思使薛继昭、军器库使刘文裕等，也劝太宗不可坐失良机。辽国的国力、国事到底如何，他们毫不知晓，全凭臆测，于是雍熙三年（公元986年），太宗决定大举北伐。

北伐的决定作出后，不久就有人表示反对。参政李至对太宗说道："幽州是契丹的右臂，我们讨伐它，契丹必定全力救援。我国出兵数万，兵多消耗大，我们得准备一大批军粮，还不知道如今北部的存粮能否够用呢。幽州城高墙厚，全靠弩石攻击，但幽州距离山陵非常遥远，到哪儿去弄弩石呢？陛下一定要想清楚再做定夺。如果执意北伐，臣认为京城乃天下之根本，愿陛下能坐守宗庙，派一将前往，这是上策；陛下若定要亲临，不妨驻大名府，并扬言要亲自率兵，以壮军威，此是中策；若陛下亲临战场，与敌军交战，臣无论如何不能答应。古代贤臣劝君有曳裾断鞅的事，臣且斗胆，也要仿效一番。"

吏部尚书宋琪，起初上书谈"入燕之路"和"平燕之策"，大致是说出兵幽州不可取道雄州、霸州这两条平坦大道，而应西出易州，沿着山路前进。接近幽州后，将桑干河水引入高梁河，让它泛滥百里，从而阻断契丹援兵，变幽州为一座孤城。后来他又上了平燕十策，主张在河北设一大将，总揽军务，而在贝州（今河北清河）、天雄军（今河北大名）、磁州（今河北磁县）、相州（今河南安阳）分别驻扎军队，二军形成掎角之势。待初春时，新草尚未长成，旧草已经腐败，马无粮草时再深入敌境。倘若能够精心选派使臣，使得双方结盟通好，化敌为友，避免战争，也是一个好方法，不一定非要发动战争。

宋太宗决意北伐，兵分三路：东路由曹彬、米信等率领，从雄州（今河北雄县）出发，直趋幽州；中路由田重进率领从飞狐道出发（今河北涞源），直趋蔚州（今河北蔚县）；而由潘美、杨业率领西路，出雁门（今山西境），力取云、朔、寰、应等州。辞行时，太宗面授机宜，对曹彬等人道："东路十余万大军出雄州后，要放出直捣幽州的风声，辽军闻此消息，必在幽州集结，不敢出幽州救援其他州县，这样西路和中路军，就容易得手，然后三路大军会攻幽州，就一定能够取得胜利。"

三月，潘美等出雁门，大败契丹兵，杀五百多人，直追到寰州（今山西朔州市朔城区东南）城下，又杀五百余人。十二日辰，寰州刺史赵彦辛开城投降。

曹彬的中路军攻下固安后，继续前进，于十三日，占领涿州。

　　田重进率兵赶到飞狐城北时，辽将大鹏翼也率军前来救援。宋将西上阁门使袁继忠对田重进道："敌人多骑兵，有利于平地作战。不如将他们引入山地，凭借地势，准叫大鹏翼变成没毛鸡。"于是田重进亲自压阵，与辽军战斗，边战边退，终于把辽军引入山中，大将荆嗣从西侧突出，背靠山崖，与敌短兵相接，辽军纷纷坠入山谷，辽军闻风丧胆。荆嗣又命部下截断谷口，千余人束手就擒。辽军余部退到土岭，裨将黄明追杀他们，战斗失利。荆嗣道："你且在这里屯扎，我去把这帮家伙赶下岭去。"说完率领部众直冲过去。辽军抵挡不住只好退下岭来。荆嗣率众直追出五十多里，夺了辽军的小冶、直谷二座营寨，便在直谷安营扎寨，数日后，辽军派骑兵夺寨，田重进与荆嗣联手抗敌，获得胜利。天黑之后辽又派大军来攻，田、荆自知兵少难敌，遂向小冶寨的谭延美求援，但谭兵力也不多，于是他们定下一计，让谭部兵马在直谷附近来回走动，以迷惑敌人，自己则率部英勇作战。一日之间，交兵五六次，辽军不能取胜，恰巧田重进率大军赶到，击败辽军，生擒了大鹏翼和监军马、副将何万通。大鹏翼本是契丹一员猛将，他的被俘，使辽军士气大减。

　　曹彬攻下涿州以后，派遣部将李继宣等渡过涿水，侦察辽兵虚实。十七日，辽军前来攻击，李继宣在城南将辽军击败，不但获得众多马匹，还杀了奚部宰相贺斯。

　　潘美军自寰州进攻朔州（今山西朔州市朔城区），知书度副使赵希赞开城投降。十九日，又转攻应州（今山西应县），节度使艾正、观察判官宋雄也开城投降，潘美不费吹灰之力便夺取了这两个地方。

　　田重进率军包围飞狐城，命大鹏翼到城下招降守将马步军都指挥使、郢州防御使吕行德，吕行德对此不予理睬，准备固守城池。田重进带兵猛攻飞狐城，二十三日，吕行德与副都指挥使张继从、马军都指挥使刘知进等开城投降。宋廷下诏升飞狐县为飞狐郡，而对降将吕行德军也封职犒赏。

　　四月四日，潘美部攻克云州（今山西大同），田重进也在飞狐郡以北打败了辽军的后援部队。

五日，东路米信在新城（今河北境）击败辽军，辽军又重新集结进攻，米信的军队却稍稍后撤。辽军将米信手下的几百龙卫军团团包围，米信奋力突围不成。正在危急的关头，李继宣率兵来援，双方合力，大败辽军。

八日，大鹏翼被押送入京，太宗不但没有杀他，反而封他为右千牛卫，领平州刺史。

十日，宋朝廷委派官吏到新被占领的州县，以驾部员外郎梁裔知应州，监察御史张利涉知朔州，右赞善大夫马务成同知寰州。

十二日，在飞狐城北，田重进再次击败了辽军。十八日，进兵蔚州城下。城中守将派人送来投降书。而田重进却对此心存狐疑，先遣荆嗣率小股人马入城察看，才知守将确实是要投降，原来是因城中内讧。起初辽军精锐部队正与后方的女真人作战，辽圣宗和太后都在土河（今内蒙古境内的老哈河）一带督战。接到驻守幽州的耶律休哥的报告后，急忙率军南下。四月，他们来到幽州北郊，听说田重进部已到蔚州，遂命同州节度使耿绍忠前往协助守城。耿绍忠到达蔚州后，慑于宋兵势强大，便与守将萧多罗商议，率心腹将士退入幽州，杀死不愿随行的将士。却未曾料到走漏了风声，左右都押衙李存璋、许彦钦提前发动兵变，杀掉守将萧多罗，生擒耿绍忠，然后来投降宋军。田重进得知详情后，接受李存璋等人的投降书，并率领降兵运走库中存粮。过不多久，就有契丹大军来救，荆嗣率部与敌周旋。转战到大岭，荆嗣将敌军杀退。

（3）兵败岐沟关

宋中路、西路军捷报频传，与此同时，东路军也攻占了新城、固安、涿州等地，东路军的节节胜利，大大出乎太宗的意料。因为，按他的战略意图是要曹彬持重缓行，主要任务是牵制幽州辽军。像如此神速进兵，怎能保证大军的粮草供应？果然，曹彬攻下涿州后十余日，军粮不继，只得退回雄州运粮。战报传到汴京，宋太宗惊叫道："大事不好！哪里有大敌当前、回兵援助运粮草的道理，太失策了！"他急命东路停止前进，带上军队沿白沟河而行，与米信军会合，按兵不动，养精蓄锐，以声援西路军。

等潘美等人全部夺得山西诸地以后，再与田重进会合东下，攻打幽州。可是宋太宗即位以来，武臣一贯飞扬跋扈，此刻又见潘美、田重进屡屡得手，心痒难忍，遂不听命令。曹彬难排众议，只好随波逐流，重新进攻涿州。辽幽州守将耶律休哥不断派兵前来骚扰，袭杀宋军落单的小股部队，使宋军时时处于临战状态。宋军行进十分缓慢，自白沟到涿州约百余里路程，竟走了二十多天。宋军再次占领了涿州城，但终因粮草不继，不得不再次退出。曹彬想让部将卢斌率万人留守。卢斌说："涿州深入敌境，粮草缺乏，没有援兵，城内百姓四散逃窜，所剩无几，怎么守得住？还不如一起撤退。"曹彬便让他率领这一万人，带着城中的老百姓一道，沿着狼山山麓向南撤退。这时萧太后率领的辽朝大军到来，曹彬队伍狼狈南逃，被辽军赶上。宋军两度往返涿州，兵疲将乏，只好奋起自卫。辽军不断攻击，宋军屡遭惨败，曹彬、米信败逃，士卒一哄而散。曹彬等涉过巨马河，集合逃亡出来的兵士，在易水南岸结营。而在北岸的宋军却分裂成几支，其中李继宣一支在巨马河上奋力阻击。辽兵后退，李继宣率兵直追到孤山（今北京房山南）。另一支约数万人正在巨马河岸做饭，被辽兵追杀，一哄而散，人马争相渡河，导致自相践踏，一半人落水溺死，其中包括知幽州行府事刘保勋父子以及孔子的第四十四代孙、押送粮草的孔宜。

五月六日，宋太宗接见西路潘美军押送回来的投降将吏和应州、朔州百姓选出来的代表时尚且兴高采烈的，并因为他们善于言辞、说话中听，而龙颜大悦，厚赏了他们。哪料三日后，即到了五月九日，宫苑使王继恩派人从易州赶到京城，报告了东路军败覆的噩耗后，宋太宗大惊失色，急命东路各将领分兵在边境屯扎，速召曹彬、米信等班师回京面询，又命田重进率全军屯于定州，潘美撤往代州。

（4）北伐失败

宋军大败之后，宋太宗料定契丹必定大规模入侵，急忙部署军队，任命左卫上将军张永德知沧州，右骁卫上将军刘廷让知雄州，蔚州观察使赵延溥知贝州。

六月八日知制诰、知大名府赵昌言上书，要求将败将曹彬斩首示众。赵昌言的上书刚好有利于宋太宗推卸责任，将过失加在曹彬头上，他非常高兴，破格提拔赵昌言为御史中丞。

十九日曹彬等众人回到京城。二十一日，太宗命曹彬等人到尚书省听审。最后，曹彬、米信等九名将领均被处死刑。宋太宗又召百官共同讨论，都认为罪重当斩。但不出几日，宋太宗又重新批复将曹彬降职为右骁卫上将军，米信为右屯卫上将军，免除死罪。

七月十五日，遣枢密都承旨杨首一等到并州、代州等地，把归顺诸州的百姓护送到许（今河南许昌）、汝（今河南临汝）一带安置。

八月，东路军已经战败，中路田重进部也已撤回境内，契丹集中兵力对付西路军，寰州也被辽军夺走。在这种形势下，杨业主张避敌锋芒，他对主将潘美说："现在辽人兵势太盛，我方士兵不可与之硬战。朝廷只要求我们护送四州的民众，我军可以偏师出大石路（今山西应县东南），通知云朔诸州守将，在大军从代州出发时，让云中的军队先行出动。我军到应州以后，辽军一定会来抵抗，这时，让朔州居民出城，前往石碣谷，派遣强弩手千人守候在谷口，再以骑兵在中路支援，那么可以保全三州的居民。"杨业的建议遭到西路军的监军王侁的极力反对，他说："我军有数万之众，难道不敢与契丹决一死战？以我看，应从雁门关出，沿川中道至寰州，与那里的契丹兵打上一仗。"顺州团练使刘文裕也赞成王侁的建议。

杨业极力反对，王侁诬蔑杨业贻误战机，别有用心。杨业本是北汉大臣刘继业，北汉亡后，太宗赏识其骁勇，命北汉主刘继元劝降了他，又因为刘继业本姓杨，太宗诏令恢复本姓，名业。看见王侁诬蔑自己，杨业便自请出战以表忠心，行前与潘美谋划说："这次出战，必败无疑，如果你在陈家谷口（在山西朔州市朔城区南）埋伏步兵，两翼埋伏了弓箭手，等我转战至此，呼应我，或许还可能有救。"潘美答应了，与王侁等率领麾下兵众在陈家谷口严阵以待。辽军听说杨业兵至，命大将萧挞凛埋伏在路侧，让耶律斜轸出战迎敌。次日黎明，杨业与耶律斜轸交锋，耶律斜轸边战边退，逐渐把杨业引入埋伏圈。伏兵一起，杨业虽奋力冲杀，无奈势单力孤，只好突围退往陈家谷口。辽兵紧追不舍。杨业一路将辽军引向谷口，却不见潘美等人，原来潘美和王侁久等不见杨业踪影，以为他打败辽军，乘胜向北追击去了，便率军离开谷口。杨业一见谷中无人，知道已无胜算，便让众将各自逃生，自己引开敌军，众将钦佩杨业一心为国，不肯留下杨业各自逃生，杨业只好率领部将向南逃走。

待潘美闻讯赶回时，为时已晚，杨业已被俘牺牲。宋太宗听到杨业牺牲的消息，痛惜不已，下诏悼念，追赠杨业为太尉、大同军节度使，赐给杨家布帛一千匹，粟一千石。杨业有七子，长子延玉，随父战死，其余几个均被朝廷封官晋爵。供奉官延朗为崇仪副使，次子延浦在殿直做官，延训被升官为供奉官，延环、延贵、延彬封为殿直官。

朝廷痛惜杨业的死亡，严惩了潘美和王侁等人，潘美降官三级，王侁、刘文裕被除名发配。

经过两次失败，宋太宗改变主意，转攻为守，放弃收复燕云地区的打算。雍熙四年（公元987年），太宗召集群臣，商讨守卫边防的策略，宋琪建议决开黄河北堤，以水来阻隔敌人，或者在沧州、定州之间修筑长城，横断河北平原，阻止敌人骑兵南下。熟悉河北平原地势的沧州刺史何承矩建议利用河川沼泽制造方田，以阻隔辽军骑兵。宋太宗采纳了何承矩的建议，在今安新、雄县、霸州一线利用白洋淀之水建方田，史称北宋"水长城"，以与辽对峙。宋辽边境暂时相安数年。

第四章 内忧外患

1.王小波、李顺起义

宋太祖、宋太宗致力于一统天下，防止军阀割据，增强中央集权，取得了较大的成绩。但是，统一战争耗费大量军费，必然加重对人民的剥削。奖励功臣，多设闲职，需要巨大的俸禄支出也使得国库亏空，赋税沉重，名目繁多。由此宋王朝危机四伏，阶级矛盾日趋尖锐。北宋前期，蜀中出了两次大乱，一次是宋太宗淳化年间的王小波、李顺起义，另一次是宋真宗咸平年间以王均为首的戍卒起义。

（1）大蜀政权

淳化四年（公元993年）初，成都遭旱灾，百姓饿死无数，富人却过着纸醉金迷的生活，于是，群众冲向豪民富户家中抢掠财物。在王小波的率领下，揭竿而起。

王小波，青城县（今四川都江堰市西）人，以种茶贩茶为生。妻弟名李顺，两人性格豪爽，经常仗义疏财，好打抱不平，为豪民所恶。豪民勾结官府将李顺打入成都监狱，判处死刑候斩，因一位小吏相助，才得以逃离虎口，隐居民间。后因朝廷在四川实行茶叶专卖，又因旱灾，颗粒无收，无法生活下去，二人揭竿而起。

起义农民打开豪民的粮仓，将粮食分给挨饿的乡民和旁户，李顺又让富户开仓赈济灾民。在社会最底层被压迫的穷人们纷纷加入起义队伍，使得义军队伍迅速壮大。在十多天里，就达到数万人，并很快攻下了青城县城。王小波、李顺起义军纪律严明，抚恤良善，唯才是用，威信很高。义军所向披靡，有些县邑主动打开大门迎接义军。

二月，王小波率领众人先北上攻打彭山县，县令齐元振顽强抵抗，不久城破被俘。齐元振是宋太宗刚刚下诏嘉奖不久的"廉"官，算是个模范县令。当初，朝廷派秘书丞张枢到蜀地视察，查处贪官污吏，最后，由于大批官吏因被告贪污受到处分，而齐元振却被称为清白强干，所以宋太宗下诏表彰。其实，齐元振不是不贪，而是狡猾，他将赃款赃物到处分散存放，而把张枢给蒙蔽了。得到皇帝的褒奖以后，他变本加厉，敲诈勒索，老百姓对其恨之入骨。王小波率领起义军冲进齐家，杀死齐元振，剖其腹肚，塞入铜钱，以泄民愤，然后开仓济民，百姓无不称快。参加起义的人越来越多，其他州县的农民纷纷起兵响应，邛州（州府治临邛，今四川邛崃）境内到处是义军的旗帜。

淳化四年（公元993年）十二月，起义军开始进攻成都西南的交通重镇江原县城（今四川崇州市）。宋西川都巡检使张玘带兵前来镇压，起义军奋起还击。开始交战时，由于义军装备与宋军差别太大，伤亡不小。后来王小波乘天黑用绳索绊倒张的战马，张玘摔下马来，但仍然奋勇抵抗，一箭射中王小波的前额，王小波忍痛上前杀死张玘，自己也壮烈牺牲，起义军占领江原城，推举李顺为首领。

起义军在李顺的率领下，乘胜攻下蜀州（今四川普原），将十几个不法官吏以及监军王亮杀死。又攻占邛州，杀死通判王从式、知州桑保仲等人。随后，义军又在新津江口杀死宋军巡检使郭允能，巡检毛俨落荒而逃。起义军继续前进，先后攻克永康郡（今四川都江堰市）、新津县、双流县、郫县、温江县，席卷川西平原最富庶的地区，并且都设置官员驻守。

淳化五年（公元994年）正月，起义军开始进攻府城成都。代理成都知府吴元载，用刑严酷，不得民心。他一再派兵镇压起义军，都毫无效果。起义军焚烧成都西廓门，但是遭到了成都守军的顽强抵抗。起义军只好撤退，于是转而攻下汉州（今四川广汉）和彭州（今四川彭州市）。这时，朝廷新任命的知府郭载进城，起义军又回兵向成都发动猛烈进攻，终于在十六日攻占该城。西川转运使樊知古、成都知府郭载终于招架不住，率领僚属突围逃走。

淳化五年（公元994年）正月十六日，起义军建立大蜀国，定都成都，年号应运。起义领袖李顺为大蜀王，并设置了中书令（宰相）、枢密使、刺史、知州等各级职官。大蜀任命吴蕴为宰相，计词、吴文赏为枢密使。大蜀政权还铸造了自己的钱币，铜钱上铸有"应运元宝"四字，铁钱上铸有"应运通宝"四字。对农民政权来说，这是前所未有的。李顺还派遣使者与云南的大理国联络，以共同对抗宋朝政权。

大蜀政权，实行"均贫富"的革命政策。他们挖掘豪民家藏金银地窖，没收他们的不义之财，勒令当地富人交出金钱粮食，将所得的钱财、物品分给穷人，受到人们的普遍欢迎。成都人开始供奉李顺的画像，对他奉若神明。

这时，起义军人数已达数十万，号称百万大军。起义军和部分群众为了表明他们为捍卫农民政权不惜牺牲的决心，都在脸上刺了"应运雄军"四字。李顺整顿军队，任命将帅，让他们分路攻击宋军。田奉正、苏荣率领的义军攻克渠州（今四川渠县）、果州（今四川南充），张余率领的义军攻占嘉州（今四川乐山）、云安军（今重庆云阳），一支义军攻占广安军（今四川广安），一支义军占领合州（今重庆合川），还有一支义军进攻荣州（今四川荣县），知州吴枢投降，邛州、黎州（今四川汉源北）、陵州（今四川仁寿）、雅州（今四川雅安）、简州（今四川简阳）、巴州（今四川巴中）、阆州（今四川阆中）等州郡均为义军占领。在短短的时间里，义军已占有了北到剑关、南到巫峡的广大地区，全国为之震惊，各地纷纷起兵响应，秦陇地区的赵包，带领数千人的队伍发动起义，在剑阁与大蜀军会合。峡路的几十名漕运士兵，也在江陵（今湖北江陵）起义。

（2）宋军平叛

淳化五年（公元994年）正月二十一，宋太宗得到李顺起义军进攻剑南诸州的消息，二月初一，得知起义军占领川蜀首府成都。起义军发展之快使宋朝廷大为震惊，急忙召大臣商议对策。多数人认为武力镇压没有把握，都主张招安，只有新上任的参知政事赵昌言力请发兵镇压。朝中议论纷纷，难以决定。起义军又连续攻下了嘉州（今四川乐山）、眉州（今四川眉山）。宋太宗认为已迫在眉睫，绝不能再拖延下去了。淳化五年二月二十一，命昭宣使王继恩为剑南两川招安使，分路讨伐。以雷有终为峡路转运使，供应军需。宋太宗给王继恩很大的权力，不仅给予他释放诸州非十恶和正赃之罪的所有囚犯的权力，而且凡军事事宜完全由他做主，朝廷不予牵制。宋太宗下诏给王继恩："大军所到之处，如遇反抗，一定要尽行杀灭，且不许存留后患！"

尹元统领的东路宋军，在梁山（今重庆梁平）、广安、渠州、果州一带，受到起义军的顽强阻击，无法前进。蜀北的剑门关，是宋军主力入川的要道，这里，原来只有百余宋军把守。由于剑门的险要地势和战略地位非常重要，所以李顺派李广兼程北上，一定要攻下剑门。上官正为剑门都监，手下只有数百名老弱残兵，还有部分从成都逃出的军队。倘若李顺当初即攻剑门，剑门关唾手可得。此时再攻，守兵得知王继恩大兵即将到来，当然会拼死抵抗。双方在关下展开激战，起义军大败，伤亡惨重，余众三百多人退回成都。李顺害怕败兵进城会扰乱军心，将他们全部斩首于城外。王继恩所率宋军夺得川蜀北方门户，得以沿着剑门栈道长驱入川。起义军所处的形势急转直下。

在占据优势的宋军面前，大蜀起义军集中主力去攻打梓州而没有谋划如何防守，延误了战机。宋梓州知州张雍早就开始招募士卒，打制武器，训练士兵，严阵以待，并遣使求援。后来，成都战场逃出的十州之军在都巡检内殿崇班卢斌的率领下投奔梓州，守城兵力大增。李顺派遣大将相贵率领二十万义军前来攻城。相贵先派出一些老弱义军到北城外诱敌，卢斌从城头上见义兵都老弱疲惫，又无铠甲，就要出城迎战。张雍怕中了起义军的圈套，没有同意，命令只守不攻。起义军以云梯和冲火车日夜连续攻城，城中以弩机石和火箭还击。双方相持八十多天，未分胜负。

四月，王继恩由小剑门而入，攻破研口寨。宋军向北，越过青强岭，攻进剑州（今四川剑阁），又向广安郡进攻，被义军包围，但狡猾的宋军从背后夹击义军，义军大败，五百名义军牺牲。接着，王继恩军攻克绵州，王继恩分兵从葭萌向老溪进发，阆州、巴州都相继陷入敌手。王继恩先分兵援救梓州，与城内宋军内外夹攻，起义军终于败退。宋军随后占据蓬州（今四川仪陇南）。

王继恩开始集中兵力进攻成都。起义军没有能阻挡住敌军的进攻。不久，成都沦陷，遭杀害的义军又有三万余人。大蜀王李顺在战斗中牺牲，枢密使计词、吴文赏，起义将领卫进、刘师中、李俊、彭荣、吴利涉等均被杀。这样，一场声势浩大的大蜀农民起义，在统治者的血腥镇压下失败了。

（3）义军败亡

成都陷于敌手，李顺等领导人牺牲，大蜀农民政权被统治者推翻。宋朝廷的大臣兴高采烈，王继恩更是居功自傲，终日设宴庆功，手握重兵，久留成都不去，并且纵容部下，烧杀抢掠，无恶不作。但广大农民军并没有被统治者的残杀所吓倒，他们在成都城外不远处安营扎寨，与宋军进行着不屈不挠的斗争，各州县的起义军也仍在坚持斗争。

当初，大蜀中书令吴蕴率十万大军，苦苦围攻川西重镇眉州（今四川眉山）达百余日，未能攻克城池。成都失陷的消息传来，吴蕴不得不撤除包围，带领部下转战于川西各地。

王继恩攻下成都后，成都地区起义军余部便推张余为帅。张余见进入成都的宋军孤立无援，就聚集了一万多农民军，坚持斗争。成都兵力强大，所以张余避实就虚，带兵攻击敌势较弱的南部和川东各地，很快收复了嘉州、戎州（今四川宜宾）、泸州（今重庆泸县）、渝州（今重庆巴南区）、涪州（今四川涪陵）、忠州（今重庆忠县）、万州（今重庆万州区）、开州（今四川开县）共八州地。张余率领起义军乘胜东下，直奔川东大门夔州（今四川奉节）。施州（今湖北恩施）的数千农民起义响应，夔州宋军顽强抵抗，阻碍了起义军的前进步伐。五月十九日，农民军与宋军在西津对阵，不巧，宋廷派遣的峡路都天巡检率援兵赶到，从后面攻击起义军，起义军腹背受敌，大败，二万人壮烈牺牲。其后张余向西虽然攻下了云安郡（今四川云阳），但是在施州受阻。宋军尾随而至，攻陷云安郡，张余率军向西撤退。

夔州以西至成都一线的起义军一直奋力抵抗宋军尹元统帅的部队，使其无法前进，成都失陷后，他们仍然坚持战斗。张余被打败后，宋军转战川东，相继攻克广安郡及嘉陵江口合州。宋军乘胜追击，分兵二路，一路在裨将常恩德的统率下，杀向广安梁山，另一路由尹元和裴庄率领，攻打梁州，三地农民军由于分散作战，很快失败。陵州的起义军也被知州张旦击败。

成都被宋军攻陷后，宋太宗就下诏成都府为益州。王继恩蜀中久攻不下，叛乱又难平，太宗感到绝望，便有放弃西蜀之意，召来参政赵昌言商议。赵昌言劝其万万不可，说西川义军只是乌合之众，不难攻下，并献上平川方略。太宗大喜，任命赵昌言为川峡两路都部署，统帅自王继恩以下的在蜀将士。赵昌言无法推辞，只得从命。九月，宋太宗以为稳定四川局势应该武攻与文治相结合，因命枢密直学士张咏为益州（即成都）知州，授予他专行独断的权力。宋太宗又派出宦官卫绍钦持诏前来督战。于是宋军四出攻城，学射山、双流等处的营寨陆续失陷。宋将杨琼先后攻占邛州、蜀州。王继恩手下有一个内侍叫王文寿，王继恩派他率兵前往遂州（今四川遂宁），追讨起义军的余部。此人对部下十分苛刻，士卒颇为怨恨。指挥使张嶙率领几名亲信士兵发动兵变，刺杀王文寿后，投奔张余，一时起义军声势大振。

十一月，宋将杨琼攻克永昌、永康郡、双流、导江、温江等地。四川都监宿翰率军在眉州一带击败了大蜀中书令吴蕴。宿翰继续向嘉州进发，十二月十三日，大蜀嘉州知州王文操投降。至道元年（公元995年）初，张余率农民军进攻眉州，被宋四川都监宿翰击败，二月三十日，在向嘉州撤退途中被宿翰部追上，不幸战亡。

张余牺牲后，剩余农民军转入密林，继续坚持战斗。至道二年（公元996年）五月，自称邛南王的农民军首领王鸬鹚重举义旗，但终因势单力孤，在攻打蜀、邛二州时又遭失败。

王小波、李顺领导的四川农民起义，前后坚持五年之久，义军达到数十万人，四处转战，最后惨遭失败。留给后人很多的思考。第一，这次起义爆发于宋初的封建"盛世"，也就是说宋朝此时国力比较强盛，兵精粮足，但即使在治世，社会的黑暗现象仍然存在。第二，农民虽然生性柔弱忍让，但若统治者肆意欺凌，柔弱的百姓也会起而反抗的。第三，这次起义提出的"均贫富"的口号是史无前例的，它在中国农民战争史上独树一帜。

2.澶渊之盟

宋真宗景德元年（公元1004年），辽圣宗与萧太后亲率大军南下攻宋，宋、辽两方在澶渊（今河南濮阳西南）会盟，约定宋每年向辽纳绢二十万匹，银十万两，称为岁币；又约为兄弟之国。史称澶渊之盟。

（1）契丹南侵

宋至道三年（辽统和十五年，公元997年）三月，宋太宗病死，太子赵恒即位，史称真宗。次年，辽大举犯宋，从此，宋辽战争再次掀起。

宋咸平二年（辽统和十七年，公元999年）冬，承天太后、辽圣宗亲率辽军大举攻宋，宋名将杨延昭（名将杨业之子）被困在遂城（今徐水西），杨延昭让士兵们乘着天冷向城墙外侧泼凉水，第二天就冻成冰墙，辽军无法攀缘而上，只得作罢。辽军虽然占领了乐寿（今献县），但收获不大，只得于次年正月退兵，以后仍不断派兵南犯。

辽统和十九年（1001年）十月，契丹大举南侵，攻到满城（在河北境），但由于种种原因，随即收兵回朝。宋朝史官记述说，宋朝的高阳关、定、镇三路都部署王显在遂城（在河北境）大败辽军，杀敌两万多人。辽朝史官却说辽军由于路途多泥淖而在遂城击败宋兵之后，只进攻到满城就回师了。

次年三月，辽相继派宰相萧继远在梁门（今河北保定市徐水区）大败宋军，又使萧挞凛（南京统军使）破宋军于泰州（今河北保定市清苑区）。

辽统和二十一年（1003年），也就是宋真宗咸平六年四月，宋朝的高阳关副都部署王继忠在定州望都县（今河北境）被辽朝南府宰相耶律奴瓜与萧挞凛活捉。这王继忠是真宗即位以前所在的寿王府门客，真宗认为他已战死沙场，心中十分悲痛。

契丹兵不断南下，使得真宗忧心忡忡，焦急万分，每日于便殿召见大臣，询问战略，常常是从早到晚，甚至连饭也顾不上吃，可是始终没有破敌良策。

（2）寇准其人

景德元年（1004年）七月，宰相李沆死，中书无宰相。真宗想任用寇准，又恐怕他太年轻，想找一个德高望重的人替他稳住局势，于是选中了翰林侍读学士兼秘书监毕士安，于是提升他为参政。毕士安上朝谢恩，真宗说：“别忙着谢我，过两天再让你当宰相。”接着问道：“朝廷中除了你，其他还有人能担当此任吗？”在宋朝制度中，宰相定员一般是三人，都加同平章事，以兼官定职位高下：首为监修国史，次为昭文馆大学士，复次为集贤殿大学士。如果只有两人，就让昭文馆大学士兼监修国史为上相。如今三相齐缺，真宗才向毕士安询问宰相人选。毕士安道：“寇准为人正直有义气，有处理大事的能力，是宰相之才。”真宗道：“听说他刚愎自用，不知是真是假。”毕士安道：“此人处事方正，慷慨有大节；为国忘身，疾恶如仇，朝中大臣无人可比。任何人都有缺点，即使天才也会被流俗所污，说这说那也不可避免。现今边境动乱之时，朝廷需要的正是这种不顾自己利益、敢作敢为的人。"真宗大喜，说："卿言极是。可是，他要成事，终需借重卿这样德高望重之人。"毕士安推荐寇准，真可谓帮了真宗抵御契丹的大忙。

寇准是华州下邽（今陕西境）人，十九岁入中进士，三十岁为执政。才华横溢，疾恶如仇。宋太宗曾经说过，他得到寇准就如唐太宗得到魏徵。可他不是唐太宗，最终寇准因为直言相劝，被贬为邓州知州。真宗即位后，才慢慢提升为三司使。真宗早有重用他的意思，听了毕士安一席话才最后下定决心。三十天后，毕士安与寇准同时被任命为相。毕士安为同平章事，监修国史，寇准为同平章事，集贤殿大学士。正是这一着棋使得宋朝对辽战事化险为夷。

这时，北部边境契丹的小股士兵经常在祁州（今河北无极）、深州（今河北深州市）一带侵扰，稍微遇到反击，便逃窜而去。寇准道："这是契丹人在试探挑逗我们，后面必有大规模的侵略行动。请朝廷整顿军备，以精兵防护要塞，提高警惕。"

宋景德元年（辽统和二十二年，1004年）闰九月八日，承天太后、辽圣宗又以收复被后周世宗占领的关南地区为名，对宋发动大规模战争。十二日驻兵固安（在河北境），举行大出兵时的重要仪式。将抓获的宋军间谍绑在立柱上，乱箭射死，称为射鬼箭。举行完仪式后，便浩浩荡荡地向宋出兵了。

边境急报如雪片一样飞入京城，《宋史》说，急报"一夕凡五至"，举朝上下，一片惊慌；举国上下，一片动荡！只有寇准谈笑自若，将所有急报掷于一旁，不理不睬。朝臣大为不满，第二天早朝，有大臣将辽军大举入侵的消息上奏宋真宗，宋真宗大惊，问寇准道："爱卿真是这样不以国事为重吗？"寇准道："我谈笑自如之事确实有，但我怎敢轻视国事？以我看来，契丹南下是自取灭亡，对大宋来说是一举消灭他们的好机会。我是众官之首，若遇事就慌慌张张，岂不辜负皇上的一番美意？我真不明白各大臣为何如此惊慌失措。"真宗听了，暗挑大拇指："好一个寇准，果然不负我的厚望。"口中却道："你说的极是，身为大臣，对契丹的入侵就应当看作是小丑跳梁，小事一桩，不必惊慌。"说完，瞟了一眼满朝文武，见他们一个个低下头去，脸有愧色。其实，真宗自己也惊慌失措，吓得要死，便不忍再加责备群臣。又说道："你刚才说契丹南侵值得庆祝，可否向大家解释一下？"寇准道："臣遵旨。想那契丹，连年征战，穷兵黩武。如今已是士气低落，捉襟见肘。这次倾国出动，由国主（辽圣宗）和萧太后亲自率领，号称二十万大军，其实才十万左右。我朝镇、定、高阳关三路都部署王超拥兵十万驻守定（今河北定州市）、镇（今河北正定）二州，足以抵敌。此外，莫州石普、保州（今河北保定市清苑区）张凝、北平寨（河北顺平县）田敏等各有重兵。还有威房郡（今河北保定市徐水区）魏能、遂城杨延昭，辽人战百次不得胜，数万人围之攻不下，号称'铜梁门、铁遂城'。有这种兵，又有什么值得担忧的呢？兵法上有云：'行师百里而入侵他国，必有将军被擒。'现在辽军孤军深入，必败无疑。敌国之忧，我国之喜。难道不该庆贺吗？"真宗越听越是有理，胆子壮了起来，不觉现出喜色，正要开口夸奖，文臣中一人朗声说道："相公说得倒挺轻松。你可知沙场上拼搏与纸上谈兵、哗众取宠是两回事吗？去年四月，辽将耶律奴瓜、萧挞凛南下，我方部署与今完全相同。而耶律奴瓜不过是辽朝一将，和这一次辽圣宗、萧太后亲自统领的入侵完全不同。去年我军已无力阻挡，以至高阳关副都部署王继忠部全军覆没。这该怎么解释？"真宗认为有道理，又担心起来。附和道："对呀，这该如何解释？"

寇准瞥了一眼，见发问的是参知政事王钦若，该人博学善辩，不可和他在众人之下多加辩驳，以免惑乱人心。说道："参政所说去年兵败之事虽有实情，但时过境迁，怎么能一成不变地看待事物呢？我已有详细的内容在这里，容后书奏。陛下如果听我的建议，五日之内，契丹军必退。"王钦若虽知他不可能有什么回天妙计，但他既说要奏明皇上，自己不便再问，只好作罢。真宗听了寇准之言，却是急不可耐。还没等"书奏"，当晚就召寇准入宫，询问妙计。寇准不慌不忙道："以往我军虽然兵多，但却导致失败，是因为兵将士气不振。尤其自雍熙三年（公元986年），曹彬兵败以后，我军将士不少人谈辽色变，如此怎能获胜？"真宗道："我军对付叛乱的百姓十分容易，但对付辽军可就不行了。辽人弓马娴熟，来去迅疾如风，实在不容易抵挡，你有什么好办法抵御辽军吗？"寇准道："说也容易，壮我士气就是了。我请陛下亲自率军征讨，将士们看到后，都会备受感动，从而会勇敢杀敌，何愁强敌不破？"真宗听了，愕然不语。过了好一阵才说："让我再好好想想。"寇准去后，真宗立刻召见毕士安，将寇准的话说了一遍，道："依你的看法，这种建议可行吗？"毕士安也极力赞同皇帝亲征。真宗这才下定决心，要御驾澶渊，以壮军威。第二日，又召集辅臣将此意说了，要众人各抒己见。自然是有人叫好，有人反对，还有的不置可否，只是摇头叹息。所谓"在路边盖房子，三年也盖不完"，每个人对每件事都有不同的看法，这是很难统一的。

（3）征讨契丹

朝廷一面下令洺州团练使上官正知沧州，兼部署永清节度使周莹为天雄军（治大名）都部署，兼知军府事；又命令代州副部署元澄等契丹军队南下以后，带领军队攻入契丹境内，从而控制东面的敌人；而命并代州副部署雷有终领兵由土门（即井陉）赴镇州与河北大军会合，暂驻兵于平定军（今山西阳泉东南）。一面悬赏河北吏民集结精锐，偷袭契丹，又派使者到河北慰问军队。朝廷中拿出三十万两白银用来购买军粮。

闰九月二十日，北面都部署王超移大军在唐河（今河北境）一线驻扎。

契丹兵统军、顺国王萧挞凛引兵进攻威虏郡（今河北保定市徐水区遂城镇），魏能、石普等人带领军队前往救助。魏能先与契丹前锋军相遇，契丹兵败，魏能杀契丹偏将，缴获了他的印鉴、旗鼓以及随军辎重。又转攻北平寨，指挥田敏积极率部抵抗，契丹又惨败而归。又东攻保州，州中的振武军小校孙密率领十余名士兵外出打探敌情，归途恰与来攻保州的契丹前锋军相遇。孙密让士兵们隐蔽在一树林中，严阵以待准备偷袭契丹军。契丹兵见宋兵人数不多，追到林边，跳下马来，拔出兵刃，准备短兵相接，定要生擒宋兵，方显辽人英勇。孙密等人静静地等待着，看着契丹兵手持短刀，大喊大叫地狂奔过来时，弩箭齐发，数人应声倒下。其他契丹兵寻声赶到，孙密等人已在别处隐蔽起来。就这样，打一阵子换一下地方，一会儿就杀掉了几十名契丹兵。可怜的契丹兵连一个宋军的影子都没发现。难道遇到了鬼？想到这里，不觉心惊胆战，再也不敢往前搜索，呼咕一声，退出林去，上马逃走。契丹人笃信鬼神，回大队报告后，以为出师不利，不敢再攻保州，退往别处去了。孙密检查死尸时，发现其中有一具佩带右羽林军使印的尸体，孙密判定该人是契丹军中的将领。才知方才军士逃走，原来是因为军官已死，否则纵然害怕，也不敢后退。遂捷报入京，真宗道：“士兵都是这样的，只要军官被抓住了，士兵就无力再战，契丹确实不值得大忧啊。”

这一日，萧挞凛与萧太后、辽圣宗合兵攻定州，王超屯重兵于唐河，距定州不过数十里路程，不敢前往攻击。部下请求前往救援定州兵，王超便拿出诏书，说是皇帝的旨意，违背旨意的斩首示众。契丹见唐河兵不出，知道主将胆怯，声势更盛。但定州守兵顽强坚守，契丹兵仍讨不到半点便宜。定州久攻不下，正在此时，契丹又有一支骑兵队伍遭到宋军袭击。辽军锐气受挫，便将大队东移，驻兵于阳城淀（今河北望都东南）。

寇准上书说：“据边报，敌人游骑已到祁、深二州以东，而我方大军集结在更北面的威虏郡一带，大名以北的东路没有驻兵，很不方便。请自大名驻兵中调一万人，北屯贝州（今河北清河），由周莹、杜彦钧、孙全照统领。若大名兵力不足，只调五千人马，由孙全照一人统领亦可。如果敌人从深、祁两州继续南下，就让孙全照趁机打击，并与北方驻军石普和驻守顺安的阎承翰相互支援。由石、阎率本部兵，或另募强壮百姓入契丹境，焚烧村落城镇。并多派密探探察敌人动静。将以上行动及时上报朝廷，兼报天雄军府（治所在大名）。一是可以安定民心，二是可以鼓舞我军士气，三是以大振阎承翰、石普的军威，四是使孙全照部与邢（今河北邢台)、洺二州驻军形成掎角之势,构成大名的北部屏藩。臣还请陛下下诏书,御驾出征以后,扈从军士职在保护陛下安全。任何时候都不要贪功争战,也不要与敌进行野战。如今大名到贝州一线守军统共才三万人,万一敌人攻入贝州以南,可命定州大军拨出三万军队,跟着桑赞等人结阵南下,再下令让驻守平定的雷有终部,度土门关与定州大军汇师,酌情迁往洺、邢二州之间,这时御驾才可以启程。此外可命王超在定州城外扎营,与北面的魏能、定州守军等部相呼应。万一敌人结营于定、镇二州之郊,王超兵便不得再向洺、邢移动。可命魏能等部南下,依城屯驻,牵制敌人。让他们后顾有忧,不敢随意南下。"朝廷对他的建议都一一采纳。

(4)参政守城

自从寇准定议御驾亲征,朝廷上下议论纷纷,持反对态度最为坚决的是参知政事王钦若、签书枢密院事陈尧叟等。随着契丹军向内地攻入,这些人活动得越来越厉害。参知政事王钦若是江南人,他建议皇上逃往金陵(今江苏南京)。签书枢密院事陈尧叟是蜀人,他建议皇帝西幸成都。真宗不知该怎么办,于是征求寇准的意见。时王钦若、陈尧叟都在身边,寇准心知是这二人的主意,假装不知道,问道:"是谁为陛下出的主意?"真宗道:"先不要问谁出的主意,你只说说看哪个主意更合适?"寇准说:"两个主意都不太好。现在皇上神才武略,朝中将相一心,如果您亲自率军,士气必会高涨,敌人必败。纵使不御驾亲征,出奇兵扰乱敌人,坚守不战,也会让敌军人疲马乏,然后出兵袭击。敌军疲劳而我军精力充沛,胜利的希望仍然掌握在我们手中。为什么要建议陛下抛弃宗庙社稷,远避蛮邦,那时候,人心浮动,契丹再乘势深入,天下还能保吗?出这个主意的人罪该斩首。作为不忠之臣的例子,以儆效尤。"一席话只说得王、陈二人面色苍白,冷汗直流,从此恨透了寇准。寇准也知道这二人终日守在真宗身边,不会有好事。尤其王钦若,特别狡诈,朝中不能留他,得想个主意,驱他出宫。一日,真宗对寇准说道:"天雄郡是京都门户,一旦失去,不但河朔地区沦为敌有,京城也会受到威胁。依你看,谁能为我率领天雄郡？"寇准认为机会来了，于是说："敌人攻到大名，形势已很危急，即使有策略，也施展不开。所以古人说：'有智谋的将领不如有运气的将领。'那时全靠将领的运气了，我看满朝大臣的面相，只有王钦若有这个福气，可以守住该城。"真宗一笑，没有回答什么。

寇准马上写好敕令，召王钦若进府，要他立即动身。王钦若身为执政大臣，无缘无故，突然降职到外地做知府；而且那里又正在打仗，他本人是个文臣，何曾懂得守城是怎么一回事？手中捏着那张敕纸，惊呆了。还没来得及想该如何对付，寇准说道："皇帝要亲自率军征讨契丹人，现在不是臣子苟且偷安之时。参政是朝廷执掌权柄的大臣，一定深知其中道理。车马都已预备齐全，候在门外，也不用再入宫辞行了。希望你马上启程，免得皇上担忧。皇上不忧，你才能过得心安。"说完命人斟了两大杯酒，说道："我为你的出行而敬你一杯'上马酒'吧。"听了寇准说"皇上不忧，个人才得身安"，王钦若毛骨悚然。这明明是说：若要拖延，不肯上路，将有大祸临头。他忧虑交加，又手足无措，不知如何是好。王钦若被打发走后，坐在车子上一阵茫然，但又不时产生一种轻松感，心想毕竟寇准是宰相，若不早点离开，早晚会落入他的手中。

王钦若到大名以后，看到到处都是敌兵。《宋史》说，他不知该如何守城，只命人把城门堵了，终日在知府衙门中正襟危坐。契丹七日后退兵，王钦若以"守城功"当上了宰相。虽有些言过其词，但其无功受禄却是实情。

（5）虎头蛇尾

咸平六年（公元1003年），契丹兵南下，活捉宋将王继忠。宋廷以为他遭杀害，其实没有。萧太后很赏识他的才能与忠义，后来便招降了他，成了萧太后的亲信。这次随军南下，毕竟是故乡热土，眼看城邑被焚坏，村落日遭骚掠，有些不忍。一天，王继忠见萧太后正为前锋不利之事烦恼，便趁此时机，建议契丹与宋和好。古人说："兵久而国利者，未之有也。"契丹连年用兵，境况也是不妙。《辽史·食货志》说，辽圣宗时，由于战争，庄稼熟了，无人收割，民力缺乏。由于连年出兵征战，辽已力不从心，这次南伐是勉强硬撑而已。况且萧太后年纪已大，终日鞍马劳顿，疲惫不堪，也希望能早一点结束战争。听了王继忠的话，觉得不妨一试。便派小校李兴等四人，带着辽军信箭和王继忠的书信到莫州去见守将石普，请他转呈王继忠给朝廷的一封密奏。石普不敢怠慢，当天就派人把信件送到宋朝廷。真宗拆阅后，见其中写道："去年臣奉诏命，为定州路副都部署。望都之战，从早战到晚，没有休息，物资粮食都没有运到，每人都疲惫不堪，连战马也没有草食，士兵们两日中水米未进。又过一日，臣整顿队伍，再上沙场，邀击敌人偏锋。虽有小胜，损折也颇严重。当时王超在后，竟不来援。最后，被辽军擒获，我深以为恨。不仅恨王超辈自私，寡谋，也痛恨我自己行事莽撞，进退无节，终于为小人所卖，受此终生耻辱。往事都过去了，再提还有什么用？所幸北朝念臣早年曾服事陛下于藩邸，后来又将边事寄托与臣。不仅没杀我，反而给我很多恩惠，把我和其他大臣同等对待。我还记得，当年皇上教导我，臣子要以息民息兵为自己的职责。如今北朝听说陛下圣德，愿与陛下重修旧好。恳请陛下俯允。"

真宗读后，没有说话，一会儿，将信传给左右大臣们，说："以往我们全盛之时都是与戎狄和好为利，现在更该如此！朕初即位时，吕端等就曾建议，借太宗皇帝丧事的机会，遣使向北朝告讣。北朝若能遣使吊祭，双方便可结盟修好。后来何承矩又请求朕告诫边臣，趁大战之后，南北双方都不愿再打仗，可以与北朝达成协议。但是朕念结好缔约是双方的事，对方有无诚意，未见表示，不可勉强。否则，自己白白地受侮辱。况且，自古以来，北方异族就是中原心腹大患。如果不是对他们有大的恩德，或者是对边境加以重兵威胁，他们的粗犷凶悍的本性又怎么能改呢？所以就没照他们的建议做。王继忠这封信也是一样，虽然情深义重，仍不可相信。"

宰相毕士安道："近几年投降于宋的契丹人都说，契丹国畏惧陛下神武和本朝雄富，害怕有一天举兵收复幽州，所以才南下侵掠，先下手为强。如今两军交战，屡屡不得先机。有心退兵，又恐国人耻笑，才借王继忠求和。以臣看来，求和之情当有几分可信。"

真宗道："卿等仅知道这一些，却不知道更多的情况。敌以兵事无成所以求和，固然是真。可是，如若答应他的请求，其后必又提出各种罢兵的条件。为使百姓免遭战乱之苦，其他条件倒也罢了，我都能够先委屈一下。要紧的是关南土地，曾经属于辽方，必然借此机会，提出归还的要求。我是万万不能答应，所以和谈终究是一场虚幻，还不如趁早治理军队统一思想，和他们在武力上一见高低。"于是，写了一道手诏，命石普交给李兴转给王继忠。王继忠见诏书主要是说，皇帝是一国之主，怎么能不希望停止战争呢？他若真有此意，不妨奏明契丹主，要他们通过边臣转达朝廷就是了。那意思是说，要主动求和，不能再有附加条件，直接派使者前来便可。王继忠回信请求朝廷先派出使者，真宗当然拒绝了，于是双方的谈判就此中断。

闰九月二十五日，宋朝廷任命天雄郡都部署周莹为驾前贝冀路都部署，綦政敏为钤辖，杜彦钧为副都部署；马军都指挥使葛霸为驾前西路邢洺路都部署，王隐为副部署，孙全照为钤辖。其中孙全照很受真宗器重和信任，这个人身材短小，性格刚烈凶悍，带军十分严厉，精通军事兵法。真宗特地召见他，命他除了任西路钤辖外，兼任天雄郡驻泊和东南贝冀等州钤辖，还要注意北面的军机事务，随时报奏。本来已任命了主官，却要再找这个人留心军机事务，随时奏闻，这本来是宋朝朝廷制约、束缚大臣的习惯性设置。孙全照倒是有一番气魄，奏道："敌人的骑兵假如逼近魏城，我请求带领几百名骑兵，多至千人也可以，略使用一点战术，必定能够把他们杀个片甲不留。"真宗极为欣赏他的勇气，吩咐主官周莹，如果孙全照出兵迎敌，拨部分兵力给他，不要加以阻拦。

从此以后，西北边疆的战事频频传来捷报。二十八日，岢岚郡使贾宗奏："在草城川败敌数万人"。十月四日，麟府路钤辖韩守英等奏：知府州折惟昌奉诏率本部兵入朔州契丹界，前锋破大狼水寨，契丹人死伤无数，生擒四百多人，缴获牛马羊驼和铠甲无数。二十五日，保州、莫州、岢岚郡、威虏郡、北平寨等都奏称，以辅翼部队入契丹境，各掳获人口、牲畜、铠甲、器仗数以万计。

真宗又对其他的军事和行政方面进行了调整。十月八日，派遣使臣到滨州（今山东滨州市滨城区）、博州（今山东聊城西北）、棣州（今山东惠民）、德州（今山东德州市陵城区）等地召集、安抚流亡的百姓。一面命青齐（山东济南市历城区）、青州（治所山东青州市）等州的兵部尚书知青州张齐贤兼潍、淄、青三州安抚使，知制诰、知郓州丁谓兼濮、郓、齐三州安抚使。这两个人同时又负责各自领辖区域内的行政运转和军事管理等方面的事务，这两个人都是很有行政和管理才能的。当时契丹的军队再次南下骚扰，百姓惊慌万分，纷纷渡过黄河，南下避难。黄河杨流渡口的船家贪图私利，不肯按时开船。丁谓从死囚牢中取一罪犯，斩于河上，说他是个贪利的舟子。从那以后，船家害怕受到惩罚，所以逃避的老百姓才能够顺利地渡过黄河。丁谓又将沿河百姓组织起来，分段守卫，各执旌旗、锣鼓、呼喝相闻，声音传得很远。契丹军见有防备，不得不退出这一地区。十五日，命王超率部向真宗将要停留的澶渊地区靠近。又担心西夏的军队会在西夏王亲自督战下有所行动，命知永兴军府（治陕西长安）向敏中兼管凤州兵民，可以根据情况自行行动。十六日，随驾军士有需先行赴澶州或缘河州郡驻扎者，发给装钱。

王继忠得到了真宗的手诏之后立即向萧太后奏明了情况。不久又通过石普转告宋朝廷说："契丹兵已将瀛州团团围住，这原是契丹旧疆，必欲得之而后已。朝廷要是有讲和之意向，应该迅速派遣使者过来。若等契丹攻下瀛州，可就晚了。"二十六日，真宗闻奏，对辅臣说道："瀛州城早有准备，倒是不必担忧契丹的进攻。我在想与契丹和谈的事，和谈双方都不愿意先向对方派遣使者，问题又如何解决呢？我朝先派使者，又能有何损害？"于是写了一道手诏，募军士李斌，带着信箭，将手诏送入敌营，决定派使者入辽营谈判。同时命令枢密院选择合适的使者。

宋朝的皇帝做事大都是开头很好，结果很差，旧史家已有许多论述，这件事同样如此。先派使者与后派使者的利害关系，宋真宗心明如镜，起初坚决不肯，没想到仅过了一个月就改变了主意。

这时枢密使王继英向真宗推荐说："殿直曹利用曾经说过，若能奉君命出使外邦，生死无所避。"真宗道："契丹首先表示与我朝通好，使者前往不会有什么危险。但他这样一个小官，听说朝廷有事，主动请命，值得表扬。"于是提升他为阁门祗候，连升了六级。又让他作为崇义副使出使契丹。临行前，真宗嘱咐说："契丹人南下，不是为了扩张领土，就是向朝廷要款。关南重地归中国已经很久，不可以再被契丹夺去。至于要一些款，在汉朝就有用玉帛等物赠送给单于的事情，我们不妨也给他们一些。"曹利用对契丹南侵，颇为愤恨。又听说要给契丹财物，更为不满，道："若契丹妄有所求，我宁死也不答应。"真宗看见曹利用出言不凡，肯定不会有辱使命，对他十分赞赏。

二十七日，以雍王元份为东京留守。二十八日，以权三司使、枢密直学士刘师道为随驾三司使，兼转运使。

刚开始，契丹的军队攻打定州没有成功，于是向东进军，在阳城淀将军队驻扎下来。然后沿胡卢河到关南，于十月六日到达瀛州城下。辽军兵力很多，气势很旺盛，而且日夜攻城不歇，击鼓和伐木的声音响彻了四方的各个州城。并制造了各种攻城器械，驱使奚人背负门板，手秉火炬，攀缘登城。瀛州知州李延渥带领民夫和州兵，又有贝、冀州巡检史普部下士卒共同坚守，滚木礌石从城上源源而下，砸死许多城下的士兵。辽圣宗与萧太后亲自播鼓督战鼓舞士气，同时调集了弓箭手向城上远射，掩护攻城的士兵。结果箭如雨下，而守城的士兵居然丝毫没有后退一步。直攻了十多日，双方都死伤惨重。契丹兵被迫撤退，宋军获铠甲、兵矢、竿牌数百万计。捷报传入朝廷，十一月一日，升李延渥为本州团练使，其他的将军和战士都各自得到了晋升和奖赏。

十一月五日，北面部署奏称："契丹军队自瀛州城下撤退以后，部众尚有二十万人。欲乘南部空虚，直抵贝、冀二州和天雄郡一带。"真宗诏命诸路军和澶州戍兵在天雄郡集结。

自从契丹军队南下以来，河东的各个州城都是关闭城门死守，而冀州知州的王屿早就想和契丹军队决一死战，每天不停地练军，如今终于来了机会，于是就大开城门，百姓出入城门和平日一样。他曾上书说："敌若到来，必战而胜之，愿朝廷不要为冀州担忧。"后契丹的游离骑兵逼到城下，果然被王屿打败。

十八日（戊辰），以武宁节度使同平章事石保吉为驾前西面排阵使，王隐为副职，秦翰为钤辖，山南东道节度使同平章事李继隆为驾前东面排阵使，葛霸为副职，孙全照为都钤辖，张旻为钤辖。

（6）驾幸澶渊

景德元年十一月二十日，宋真宗车驾自京城出发，向澶州进发。

再说到曹利用奉命出使契丹去谈和，正好赶到了天雄郡。契丹攻瀛州不下，正大举南侵，向贝、冀等州进发。孙全照认为契丹人对于和解丝毫没有诚意，于是让王钦若扣留曹利用并暂且不放回。契丹兵屡次战败，又命王继忠奏请朝廷求和，并说北朝屯兵不敢劫掠，专等朝使到来。王继忠与驾前东面副排阵使葛霸去信，请他速速与朝廷明言此事。当晚，真宗见到奏书，以手诏通知王继忠：已遣曹利用启行。要契丹遣使到天雄郡迎接。一面派人催促曹利用上路。王继忠得到曹利用被扣留在天雄郡的消息之后，立即上奏了朝廷，请从澶州另外派遣使者去契丹，以免误了谈和之事。

二十一日，真宗车驾来到长垣县（在河南境）。二十二日到达韦城（今城已废，址在河南滑县东南），命滑州知州张秉、濮州知州张晟、齐州知州马应昌，巡逻监视所辖区域内的黄河防务，并且派人凿开河面的冰凌，以防止契丹军队从冰上过河。

再说王钦若在天雄郡，得知契丹军队赶到了城下，于是全城一片恐慌，根本没有办法再和同事们商议守城的事，大家人心惶惶。人人知道契丹兵从北方来，南门面向京都，最为安全，防守北门最为要紧，也最危险。城中武官便争着防守南门，谁也不愿守护北门。幸亏王钦若想出一个妙法，让众部下抓阄。抓了北门的守北门，抓了南门的守南门。各人听从天命的安排，不可以埋怨。天雄郡钤辖孙全照却说："我是将家出身，老爹生我就是为了对付敌人的。我就不用抓阄了，剩下一个给我就行。"于是孙全照被派出守北门。王钦若自告奋勇，要守南门。孙全照说："那如何使得。参政是一城的主人，应该是发号施令、出谋划策和同时做决策的中心，应该镇守城市中央。否则，南北城间相隔二十多里，往来报告，必然大大地浪费了时间，耽误了时机。"王钦若暗道："这'号令''谋划'什么的，你们就别想了。'坐镇中央'倒要试试。"便痛快答应下来。孙全照平常严格训练士卒，根本不许挑选作战处所。士卒中的弩手每人手执朱漆弩，可以洞穿两层以上铠甲。接守北门后，他大开城门，放下吊桥，专等敌人到来。契丹人早知孙全照的厉害，竟不敢进攻北门，而绕到东门口进攻。一时无法攻入，又绕过东门奔天雄郡故城。辽军心里明白，即使强行攻入城中，只要有孙全照在，就仍然讨不到好处。于是乘夜在南门外的狄相庙设下伏兵，大队人马沿官道，向南直奔德清郡而去。王钦若听说敌军离开了天雄郡，认为是个机会，所以急急忙忙点了若干将领，命带领全城的精兵强将全力追击。孙全照闻讯，后悔道："这可惨了。敌人自退，必有埋伏，或有精兵断后。这是兵家常识，参政怎么就不明白呢？"王钦若张口结舌，不知说什么好。果然一会儿有人来说："追兵在狄相庙中埋伏，进退不得，请求救援。"城中除了四门守兵，已无兵可派。王钦若抓耳挠腮，不知如何是好。孙全照道："已经派出了全部精兵，如果有了一点变故，天雄郡也就没有新生的希望了。我看契丹兵既退，北门不用再守了。参政率领老弱在那里顶替一下就得，我到狄相庙去走一遭。听说庙里供的唐相狄仁杰，他也是中原人，我们好歹沾点儿亲，他能不庇佑我？"说完哈哈大笑着走了出去。孙全照带着北门守兵赶到狄相庙时，天雄追兵已被团团围住，情况万分危急。孙全照率领部下冲入重围，犹如虎入羊群，奋力杀敌，左冲右突。不一会儿已经把契丹伏兵杀得所剩无几。但自己的追兵也伤亡惨重，所剩人马大约只存十分之三四，已经没有力量再去追杀敌人了。同时契丹的大部队也轻易地攻占了德清郡。知军张旦与其儿子张利涉、虎翼都虞候胡福军等十四名战将都战死了。

朝廷让王超部大军向南进军，命令下达了一个月都没有得到执行。南下的契丹兵知道宋军的主力远远在后，更加放肆。真宗驻驾韦城，距契丹占领的德清郡不过百余里，快马行军不到半天。真宗再没有胆量继续前行，驻在原地也是日夜不安。随行人员中主张南下金陵等地者又活跃起来。真宗心里摇摆不定，召见寇准向他问计。寇准应召入见，还没有进门，听到随行妃嫔对真宗道："外间这些大臣们要把皇上带到哪里去？前边就是契丹军营了，还不赶快回京城！"寇准入见后，真宗将群臣劝他往南走的话说了，问他以为如何。寇准道："这些大臣怯懦无知，还不如乡下的妇女老人。现在敌军迫近，人心危惧，陛下只能前进不可后退。河北的各支部队都在恭候陛下，陛下一到，士气定能高涨。陛下如果退后几步，万众之心将立即崩溃，敌人乘机深入，就是想去金陵也不可能了。"真宗仍然犹豫不定。寇准离开了屋子，却在门屏间看见了殿前都指挥使高琼。寇准道："太尉受国家厚恩，今日想怎样报答？"高琼道："我是个武夫，愿为国家效力而死。"寇准轻声地把刚才的事情对高琼说了，高琼觉得寇准的观点很有道理，于是和他一起再次去见真宗。寇准道："陛下若以臣为文官，对臣的话信不过，何不再去问问高琼这些老将军？他们这些老将军的想法和前方战士的接近。"真宗于是把方才的话又说一遍，问高琼的意见怎样，高琼道："寇准说得对。随驾军士的父母妻子都住在京城，有谁愿意离家弃子随陛下去金陵？就怕陛下还没到金陵，原来驻扎的军士已经跑光了，所以臣请陛下不要再犹豫了，尽快赶到澶州吧！臣等尽死力保护陛下安全。一到澶州，契丹便如以卵击石，一攻即破。"寇准道："机会不可失，愈早出发愈好。"真宗见高琼与寇准同时进屋，话又相同，恐怕是两个预先协调好的。向身后一望，王应昌带着器械守候在旁边，真宗问他以为如何？王应昌道："陛下代表天下公理讨伐贼人，所到之处无不攻克，别再这样逗留和犹豫下去了，否则敌人势力必定更加猖狂。倘若陛下以为过河太危险，可在河南岸驻扎，发诏书催促王超军队南下，敌人必然自退。"真宗这才打定主意。二十四日，车驾启行，继续向北进发。这天，天气异常冷。随从拿来皮帽大衣，真宗却不穿戴，道："将士和大臣都顶霜冒雪，不怕寒冷，朕怎能独自穿戴这些？"当晚行到卫南县，遣翰林侍读学士潘谨修先赶赴澶州。那时黄河将澶州城一隔为二，分为南城和北城。潘谨修宣读诏书说："北岸的守城将军、知州等人，一律不得擅自离开屯兵的地方到河南岸迎接皇上。"

早些时候，真宗答应给王继忠诏书，派使者和谈，王继忠如今又写了奏章，托石普转达。石普派遣直官张浩把奏章送给真宗，张途中经过契丹军营的时候，被契丹俘获，又被引见到辽圣宗和萧太后那里。张浩说明来意后，二人对张浩非常客气，嘘寒问暖，亲热了好一阵子。然后要他带着真宗原先给王继忠的诏书，先到天雄郡去催曹利用启程。王钦若见张浩从契丹营中来，带的是给王继忠的诏书，而不是给天雄郡或给曹利用的诏书，故而不敢应承。于是张浩只好返回到契丹的军营中，把情况说了一下。辽圣宗和萧太后命王继忠连夜又赶写一道奏章，大意是和谈之事不可再拖延，要真宗另外派使者来。真宗看了以后，又重新下了诏书给王钦若，让他放了曹利用，让曹利用启程。又给王继忠写了答诏，然后对辅臣道："从来信中看，契丹是有诚意的，朕以安民息战为念，答应和谈的要求。只不过他们不害怕，仍然带领重兵深入我国国土，不知道又想打什么主意呢？如今天气寒冷，河面封冻，兵马已能踏冰而过，一定要严加防守。我心意已决，和谈中敌方若有非分要求，我一定亲自鼓励士卒，与他们决一死战，天地神灵定能帮助我一举消灭这些贼寇。"

契丹已经攻克了德清郡，当日推进到州城北，直逼宋军大营。将宋军三面包围了，由轻骑从西北角突进。李继隆等部分军士，排列成阵，准备好强弓硬弩，等待敌人冲来。契丹顺国王萧挞凛，勇武过人，才智不浅，部下都是契丹精兵。他是契丹屡次南侵的主力，统和四年（公元986年）他想抓住杨业，逼得杨不食而死，二十年（公元1002年），他攻破泰州城；二十一年，他在望都活捉了王继忠，杀戮汉族百姓更是不计其数。这次围城，他又是先锋官，根本不把宋军放在眼里。并亲自率领自己的属下，直逼到宋军的阵营前面，身后那根"顺国王"的大旗呼啦啦飘动着，在万军之中特别惹眼。宋军中有一名威虎军头张瑰守在床子弩边，在旌旗的掩映之下，只见萧挞凛骑着马来回走动，指指点点，好像十分自信的样子。眼看他愈走愈近，觑得准了，手拨机牙，"嗖"的一声，萧挞凛应声落马。契丹将士几十人急忙站前把他抢着抬了回去。见箭头射中前额，入骨很深。这床子弩竟是这般厉害！宋军中有一种神臂弓，以强力闻名，有效射程不过一百二十步。宋太祖时曾在郊外试床子弩，射程竟达七百步。既射在头上，哪里还有命在？当晚萧挞凛就一命呜呼了。萧挞凛是较早建议攻宋的将领之一，而且他通天文，战绩卓著，他的死，使辽军士气一落千丈。杨延昭给皇帝上书说："辽军驻屯澶渊，离他的边界有千里之遥，现在他们的人马都已疲倦，虽然人数很多，打败他也并不困难。况且，辽军出来侵扰的都是骑兵，请求下令各军守住各条要道，就可以消灭辽军，即使是易州、幽州也将容易袭击和攻取。"皇帝将他的奏书压了下来。杨延昭带兵深入辽人边境，攻克其古城（今河北保定市徐水区境），俘获很多士兵，又一再袭击其后方人员，给辽军以很大的威胁。

二十五日，真宗将宫廷保存的两幅阵图交给殿前都指挥使高琼，一幅是不动时排列的阵图，一幅是行进间排列的阵图。又赐给诸军甲胄、缗钱等。

二十六日，真宗从卫南出发，到达澶州，想要以驿处的房屋为行宫，住在这里。而寇准则坚决请求去北城，说："陛下不过河，士兵心中仍然有点害怕，敌军的士气不会受到影响，这不是取敌制胜的方法啊。如今四方镇兵汇集，越来越多，陛下还有什么不放心的？"高琼也请求过河，签书枢密院事冯拯在一旁呵斥道："高琼你这个武夫，你怎可对皇上无礼，难道你竟要干预皇上的行动吗？"高琼怒道："我是武人，那是不错。不像靠文章做了两府大臣。如今敌人就在前面，你有什么资格责备我这武夫。你倒是懂礼的人，为什么不作一首诗看看，吓退敌军什么的，却要我这个武人冲锋陷阵去杀敌干什么呢？"说完，也不再请示，命令卫士进辇。真宗还不明白是怎么回事，已经到了入北城的黄河浮桥口。真宗传命驻辇，问是到了哪里？高琼以戈击辇夫道："还不赶快过河！到了这时，还有什么可犹豫的？"真宗没办法只好进军，一声令下，整支队伍很快就到了北城。在黄龙旗的引导下，登上城楼，全军将士望见黄盖，知道皇帝亲临前线，激动万分，齐声高呼："万岁！"声闻数十里，士气剧增。各地调集的军队也都在向澶州靠拢。契丹军眼见这种局面，已知万难取胜，感到甚是灰心。真宗接着到各营壁巡视，又召李继隆以下诸将慰劳一番，赐给诸军酒食缗钱等，从驻扎当天起就在北城的行营安置下来。

这段时间，契丹屯兵于城廓，而调集王超的主力部队南下，却又迟迟不见踪影。澶州宋军虽击毙了萧挞凛，但势单力薄，真宗每日胆战心惊。使人探视寇准，回报说："寇准每晚与知制诰杨亿夜夜宴乐，打趣说笑，喧哗声通宵达旦。"看见宰相如此胸有成竹，才觉得可以安下心来。当时有人把寇准和东晋时有名的宰相谢安相比。

（7）城下之盟

曹利用从天雄郡来到辽军的营寨，见契丹主与宰相韩德让及群臣等同坐在一辆车中，只有前行、后行之别，礼仪十分简单。契丹命人在两副车辕上架起一块木板，摆上食物，给曹利用在车下设了座位，边吃边谈。双方分歧很多，但契丹主也不强求，只让左飞龙使韩杞带着国主的书札，然后和曹利用一起返回了宋营，去见宋真宗。宋营的礼节麻烦多了，先由翰林学士赵安仁借鉴以往制度，制定出一套觐见契丹使者的仪式，由澶州知州何承矩到郊外迎接，又命赵安仁为接伴使，专门陪伴契丹使臣。

二月十一日，曹利用带了辽使韩杞回到澶州城。先在行宫前殿跪着献上书函，阁门使接了，交给内侍省副都知阎承翰拆封，由宰相宣读。韩杞仍然要求宋让出关南地，真宗听后说道："我早就担心他们索要关南土地，现在果然是这样，你们看应该怎么办才好？"辅臣全都附和真宗，说了些无关紧要的话。真宗道："我的意思不用再说了，给契丹的答书上也不用写具体的细节，只让曹利用和韩杞回去口头转达就可以了。"

幸好赵安仁还记得太祖时期国书的体例，要不然只怕连回书都不会写了。

赵安仁将国书写好了，交给韩杞，朝廷又赏赐给韩杞一些礼服、金带、器币、鞍马等物。第二日辞行，韩杞仍穿着契丹服装上朝。赵安仁认为他无礼，定要他穿上朝廷赐给的汉人礼服。每年给契丹数十万财物，可以不计较，但朝廷的一点点面子，还是要计较的，而且是斤斤计较。韩杞只得换了衣服重新上殿。真宗又单独召见曹利用，宋真宗叮咛曹利用说："土地决不给，如果要钱绢，可以答应。"曹利用请示能给多少钱绢，宋真宗回答："逼不得已，虽百万亦可。"

宋真宗曾经和寇准商议过每年送的财物问题，而寇准的主张是一点儿也不给，还给朝廷制定了击败契丹的战略，说道："这样做可保朝廷百年安宁。若许给岁币，是养虎遗患。虽能得眼前安宁，数十年后，契丹必然还会来犯。"真宗道："能得数十年安宁，我就心满意足了。数十年后必有新的对付契丹的办法。"寇准没有办法，想知道真宗每年打算给契丹多少钱。看见曹利用进入行宫，他便在外面等候。见曹退出行宫，迎面拦住问道："天子所许岁币，每年多少？"曹利用道："百万以下，都可以应允。"寇准对曹利用说："虽然有皇上的口谕，你也不能给辽多于三十万的岁币，否则，我杀了你，让天下的老百姓心安。"

曹利用第二次到契丹营中，契丹仍坚持索要关南土地，萧太后道："后晋感我大辽的恩德，已将关南地割给大辽。周世宗无礼强取，如今理应归还。"曹利用道："后晋割给辽朝，周世宗重又取回，和我们大宋朝没有关系。我们只知道关南地区归宋管辖已经很久了，如果再要割给辽朝，恐怕我不能回去复命了。若每年要些金帛财物，倒还可以商议。"辽朝政事舍人高正始道："我们这次兴兵南来，为的就是关南土地，不达目的，则愧对国人。"帐外武士齐声道："对，不达目的，愧对国人。"契丹本来就没有那么多乱七八糟的礼节，帐中商议重要事，帐外居然是乱得一团糟了。有人拔出刀来就要往帐中闯，更多的人用契丹话叽里咕噜，骂声不绝。萧太后在一旁只是冷笑不语。待人声稍寂，曹利用淡淡说道："我受托付而来，原本就没有打算活着回去，难道你一国之主会用这种卑鄙的伎俩来威胁逼迫我吗？"辽圣宗知道不可能让他屈服，向身后人望了一眼，有人出帐驱散围观的武士，周围才算安静下来。曹利用又道："话到此处，已经说尽。你们如果一定要割地，恐怕就只有用战争来解决了。前些时候双方已经斗了几场，各有胜负。以后的情况怎么样，还很难预料。倘若南朝获胜，或者是不胜不败的局面，割地给辽固然绝无可能，连岁币也不能得。那样的话，一无所获，败兴而归，是不是也有愧于国人呢？还望你们三思而行。"辽圣宗和萧太后听了，知道得地已无可能，退而谈论岁币多少。曹利用紧守三十万的大关，终于以绢二十万匹，银十万两，共计三十万两匹定议。两国以兄弟相称。辽圣宗又命王继忠会见曹利用，表明：辽国主年少，愿与南朝约为兄弟；后来看见南朝边防大臣开黄河挖战壕，契丹怕宋人有别的举动，便想使各议之事尽快确定下来。又怕国书写不清楚，于是辽又遣右监门卫大将姚柬之带着国书与曹利用一起来到宋营。朝廷仍以赵安仁为接伴使。这个姚柬之比较傲慢张狂，言谈中，把辽朝的兵力大大地吹嘘了一通。若论斗嘴磨牙，他岂是中原汉人官僚的敌手！赵安仁立刻就讥讽了他几句，说道："听说你博学多才，难道没有读过《老子》这本书？其中说'精锐的军队，这是不祥的东西。圣人万不得已才使用它。虽然得了胜利也不以它为美。要不然就是以杀人为快乐的事情了。以杀人为乐事的人必定是不能得到天下民心的。'"从此姚柬之不敢再吹嘘兵强。姚又屡次夸奖王继忠的才干，王继忠是宋朝降将，这岂不是对宋朝的讥讽？宋人不好硬说王继忠无能，因为他已降辽，契丹人夸他，亦在情理之中。赵安仁对这种场面，也有招法，就是假装不知，说："王继忠早年在寿王府做事，听说稍谨慎一些，其他就不知道了。"

十二月六日，真宗接见了姚东之，姚东之也献上了国书。真宗答应王继忠的请求，命近臣、刺史李继昌以左卫大将军的名义，带着誓书到契丹营缔约。同时允诺契丹撤退的时候宋军决不会沿途追击。曹利用刚回来，即到行营向宋真宗报告双方议定每年的岁币。真宗正在用膳，不能即刻召他进来，又急于知道岁币的数目，于是派一个小太监前来询问。曹利用道："这样重要的事情，我要亲自面奏皇上，怎么能随便对你讲呢？"太监回复以后，真宗又派人来问，说："你先说个大概，皇上既然派我来，你就应该相信我。"曹利用仍不肯说。又问了好几遍，他才伸出三个手指头，颤抖地放在前额上，内监回明真宗说："他只伸了三根手指，莫非是三百万吗？"真宗惊呼道："啊呀，太多了！"过了一会儿，又道："只要能结束这场战事，也只好如此了。"因为这里的行宫只是一座狭小的房子。室内说话，曹利用在外听得清清楚楚。但他有意给真宗一个惊喜，真宗吃完了接见他的时候，一再地问岁币数。曹利用边叩头边说："数目太多，臣罪该万死。"真宗一听，心中愈发焦虑，忙问："究竟是多少？"曹利用才说道："银绢共三十万。"真宗长长透了口气道："原来如此，你可把朕急坏了。"真宗认为只有三十万，是占了个很大的便宜。对曹利用大加赏赐，提拔他为忠州刺史，东上阁门使，在京城赐房屋一座。东上阁门使为正六品官，曹利用自十月丙午初受任到十二月丁亥共四十一天，即由正九品的殿直官升到正六品，而在在正常情况下要经过数十转才能做到。这次和谈是在澶州达成的，澶州又称澶渊郡，所以史称这次和谈为"澶渊之盟"。

十二月九日，真宗因为战事已经结束，即将返回原来的京都，做了一首"回銮诗"，命近臣赓和，又到北寨慰劳将士，皇上和大臣之间自然有一番谦让。李继隆道："戎虏来到澶州城下时，大家都认为应该进城去守，只有陛下英明，要诸军在城外结营，才得以将挞凛击毙。"又说："契丹退兵，群臣都要乘机袭杀戎寇，都因为陛下有好生之德，有安定百姓的思想，才不让出击。这次以不战而胜都是陛下英明所致，我们一点儿功也没有。"真宗道："自古北边为中国大患。今天能使契丹畏惧中国之威，深深地钦服中国的大义，平息战争，安抚百姓，我心中非常快乐，我也明白这些都是你们的帮助啊。"你一言，我一语，君臣互贺。好像得了契丹的岁币，而不是自己给契丹岁币一样。

北面州军报道："契丹北去，又不立即退出塞外，日日派游骑四出掳掠。贝州、天雄郡居民深受其害。"真宗诏命高阳关副部署曹璨率所部开赴瀛州，途中若见契丹军抢劫，予以打击。另遣张凝为缘边巡检，李继和为副，自天雄郡中选拔二万骑兵为后援，尾随契丹军而行，直到把他们送出国境。又写了一封手诏给王继忠，要他转告契丹主，把所有掠去的老人孩子放回来。

王超曾经拒不救援，而使得王继忠的部队全部战死，王继忠自己做了契丹的俘虏，对此朝廷没给王超半点惩罚。这次王超又违抗诏命，不上前进攻，使契丹得以深入，直到澶州城下，对真宗北行产生很大威胁。真宗道："由于南北朝廷重新修好，可以从轻处罚，撤消三路都部署职，改为崇信军节度使。"

十四日，在行宫大宴群臣。宰相毕士安因病滞留京都，这一天也赶来朝贺。群臣有的认为岁币三十万，数目太大。毕士安道："如果不给这么多岁币，辽人就不会真心与我们的和好，不久必然再次南侵，战事定难彻底平息。"

十五日，真宗从澶州起驾回朝了，十八日，到达陈桥。与契丹交换誓书的李继昌归来，契丹使丁振带着契丹的誓书也一同来朝。真宗赐了一顿宴饭后，命令曹利用把他送出境去了。张凝等奏称，契丹军沿途不敢再到处抢劫，已退出境外。十九日（戊戌），真宗回到京城。在真宗北上澶渊前后，寇准因为好多事情处理方法不合真宗心意，于是主动向真宗请罪，由于事情已有圆满结果，真宗不但不怪罪，反而更因其才干而信任他。不过寇准年轻好胜，后来又半假半真地说道："臣虽违诏有罪，但是如果我不违背您的旨意，澶渊之盟岂能缔结得这样快捷？"真宗大笑道："你不是向朕请罪，是来邀功的。"寇准也大笑，君臣间更加融洽了。

寇准曾经说过，岁币只能保数十年安宁。数十年后，必再起争端。他说得一点儿不错。仁宗庆历间，辽朝利用宋与西夏交战的机会，落井下石，提出增加岁币，使宋朝又一次蒙受耻辱。从此岁币就像一副枷锁，成了宋朝的沉重负担。而且，自澶渊之盟以后，宋辽双方不再是宋主辽辅，二者之间的关系发生根本变化，在辽灭之前，宋始终被动受制。还有些历史学家认为导致北宋灭亡的靖康之役就是受了澶渊之盟的恶劣影响。如这次辽兵没能过河，靖康时宋朝大臣也认为金兵不能渡河；这次没有战争就和谈成功了，靖康时宋臣也一直把希望寄托在和谈上；这次对契丹退兵，不加追击，靖康时，金人邀割三镇，退兵时也不加追击等等。可以说澶渊之盟，后患无穷。于是后来的人很后悔"使宋朝百年无事"的方针没有得到实行，史籍虽没记载这条方略的具体内容，不过并不难推断。想必是命李继隆在澶渊城下牵制住契丹军队，然后命令王超的部队向北进军，直攻幽州。幽州打下来之后，回兵与李继隆部夹击契丹军队，一举可灭契丹。虽然伤亡惨重，但对宋朝毕竟颇有益处。若从宋辽百姓的利益考虑，与澶渊之盟后双方在边境互市，几十年没有了战争，究竟谁得谁失，倒也不易判断呢。

3.垂帘听政

宋明道二年（公元1033年），刘皇后即章献明肃皇后撒手人寰，从而结束了其垂帘听政11年的历史，仁宗也第一次开始单独处理朝政。那么刘太后究竟是一个什么人，是如何一步步掌握大权，控制朝政的呢？

（1）蜀中贫女

刘皇后先祖是太原人，后来迁到益州（今四川成都）华阳县，因称华阳人。祖刘延庆在五代时官至右骁卫大将军，父刘通官至虎捷都指挥使，嘉州刺史，宋初曾随潘美征广南刘铱，宋太宗太平兴国年间伐北汉，死在路上。刘皇后是他的第二个女儿，刘通死时她才九岁，母亲庞氏死于父亲之前，刘皇后无依无靠，实在生存不下去了，只好投奔外家。外家生活困苦，无法接济，将她嫁于当地的银匠龚美做童养媳。那时蜀中战后不久，民生凋敝，为了谋生，龚美将未圆房的媳妇带到了远隔千山万水的京城，想在京城实现自己发财的愿望，结果由于他是外乡人，人生地不熟的，生意不景气。在龚美贫困潦倒、难以为继的情况下，张耆为讨好当时的襄王，派人将她买了过来。

张耆在襄王宫里做事，襄王名德昌，就是后来的真宗皇帝。有一天，襄王对身边幕僚说："听说蜀中妇人聪明美艳，不知是真是假？"左右讨好道："王爷在后宫里选上几名不就知道了？"襄王讪笑道："蜀中离京千里，谈何容易！能得一人，我也就心满意足了。"张耆恰在一旁，道："京城繁华，八方人物，辐辏而至。蜀中女子，京城还怕少了？怎用得着远到西蜀选取。"襄王听到此话万分高兴，立刻差使张耆完成此事。经调查，张耆得知龚美家中有一年轻貌美、知书达理、聪明伶俐、楚楚动人，又擅长演奏鼗鼓的妙龄少女，真是欣喜若狂。只是不知性情如何，不敢冒昧说是为襄王娶妻，只说是自己买妾，龚美正穷得无计可施，见张耆舍得花大价钱，于是一拍即合。龚美答应之后，张耆择日差顶轿子将刘氏抬到府中，派人教她宫中礼节、歌舞弹唱等，并从一旁观察她的性情人品，才发觉她很讨人喜欢。刘氏在张耆家中生活舒适、安逸，经一年多的调教，更加美貌惊人，文雅超凡，正如《诗经》说的"手如柔荑，肤如凝脂""齿如瓠犀、螓首蛾眉"，尤其是言行举止适度得体，落落大方，顾盼生姿。张耆向襄王说了，襄王一见，果然欢喜。这时刘氏才十五岁，由于得襄王宠爱，免不了遭人妒忌，一些流言蜚语传到了襄王的乳母秦国夫人的耳中，她很生气，便奏明太宗，说刘氏为民间女子，出身低贱，不是襄王佳配。太宗命襄王把刘氏赶出宫去。襄王不得已，只好忍痛割爱，刘氏已无亲属，张耆又奉命重新将刘氏接回家中。张耆知道刘氏得襄王专宠，怕惹嫌疑，从此留在衙门里，不敢回家。襄王得知后，给他白银五百两，另买一处宅院安顿刘氏。直到太宗死后，襄王即了位，才又把她接回宫中。

景德元年（公元1004年）正月十日，封刘氏为妃子。大中祥符二年（公元1009年）正月，封为修仪，不久进封为德妃。德妃身边有一个侍女李氏，长得端庄秀丽，行动举止落落大方，性格内向，不愿多说话，真宗十分喜欢她，封她为司寝。后来怀了身孕，生下一子，德妃命人抱来，对李氏道："你好好将养身子，孩子让我带吧！"李氏心虽不愿，怎敢说出口来？只得谢了。从此这皇子就由德妃收养，外人少有知道内情的。

当时，章穆皇后郭氏已死，六宫无主。真宗想立刘德妃为后，向大臣征求意见，大臣多数不同意，翰林学士李迪屡次上书表示此做法行不通，说刘氏出身低贱，不能胜任皇后的重任。但刘氏做事干练，懂得历史，记忆力惊人，朝廷大小事务无一疏漏。因此，真宗皇帝每次出宫巡访时，都以遇事有个商量为由带她出宫。刘氏也全身心投入，戒骄戒躁，穿戴朴素，看上去与普通宫女一样，更赢得真宗的宠幸。这样一直拖下来，直到大中祥符五年，中书门下省官员屡次上书请真宗早立皇后，真宗坚持要立刘氏为皇后，大臣只好顺从。十二月，刘氏做了皇后。此后，刘太后成了真宗的好帮手，每日陪同皇帝批阅天下奏章到深夜，日久天长，真宗就试着让她裁决一些朝廷中的事情。每次，她都吸取前人的经验教训，正确地区分真假原委，做得有条不紊，井然有序。真宗更加高兴，对她更为信赖，渐渐命她代批奏章。从此，刘后就不再单单是后宫妃嫔了。

（2）太后执政

天禧以后，真宗得了风症。行动和言语都比较迟钝，记忆力很差，只好由刘后代替真宗批阅送入宫中的奏章，刘后的权力越来越大。皇后干预朝政，是历来忌讳的事，尤其对那些以道统自任的"正直"大臣，更是觉得看不顺眼。他们自然不会坐视不管，首先是动员皇帝早立皇太子，先由卫尉寺丞陈执中写了三篇《复古要道》献给皇帝，从理论上阐明早立皇太子的重要性。天禧二年（公元1018年）八月，群臣又联合上奏请求立皇太子，真宗不答应，群臣没有就此罢休，连上三表。真宗没办法只得听从了群臣的意见，立升王受益为皇太子，并为他改名为赵祯，就是司寝李氏所生被皇后刘氏收养的那个皇子，此时真宗并不知道此事的真相。

太子初立时仅有七岁，皇后独揽大权。随着太子长大成人，太子之事使皇后与太子和大臣间的矛盾日益激化。天禧四年六月，右仆射、中书侍郎平章事寇准兼任了太子太傅，便奏请真宗皇帝传位于太子，又在蜀中对为所欲为的皇后娘家人依法严惩。此时刘皇后已认了带她入京的龚美为兄长，朝廷赐龚美姓刘；翰林学士钱惟演（吴越王钱氏的后裔）将妹子嫁给刘美，以世胄旧族与这个新发迹的银匠国舅结了亲。钱惟演便秉承皇后意旨与奸臣丁谓勾结，与寇准为敌，最后将寇准罢相。另一个宰相李迪也曾劝真宗依法治刘皇后罪，丁谓、钱惟演又联合挤掉李迪，由丁谓做了独掌朝纲的宰相。但是皇后与大臣的矛盾是由他（她）们的相互地位决定的，尽管丁谓与皇后以前关系那样好，一旦执掌朝政，仍难以与皇后和睦相处，后来也倒台。

天禧四年闰十二月，真宗病危，众官寄希望于太子，而实际却恰恰相反，皇后一人独揽政政，太子是她干预内政的最大障碍，她曾动过唐朝武则天杀子的念头，大臣们焦急万分。王曾开导钱惟演说："太子年幼，若无中宫皇后的保护，难得安全；而中宫皇后离了皇太子，又不会赢得民心，也难得安全。所以太子安全就是刘氏安全，安刘氏就要先安太子。"钱惟演把这番话传达给皇后，太子才免去灾难，皇后与太子的关系才得以维系。但刘后很聪明，除了博得真宗的欢心以外，深知控制太子的重要性，因此，皇后对太子严加看管，所有事情，一举一动，皇后都要亲自过问；将太子束缚自己身边，寸步不离；对太子身边的人更是百般挑剔。

乾兴元年（公元1022年）二月，真宗病死，按照他的遗言，太子赵祯即皇帝位，就是仁宗皇帝；皇后刘氏为皇太后，军国大事且由她处理；淑妃杨氏为皇太妃。

新君即位，朝中一时骚乱，宰相丁谓与参政王曾各执一端，吵吵闹闹，相持不下。刘皇后仍然不慌不忙，采取她的惯用伎俩：一是利用大臣间的矛盾，坐山观虎斗，二是对新皇帝寸步不离。既然皇太后暂时总揽军国大事，朝臣都得征求她的意见：在哪一座宫殿办公？答说："新皇处理事务，我应寸步不离，新皇帝在哪里我就在哪里好了。"二府商定皇太后听政的具体做法，王曾引用东汉的例子，请求每隔五天，在承明殿朝见群臣一次，到时皇帝、太后分左右落座，垂帘与群臣商议政务。既有先例，刘太后不得不屈从了。时间不长，丁谓为独霸朝政又提出新方案，建议每月初一、十五两天，皇帝会见群臣。平时有大事则由皇帝、太后共同召见辅佐大臣商议。一般事务则由朝廷处理以后，通过太监雷允恭转奏宫中批复。王曾坚决反对，认为将太后与皇帝分开主事，而由太监来回传达，有违常理。

丁谓的建议减少了太后和大臣直接接触的机会，大臣也就不明白宫中的决策是皇帝的还是太后的主意。因此，对太后更为有利。这样一来，即使是宰相的奏请，她也完全可以不顾。无论什么事，只要稍有不当，就拿宰相是问。

太后掌权后，首要之事是尊崇外家。真宗在位时，她曾不徇私情，多次阻止封赏刘美，现在已不用这样。但刘氏宗族已无人可封，她便封仁宗乳母林氏为南唐郡夫人。林氏原是刘美家仆妇，被太后选中照料仁宗，也算是太后娘家人。之后，又提拔刘美的女婿马季良为馆职。马季良出身于茶商家庭，家境贫寒，要被提升为馆职，即是清望官，天子侍从，非科第出身的人不授，因此先命马季良补试，改变其出身之后再就职，结果通过了一场弄虚作假的考试后，将马提升。

八月，太后答应了群臣请求，恢复五日一朝群臣的制度。开始太后不答应，但因丁谓垮台了，外朝的强大外援失去了，出于无奈，她也就这样做了。

冯拯继作宰相后，将钱惟演放为外官，钱惟演是刘氏亲戚，与丁谓同流合污，作恶多端。眼见丁谓势力日趋削弱，他又反过来排挤丁谓。冯拯对此举深恶痛绝。上表说："钱惟演是太后姻亲，按祖宗制度外家不得干预朝政，请求将他放为外官。"钱惟演之妹也就是太后寡嫂向太后哭诉说："朝中大臣你只有这一个亲人了，他们又要把他赶出京去，那是对着你来的呀！你怎能不管？"太后苦笑道："虽是如此，祖宗定下来的规矩，怎能不依？"次日则降旨，以枢密使钱惟演为保大军节度使，河阳知府。朝中群臣大喜，太后心中却十分难过，明知这样做对自己十分不利，有失自尊，但是，却也无可奈何。她心中盼望着自己能像武则天那样有李义府或许教宗为左膀右臂，但暗自叹息自己身边只有一个忘恩负义的丁谓，多么希望能找一个自己贴心的，能干的人啊！

天圣元年（1023年）八月，钱惟演入京朝见皇帝，借机拉关系，盼望能任宰相。他原是枢密使，做了一任外官，循例升一级做了平章事，若仍外官，是为使相，留任朝中，便成了宰相。太后希望他留下。监察御史鞠咏闻讯上奏，极力奏说钱惟演的罪恶。太后将奏章拿给钱惟演看，让他自己处理。钱惟演竟束手无策。鞠咏又在朝中放风，若用钱惟演为宰相，他必在朝堂上当众将任命的白麻撕掉。钱惟演听到这消息，仓皇而逃。

太后深知钱惟演才疏学浅，不能随机应变，无奈只得计划起用王钦若。王钦若是真宗时期有名的奸相，他机智敏捷，因与丁谓不和，被贬出京外，以刑部尚书的身份任江宁（今江苏南京）知府。太后罢斥丁谓后就想找一个能够支持她执政的心腹，但是她一向行事稳妥，就决定先等待时机。有一天，仁宗练习飞白书。飞白书是一种字体，相传是东汉蔡邕见到工匠用白粉刷墙发明的，写来字画中丝丝露白，因称飞白书。太宗、真宗都喜欢这种书法，因此仁宗也把它当作家学来勤加习练。正练到兴致浓时，适巧有王钦若的一本奏章送到，仁宗并未加以理会，只是偶然间注意封面上的署名"王钦若"，就顺手将它抄写下来。太后一见是个难得的机会，就把仁宗写下的三个字藏于汤药盒中，严加保管，唯恐泄露。接着派心腹送给王钦若，并下令召他入京。王钦若千里迢迢赶往京城，外人无一知晓。直到进了京都城门，守城军士才传报说王钦若求见。宋制：严禁京外的官员擅自进京。但是，官员重新安排职务后，需先面见皇上，称为陛辞。所以为了能让王钦若合法进京，太后急传圣旨，欲调王钦若为润州（今江苏镇江）知州。而且太后已经料定，以王钦若以前的所作所为，若是升职，说不定会有人反对；降职，大臣们肯定不会有反对意见。所以就调他任一个比江宁知府小一级的官。待他入京以后，又忽然传旨，称现任宰相冯拯多病，降为知河南府（今河南洛阳），任用王钦若为平章事（宰相）。

新宰相上任，果然身手不凡。太后出身贫贱，少时曾经路过玉泉山景德院（寺院），一老僧深谙相术，预言她日后必为显贵，还赠银资助。后来做了皇后，也从不肆意张扬。直到真宗死，新皇帝年幼，她以太后身份垂帘听政，才有了夺权的野心。她特派内侍赏景德院白金三千两，希望院僧在附近置买田产，以供奉寺院香火。但宋朝旧制，禁止寺观私买田产，只凭内侍的一句话，院僧如何敢违了法令？这笔银钱竟是不敢接受。本路转运使闻讯也向朝廷上书说："祖宗旧制，寺观不许买田侵农。"仁宗说是太后的意旨，不便违抗。同时，太后让景德寺购置田地也是为先帝造福，不可以凭以往的法令来禁止。因此只以"下不为例"为托词批准此事。王钦若根本不反对。此后后妃、公主、诸王大臣都舍田寺中，以为后世祈福，人们称之为福田和功德田，到后来发展成了宋朝体制的一大弊端。徽宗宣和七年（公元1125年）不得不下令，规定每寺在京都者不得超过五十顷，在外郡者不得超过三十顷，以此来限制寺院土地的扩张。这就是王钦若的"德政"。

太后自此以后，大修寺院，先派罗崇勋主持，重修景德寺。相面的老僧后来升为长芦寺主持，太后感激昔日相助之恩，派人前去询问，若有所需，尽请直言。老僧道："出家人无欲无求，只是景德寺无僧堂，长芦寺无山门，希望太后好好考虑考虑。"修僧堂还没什么，但修山门的难度确实相当大。这长芦寺临江而建，山门建在水中，屡遭水的侵蚀而坏，最后只得先化铁水数万斤为地基才建好了。此后，又为真宗建资圣浮屠（塔），由内侍张怀信主持，由于督役严峻，各州领工的将领都称病不到。直到明道二年（公元1033年），太后死，这股兴修寺观之风才逐渐削减下来。真宗时崇道教，太后掌权后就大兴佛寺，这与唐朝时唐高宗崇道教，武则天兴佛法的情形类似。

刘太后参政，处处效法武则天。王钦若任相不满一年就病死了，刘太后又处于一班"直臣"的包围及监控之下。她曾问参知政事鲁宗道，武则天此人如何？得到的回答是："是唐时罪人，几乎败坏了唐的社稷。"太后口中不语，但心知肚明，若想夺权，并非易事。曾有一个叫方仲弓的官员，上书太后，请立刘氏七庙。宋制规定，只有天子才有权力立七庙。太后向臣下征求意见，大臣们畏惧太后权势，无人敢言。最后，鲁宗道冒死进谏："国无二主，若天后立庙，天子该怎么处置？"太后只好放弃。还有一次，太后与天子欲往慈孝寺降香，太后执意乘辇先行，鲁宗道又出面劝阻说："妇人有三从四德，'夫死从子'这是大道理，太后应该尊重天子，让天子车驾先行。"太后身边的人称鲁宗道为"鱼头参政"，就是指他用尽心机使太后恪守法度，不得稍加违背。天圣五年正月初一，按惯例应举行大朝会，群臣齐聚朝堂，向天子祝贺新禧。但是仁宗想先率领群臣向太后拜寿，然后举行大朝会。太后却假意谦让道："应当以公为先，还是行完朝臣之礼再拜寿。"参政王曾奏道："陛下的意见是以孝道奉母仪，太后的意见是以谦让保大体。请皇帝按太后的意思行事。"皇帝坚决不肯，执意要以太后为重为先。天圣七年（公元1029年），仁宗又要如此处理此事，秘阁校理范仲淹预先上书谏阻说："天子遵奉孝道，这是应该在家内遵守的礼数。如今天子亲率大臣在朝堂上行礼，有损君主威严，不能够成为天下及后人的表率。"这些话直言不讳，一针见血，吓坏了御史中丞晏殊。他对范仲淹说道："我推荐你做官，你不谨慎行事，忠于职守，却说出这样的话，一旦太后怪罪，我也逃脱不了惩罚呀！"范仲淹道："大人推荐我，想必是要我正身立朝，为国兴利除弊。我总是担心自己才疏学浅，不能胜任。现为国家的威严而直言进谏，以表忠义之心，没想到却受到如此责难。"晏殊张口结舌，一时语塞。这时仁宗皇帝已经十九周岁，太后不应该再垂帘听政了，于是范仲淹又上书请求太后停止参政议政，将权力交予仁宗。范仲淹义正辞严，不留一处辩驳的余地，这足见范仲淹胆识过人，刚正耿直。但皇帝和太后对他的奏章都觉得难以回答，便不加理睬。范仲淹为了表示义愤，力请辞职。结果朝廷将他调任为河中府（今山西永济）通判。范仲淹虽被贬职，仍不惧怕权势。第二年（1030年）二月，又一次呈上奏章，说皇帝已能够自立，太后应当还政于天子，在长乐宫颐养天年，若继续执政，就不太合适了，太后仍置之不理。另有林献可上书，恳请太后让位，太后非常生气，将其放逐到岭南。

鲁宗道、范仲淹等人仗义执言，冒死苦谏。正是有了他们这等忠贤之人，才迫使太后做出最后抉择只做一个摄政的母后，严守法度，谨小慎微，不越雷池一步。太后选择了这一条路，有许多原因，其中之一是王曾、吕夷简等一帮大臣竭力从中斡旋，唯恐因此而伤害年幼的天子。

（3）吕夷简

吕夷简是寿州（今安徽凤台）人，仁宗初，任参知政事，曾和王曾共同建议将真宗在位时的所有"天书"随真宗的遗体一起葬掉，他们认为这些"祥瑞"是上天为真宗一人而降，不能单独留在人间。这样，给真宗那些荒唐事冠以美誉后，并将其一笔勾销了。为表示对真宗的哀思，太后还将他平生穿着、器物、玩好等随葬；打造银罩，覆盖真宗牌位，浪费的钱财不计其数。吕夷简又上奏道："这些都不足以报先帝之恩，现在天下大事由太后和皇帝两宫决定。皇帝尚且年幼，先帝肯定放心不下。太后辅导皇帝长大成人，使政事清明，亲贤臣，远小人，赏罚分明，才是对先帝最好的报答。"吕夷简做宰相以后，玉清昭应宫失火，太后含着眼泪说："真宗皇帝花了好几年心血才建成这座宫殿，如今化为乌有，我们不应使先皇帝的遗愿落空啊！"意思是要重新兴建。但大兴土木，不但劳民伤财，而且会使当权者贪婪、骄奢，助长不正之风。吕夷简深知此理，故好言相劝，细细数说《洪范》中五行成灾的道理，又经王曾等谏阻，太后才肯罢休。

吕夷简能言善辩、擅长婉言服人的事例还有很多。比如，明道元年（公元1032年）二月，仁宗生母李宸妃病死。仁宗出生后，就被太后抱养。由于害怕太后降罪，群臣之中无一人敢将真相说予仁宗。真宗死后，李宸妃以一个先朝宫嫔的身份凄惨度日。一直过了十年，到明道元年二月病危，太后才将她升为宸妃。哪料封诰才下，李氏就病逝了，终年四十六岁。太后打算按一般宫女的规格，抬到宫外治丧。吕夷简闻讯去见太后，说应该隆重办理李宸妃的丧礼。太后听了大怒道："这也是宰相分内之事吗？"不待回答，便拂袖而去。仁宗回宫后，太后又独自出来召见吕夷简，问道："不过是一个宫女去世，你身为宰相，为什么执意要厚葬她呢？"吕夷简道："臣既然身为宰相，没有不可管的事情，不论宫内宫外，应该说话时就要说话。"太后思忖道：他肯定听人说过李妃的身世，否则怎敢这样和我讲话，不觉愤怒道："你这是何意？难道要离间我们母子关系吗？"吕夷简从容说道："陛下若毫不关心刘氏宗族安危，臣也无话可说；若为刘氏考虑，臣以为李氏丧礼应该办得隆重一点。"太后一向聪明善悟，立即理解了他的用意，说道："依你之见，该如何办理？"吕夷简道："臣认为应当按照一品夫人的规格，在宫中发丧，挂孝采用宫中仪仗，暂时殡于洪福院。"太后只得应允，命入内都知罗崇勋办理。吕夷简又特意对罗说："宸妃入殓要穿皇后衣装，棺中盛水银，免使尸身腐败。如果不听我言，以后皇上追究起来，可别怪我没事先提醒你。"罗崇勋一一遵从。太后死后，仁宗叔父元俨将他系李宸妃所生之事告诉了他，还叙述了李妃生前如何受尽排挤，又是如何悲惨地死去等等。仁宗听了，声泪俱下，数日内拒不早朝，又颁布罪己诏，实际上是怒恨太后阴险毒辣。又追尊李宸妃为皇太后，谥号为"庄懿"。亲自到洪福院祭告，准备按太后之礼厚葬一番。没料到打开棺木后，见宸妃身穿皇后衣服，面色如生。仁宗深有感触地说："险些错怪了刘太后，岂可轻信人言啊！"从此对刘氏的礼数更加周到。若非吕夷简善于周旋，仁宗与刘氏恐怕早就反目成仇了。

（4）太后祭庙

明道元年十二月，决定于来年二月，天子行躬耕藉田礼，在这以前要太后先到宗庙降香，恭谢祖宗。按照旧例，唯有天子才能祭宗庙，太后没有这种权力。为此特命直集贤院王举正、李淑等人与太常寺礼官临时制定相关礼制。太后想穿皇帝礼服去拜祭宗祖，参政晏殊认为应穿王后礼服，《周室》中有明确的记载，是万万不可违背的，惹得太后怒气冲天。其他大臣唯恐坏了礼制，又惧怕太后怪罪，所以推来推去，迟迟未作决断。参知政事薛奎对太后说道："太后您要穿着皇服入庙行祭，皇服是男人穿的衣服，那您行不行跪拜礼呢？"原来宋朝时男子行跪拜礼而女子只拜不跪。宋初时太祖赵匡胤曾问宰相赵普，原因何在，赵普回答不出。遍问群臣，前宰相王溥的儿子王贻孙回答说："古诗有'长跪问故夫'的话，古时女子也是行跪拜礼的。武则天以妇人做了皇帝后，就规定女子拜而不跪。"这就给刘后出了个难题：穿男子衣当行男子礼，可是，她以太后的尊贵地位，怎可学男人跪地行礼？以后便绝口不提此事。礼官议定：天子衮服，花纹有十二章；太后也穿衮服，唯比天子减两章。天子戴冕，前后各垂十二旒；皇太后所戴冠，前后也各垂十二旒，取名为仪天冠。不同之处在于天子冕旒是用五彩丝绳穿五色玉而成；仪天冠改玉石为珠翠。为免跪地行礼，太后只好答应穿改造后的衣服去。后来有人写文章说：宋代礼制天子入太庙，只行九拜礼，根本没有跪地这种事。太后不知，上了薛奎一个当。若有人向太后奏明此事，薛奎肯定没什么好下场。然而竟无人奏明。可见大势所趋，所以刘太后最终也成不了武则天。

祭拜之后，为了纪念这次盛大的礼制活动，刘太后命宰相张士逊撰写《射太庙》和《躬耕藉田记》。检讨官宋祁奏称："皇太后祭太庙，史无前例，不足为后世表率。"《谢太庙》就免了，因此只撰了一篇《躬耕藉田记》。

是年三月，皇太后身体不适，仁宗为此颁行大赦，为太后免灾。当时太后已是口不能言。仁宗知她有所嘱托，再三追问，也不知道她到底想表达什么。又见她以手扯衣，仁宗细看太后衣服，没有任何异状。正自焦急，太后将头一侧撒手归西了。太后宫中哭声震天。仁宗猜不透太后那一番动作的意思，心中不安，来到外朝请大臣们一起参详。参政薛奎道："大概是怕穿着衮冕，无法去阴间拜见先祖吧。"仁宗顿悟，命令给太后换上皇后衣服再行入殓。太后临终，建议尊杨妃为后，与仁宗同议政事，御史中丞蔡齐对执政说："皇帝已能主持政事，却让太后一个接一个地来参与国事，成何体统。"殿中侍御史庞籍则建议把"垂帘听政"的所有礼仪制度底本烧毁，以防止这类事情再次发生。于是，执政决定，删掉太后遗言中"同议政"之类的言辞。办完丧事，四月份仁宗首次自行处理朝政，下令停止修建寺院，免去太后亲信太监罗崇勋的职务，起用范仲淹等直臣。朝中诸臣都纷纷指责刘太后临朝听政时的错误，经范仲淹奏请，为保全朝廷大体，才下令禁止议论太后垂帘听政时的事情。四月二十八日，议定刘太后谥号为"章献明肃"，仁宗生母李氏谥号为"章懿"。此后成为定例：皇后谥号只有二字，自刘氏后凡垂帘听政者都为四字。

4.元昊称帝

宋宝元元年（公元1038年），夏元昊在兴庆府（今宁夏银川）即帝位，定国名"大夏"，年号"天授"。

天圣九年（公元1031年）十月，李德明死，太子李元昊继位。李元昊（公元1002~1048年）是一个博学多才的首领，善于绘画，精通佛经和律法，精研蕃汉文字，还能研制器物。他秉性刚毅，熟知兵法，博得族人的爱戴。

李元昊虽然接受了宋、辽双方西平王的封号，但即位后，他一面继承父业，一面决心摆脱宋辽，建立一个属于党项人自己的国家。于是加紧向西扩张，使疆域包括了陕北五州、宁夏灵、盐等州，声势日渐高涨。

宋明道元年（辽重熙元年，公元1032年），李元昊刚即位不久，辽就册封他为夏国王。宋朝也派使臣前来，并封元昊为定难节度使，西平王。元昊对宋使并不以礼相待，而是相当轻慢。之后，他废掉唐宋所赐的李、赵姓氏，改姓嵬名氏，并改名曩霄为"兀卒"。接下来，他进行了一系列改革，以强化民族意识。他下令恢复"秃发"风俗；规定服饰，废除繁杂的礼仪制度，提倡勇武；创制记录党项语言的西夏文字。另一方面，他完善了封建国家的各项制度：首先是于明道二年，为避父讳改宋明道为自己的年号"显道"，后于次年改为"开运""广运"；五月，把开兴州改为兴庆府，并在那里营建宫殿；接下来又仿宋朝的官制设官、定朝仪，建立了蕃汉两套统治机构；最后，在军事方面，他仿照宋制，定驻地，进行布兵调防。

元昊卓越的军事才能在李德明对回鹘的战争中初露锋芒，于后来在河西的战争中表现得更加突出。元昊继位后，继续派兵攻打河西。明道二年（公元1033年）七月，遣将苏奴儿攻吐蕃龊厮啰牦牛城（今青海西宁北），苏奴儿兵败，自己也被对方俘获。九月，元昊亲领兵再次进攻此城，假装与之议和而乘机攻克了此城。夏广运二年（宋景祐二年，公元1035年）十一月，元昊又攻宗哥（今西宁东）、带星岭一带的城池，进围青唐（今乐都境），与吐蕃祐厮啰部将安子罗十万大军奋战二百余日，将安子罗打得大败。元昊由于打了胜仗而放松了警惕，退兵时遭人暗算，大败而归。即使在元昊攻占河西后，隔断了吐蕃和宋朝的交通，也未能制服吐蕃啰厮啰。三年七月，元昊再度举兵进攻回鹘，攻占瓜（今甘肃安西）、沙（今敦煌）、肃（今酒泉）三州，至此，河西走廊全部归西夏所有。

元昊在对河西作战的同时，又以防止宋朝入侵为由，在边境上增兵筑寨，并不时以小规模进攻来骚扰大宋边境。早在夏开运元年（宋景祐元年）二月，元昊就开始进攻府州（今陕西府谷），接着又攻掠环（今甘肃环县）、庆（今庆阳）二州。在宋朝境内筑白豹城与后桥堡。次年七月，元昊又派首领讹遇领兵进攻环、庆。夏天授礼法延祚元年（宋宝元元年，公元1038年），元昊准备进攻宋朝河东路，向宋朝上书请求上五台山供佛以求平安，计划窥探进兵道路，探听到河东已有防备，遂罢。七月，元昊召集各路首领于贺兰山会盟，约好先进攻祐延，想从德靖、塞门砦、赤城路三路同时发动进攻。将要发兵时，有人劝阻元昊说没有建立国号，还不能让众人信服，于是元昊决定立即称帝建国。

十月间，元昊与大臣野利仁荣、杨守素等谋划称帝的事。宋仁宗宝元元年（1038年），李元昊在兴庆府即帝位，定国名为大夏，史称西夏。元昊自称世祖皇帝，是为西夏景宗，并改当年为天授礼法延祚元年，以兴庆府（今宁夏银川）为都。大封文武百官，追尊祖父李继迁为"神武皇帝"，庙号太祖，父李德明为"光圣皇帝"，庙号太宗。立子宁明为太子，并于十一月去西凉府祀神。这时的西夏已是一个东到黄河，西至玉门，南接萧关，北控大漠，地方万余里的大国。

5.宋夏战和

元昊建国称帝的目的是为了实现党项政权的独立，挣脱宋朝的辖制。但是，元昊又希望宋朝能够承认他建国称帝。元昊建国后，于天授礼法延祚二年（宋宝元二年，公元1039年）正月，派使臣向宋朝上表，表文大意是说他是皇家的后代，此时称帝是合法的，并请求宋朝皇帝册封他为夏国之君，并"承认西郊之地为夏国所有"。可宋仁宗见到表章后，于五六月份下诏，撤销了以前封给元昊的官位，并下令禁止与西夏的贸易往来，并且张榜悬赏，能擒获元昊将其头颅献上者，必定封为定难军节度使，同时，任用夏竦知泾州（今甘肃泾川），任泾原秦凤安抚使，范雍知延州（今陕西延安），任鄜延环庆安抚使，共同对付西夏。宝元二年（公元1039年）冬，元昊先发制人，派兵攻打保安（今陕西志丹），巡检指挥使狄青将其击败。

夏天授礼法延祚三年至五年（宋康定元年至庆历二年，公元1040~1042年）元昊对宋朝发动了三次声势浩大的进攻。

康定元年（公元1040年）正月，元昊派人向宋延州知州范雍谎称投降，并攻其不备，占领了宋夏间的战略重地金明寨。又派大军进击保安，连续攻占了安远、寨门、永平诸寨，一直打到延州城下。虽然宋军当时在延州附近驻有十万大军，但是军心涣散，又不能齐心协力御敌，所以屡遭失败。延州知州范雍坚守不出，并慌忙派人去调遣驻扎庆州的副总管刘平、石元孙率骑兵前来支援。两队人马在三川口处激战，刘平不幸中了流矢。天黑时，西夏军派出轻兵来战，宋军的前部后退。宋朝的都监黄德和从后面看见军队前部军队后撤，急忙命令部下退却，于是士兵们纷纷逃跑，宋军大乱。刘平带领着剩余的军队转战三日，一直退到西南山，并被西夏军连夜包围。第二天凌晨，西夏派大部人马把宋军一分为二，双方苦战一整天，最后，宋军失败，刘平、石元孙被俘。接着元昊转而进攻延州达七天之久，恰好赶上天降大雪；元昊害怕其军后方有失，于是命令收兵，延州得已保住。

三川口一役的失败，使宋朝廷上下大为震惊。黄德和被腰斩，范雍被贬职，朝廷指派重臣韩琦为陕西安抚使，范仲淹为知延州、陕西安抚副使，协力抵御西夏。范仲淹深知，宋与西夏的战争将是长期的，重视部队和边境防御设施的建设，要以守为攻。于是首先致力于宋军的整顿。宋朝军队中这样规定，军队总管应统领一万士兵，钤辖应统领五千士兵，都监应统领三千士兵，万一敌军前来侵犯，那就要求官位低的先行出战，这种制度显然存在严重的弊端。范仲淹想改革这一制度，他检阅延州军队，选出一万八千人，把他们分为六部，每部三千士卒，并委派一员大将率领他们进行严格训练。每有战事，视敌军的多少强弱，选派将领，轮流出战，从而提高了部队的战斗力。他关心士卒，一旦有赏赐，便将全部都分给部下。以前为了防止士兵逃跑，宋朝的士兵都要在脸上刺上字，这极大地伤害了士兵的自尊心。范仲淹改刺字于手臂上，使他们退伍后尚可为民。经范仲淹整顿过的军队，纪律严明，骁勇善战，多次打败了西夏的进攻。

庆历元年（公元1041年）二月，元昊率大军进攻渭州（今甘肃平凉），直接威胁怀远。韩琦亲自来到镇戎郡，调用他的所有军队，又招募勇士近两万人，交给环庆副总管任福统帅，任用耿傅为参军事，桑怿为先锋，朱观、武英、王珪各自带领部下参战。任福率轻骑数千来到怀远擒龙川，正赶上宋将刘肃与西夏军在张家堡南作战。西夏军丢弃许多牲畜，佯装失败，宋将桑怿在后紧追不舍，任福见状，带领大军与桑怿会合，天黑时，一起驻扎在好水川。此地与朱观和武英驻军的龙落川只有五里，两支宋军便约好次日在兵川口会师。然而，由于宋军轻装急进，加上粮草辎重几天后还未到，士兵和战马已经饿了三天，而元昊却亲率精兵十万屯于川口。第二天清晨，任福与桑怿带兵沿好水川向西行进，在距羊隆城五里的地方遇到西夏的小股军队，才知道中了夏军的诡计，不得已与其交战。桑怿在路边发现几个银泥盒子，里面还有动物跳动的声响，任福下令打开，一群带有哨子的家鸽从盒里飞了出来。原来，这是西夏人的作战信号。只见，在鸽哨声中，大批西夏军从四面八方掩杀过来，宋军奋力拼杀。西夏有一人挥旗，向左指时，左边山坡上的伏兵冲出来，向右指时，右边山坡上的伏兵冲下来，还有几千西夏军截断了宋军的退路。宋帅任福及其子任怀亮英勇地战死沙场，大将武英、赵津、王珪、耿傅也都相继壮烈牺牲，这一战役中，宋军损失一万多士兵。西夏胜利后，元昊扬扬得意地写了一首讽刺诗投掷到宋营中，诗中道："夏竦何曾耸？韩琦未足奇。满川龙虎辈（指宋军尸体），犹自说兵机。"还悬赏三千两白银，要夏竦的人头，足见其对宋将的蔑视。

好水川战役后，元昊又乘胜攻克宁远寨、丰州（今内蒙古准格尔旗南）。宋朝分陕西为秦凤、泾原、环庆、珪延四路，任韩琦知秦州，王沿知渭州，范仲淹知庆州，庞籍知延州，各兼经略安抚招讨使，率领大军二十万，以防西夏的进攻。范仲淹到任后，命令部队在战略要地——马铺寨建造一座坚固的城池，于十天后完工，宋仁宗命名为大顺城（今甘肃华池东北）。西夏人得知宋军筑城，派三万骑兵急袭过来，范仲淹率众坚守。西夏兵佯装败退，企图把宋军诱入埋伏圈。范仲淹怕中了埋伏，于是严令诸将追至河边为止，坚决不能渡河，这样埋伏在河外的西夏军只得无功而返。范仲淹在环庆一带先后修筑城寨三四十座，屯兵营田，增强了军队的御敌能力。西夏人惊呼："现在的这个小范老子（指范仲淹）深谙用兵之道，不如大范老子（指范雍）那样好对付了。"

庆历二年（公元1042年）闰九月，元昊率兵大举进攻镇戎郡（今宁夏固原）。知渭州王沿派副总管葛怀敏分兵四路同时前往抵御西夏军队。等宋军到了定州寨，西夏人绕道拆毁了桥梁，断了宋军退路，然后对宋军形成了四面夹击之势，情况十分危急。葛怀敏只好率军突围而出，宋军溃败，士兵四处奔逃。逃至长城边，不料退路已断，不得已返身重与西夏军队作战，葛怀敏及其部下将校数十人皆战死，宋军损失士兵九千名，战马六百匹。西夏军一路追击直抵渭州，沿途烧杀抢掠，泾、汾以东都闭寨自守。范仲淹亲自带兵来接应，元昊才退兵。宋朝加调禁军两万两千人到泾原防守，又设陕西路经略安抚招讨使，总领四路大军，分别让韩琦、范仲淹、庞籍统领。当时，韩琦和范仲淹二人在军中享有相当高的威望，民谣说："军中有一韩，西贼闻之心胆寒。军中有一范，西贼闻之惊破胆。"

连年的战争，使宋夏双方都疲惫不堪。元昊对宋战争虽然连续获胜，但其军队也是死伤过半，国内人力匮乏，财力不济，危机重重。庆历三年（公元1043年）初，元昊通过辽人向宋表示愿意结束战争并与之修好。宋朝求之不得，要求元昊取消帝号，但元昊断然拒绝。庆历四年（公元1044年）四月，经过交涉双方达成和议：元昊取消帝号，仍称夏国主，取消年号，奉宋正朔；宋朝以岁赐名义给西夏每年银绮绢茶二十五万，另在各节日和元昊生日共给西夏银两万两，银器两千两，绢、帛、衣着等两万匹，茶一万斤，在保安郡和镇戎郡的高平寨设榷场，互通贸易。从此，双方和平往来，但在其国内，元昊仍然称帝。两年后，迁保安郡榷于顺宁寨，一年后又设立东银星和市。宋朝每年通过榷场，买入马四千多匹，羊两万只。宋夏间的榷场贸易，深受双方人民的欢迎，出现了"商贩如织"的繁荣局面。

第五章 仁神新政

1.庆历新政

公元1043年，范仲淹、富弼等针对当时出现的弊政进行了一系列改革，史称"庆历新政"。

（1）弊端丛生

与其他任何政治改革一样，庆历新政也是社会政治危机的产物。自明道二年（公元1033年）仁宗继位之后，面临着纷乱复杂的社会局面，知制诰李淑之在描述这种局面时着重指出了三方面：国用未足、滥官未别、冗兵疲马。国用未足是指经济方面的危机，其原因主要有：第一，连年自然灾害。明道二年，江南、淮南大旱，人民忍饥挨饿，流离失所。后来又流行时疫，死亡人口达总人口的十分之二。据史书上记载，政府为救济灾民，设立粥棚，染上时疫的百姓一喝粥就死，有的村子人全死光了。此外两川（今四川境）、山东等地也都不同程度地受灾。第二，政府铺张浪费，奢侈腐化造成的。宝元二年（公元1039年）十一月，刑部员外部宋祁曾上书说，朝有三冗三费。三费：一是指道场斋醮，每天必有，每次最少七日，多至四十九天，所浪费的香、蜡、纸、烛、菜蔬、酒面、钱帛，数都数不过来，而这些，都由官府支出。有的人假借为皇帝祝寿，为百姓祈福，其实都是为了骗钱。二是京城寺观。为这件事浪费的粮食和置办的官司，比普通州县寺观多二倍以上。加上每年还要供给帐帷，施舍田产，装修神祠，增建塔庙。和尚不劳动也不服兵役，可花费也不少。三是不管边疆内地，到处设立节度藩镇。宋制规定，国家每年支给节度使藩镇公用钱，用以奖赏有功之人，招揽贤能之士。内地所设藩镇，既无兵可带，又无须招纳宾客，可照样支领公用钱，用来中饱私囊。其实，滥赏浮费，远不止以上三条。经济困难的第三条原因是管理不善。茶盐是国家赋税收入的大项，而在其收支上存在着许多漏洞，这就给国家的财政带来很大的损失。康定元年（公元1040年）五月，权三司使郑戬曾上书说，建国八十年来，人口增加，土地垦辟，自然条件与刚建国时相比，大大改善。而国家的实际收入反而减少，究其原因是有法未行，官吏失职，赏罚不明。以铜盐茶酒为例，前一年税收与额定数字相比，减少了数万贯。支出却年年增加，导致三司匮乏。自真宗天禧三年规定，由内藏库每年出缗钱六十万帮助三司，诏书再三告诫，绝不能再有所增加。而自仁宗明道以后，四年之间三司借内藏钱帛达九百万之多，平均每年多达二百多万。自然官兵机构人员冗杂，也是财政困难的一个原因。宋建国初有兵二十万，到真宗天禧年间增加到了九十一万，仁宗庆历年间又增到一百二十五万，是建国初六倍之多。这给国家造成了沉重的负担。贾昌朝说，他曾在京都附近的畿县为官，有禁兵三千多人在那里驻扎，需留一万户的租税用以支付军队的开支，其中还包括每年用于军队的赏赐。由此说来，每年那么多的花销，其中有三分之二都用来养兵了。由于西、北二方有大批驻兵防守边境，河北的租赋只够当地驻军花费的十分之三；陕西租赋只够当地驻军花费的十分之五。官僚机构的膨胀同样危害朝廷。太宗初朝官不论文武，在册者才二百人；真宗初就增加了一倍，为四百人；仁宗天圣元年已超过千人。之后，只有增加的势头而没有一点要消减的迹象。这不仅增加了财政负担，还造成了人浮于事的现象，严重的败坏了吏治。

这些客观现象的存在，使得一些有识之士意识到了施行新政的必要性。另外还有一些主观条件，就是仁宗即位后十余年，朝政一直被刘太后控制，刘太后死后仁宗自然希望通过政治上的革新，而能够有所做为。宰相吕夷简投其所好，上书陈述新政八事，如端正纲纪、禁止贿赂、辨别奸佞、停止力役、节省冗费等。不久吕夷简被贬，等他再度出任宰相后，出现了郭后被废的事。吕夷简公报私仇的行为，遭到朝臣的一致反对。他自顾不暇，早把自己提出的"新政八事"抛到脑后了。他先后排挤了仁宗起用的正直老臣李迪、王曾等人，并借以巩固自己的地位。他并非新政派，而是一个十足的奸佞小人，待自己权势巩固后，就引导宋仁宗制礼作乐，不关心时政，这种情况一直延续到庆历新党主持政事为止。

（2）一波三折

庆历新政的第一步便是仁宗把范仲淹等庆历党人推上朝廷中枢。此事受到多方阻挠，颇费周折。最早可追溯到明道二年郭后被废，范仲淹因上书谏阻被贬，许多大臣都同情他的遭遇，为他鸣不平，新党也就从这时开始形成。范仲淹所处之时，正值宋朝由盛转衰之际。当时，朝廷政治腐败，财政紧缺，农民和士兵的起义接连不断。加上契丹与党项形成的犄角之势，不断侵扰边境，威胁宋朝日益衰微的政权。

风华正茂的范仲淹深感时局的艰难和百姓的疾苦，他雄心勃勃，想通过上书的方式议政，以求统治者能革除时弊，富国强兵。天圣三年（公元1025年），范仲淹于泰州监西溪盐仓上书，指出了军队纪律废弛、政治机构臃肿、腐化等问题。天圣五年（公元1027年），他又写了《上执政书》，认为军事力量薄弱，缺乏防御能力，朝廷内外，奢侈腐化成风，造成国家财政危机。这样发展下去，势必会威胁到大宋政权，因此改革势在必行。范仲淹的上书，虽因奸臣当道而未奏效，却博得了宰相王曾等正直人臣的赏识。

一年后，范仲淹被调入京城任秘阁校理。他性情耿直、刚烈，几次因触犯权贵而被贬到地方。仁宗登基后的前几年，章献太后（刘太后）垂帘听政。天圣七年，范仲淹上疏太后还政于仁宗，被贬为河中府通判，移陈州。明道二年（公元1033年），刘太后死，仁宗亲自掌权执政，范仲淹被升迁为京擢右司谏。当时仁宗和皇后不和，仁宗决意要废除皇后，宰相吕夷简极力支持，范仲淹连同其他台谏官员到政事堂就此事与吕夷简发生争执，被贬为睦州（今浙江建德）知州。六月，改任苏州知州。景祐元年（公元1034年）末，范仲淹因修筑水利有功而重被调入京城。这时吕夷简独霸朝政，大臣进用多是由他举荐才能成功。景祐三年五月，范仲淹以天章阁待制权知开封府，上书说，官吏封迁贬斥应有一定次序，皇帝也应照章办事，而不该让吕夷简一人独揽大权，败坏朝纲。他上呈了《百官图》，并指出序迁（按次序升迁）和不次升迁（徇私舞弊的升迁）之间的区别，指明了不次升迁的害处。这激怒了当权的吕夷简，于是他借故诋毁范仲淹，向宋仁宗进谗言，说范仲淹不拘小节，华而不实。范仲淹知道后，写了四篇大论献给仁宗，指责朝政的弊端。上面讲道，汉成帝宠信张禹，导致了王莽之乱。臣恐今日朝廷中也有张禹，坏陛下法度，颠倒是非，混淆黑白，指鹿为马，不可不早日辨别。吕夷简大怒，到仁宗面前分辩，并指责范仲淹越职言事、荐引朋党，离间君臣。范仲淹也上表分辩，二人互相指责，互不相让，矛盾日益激化。范指责吕，所说都是公事，每一件都是仁宗批准了的，只是仁宗很难在短时间内断定是非；然而，吕指责范仲淹越职言事，可是铁证如山。因为按当时的律法，身为开封府知府的他根本无权指责朝政的缺失。因此仁宗将他贬为饶州知州。吕夷简认为应把范的同党一网打尽。为了讨好他，侍御史韩渎上书请求将范仲淹朋党的姓名揭榜于朝堂，以戒百官越职言事。仁宗批复"照行"。自此朝堂上大肆惩治朋党。士大夫害怕吕夷简的权势，范仲淹离京，都不敢去送行。只有天章阁待制李纮、集贤校理王质二人毫不畏惧，携带酒肉，前来饯行。有人警告他们会被误认为范的同党而遭陷害，王质笑道："范仲淹是位贤人，若能成为他的同党，我真是三生有幸。"显然，从一定意义上来说，正是由于吕夷简的压制，才促使了朝中朋党的形成。

范被贬之事，御史、谏官中没有一个人敢出面讲情；言官以外的人出面，就又成了"越职言事"。一直过了六天，一些正直大臣再也忍不住了，秘书丞余靖首先上书说："范仲淹指责大臣，此事对与不对，全在陛下的抉择。有过则改之，无过则加勉。如果因为这件事而贬谏臣，恐怕有损陛下纳谏的圣德之名。"吕夷简将他贬为监筠州酒税；秘阁校勘尹洙更上书说："臣因范仲淹为人忠直，与他交往甚密，我二人义兼师友。朝中正在追查党人，我实属其中一员。虽然国恩浩荡，我幸免于祸，细想起来，余靖与范素无交往，尚被指为朋党，我如果这样侥幸能免祸，岂不心中有愧？因此愿与范仲淹一同被贬。"还有个夷陵县令欧阳修给右司谏高若讷去了一封信，说范仲淹为人正直，因为进谏而被贬官，你身为言官，不但对朝政缺失视而不见，闭口不谈，范获罪后，仍未鼎力相救，依旧出入朝中，侧身于士大夫，真是不知羞耻。高若讷将书信呈给皇上，大叫冤屈。欧阳修因此被贬为西京留守推官。馆阁校勘蔡襄为此作了一首《四贤一不肖诗》，称颂范仲淹、余靖、尹洙、欧阳修为四贤，高若讷为不肖。蔡襄是个大才子，诗做得相当不错，京都人互相传写，流传甚广。泗州通判陈恢上书请求惩罚诗的作者；左司谏韩琦即以其人之道还治其人之身说："陈恢为泗州通判，越职言事，也应当予以治罪。"契丹使者正好在那时入朝，就将此诗买走，张贴于幽州使馆。事情愈演愈烈，吕夷简已不敢像先前那样，把为范仲淹说句公道话的人都贬到地方。而同情范仲淹的人上书不已，光禄寺主簿苏舜钦罗列史实，论证治范仲淹罪、阻塞言路的害处。甚至指责说，皇帝一方面多次颁布诏书，要求群臣直言国事，指摘时弊，还设让臣下直言的匦箱，以及直言极谏科等，另一方面又将敢于直言的范仲淹等人贬官，这当然不是皇上本意，一定是一些大臣从中蒙蔽皇上，阻断了言路。本来这话暗指谁人尽皆知，但他还嫌不够，又进一步点出"宰相"二字来，说招贤纳谏本是宰相分内之事，但是如果事情像这样发展下去的话，臣担心会出现像秦朝时赵高指鹿为马的事情。

当年四月，吕夷简辞去相位，荐举了两个并不贤德的人王随、陈尧佐顶替他，为以后复相铺好了后路。十二月，西北忻、代、并三州发生大地震，连续五天不止，千万房屋倒塌。忻州死一万九千七百四十二人，代州死七百五十九人，并州死一千八百九十人，伤者无数。余震波及京都汴京城。同情范仲淹的大臣右司谏韩琦、直史馆叶清臣于是借机上书说："上天是公正的，如今地震，是对一些大臣专权现象的谴责。"仍把矛头指向吕夷简。叶清臣还说："自从范仲淹、余靖以论事被贬，天下人缄口不敢言朝政，到现在已经有两年之久了。愿陛下多做自我反省，以回应上天的责难。"仁宗因而下令将范、余等人从贬官的处所往近处迁移。范仲淹改任润州知州，余靖改为监泰州酒税，欧阳修改为光化县令。

这一招既然灵验，就有人继续以天灾大做文章。第二年，即宝元元年（公元1038年）正月，直史馆宋祁说，从去年以来，天灾不断出现，这些都是上天的征兆。像九月份群星向西南流逝，这是百姓流离失所的征兆；还有火烧兴国寺塔，一直烧到艺祖神御殿，这是神不感通的意思；另外边州的地震，是一些大臣把持朝政，陷害忠良的象征。天象既然已经出现，表明距离灾祸出现的日子也不远了，远不过十年，近的也就三四年。陛下应思考对策，以消减灾祸才是。于是仁宗下诏，求天下人直言朝政缺失。大理评事苏舜钦上书说："自从范仲淹以直言得罪了奸臣遭贬以来，朝廷颁下诏书，不许越职言事。民情激愤，私下里聚在一起，议论朝廷缺失，而大臣怕事，不敢进言。唯有上天一再告诫陛下：地震星流，都是上天对陛下的警告。陛下应该勤于政事，亲贤臣，远小人。做一个圣明的君主首先要做的就是要求贤若渴，并不是要让满朝文武都是大贤，但重要的职位必须由贤人担任。王曾退位后，吕夷简推荐王随做了宰相，王随此人平庸、虚伪，喜欢阿谀奉承，并非正直之士，照理不应担此重任。石中立以诙谐自任，善于花言巧语，更不应把持朝政。御史中丞张观和司谏高若讷，此二人性格都胆小怕事，没有刚正敢言的气质。让这样的人做言官，明显是辅臣有私心，故意让言官不敢说话，永远保持缄默。"

此外，直史馆苏绅、叶清臣，校书郎张方平，右司谏韩琦等也都上书，或指责宰相奸佞无功、或指责朝纲不振。由于这些正直的大臣一再劝谏，仁宗于三月，免去了王随、陈尧佐的宰相，也罢免了石中立、韩亿的参政。任用张士逊、章得象为宰相，王鬷、李若谷为参政。

本以为这样朝廷中会宁静下来，谁知一些大臣仍然不肯罢休，没完没了地议论，动不动就说范仲淹如何如何，这样一来，惹得仁宗心中十分厌烦。十月，下诏书说："范仲淹被贬官，是由于他密请立皇弟为继承人，并不只为诋毁吕夷简。如今朝内外大臣屡次称赞范仲淹，难道这不是朋党的表现吗？"下令将范仲淹贬往岭南。参政李若谷劝阻道："近年来，风俗不淳，有人专以朋党诬诸忠贤之士。本来君子和小人都是志趣相投而聚在一起的。若天子也听信'朋党'这类话，君子将无法立于朝堂了。"仁宗这才没有株连他人。

直到康定元年（公元1040年）正月初一，发生了一次日食，知谏院富弼奏称："日食是臣下有损圣明的表征。对待这些天变的最好方法是知晓民情，了解下层百姓的情况。"仁宗觉得很有道理，便下令解除了"越职言事"的禁令，命朝内外大臣畅言朝廷事务的不当之处。五月，张士逊罢相，吕夷简复任宰相。

庆历三年（公元1043年）三月，增加了谏官，并任用欧阳修、王素、蔡襄为知谏院，任余靖为右正言。蔡襄这位《四贤一不肖诗》的作者甚感宽慰，但又担心言路敞开的好景不长，对仁宗说道："任命谏官并不困难，难在听从谏言，听从谏言虽然难，但是采纳谏言更难。欧阳修、王素、余靖三人刚直不阿，定能做到知无不言。为臣只怕朝中奸邪妄图加害他们，情况有三：说他们好名，好进，或者说是渲染皇上的失误。愿陛下能明察此等人之心，不要让今天重开的言路再受阻塞。"这番话是把说欧阳修等人坏话的那些人的路子预先堵死，真可谓用心良苦。出人意料的是仁宗与欧阳修谈得十分投机。欧阳修论事中肯，不顾私情，许多人视之如仇，想诋毁他的人无数。对于别人如何议论欧阳修，仁宗一概不理，常对侍从道："像欧阳修这样的直臣，天下绝找不出第二个来。"

欧阳修极力推崇范仲淹，仁宗待欧阳修这么好，范仲淹的厄运也不会太长远了。四月，命夏竦为枢密使，韩琦、范仲淹并为枢密副使。韩、范二人的提升当然是好事，夏竦任枢密使却在朝臣中引起了轩然大波。这夏竦才华横溢，真宗初的著名宰相王曾曾经极力推崇他，在朝居官颇有建树，后来由于与吕夷简不合被排挤。他才智过人，只是贪恋高位，善于玩弄权术，因而不能以诚待人，人们都视他为奸邪之人。欧阳修、蔡襄听说调他入朝做枢密使，轮流上书说："此人在陕西，负责与西夏间的战事，没有立半点功。像这种人现在突然出任枢密院主管军事，朝廷如此用人，又怎能让人信服，又怎能激励世人进取呢？"仁宗以为使他做枢密使这样的高官主要是看重他的才能，而不是有没有功劳，所以并未采纳二人的意见。二人苦苦相劝，仁宗起身而去。御史中丞王拱臣伸手扯住仁宗的衣裾，请求仁宗让他们把话说完。这时报说夏竦已到都城门外。来得如此之快，怎能不令大臣们顿感惊慌，他们纷纷请求暂不要召他见驾，朝廷还会另做打算。右正言余靖道："夏竦在陕西，经常向朝廷告病，请求解职。听说召他做枢密使，却突然如此精力充沛，日夜兼程赶来京都，可见此人很有心计。对于这样攻于心计的人，朝廷若不及早作出决断，等他见了皇上，一定会极力说服皇上，再加上朝廷中有些人替他帮忙，后果就难以想象了。"大臣们纷纷加紧上奏，排挤夏竦，一道道本章相继呈递上去。仁宗无法再坚持原议，只好命夏竦重回陕西，改任杜衍为枢密使。夏竦回去后，上了一道万言书为自己申辩，心里知道事已至此，再说也没什么用，只想对言官们对他的攻击作个回答。蔡襄对仁宗说道："陛下不用夏竦而用韩琦、范仲淹，士大夫与百姓争相祝贺，欢声雷动。朝廷上下都为陛下圣明而高兴，就好比现在天下形势是一个病人，需要良医的医治，而陛下现在已得到良医，以后便可信任良医之言，踏实做事了。只有这样天下方可太平，百姓方可安居乐业，国家也才会长治久安。"

吕夷简自从第三次出任宰相，已到垂暮之年。这年五月，陕西转运使孙沔上书说吕夷简三年来，没有干出什么政绩，却包庇一些人的过错，以避免朝廷大臣指责自己的过失。如今陕西将帅，屡屡兵败；契丹人也乘此机会要挟朝廷增加岁币；刺史州官不得其人，反弄得府库空虚，人民怨声载道。大好河山闹成了这副样子，还说什么四方安宁，天下太平，他也要告老还乡了，这分明是欺枉天子，蒙蔽天下人的眼睛，这些罪过，罄竹难书。后来仁宗终于罢免了吕夷简的宰相之职。

八月，范仲淹出任参知政事，富弼任枢密副使。至此，晏殊、章得象任宰相，贾昌朝、韩琦、范仲淹、富弼、杜衍等共同出任执政，欧阳修、蔡襄、王素、余靖等人任谏官，庆历新政的第一步——人事变动已经完成。

（3）希文上书

仁宗皇帝亲政以后，一心想干出一番事业来，前面朝廷经过了那么多的人事变动，仁宗一直想找一个得力的人来做事。后来范仲淹被任命为参政知事，勤于政事，常向仁宗陈述时事的利弊，因而愈来愈得到仁宗信任，仁宗也屡次向他询问当世的疑难事务。范仲淹感激异常，又觉为难，曾私下对人说："皇上对我情深义重，到了无以复加的程度。但是如今天下积弊已久，要彻底扭转并非朝夕之功，只可谨慎小心，循序渐进，不可操之过急。"无奈皇上一再追问，又专为他开天章阁，备好纸墨，要他写出自己的施政见解，或召辅臣商讨。提出全面改革方案的事已提上日程，不可再拖延。

九月初三，范仲淹奏上《答手诏条陈十事》，提出了系统的改革方案。

奏疏中首先指出，所有政策措施实行久了，都会出现弊端。要建立长久基业，必须懂得变通。宋朝建立八十年来，纲纪松散，上官不知下情，百姓生活在水深火热之中，"夷狄"骄横，"盗寇"猖獗，不能不改弦更张，以图补救。

然后，奏疏从十个方面提出改革措施：

一是明黜陟，是针对现有的官员磨勘制。他认为现行磨勘制，文官三年一迁，武官五年一迁，不问职务劳逸，政绩如何，不分内官外官，年头一到，就可升迁，这样官员们都混日子而等着升迁，权势子弟争着当京官，不利于鼓励官员尽心竭力为国家兴利除弊。改革的办法是，官员有大功大善者，破格晋升；而对于绝大多数无大功大善的碌碌无为之辈，则主张凡由举荐或差遣而任职的，依旧按原制磨勘。京官中职务繁重的三年一"磨勘"（考核），经五次考核后，人们没有异议了，才可升迁官职。而对那些不听差遣，另外"陈乞"得官的官员，改为五年一磨勘。对老病愚昧或事状猥滥不能治民的，另行处理。犯有罪行的，视情节轻重，予以处分。

二是抑侥幸，主要针对"荫子"制度，目的是严格限制恩荫做官。自真宗以后，每年赶上朝廷举行郊天大礼或皇帝生日（圣节）时，大两省官（中书省、门下省五品以上官）至知杂御史以上的官员，每个人都可以奏请一子出任京官；少卿监奏请一子充试衔；其他正郎，带职外郎及诸路提点刑狱以上官，遇大礼可奏请一子任斋郎。无子者可以骨肉亲属替代。范仲淹计算说，按照这种制度，一个学士官任职二十年，一家之中子孙兄弟就有二十人出任京官，因此搞得机构臃肿，有才者无用武之地。实属一大弊政。改革的办法是，对恩荫严加限制，重要官员也只有在大礼时才可荐举一子为官，其他官员必须任满两年以后才可奏请荫官，以减少机构中的冗员。这些都体现了他对时局"积弊已久，非朝夕可革"，欲速则不达的基本认识。虽可减小改革阻力，但也可知他的改革并不彻底，效果不会太大。

三是精贡举，就是要选拔精明强干之士。国家现在专门以辞赋取进士，以默记经书注疏取诸科，虽然取士多，却很少有真才实学者。建议诸学校培养学生治国安邦的才能以图补求。以后取士，进士科应先考策论，再考诗赋，诸科在考经义注疏之外，还要考对经书思想的理解（经旨），使人们不再只于辞藻上用心，更要懂治国之道。最后判定等次时，进士主要看策论，诸科主要看经旨。各地推举进士时，先要考察他的履历和操守，不能只看才学。这样，国家和百姓才能从科举中获益。

四是择官长，目的是要严格选拔地方主官。转运使、提点刑狱、州刺史、县令都是直接管理人民的官员，他们的贤愚，关系到地方的安宁和百姓的幸福，是国家的根本所在。所以建议皇帝颁下诏书，让中书、枢密院和各级州县主官推荐一些贤能的人，并从他们中选取人员担任转运使到县令这些官职，要求一定要详细叙述他们的功过以及办事能力，并且对那些推荐人多的有能力的进行审查核定，最后可报到朝廷，由皇上亲自问对以最终决定是否录用。这样做完全是想选举出能关心黎民百姓、均徭役、宽赋敛、维持地方安定的好官。

五是均公田，就是平均各官职田，使每个官员都有足够的供养和收入，不至贪污。真宗时，而实行职田制度，目的是为了使官吏在俸禄之外，又有些收入，以使官员有相当的财力养贤、不贪。但在实行的过程中出现了职田不均的问题，应着重加以改进。凡官员职田不平均的要予以平均，没有的补给，保证他们有足够的费用维持生活和进行婚丧嫁娶。然后要求他们廉洁勤政，并且要定期汇报和检查，督促他们处理好当地的政事。有违犯者予以严惩。

六是厚农桑，就是重视农业。朝廷要想长治久安，就要使人民安居乐业，这就要重视农业生产，只有重视生产，人民才会有足够的粮食和衣物，有了充足的生活保证，人们也就会爱惜自己的身体，爱惜身体，也就会畏惧刑罚，寇盗也就会自然消失，社会才会免于祸乱。目前国库空虚，粮食衣物昂贵，这种情况说明劝农没有取得成效。皇上应命令各级官吏，集思广益，发展农业。并把古代劝农的方法印制成书，以供各州、县官员参考使用，并且要求他们极力重视兴修水利。这样一直坚持下去，几年之后定可以使粮食增收，饥荒减少。这是富国、养民的长久大计。

七是修武备，目的是搞好军队建设。西北边境常常会受到外敌入侵，目前防守形势仍很严峻。京师的守兵都调到远方戍守，一旦出现特殊情况，就很难应付。他们请求皇上秘密下诏，让有关部门调查京城及其附近的军队部署情况，如有缺乏，就在京城及附近招募五万名强壮者充当京城卫兵，对他们实行府兵制度，平时在家务农。在农闲时，可召集在一起训练，或集中一段时间加强训练，这样节省一些军费开支，在危急时又可防御外患。

八是减徭役。现在的居民数，比起唐朝会昌年间要少许多，而州县数目不减，农民负担的徭役并未减少，甚至出现了连鳏寡孤独都要服徭役的现象，负担太重。解决的办法是，裁并州县建置，以减少供役人数，使更多的人参加到农业生产中去。

九是覃恩信，就是朝廷的赦令要严格执行，以获得百姓的信任。现在皇上每次发布大赦诏书，天下百姓无不拍手叫好，称赞皇上圣明。但一两个月以后，官府照样督责钱谷，苛扣百姓，不见有宽赋敛、减徭役、体恤百姓的行为，使皇上对万民的关怀，徒有虚名。所以要严格要求法令的执行，使朝廷的法令能够得以贯彻执行，使人民能够感受到朝廷的各项恩泽。地方官如果不实行，就要严厉惩治，情节严重的，予以刺面发配。另外，每当南郊祭天以后，就选派精干的大臣，到各地巡查，检查官吏政绩，了解民间疾苦，使朝廷赦书，一一付诸实施。

十是重命令，就是要由朝廷统一各地的法令。现在朝廷的法令条文，繁杂而无威信，罚轻而不严厉，使上层官员失去了威望，下层官员不凭法律而全凭自己意志行事，致使弊病丛生，百姓怨声载道。今后起草法令条文，一定要慎重，先细细斟酌，努力使规章制度便于实行，然后再颁布天下，要求严格执行。违抗者，严惩不贷。综合上述十条可知，他这套方案是把整顿吏治作为改革重点。

欧阳修、富弼、余靖等人，也对新政提出了一些具体的建议。

（4）实行新政

宋仁宗根据范仲淹等人的建议，从庆历三年（公元1043年）九月到庆历四年（公元1044年）发布了一系列诏书，宣布实行新政。

第一，选拔张昷之、王素、沈邈等清廉能干的官员为河北、淮南、京东都转运按察使，到各地区对知州进行考核，遇到不称职的就上奏罢免，重新选择一个称职的人。再由知州考核和选择知县、县令，这样逐层选举合格的地方官。

第二，对于官吏的考查、任命、罢免也做了新规定。内容有：除有特殊功德和政绩的，不得破格升迁任官员，有问题被罢免的，不许转官带职。凡是奖劝农桑成绩显著，查处案件昭雪冤狱，管理具体事务革除旧弊节约了开支等政绩不凡的人，都可以迁调升官。京官任职三年，没有犯过罪而且有五位清望官员保举的，才可获准晋升，否则就要延期等待。候选的官员要参加考试，并有京官三人保举的才可以补官。没有才干、贪赃枉法、年迈病弱、胆小怕事的官员须革除不用。

第三，对恩荫进行限制。规定：从今以后，除现任朝廷主要官员外，不得请求给其子弟、亲戚官职。宰相、使相的一般亲属荫为试用衔，而不是直接授官。恩荫的长子、长孙不限年龄，其余子孙必须年过十五，弟侄必须年过二十。

第四，限制职田。规定：凡大藩长吏二十顷，通判八顷，判官五顷，幕职官四顷；凡节镇长吏十五顷，通判七顷，判官四顷，幕职官三顷五十亩；凡防、团以下州军长吏十顷，通判六顷，判官三顷五十亩，幕职官三顷；其余军监长吏七顷，判官、幕职官与防团以下州军相同；凡县令，一万户以上大县的六顷，五千户以上的五顷，不满五千户的二顷。

第五，建立学校，严格科举制度。要求各州各县都设立学校，选拔属官为教授，三年一换。吏员不足者，可从乡里中有学问、有道业的人中选拔担任，任职三年后，如果声誉良好，则报上。士子在学校读书三百天以后，可以参加推荐举人的秋赋考试，然后取保在家学习，再由所在州保举。凡是隐瞒服父母之丧的，被记有犯法受徒刑的，不孝顺父母不爱护兄弟的，危害乡亲邻里的，不是本籍而假冒户名的，父祖犯有十恶四等以上罪的，工商杂类或曾为僧道的，都不许保为举人。进士科考策论、诗赋，按考试成绩决定取舍。三史（指《史记》《汉书》《后汉书》）科，录取那些既完全理解历史意义并且有文采的。明法科，就是要考察断案审案能力，做出的判决既要合乎法令，又要文笔好、叙述条理清楚，才能予以录取。

根据富弼的建议，宋仁宗还选择官员，设置修书局，让他们把太祖、太宗、真宗三朝的典故、法令编纂成书，下发各级官员，遵照执行，希望通过这样能逐渐地达到振兴颓废的纲纪，除去旧法弊病。

朝廷还以贾昌朝负责天下农田，范仲淹负责天下刑法，以督促新政的推行。范仲淹坚决推行新政，他在任各路按察使时，先将朝臣的姓名列出来，通览之后，勾掉不称职的姓名。富弼道："你顺手勾去一个人姓名容易得很，殊不知被勾者一家人将为此而痛哭几日。"范仲淹道："一家哭要比一路百姓哭好得多。"于是将被勾者全部免官。

以上的几点新政措施，主要是整顿政权机构，以使腐败的封建官僚体制有所改善，以使严重的社会危机得到解决。但是这些措施侵犯了那些官僚贵族的既得利益，新政遭到他们的重重阻挠。

（5）新政失败

虽然范仲淹受仁宗信赖，以天下为己任，辛辛苦苦，日夜操劳。但是实行按察使制度，使大批官吏被罢职，自然会有很多人忌恨；此后实行的任子制、磨勘法都限制了普通官员的升迁机会，于是毁谤、怨恨之辞传播开来。反对者先是散布范仲淹等人为朋党，而加以攻击，妄说升迁不公、有亲有疏等都是"朋党"二字的佐证。庆历四年（公元1044年）夏，仁宗曾专门与执政大臣议论朋党的事。范仲淹解释说："物以类聚，人以群分。君子小人各自成党，关键在于圣上鉴别，如果君子们互相联络去做好事，对国家有什么不好？"虽然说得堂而皇之，仁宗无话可说，但自己也确实承认了朋党，仁宗心中也不能不有点想法了，而皇帝心里一动摇，如果再加上小人从中作梗，范仲淹、富弼的处境也就有点困难了。夏竦正是利用这样的机会，对他们下手的。

国子监直讲石介，一生敢作敢当，痛恨奸邪。范、富等人执政以后，他以为正人在朝，从此太平有望，心中高兴，作了一首很长的《庆历圣德诗》。上自仁宗，下至庆历新党诸要人，逐个歌颂一遍。其中难免有些言过其实的话；他又曾给富弼上了一篇奏记，鼓励他多为国为民做事，望他能与伊尹、周公一类大贤臣相提并论。夏竦使家中一个女奴习练石介笔迹，将石介奏记中的"伊、周"二字改为"伊、霍"，霍指辅佐幼主的霍光，一字之差，奏记就变了味儿，成了石介鼓励富弼废掉仁宗，另立幼主的大逆不道的话。此外，他还假作了一篇石介为富弼起草的废立诏书，也要女奴以石介笔迹抄写出来，把这些作为证据，飞报朝廷。仁宗当然不会马上就相信，但朝廷上上下下，里里外外都传开了，对范仲淹、富弼大为不利。范仲淹、富弼都很害怕，于是请求解除朝中职务，去边防任职。实际是要交出政权，免遭人猜疑。仁宗哪里肯依，二人一再请求，恰巧边疆报说契丹出兵西夏，边境应该相应做些部署。六月，为了防备辽、西夏秋季的侵扰，经范仲淹主动请求，仁宗任命他以参知政事为陕西、河东安抚使，负责二地防务，将富弼留了下来。

范仲淹先赴陕西，路过郑州。此时吕夷简在郑州赋闲，年纪已很大了。范仲淹念他是两朝大臣，顺路前往探望。吕夷简问他："什么事这样匆匆离京？"范仲淹告诉他，天子要他暂且到陕西、河东经抚边事。吕夷简摇头叹息道："未必，未必！"范仲淹问："什么意思？"吕夷简道："如今你正面临危机。身在朝堂，手握政权，都不知道能不能应付得了。一旦离去，怎么知道还有返回朝廷的机会呢？若只为了处理边事，还是在朝廷中处理妥当些。"范仲淹无话可说。因为他知道吕夷简现在虽不在位，但毕竟在官场混了多年，深知其中的道理，他说的话怎么会是随意说的话？

果然，范仲淹去后，朝中攻击他的章疏一封接着一封。富弼虽为他极力辩解，但是既然别人说他们是朋党，那你任何的辩解也就没什么用了，说来说去，连仁宗也不能不心中生疑了。富弼在朝中也势单力孤，请求巡边。八月，仁宗委任他担任河北宣抚使。范、富二人出朝，石介感到难以立足，请求外派，于是被任命为濮州通判。

九月，仁宗任命杜衍为宰相，贾昌朝为枢密使，陈执中为参政。陈执中不是新党中人，因真宗时曾建议早立太子，得到仁宗信赖。谏官如蔡襄等人连续上章反对陈为参政，认为陈执中刚愎自用，不善听取他人意见，不能委以重任。仁宗力排众议，命中使携带敕书，到陈执中任所青州宣读，谏官虽然坚决反对，但也来不及了。

十一月，仁宗颁诏书，告诫朝臣勿结朋党，相互争斗；告诫按察使，不可过于严格了；告诫文人，不可肆意行事，出言滋事。这些诏书的颁布，也表示仁宗开始对新政也有所不满了。

　　范仲淹、富弼出朝后，攻击他们的人愈来愈多，新法也受指责，甚至有些难以维持了，多亏有杜衍多方面努力，才得以继续下去。而杜衍刚正无私，自从被任命为同平章事兼枢密使后，他坚持推行新政，仁宗多次下诏给一些人委以官职，都被他压下，原封不动地退还，因此遭到怨恨。他有一个东床娇婿苏舜钦，官为监进奏院，善行文，是个大才子。而文人行事，不免有些狂放之处，言语议论多有触犯权贵处；还有个集贤校理王益柔，与苏同类。在一次祠神会上，苏舜钦以卖故纸所得公钱，请来一班乐伎为宾客娱乐，王益柔又即兴写了一首《傲歌》，出言不逊，着实不雅，有失士大夫风范。苏、王恰恰都是范仲淹荐举的。宋朝制度规定：官员如果有罪，那么举荐他的官员也要一起受惩罚。所以御史中丞王拱辰等人便想利用惩治苏、王，加害范仲淹。先唆使御史鱼周询、刘元谕上书弹劾苏舜钦、王益柔。又与张方平列奏状，请诛王益柔。时宰相章得象、晏殊对此事并未表态，参政贾昌朝对苏、王等新进文人放荡不羁的行为不满。只有韩琦深知王拱辰的险恶用心，对仁宗说道："王益柔不过随便讲了几句话，没什么大不了的。王、张都是陛下近臣，天下大事，多如牛毛，二人一概不过问，却一起上奏攻击一个小小的王益柔，这不是明显针对范仲淹，想加害于他吗？他们不过是要借此株连范仲淹罢了。"仁宗这才恍然大悟。结果，王益柔贬为复州酒税监，将苏舜钦除名，参加宴会的十多个知名的人士一一加以惩办。王拱辰高兴地说："这下子我可把他们一网打尽了！"杜衍见女婿被废，知道同僚必有不容之心，上书请求解官。此后，反对派对范仲淹等人的攻击变本加厉，宋仁宗想罢免范仲淹和富弼等新政首领。范仲淹自己也觉得在朝廷待不下去了，请求免去参知政事职，宋仁宗准备同意。宰相章得象道："范仲淹素有虚名，如果就这样答应了他的请求，天下会误以为陛下轻慢了他这个'贤臣'。如今也不知他是否真心请求解职，不如暂且不允。若他仍坚持，便是真辞；若顺势送上一张谢恩表，便是欺诈，要挟皇上，再以此罪名罢他的官也不迟。"仁宗听从了他的建议，范仲淹果然呈了谢恩表。庆历五年（公元1045年）正月二十二日，下诏贬范仲淹为参知政事，贬富弼为资政殿学士。杜衍再次为二人上书申诉，陈执中又诬告杜衍庇护二人。仁宗更为不满，于是一并罢去杜衍的同平章事兼枢密使职务，贬到兖州。杜衍从拜相到被罢，总共才一百二十天。

随着范仲淹等人的被罢免，朝中一些主张新政的大臣被相继免职，反对派逐渐得势，到处攻击忠良，迫害支持新政的人。

二月，仁宗下诏废除范、富搞的京官保任叙迁法、磨勘法、荫子法等一系列新法。

韩琦上书，指出："杜衍、范仲淹、富弼等人，为了陛下的基业，日夜操劳，努力实施新政，革除旧有的弊端，实在劳苦功高，不应被罢免。"奏疏送入内宫中，没有任何回信，韩琦只得请求外放，仁宗于三月免去韩琦枢密副使的职务，贬其为资政殿学士，知扬州。随即，欧阳修、余靖也被罢免。又下诏新政的各项措施都被废止，诏科举考试仍用旧法。庆历新政就这样失败了。

这年十一月，徐州举人孔直温组织平民造反被杀，从他家中搜出石介的信和给孙复的诗。当时石介已经病死，夏竦为了报当年被讥讽之仇，坚持认为石介未死，而是被富弼派到辽朝，去联合辽人起兵，约定以京东路的兵马为内应。因此，力求开棺验尸。仁宗下诏兖州，命令查清石介是不是真的死了。该州掌书记龚鼎臣愿以全族性命力保石介已死。提刑吕居简也说："无故挖人家棺材，如果人确实死了，怎么向其他人交待？"这才没有挖棺材，却还是下诏罢免了富弼的职务，将孙复贬为虔州税监，将石介的子孙交池州管押。

对庆历新政失败的原因，有人评价说是因为新政触动了某些当权者的利益，而受到阻挠，同时又没有真正解决地主阶级与农民之间的根本矛盾，如此等等。这些都是正确的，但还有一条不容忽视的原因是：封建社会的改革效果在很大程度上取决于最高统治者的决心如何。皇帝个人的素质、秉性、能力等往往是改革成败的关键。仁宗对改革派的信任有始无终，他最终听信了谗言，动摇了自己力图创业，振兴朝纲的信念，使改革最终半途而废。再者这次改革的基础本来就不牢固，主持改革的人并非握有实权的官员，而改革的目的只是更改法令，革除政权机构中的弊端，因此很难获得成功。总之，范、富等人的改革是在具备必要的客观要求，却缺乏合适的政治条件下进行的。虽然新政也没能推行多久便失败了，但它毕竟是一次大胆尝试，为以后的王安石变法提供了宝贵的经验教训。

2.英宗继位

宋嘉祐八年（公元1063年）宋仁宗病死，皇子曙继承帝位，他就是后来的宋英宗。

（1）英宗即位

英宗皇帝，名曙，濮安懿王允让第十三子，母亲为仙游县君任氏。明道元年（公元1032年）正月初三，他出生在宣平坊宅第。他出生前，濮安懿王梦见两条龙与太阳一起坠落，就用衣服接着。到英宗出生的时候，屋里布满红光，还有黄龙在红光中游动。四岁时，仁宗把他收入宫中抚养。宝元二年（公元1039年），豫王出生后，他又回到了濮安懿王身边。

英宗孝顺父母，博览群书而不虚度光阴，生活也很节俭。他常穿着礼服朝拜他的老师，说："你是我的老师，我不能不尊重你。"当时吴王宫的先生吴充献上一篇《宗室六箴》，仁宗把它交给当时的宗正，英宗把《宗室六箴》刻在屏风上来勉励自己。

景祐三年（公元1036年），皇上赐给他宗实这个名字，还让他担任左监门卫率府副帅，他还做过右羽林军大将军、宜州刺史。皇祐二年（公元1050年），他被升为右卫大将军、岳州团练使。

嘉祐年间，宰相韩琦等人请求确立太子，仁宗说："我已有合适人选，你们不必再操心。"当时英宗正在为父亲服丧。嘉祐六年（公元1061年）十月十二日，朝廷打算让他担任秦州防御史、知宗正寺，英宗借口守丧不去上任，先后推辞了四次，朝廷才允许。守丧完毕，朝廷又让他做秦州防御史和知宗正寺，英宗还是推辞。嘉祐七年八月，免去他宗正一职，又让他担任岳州团练使。初四，立他为皇太子。初九，他改为后来的名字。英宗听到诏命后假装有病，不肯接受。仁宗让同判大宗正事安国公从古等人劝他接受命令，他们把他从卧室扶到了朝廷上。三十日，他出现在清居殿。从此以后，他每天早晚都向仁宗朝拜，有时还到皇宫内服侍仁宗。九月，升他做齐州防御史、钜鹿群公。

嘉祐八年（公元1063年），仁宗逝世。四月初一英宗即位，三日后即四月初四便患了重病。第二天，曹皇后被立为太后，并暂由她处理国事，她像明肃刘皇后那样执掌了大权。此时太后四十八岁，精力充沛，她又极其聪明，能把每天几十份奏章的大概内容记下来。她总是能及时处理奏章，从来没有耽搁。虽然仁宗刚逝，英宗又龙体欠安，但宫内被她治理得井井有条。

二十九日，侍中高琼的曾孙女高氏被立为皇后，她是曹太后的亲姐妹的女儿，也在宫中长大，与英宗同由太后抚养。由于二人同岁，仁宗曾将他们指为夫妻。长大后，他们便成了亲，并且被封为京兆郡君。被立为皇后时，她已经生了三个儿子。

赵宋皇室有一种叫躁狂忧郁症的家族病，其主要症状是喜怒无常，喜欢猜疑，仁宗的死与英宗的病都与此有关。英宗发病后喜怒无常，伺候他的太监们可就吃尽了苦头，他们十分恨英宗，又拿他没有办法，所以希望太后收拾他。于是有人挑拨英宗与太后的关系，使他们有了嫌隙。英宗对太后不满之处，是他刚进宫时，太后叫人时时监视他，让他寝食难安；即位后，太后又看不起他和皇后，有时他们去问安，太后也态度冷淡；英宗患病期间，太后想另立皇帝，由于韩琦等人反对才作罢。英宗病愈以后，太后虽然撤帘，却迟迟不交出御宝，英宗怀疑她仍想立新皇帝。太后对英宗也满腹怨言。英宗生病时，曾说过冲撞太后的话。他虽然有病，可如果不是这样想，便不会这样说；仁宗病逝后，他也不能守丧，还谎称有病。

而太医诊断他脉相平和，早已痊愈。英宗对公主们也不太礼貌，为给自己的女儿腾房屋，他曾让公主们搬出宫外。虽然都是琐碎的日常事，若是亲生母子，自然不会将此放在心上。如今却成了大麻烦。一日韩琦、欧阳修在太后帘前奏事，太后有所感伤，禁不住流下泪来，一五一十把英宗的不是讲给他们听。韩琦劝道："这些都是因为皇上身体不好，儿子有病，做母亲的应该宽容才是。"太后仍然十分伤心。欧阳修又劝道："太后数十年来对先帝体贴入微，百姓们都知道您的贤惠和仁爱。当时张贵妃仗势欺人，你尚且能与她相处得很好，如今与自己的儿子反而不能和睦相处吗？"这番话很合太后心意，太后听了，怒气也已大减。欧阳修又道："先帝在位多年，对天下百姓宽厚仁慈。因此，天下人才这样尽心竭力拥戴新皇帝。试想，太后不过是一妇人，臣等不过是一介书生，要不是先帝给我们权力，我们断难执掌于朝廷。"意思是说，新皇帝是先帝所立，我们无法改变。太后十分聪明，知道这是要堵她"另立新帝"的口，于是只有默许。韩琦更进一步威胁道："我们忙于应付外界事务，无暇照顾宫内的事，如果皇帝有什么事，太后您可要负责任。"太后大惊道："这话从何说起，我比谁都希望他尽早康复。"这段对话传出后，外朝大臣对他们二人都十分敬佩。

几天以后，皇上又向韩琦诉说太后不疼爱他。韩琦说："自古以来，贤明的帝王不可胜数，只有舜被称为大孝子，并不是其余的皇帝都不孝顺父母。父母慈而子孝，天经地义，不足称道；只有父母不慈爱但子女仍然有孝心，才难能可贵。其实，'可怜天下父母心'，只要陛下尽到孝心，太后一定会善待您的。"

七月，英宗逐渐康复，在紫宸殿朝见文武大臣。韩琦请求他出宫祷雨，以昭告天下皇帝身体康泰，以此来安定民心。十月，仁宗被葬于永昭陵。十二月，侍臣为英宗皇帝讲经史。先由翰林学士刘敞讲《史记》。开篇是《五帝本纪》，他讲读并行，读到尧把天下让给舜时，刘敞表情严肃，解释说："舜只是一个普通百姓，再微贱不过。尧将皇位传给他，却得到天地保佑，百姓拥戴，这一切，仅仅是因为舜是个天下闻名的大孝子。"英宗听了，感触颇深。太后也深为这个"教书先生"言语得体而欢喜。两宫间的矛盾逐渐缓和下来。

（2）太后撤帘

治平元年（公元1064年）五月，英宗身体已大有起色。儒臣最看不惯妇道人家参与政事，宰相韩琦早有心让太后撤帘，还政于英宗。他将十多件事向英宗汇报，英宗处理得十分得体。然后他到太后那里，将英宗处理政事的情况一一概述，并大加推崇。太后十分高兴。韩琦见时机已到，便提出辞呈说："先帝驾崩以后，我就该告老还乡了。念在皇上有病，拖到今天。如今皇上已恢复健康，老臣也该放心了。请让我回到家乡，或者做一个小官。"曹太后道："朝中不能少了你，倒是老身理应深居宫中。先帝离去后，老身迫于事体，新帝病弱，才不得已主持政事。如今新帝既已康复，还是让老身先退吧。"此话正是韩琦想要的，他立即称赞说："汉朝的马太后、邓太后也曾主持朝政，其贤德、宽厚尽人皆知，却都难逃贪恋权势的嫌疑。她们远比不上太后您明白事理。"说完跪倒谢恩，然后说："近日御史、谏院也有人要求太后撤帘，但不知太后打算何日撤帘？"太后不愧是女中豪杰，做事雷厉风行，听得韩琦如此说，她当即起身说："就在此时好了。"韩琦当即叫仪鸾司官员前来撤帘。英宗亲政后十分感激韩琦，升他为尚书右仆射。枢密使富弼却不高兴了，他倒不是为太后感到不公，而是看不惯韩琦的专权。仁宗嘉祐年间，韩琦与富弼同时做宰相，有什么大事都与枢密使商量。英宗即位后，富弼做了枢密使，韩琦便改变规矩：除非有皇上的命令，宰相不再与枢密使商议。富弼非常不满。太后撤帘消息一传出，富弼十分吃惊地说："其他的事就不用说了，如此重大的事情韩公也不与我们商量！"其他官员也都认为是韩琦妄自尊大，不能与人共事。韩琦道："撤帘是太后自己决定的，和我没关系，我怎么与他商量？"显然这只是借口，富弼心中却更加不满。富弼自知这个枢密使不做也罢，第二年七月，便借口腿疼要求辞职。

再说太后撤帘以后，皇上把太后的住所定名为慈寿宫，以求她安度晚年、得享眉寿。

前面提到两宫不和，与皇上身边的太监搬弄是非有关，尤其是入内都知任守忠。仁宗立英宗为皇子时他就不赞成，主张立一个少不更事的人，以便他能得到好处。英宗即位后，他又在皇上与太后两宫间挑拨离间。太后已经撤帘，任守忠失去了依靠，知谏院司马光首先上疏指明任守忠的错误，请求将他斩了，来显示皇上的威严。吕诲也表达了同样的意思。英宗准备依言处置。但韩琦知道，这件事对太后不利，执行起来很棘手。第二天，他拿来一张没有写人名和事由的空头敕书，让参政欧阳修签字。欧阳修不疑有他，爽快地签了；韩琦又要参政赵概签字，赵心中怀疑，不肯签字。欧阳修道："你放心签吧，韩公一定有他的考虑。"赵概才勉强签了。然后，韩琦端坐在政事堂上，对站在院子中的任守忠说："你罪当处死，看在你为朝廷效力多年的份上，从轻发落：赶出京都，发放蕲州。"说完，取过那张敕书，然后在上面填上任守忠的名字和事由、处分结果等，再签上自己的名字。于是有两个参政、一名宰相签字，这份敕书也就有效了。韩琦如此做法是担心一旦太后干涉，他再要处理就不这么容易了。是非、法律、人情关系原就混淆纠葛，做官就是在中间寻求平衡，做得好坏凭自己的能力。韩琦称得上是高手。

（3）濮议风波

英宗与太后的不和，在韩琦、欧阳修等人的调停下，就这样过去了，但如何对待英宗亲生父母仍是一个不好解决的问题。

知谏院司马光早已预料到英宗亲政以后，势必提高他的生父、生母的地位，曾借机奏事，给英宗讲明道理，晓以利害。他说："汉宣帝和光武帝都是这种情况，他们即位后，都没有尊封他的亲生父母。这项规则亘古有之，不可改变。"不久韩琦却上书说："礼，即不可忘本。陛下您的本原就是濮王，当然要尊封了。请皇上您与大臣们具体商量这件事，对濮王的夫人王氏、韩氏以及陛下的生母任氏，都要尊封。陛下应该以此来表达您对生身父母的孝心！"这番话和司马光的完全两样。英宗暂且不做答复，命丧期满了再作定夺。

治平二年（公元1065年）四月，丧期已满，英宗命群臣讨论这件事。翰林学士王珪等辅臣，知道此事关乎皇上本人利益，一个不小心就要惹皇上动怒。所以，他们面面相觑，都一言不发。独有司马光写道："'为人后者为人子'已成定例。一个人对父母的爱心绝不能有二心。自秦汉以来，帝王没有儿子而从旁支亲属中选择的继承者，但凡即位后，追尊亲生父母为帝、为后的，都为人臣所不齿。我们不敢让您学习他们的做法，况且他们大都是在皇帝驾崩后，无奈之下由母后或臣子封为帝王的，所以与原皇帝没有多少感情，而您则是仁宗皇帝年轻力盛时亲自挑选的，可以说对您宠爱有加。陛下即位以前已是仁宗之子。濮王虽是陛下的生父，有血缘关系，但陛下能够让自己的世世代代做皇帝，都承蒙先帝厚爱。臣等认为，对濮王应该循先例，封给高官、为大国诸侯，并封夫人王氏为太夫人。纵观古今，这样做都不失礼法。"王珪等其实正有此意。既然司马光已经说出，就没有必要再隐瞒自己的想法了，所以他们把司马光的意见作为辅臣们的结论呈给了中书省。中书省批复："王珪等人所议没有具体指出皇上是否该隐濮王的名讳。"王珪等只好再议，认为"濮王是仁宗的兄弟，所以皇上不能呼其名，而应叫他皇伯。"

参知政事欧阳修也上书说："按《礼记》中的话说：'为人后者，为其父母降服三年为期，而不没父母之名'。这明明是说，可以降低服丧的规格，而称呼绝不可改，把生父称为皇伯，自古绝无先例。封生父为大国诸侯也无例可循。请朝廷召集三省、御史台商讨再行事。"太后也亲自过问为什么这件事还没定下来，以表示对皇帝的关怀，英宗也就少不得谦让一番，下诏书说："大臣们对这件事分歧很大，就将此事暂且搁一搁，待有关机构详细查看先例之后，再做结论。"

直到治平三年（公元1066年）正月，这件事仍悬而未决。侍御史吕诲、范纯仁，监察御史吕大防赞同王珪的说法，坚决要求皇上执行。先后七次上书，皇帝都没有理会。三人于是共同弹劾宰相韩琦专权、引导朝臣向皇上献谄，按理应当治罪。其中说："仁宗皇帝刚刚驾崩，便尊封自己的亲生父亲，这是慢怠先王而厚待自己的亲生父亲，抬高小宗地位而贬低大宗。"又说："欧阳修是始作俑者，给皇帝灌输谬论，使皇帝不仁不义而辜负先帝的厚爱。而韩琦、曾公亮、赵概等人不仅没有反驳、制止，反而附会。请朝廷予以严惩。"皇上仍不理会。中书省却上书说："请皇上告诉天下人，说明称濮王为皇伯无根据，万万执行不得。我们只是主张让皇帝称濮王为皇父，别无他想，其他如在京城为濮王另立宗庙等忤逆之事，皆非朝廷本意。"

英宗皇帝自然更赞同中书的看法，要他呼生父为皇伯，实在不容易做到。但又不好说，谁叫他继承了帝位呢？所以他听任事态的发展而不加干涉。还是皇太后爽快，发布命令，要大家尊称濮王为皇帝、夫人为皇后，皇帝称他们为父母。英宗后悔自己没有早表态，让太后占了先机。只好也发布命令，表明态度说："不称皇帝、皇后，只称父母；在原坟墓的周围设立宗庙，濮王之子宗朴做濮国公，主持祭祀的事宜；天下百姓都要避讳提濮王的名字。"人们都以为这些事情都是中书宰相一手策划，来排除异议，所以许多人很是不高兴。吕海等人将委任自己为御史的敕诰上缴，回家待罪，以此作为抗议。英宗让人把敕诰送给他们，劝他们复职。吕海等人坚决不再做御史台，他们说："凡事都有是非曲直，若中书辅臣的意见对，就应该惩罚我们，如果我们对，就应该惩罚辅臣。御史与辅臣不可能合作。"英宗无计可施，便向辅臣讨主意，韩琦、欧阳修道："既然御史认为他们做得对，而我们有错，就把他们留下，治我们的罪好了"。其实，他们的言外之意是要英宗贬了御史的官。但这样又使英宗丢了面子，所以英宗犹豫不决，可是又别无他法，也只有这样做了：命吕海为蕲州知州，范纯仁为安州通判，吕大防为休宁知县。赵鼎、赵瞻、傅尧俞曾上书表达过与吕海同样的意思，他们这时恰巧刚从契丹回来，便也请求英宗贬了他们。朝廷只得贬赵鼎为淄州通判，赵瞻为汾州通判。英宗向来宠爱傅尧俞，不但没有贬他，还加封他为侍御史知杂事。傅尧俞道："您已贬了吕诲，就也把我一起贬了吧。"英宗只好任命他为和州知州。当时人们把他们六个人称为"六御史"，影响很大。知制诰韩维和司马光上书请求挽留吕诲等人，皇上不听，于是司马光也请皇帝贬了他的官。不过，已经贬了六个御史，再贬知制诰，就很说不过去了。朝廷没有应允。侍读学士吕公著上书说："陛下即位以来，从来没有广纳贤才，却贬了那么多人的官。皇上要给天下人做个什么榜样呢？"英宗读了这样的奏章很不舒服，而又无可奈何，只好不加理会。吕公著再也不愿为英宗效命，请求皇上将他也贬出朝廷。于是，英宗又贬吕公著为蔡州知州。从此，濮议引起的风波才告一段落。

封建制度是以宗法制度为基础的，因而要绝对维护大宗的主导地位。宗法制还规定儿子要承继父亲的基业。一般情况下两者是一致的。英宗的事却是例外：小宗子孙过继给大宗为嗣子，是无条件维护大宗呢？还是部分地继续"子继父宗"？显然难以两全。要英宗完全站在大宗一边，他做不到。所以，他与太后不合，与其父亲不能绝情，也就不可避免了。

3.王安石变法

宋神宗熙宁二年（公元1069年）二月，王安石被任命为参知政事。宋神宗是想利用王安石的声望来推行变法，以改变北宋积贫积弱的局面，使国力强盛起来。这就是王安石变法，亦称为熙宁变法。

嘉祐八年（公元1063年），在位达四十二年之久的宋仁宗病死。仁宗无子，赵曙即位，史称宋英宗。

英宗面对北宋的烂摊子，曾想革除弊政。他继位不久，就对执政大臣富弼提出"积弊甚众，何以裁救"的问题。但当时富弼等大臣不思进取，对英宗的话不予重视。英宗本人不久也身患重病，无法处理政事，他改革的愿望没能实现。宋朝所面临的危机则进一步加深，比如财政方面，仁宗时每年亏空的数额达三百万缗以上，英宗治平年间竟达到一千五百七十余万缗。治平四年（公元1067年），英宗病死，因财政困难，不得不大大降低丧葬规格。

英宗死后，他不满二十岁的儿子赵顼即位，史称宋神宗。赵顼当太子时，就很关心国家大事。十多岁时，他曾向曹太后表示要收复失去的疆土；每当群臣提到仁宗时辽朝进犯宋朝边境的事，他便十分难过。神宗即位时，变革的要求在士大夫中呼声很高。两个月后，翰林学士承旨张方平就上疏，对当时国力衰弱，而朝廷不思改革的政局表示十分不满。他指出，宋朝如果仍旧只图自保而不思进取，将来一旦遇到灾荒或战争，就难以挽救了。宋神宗作为一个年轻的皇帝，很想革除时弊。他继位后，即向元老重臣富弼征询富国强兵之道。但富弼久居高官，变得圆滑世故，不愿承担改革之险。当神宗向他征询改革之道时，他竟像几年前对待英宗一样，试图让宋神宗放弃革除时弊的想法。

宋神宗无法从元老大臣那里得到支持，就只得转而依靠有很高声望的王安石。

（1）王安石其人

王安石（公元1021~1098年），字介甫，江西临川人，世称临川先生。其父王益一生只做了几任小官，未能跻身上层中去。

庆历二年（公元1042年），王安石考中进士第四名，被派往扬州，去作“签书淮南节度制官厅公事”，其实也就是地方长官韩琦的一名幕僚。庆历七年（公元1047年），他被升为鄞县知县，后来又做了舒州通判、开封群牧司制官。嘉祐二年（公元1057年），他做了常州知州。嘉祐三年（公元1058年）任提点江南东路刑狱公事。同年十月，北宋政府召他为三司度支判官、知制诰。

王安石多年的地方官经历，使他对宋代官吏的昏庸无能有很深刻的认识，他在自己的权限范围内，做了最大限度的改革。在任鄞县知县时，王安石了解了当地的农业生产情况和水利灌溉情况后，在鄞县兴修水利。为使经济状况不佳的中下阶层的民户能不误农时，王安石在青黄不接的春季，把县府粮仓中的存粮借贷给他们，让他们秋收后偿还，这样就使农民免遭地主的盘剥。他任常州知州时，为发展常州境内的农业生产，他主张开掘一条运河。开掘运河时，遇到了浙西路转运使等地方官吏的阻挠，又正赶上阴雨连绵的天气，致使许多民工因此病倒，开掘的事再也进行不下去了。这件事让王安石知道了变革旧政的艰难。王安石任提点江南东路刑狱公事时，为了使百姓得到便宜的好茶，他曾上书给朝廷，说明茶叶的重要性；他还建议政府改变茶叶专卖这种得不偿失的办法。北宋政府采纳了王安石的建议，江南东路曾一度取消了原来的榷茶法，改为商人运销、政府抽税的办法。这样，政府收的税并不比专卖的收入少。

王安石无论做什么官职，都要尽可能地进行一番革新，来兴利除弊，表现出勇于进取的实干精神。他与当时的一些因循守旧、保守落后的人比起来强多了。

正是由于王安石有长期任地方官的经历，他才能清楚地认识到宋朝之所以面临内忧外患的危机的原因。因此，嘉祐三年，王安石向宋仁宗赵祯写了一封《言事书》。在《言事书》中，王安石主张全面改革宋朝的制度和措施，来改变国家的贫穷面貌。王安石以历史上晋武帝司马炎、唐玄宗李隆基等人贪图享受、因循守旧，最后终于覆灭的事实为例，要求立即变革法度。不然，宋必然会重蹈汉唐的覆辙，使国家走向灭亡。从《言事书》可见，王安石急切希望对社会进行改革。封建士大夫们也希望王安石能早一天执掌政权，以使国家摆脱危机。但是，宋仁宗和权臣们都没有在意《言事书》。

王安石任三司度支判官两年半后，被调任为主管替皇帝起草命令、文告的知制诰。

嘉祐八年（公元1063年），仁宗病死，英宗继位。王安石的母亲也在这年秋季逝世，他辞掉职务，回家为母亲守丧。在守丧期间及以后一段时期，王安石一直在家中收徒讲学。陆佃、龚原、李定、侯叔献、蔡卞等人，都是在此期间拜他为师的。宋神宗上台后，把王安石召回京城，并让他做了翰林学士侍从。他们经常讨论治国之道，相处得十分融洽。熙宁二年（公元1069年），王安石任参知政事。次年，王安石任宰相，他在此期间对社会的政治、经济等各方面进行了一番改革，这就是"熙宁变法"。

（2）变法开始

熙宁二年（公元1069年）二月，宋神宗任命王安石为参知政事。神宗对他说道："许多人认为你只懂学问，而不了解世事。"王安石道："经术之所以称为经，就是因为它可以用来治理国事。不明世务不能叫通经术。"神宗道："卿如今做了执政，第一步要做的事是什么？"王安石道："臣认为如今的风俗是贤能的人没有机会，恶人得道升天；平民没有遵守礼法的机会，达官贵人有机会却不遵守。所以应改变风俗、制定法律制度。"神宗十分赞同。四天以后，商议推行新法的事，王安石道："周朝设立泉府，以控制兼并，调节贫富差距，赈济贫苦百姓，使天下财物能够变通。后来只有汉、唐有类似做法。学者不明白他们的用意，反而指责他们是与民争利。现在也应学习周的办法。"神宗采纳了他的建议。王安石又说："如果委派十人管理财政，其中有一二人不胜任，攻击新法的人就会趁机而入，指手画脚。上古尧选一人治理洪水，尚且挑错了人使治水失败，更别说选那么多人，怎么能不会有所失误？最主要的是看是否利大于弊，希望您不要因为别人反对而放弃。"神宗道："卿只管放心，朕不会因噎废食。"于是设立了制置三司条例司，由王安石主持，由吕惠卿、曾布等他推荐的人做他的助手，开始实行变法。熙宁三年（公元1070年）十二月，神宗又把王安石任命为宰相，给予王安石更大的权力，以便推行变法。宋神宗对王安石信任有加，甚至当王安石顶撞他时，神宗也不以为意。王安石从此更是把天下社稷当作自己的责任，倾全力实行变法。

以富国强兵为目的的王安石变法，主要包括三个方面：整顿财政，使国家钱粮充足；整顿军事，使军队强大精勇；整顿科举和教育，使官吏各司其职。为此，他实行了许多新法。

整顿财政方面：

其一，均输法。为了保证皇宫的需要和军队的给养，宋朝从一建立起，就在东南各地区设置了负责征办和发运物产的发运司。发运使们只是按照规定的数额，从地方征来，运往京城，不管开封的库存情况和实际需要，也不管地方收成如何。这既加重了百姓负担，又造成京城物资积压，最后不得不低价抛售，造成物资的严重浪费。如有急用，又要高价向商人购买。许多商人从中牟取暴利，而政府和百姓则损失惨重。均输法规定，拨给东南发运使五百万贯钱和三百万石粮供其周转，要求其全面了解京城需要和各地财政状况，从价格低的地方和距离较近的地方征收物品，以节省经费，减少政府开支，减轻人民负担。

其二，青苗法。又称常平新法。宋太宗和真宗时，为了防备灾情和抑制粮价，在京城和各地设常平仓，从上供钱中扣除部分作为本金。在粮价便宜时，加价收购粮食存仓，以备粮价太贵时抛售。遇到灾荒则用来救济灾民。后来，许多常平仓钱谷被挪用，变得有名无实，穷人也得不到好处。每遇灾荒，农民只有向地主借高利贷，弄得许多人家因此倾家荡产。青苗法规定，在夏秋青黄不接时，只要农民愿意，便可以贷到现金，归还现金时，本金加上利息同税额一起返还即可。这样就使农民用钱时有处借贷，不必再受地主剥削，有效地抑制了土地兼并。

其三，农田水利法。这一新法旨在发展生产，增加社会财富。它鼓励人们并要求官府兴修水利。规定各地要开垦荒田，兴修水利，建立堤防，修筑堤岸，凡需要经费较大的，可以向常平仓借支。尚有余缺，就由官府担保，向富裕的人家借贷。这一新法，大大促进了农田水利建设的发展，从1070年到1076年的七年间，全国就兴修水利一万多处，受益的田地面积广阔，达三十六万多顷。

其四，募役法，即免役法。它改变了按户轮流充当州县衙门差役造成的劳动力不足的积弊，改由政府出钱招募差役，再向各户摊收费用，称免役钱。而原先不承担差役的人家，也应交纳同等人户免役钱的半数，称为助役钱。另外还要在实际需要之外，加征五分之一的免役宽剩钱，作为饥荒年免收时的备用。

其五，市易法。此举是为了限制大商人操纵物价、牟取暴利，从而增加国家的财政收入。它规定，设置市易司，由国家提供本金，收购市场上没有销售出去的货物。在社会需要时再赊购给商贩们，要他们在一年或半年后，加息归还市易司。这就实现了政府对市场的控制，限制了垄断，达到了增加政府的财政收入的目的。

其六，免行法。以往，开封各工商行业除了交纳各种正常的赋税以外，各官衙还常向他们摊收物品和征调人力，负担沉重。免行法禁止官衙直接向工商行业摊收财物，各行业按其获利的多少，定期交纳免行钱，各官衙的支出从免行钱中划出，从而减轻了工商户的负担。

其七，方田均税法。北宋大量土地都被官僚地主控制，而他们却弄虚作假逃避缴税，这样不仅减少了国家的财政收入，又把一部分赋税转嫁到农民身上，加重了农民负担。为革除这一弊端，该法规定，每年九月，由县官主持在全县丈量土地，并根据土地的肥瘠，确定土地的等级，据以征收赋税。将地方的原租税总额，按土地数量和等级平均负担。到1085年，已丈量的土地达二百五十万顷，占全国纳税土地总数的一半多。

整顿军事的新法：

其一，将兵法。为了改变将领不了解士兵，士兵又不知道将领，毫无战斗力的问题，将兵法规定，将官要对士兵进行定期训练。在开封、河北、京东、京西路设置三十七将，每将设将副各一员，选择有作战经验又有指挥才能的将领担任，负责训练军队，训练好的军队才有资格报告朝廷等候调用。以后，又陆续设置了九十二将，使部队战斗力明显提高。

其二，保甲法。这一新法的目的是为了搞好社会治安，防止盗贼和农民进行起义。它规定，每十家为一保，设保长一人，五十家为一大保，设大保长一人，每十大保为一都保，分别设都保正、都副保正一人。每户人家有两个以上成年男人的就抽一人为保丁，自备武器，进行操练，负责保内安全，发现盗贼，在规定的时间内追捕，追捕到盗贼者有赏。保内有人犯法，或住有盗贼，知情不报者受罚。保丁实际上是政府在民间设置的一支用以维持社会安定的武装力量，战乱时还可以编入军队参加战斗。

其三，保马法。在当时马匹十分重要，既用于作战，也用以运输。以往国家设立机构负责养马，数量本就有限，再加上管理不善，马匹大量死亡，病弱的马也不能用于作战，很难满足战时之需。为此，保马法规定，由百姓负责饲养军马，凡开封和河东五路的保甲愿意养马的，每户一匹，富户可以养两匹。养马户免交折变缘纳钱。如果马死了，三等以上的人家自己出钱赔偿，四五等户由十户人家分摊其中的一半。定期（每年）检查养马的情况。这样，既减少了政府开支，又增加了战马数量。

其四，军器监。原来由三司胄案负责制造兵器，三司事务繁杂，主管人员更换频繁，所造兵器数量虽多，但质量差，难以满足内外战事的需要。王安石等人建议，将三司胄案废除，开设军器监，来对军器制造进行管理。鼓励军民对兵器的制作献计献策。在开封设东西广备攻城作，在制造材料丰富的州设都作院，负责兵器的具体加工制作。军器监根据各地所制造的兵器的好坏，对有关官吏进行奖惩。这一改革收效很大，十多年以后，兵器库所藏兵器不仅数量充足，而且质量很高，保证了作战时对兵器的需求。

整顿科举和教育的新法：

其一，改革科举。王安石认为以前败坏人才、学术纷争的根本原因在于进士科考写诗作赋、明经考背诵经文的做法。根据他的建议，朝廷于1069年正式将科举考试的主要内容改为阐释经义，讨论时事。朝廷规定，以《诗经》《尚书》《周易》《周礼》《礼记》为本经，《论语》《孟子》为兼经。进士科考试时，第一场考本经，第二场考兼经，第三场考论，第四场考天下时事。变法还宣布废除明经科，设明法科，专门考查考生对律令的运用能力，合格的人才可录取。

其二，改革教育。王安石认为，教育的宗旨是统一思想，而学校在"一道德"上起着关键作用。根据他的建议，朝廷首先增加了国子监中太学的名额，并将学生分为外舍、内舍、上舍三等，品学兼优的上舍生经考察，可以免科举考试直接任命官职。还专门设置了经义局，由王安石主持，专门负责考查解释《诗经》《尚书》《周礼》的义理，编为《三经新义》，作为科举考试的标准用书和太学教材。

（3）阻挠新法

反对派与新法

变法从一开始就遭到许多人的反对。以司马光为首的反对派，在太皇太后（仁宗的皇后）、皇太后和岐王赵颢的支持下，坚决反对新法。他们认为，变法侵害了地方豪强的利益，是不利于统治的。他们是国家赖以存在的基础，如果失去他们的支持，一旦边境吃紧，军队供给就无法保障。他们反对保甲法，认为，保丁习练武艺，自备器械，一旦人民生活窘迫，他们就会利用武器进行反抗，给国家带来麻烦。他们反对青苗法，指出，政府实际上是在放高利贷，很不光彩，有关官员将会徇私舞弊，借给他人，而且一旦遇到灾荒，政府又会吃亏。他们反对免行法，两宫皇太后也向神宗诉苦，说她们的亲属被强迫交纳大量免行钱，恐怕会引起骚乱。他们攻击市易法，说这是让官府兼并市场。

连王安石往日的朋友，面对一系列激烈的新法，也与他决裂了。如王安石起初与刘恕关系很好，打算把他推荐到三司条例司，刘恕借口不懂金谷等财政事，婉言予以拒绝。还说："如今天子委以重任。你应该恢复圣人尧舜之道，辅佐明君，保证国家平安无事，而不应把财利放在首位。"王安石道："自孟子以来，义利问题已被人讨论了一千多年了。其实义和利是相辅相承的，两者并不矛盾。只要合理运用，求财求利，就是尧舜之道。"刘恕不服，把人们怎样反对新法讲给他听，劝王安石改回以前的做法。王安石不为所动。此后刘恕多次当面指责王安石，王安石十分生气。许多反对新法的人都被王安石赶出了朝堂，只有刘恕，王安石顾及老友的情谊，对他一再忍让，没有惩罚打击他。刘恕却变本加厉，大庭广众之中与王安石怒目相向，对他横加指责，二人最终决裂。那些对王安石有成见的人，在新法推行后更是不遗余力地对他进行攻击。御史中丞吕诲就是其中之一。王安石初任参政时，受到士大夫们的欢迎，只有吕诲对他不屑一顾，说他"不通时事"，不该重用。为此他专门找皇上陈述，途中遇到了司马光，司马光私下问他今天又要弹劾什么人，吕诲说是王安石。司马光十分吃惊："众人都认为这个人选合适，中丞你为什么反而要弹劾他？"吕诲道："你也如此认为吗？王安石此人名声虽好，可是思想偏激、好大喜功，只会不切实际地空谈。用他做宰相，天下一定大乱。如今新帝即位不久，所依赖的不过是两三个执政大臣。所用非贤，必定酿成大祸。这样重要的大事，我身为御史，不敢隐忍不言！"后来，他把他的"袖中弹文"呈给神宗，神宗打开一看，竟然满纸写着带有攻击性的话语，且一点事实根据都没有。如其中说王安石的为人"大奸似忠，大诈似信"，也就是说从表面上看来他好像很朴实、忠诚，其实心中却包藏奸诈；说他行事是"骄蹇慢上，阴贼害物"。陛下一旦喜欢他的才华，就信任和依赖他，长此以往，就会使"大奸得路，群阴汇进"，以致"贤者尽去，乱由是生"。并危言耸听地预言道："误天下苍生，必斯人也。"宋神宗还不至于就凭这么一纸弹文而不敢保住王安石，故尔读后将它原封退还给了吕诲。吕诲于是请求解除他的职务。王安石得知此事，按照惯例，他也向朝廷递了辞呈。神宗左右为难，对宰相曾公亮道："若将吕诲贬出朝堂，又担心王安石受舆论攻击，认为他不能包容别人，因此而不能安心工作。"王安石听到消息后，对神宗说道："我已经决心以身报国，只要陛下处置得当，臣怎敢为了避免舆论的小小嫌疑，擅离职守呢？"于是神宗将吕诲贬为邓州（今河南邓州市）知州，时为熙宁二年六月。从此，王安石的地位更加稳固。但随着新法的不断出台，一些守旧大臣对王安石极为厌恶，司马光对吕诲的"先见之明"也就愈加佩服得五体投地。

这年八月，神宗又将知谏院范纯仁逐出朝堂，起初贬为河中府知府，再贬知和州。侍御史知杂事刘述等六人也因此遭贬。

司马光离间

九月，王安石推荐吕惠卿为太子中允、崇政殿说书。司马光上书谏阻说："吕惠卿为人，最会溜须拍马，阿谀奉承，品行不端。使王安石遭受中外毁谤的，就是此人。以这种人为东宫辅佐，有所不妥。"从这番话可见司马光的确是老谋深算，见到攻击王安石的人相继离职，知道他的地位业已稳固，于是，便找其他的办法，着手对变法派进行挑拨离间，再对王安石加以肯定，最后把它的得力助手排斥掉。神宗宠爱王安石过甚，听到"使王安石遭受中外毁谤"几个字，便急忙为他分辩道："据朕所知，王安石不贪名利，不图享乐，生活朴素，是个贤者。"司马光道："王安石的确是个贤者，但他的短处是不通晓事物，不明白事理而且很自负。更不该信任吕惠卿这种奸邪小人，王安石以他为谋主，唯他是听，王安石在前台执行，以致天下人连王安石一起也指为奸邪了。近来王安石主政，官员升迁次序颠倒，许多人对此颇有不满。"神宗道："吕惠卿才思敏捷，论辩清晰，好像也是个贤才。"司马光道："陛下所说的正是，单以才能而论，吕惠卿实在是不可多得的人才。可惜他心术不正，才干越大危害就越大。难道说汉人江充、唐代的李训没有才干吗？但为害两朝的正是此二人。"神宗听了，沉默不语。司马光又寄书给王安石道："那些善于阿谀逢迎的小人，今日对您的确有顺从、适意的好处，但是您一旦失势，出卖您的也必是这些小人。"王安石读后心里很不舒服。

十月，宰相富弼罢官。由于神宗信任参政王安石，他这个宰相已无多大意义，经常假装有病，又多次提出辞职。神宗问他："你如果辞职的话，朝中谁可代理你的职务？"富弼道："文彦博。"神宗听了，一言不发。沉默许久道："王安石怎样？"这一次轮到富弼一言不发了，他也沉默了很久。然后两人不欢而散，不久富弼到亳州上任去了。此后神宗任用陈升之代替富弼为宰相，问司马光道："近日以陈升之为宰相，外间有何说法？"答道："人们说闽人狡猾凶险，楚人轻薄易变。如今两位宰相（按：指曾公亮，泉州人；陈升之，建州人）都是闽人；两个参政〈按：

指王安石，临川人；赵抃，衢州（今浙江衢县）人〕都是楚人。他们一定会对自己的同乡加以任用，提拔他们，不久朝廷就会被闽楚之士充斥了，天下风俗又怎能得以淳厚？"神宗道："陈升之有才智，又通晓民政。"司马光道："他唯一的不足之处就是不能做到临大节不可夺。凡用有才有智的人，必须另外以忠正刚直的人加以制约，这是历代明主用人的诀窍。"神宗又道："你看王安石如何？"答道："人们说王安石是奸邪小人，这话说得有些过分了。他只是有些不明白事理，又固执己见，顽固不化罢了。"

司马光对于吕惠卿、陈升之的为人都分析得非常正确。他们得志之后，都背叛了王安石。那又如何呢？人才都有长有短，王安石正是靠了这些"小人"的长处，才成就了他的一番事业。如果不靠他们，而靠那些"临大节不可夺"的"君子"，如司马光、富弼、文彦博等辈，将会是一事无成。况且，若不是这些"君子"的频频活动，本来是可以避免陈、吕对王安石的背叛的。司马光曾引江充、李训事说明"小人"的才能不可以抵消他的恶习，而司马光的"知人之明"，也完全可以破坏新法的实行；王安石知人不明却成就了这次变法。

攻击新法

司马光等人对王安石本人的攻诘，对他与变法派间关系的离间都失败了。随着变法的不断深入，他们又改以新法执行中的缺点攻击新法。正如《雪诗》所说："空令物象莹，岂兔川涂壅？"大雪使万物变得晶莹明彻，功同再造，却难以避免有壅塞河川和道路的缺点。这样一次大规模的变法运动，偏差和错误又如何能避免！

还是在熙宁二年（公元1069年）九月颁行青苗法时，苏辙就曾指责青苗法说："以钱贷民，本意是要救民，可是于钱财出纳之际，就不可避免官吏的从中舞弊，做手脚，即使有严法也难禁止。钱到百姓手中又不免使用无计划。到还钱时，即便是富有的人家也难以保证按期归还。因此州县催逼，鞭笞刑罚必不可免，从此州县衙门必无宁日。"司马光与吕惠卿辩论青苗法利弊得失时，司马光攻击青苗法说："平民百姓放债出息，尚能从中渔利，蚕食下等户，使他们流离失所。更何况是县官放债，以刑法催逼本息了！"吕惠卿道："青苗法贷钱是自愿的，并不强迫不愿贷者贷钱。"司马光道："百姓愚蠢，只知贷钱时的好处，全不顾还债的难处，自愿或是强迫都是一样的。私家放贷也是自愿的。太宗平定北汉时，那里米的价格十分低廉，一斗十钱。因此制定籴法，要民卖粮于官府，官府用等价钱补偿给农民。当时百姓对这项政策非常欢迎。如今物价已贵而籴法依旧，如此籴法则对河东百姓的危害十分严重，并且世代延续。立法时利处甚大，流弊倘如此之深，何况青苗法初立就不大好，后果会更加恶劣。"神宗道："陕西推行青苗法已久，没有使百姓认为不好。"司马光道："臣就是陕西人，只见到它的害处，从来都没有看见过它有什么好处。起初青苗法在陕西由地方官府私自推行，朝廷并未认可，尚且有这样多害处，如今朝廷准许他们这么干，更是要无法无天了，恐怕百姓更要深受其害了。"

对新法的这些攻击尚是假定之词，这些"正人君子"终日在朝，不了解民情，新法即使有许多缺点，他们也难得知晓，仅是凭个人好恶，说一些毫无根据的话，所以对新法并不能构成大的威胁。但是随着时间流逝，总会有一部分关于新法的缺点和危害传入他们耳中的，对新法的攻击也就愈益深刻愈加严厉。

熙宁三年（公元1070年）二月，河北安抚使韩琦上书说："朝廷颁发的散青苗钱诏书说：'务必要使百姓有利，而并不是官府要通过放青苗钱获利。避免富人乘小民十分困难的时候放高利贷取息，盘剥小民。'而实际执行的情况是，官府定下条规：乡户自一等以下都在限额内借贷，三等以上户准许多借。臣认为上等乡户与城镇有房地产的坊郭户，一直以来都是兼并的人家，根本没有借钱的必要。官府规定要他们借钱一千，还一千三百，等于是官府放贷取息，与诏书所说的'不是官府要放青苗钱取利'初衷相悖。又诏书规定，放青苗钱出于自愿，可是不强迫上户必不愿贷，而下户贷了又无力偿还，势必出现借贷者与保人均赔的状况。以后无人愿做保人，下户也无法可贷。臣认为陛下用节俭的准则来治理国家，国库自然会永远充足，何必派兴利之臣四处奔走，搞得天下大乱，民怨沸腾呢？"他是第一次以河北地区的实际例子说明青苗法强迫百姓借贷的实际害处，神宗颇受震动，说："朕起初以为青苗法可以利民，想不到却恰恰相反。青苗钱，顾名思义，是播种时怕百姓因无钱购买种子，使农田缺苗，才借贷给他们的。坊郭户不种庄稼，要青苗钱何用？一定让他们借，太无道理。"王安石一旁听了，很不高兴道："虽名青苗钱，坊郭户只要愿意借，借给他们又怎么样？汉代桑弘羊收天下利权，以供皇帝私用，史家才称他们为兴利之臣。如今陛下按照周公旧法，散青苗钱，为的是抑制兼并，救济贫苦百姓，为的是利国利民而不是为了个人私欲，如何算作是兴利之臣？"可是韩琦所说强散青苗钱的话，有根有据，王安石难以应对，神宗便始终以为韩琦言之有理。于是王安石也学富弼装起病来。神宗曾命执政废止青苗法，参政赵抃请求等王安石"病"愈后再执行，神宗才作罢。王安石闻讯，要求辞职。神宗命司马光代为起草一份答复的诏书，其中有"士夫沸腾，黎民骚动"的话。前四字是司马光的自我感受，后四字就有些夸大其词了。王安石因此上表章辩驳。宋神宗也因为说的话有失事实而自我责备。首先变法是神宗自己的主张，王安石只是设计师，是执行者，所以他无论如何不能放王安石离开朝廷。神宗碍于面子便命吕惠卿前去劝说，王安石才答应留职。新、旧两派之间的这一次交手，王安石险些失手，不得不以辞职相要挟才挽回败局，新派第一次被迫处于守势。而旧派一击就得手，便想从青苗法打开缺口，彻底击败新派。此后监察御史里行程颢、御史中丞吕公著等人相继论争，王安石建议将他们一一罢官，数日之间，台谏形同虚设。朝廷不能不做些调整。五月，诏命沿边州郡停止实行青苗法，又将制置三司条例同时废除，合并入中书省。从此，王安石不再仅仅依靠条例司一个机构，开始着眼于整个朝廷的人事安排。九月，王安石推荐新派的曾布为崇政殿说书，一举打破了以往司马光等人一家之言的局面。不久曾公亮罢相，翰林学士司马光贬知永兴军，范镇告老还乡，新派的韩绛、王安石双双出任宰相职。神宗久有任命王安石为宰相的意思，王安石再三推托，至今才答应上任。

熙宁四年（公元1071年）三月，神宗下诏书访察推行新法不力的官员，或贬或撤。四月，直史馆苏轼因议论新法不便被贬为杭州通判。从此以后旧派人纷纷落马。同时，在宋神宗的大力支持下，新法向纵深展开，新派势力急骤扩展。受改革大潮的裹挟，其中难免鱼龙混杂，泥沙俱下，各色人物都纷纷倒向新派。新旧两派的矛盾斗争越来越深入和尖锐。王安石的儿子王雱倡言："不把持异议的人铲除殆尽，新法就推行不了。"熙宁五年（公元1072年）正月，京城专设巡逻士兵，察访毁谤时政的人，处以罪罚。六年，华岳山崩，枢密使文彦博说是由于新法与民争利，上天以此警示朝廷。王安石却说是上天为了那些阻碍、诋毁新法的小人而发。根据传统理论，上天的警示专对天子而言，臣子却没有资格接受天的警告，于是旧党又发现了一个攻击新法的借口：天灾。说来也巧，自这一年七月，直到次年四月，长达八个月的时间里久旱不雨，反对派声言这是老天不满变法的表现。神宗忧心忡忡，以为又是上天对他的警告，觉得应该对法令全面权衡，改正那些对民有害的部分。王安石开导他说："水旱灾害是自然现象，尧时洪水连续九年成灾，汤时大旱三年，可见圣帝在位，也在所难免。陛下即位以来，风调雨顺，年年丰收，如今旱灾虽久，也不难对付，只要尽力完善新法就可，如此并不构成忧患。"神宗道："朕所担忧，正是由于事情做得不好。如免行钱收得太多，以致怨声载道，从近臣到后族，无一不对我说它的害处。"参政冯京道："臣也有所闻。"王安石道："士大夫反对新法的人以冯京为首领，所以这种话也只有他才能听到，臣不曾听到过。"

（4）变法受挫

这时，又有一个名不见经传的人物冒了出来，使王安石防不胜防。此人正是光州司法参军郑侠，他曾被王安石提拔，心存感激，一心要尽忠报国，报答王安石的知遇之恩。此人任满后入京述职，王安石向他询问在州县的所见所闻和感受，郑侠道："青苗法、免役法、保甲法、市易法，以及边疆的军事状况，都不大好，在下十分忧虑。"王安石以为两人很难有一致的看法，就不再想问了。后来，郑侠改任为监安上门。监安上门是守门的门官。安上门是汴京新城的城门，新城南门有三个，中为南薰门，东为宣化门，西面的一座名为安上门。这几年旱灾连连，颗粒不收，四方饥民到处流窜，流入京城谋食，每日出入城门，成群结队，以致道路堵塞。从城上看去，但见扶老携幼，肩挑手提，络绎不绝。人人面黄肌瘦，个个衣不蔽体。还有的披枷戴锁，负瓦扛木，为官家服役偿债。凄凄惨惨，催人泪下。郑侠将看到的惨相作了一幅图，再加上一道表章对图画加以说明，认为都是新法造成的。其实呢？那种年头，遇上这样的大灾荒，即使是别的法也无法避免百姓流离失所。不过恰巧新法推行，做了灾荒的替罪羊，如此皇帝和官老爷们就能心安理得了。如果没有新法，而是遇上了其他事，也是照样要承担罪责的。总得找个替罪羊出来，这叫作自欺欺人。郑侠的法儿正是发扬了这个传统，所以神宗轻易就接受了。宋神宗反复观看该图，连连长叹，因此对变法更加持怀疑态度。特别是那份表章写得声情并茂，让人心酸，感人肺腑。其中说："陛下南征北战，将士总是把打胜仗的大好局势画成图献给陛下，从来无人将百姓迁移流浪、家破人亡的愁苦困顿状况画成图献给陛下的。臣算是第一人。所绘为在安上门每日常见的景象，与实情相比，远远不及。然而，绘入图中的这一点点情状，已足可催人泪下。陛下看图之后，若能按照臣的请求，废除新法，治新党诸人之罪，十日之内天必降雨，若上天没有在十日内降雨，请斩臣之头，挂在宣德门外，以正欺君之罪。"后人读史，读到这里，必定会想：他为何有这样大的把握？即便上天有灵，他怎知十天之内天必降大雨，若是第十一天呢？其实他是个亡命徒，不过要用自己的脑袋与新法作赌罢了。神宗还真被这一招震住了，他深受感动，一夜无眠。第二天便命开封府放免免行钱，命三司调查市易法有何不便，命司农寺打开常平仓，赈济贫乏，命暂停追还青苗钱和免役钱，废除方田、保甲法等，总共采取了十八项措施。据说民间为此欢呼庆贺，高兴不已。令人感叹的是，这一天下了一场透雨。第二天，群臣纷纷入朝致贺。久旱逢甘霖，还不应该祝贺？偏偏在这个时候降大雨，王安石心上就像是被戳了一刀。神宗将郑侠的《流民图》和表章拿给群臣看，大大赞赏郑侠。神宗还问王安石认识不认识郑侠，王安石道："他是臣的学生。"群臣听了，惊诧者有之，幸灾乐祸者有之，嘲讽揶揄者有之。王安石面上却是神色木然，心中在滴血。退朝后便上表辞职。

新派诸臣对郑侠恨之入骨，找了个借口将他送入御史牢狱。吕惠卿、邓绾等一齐劝解神宗说："陛下数年来励精图治，才干出了这一番事业，天下百姓，受益无穷。如今将一切废除，使前功尽弃，难道陛下数年心血抵不过一个狂夫的妄滥之语吗？陛下难道不觉可惜吗？"说到动情处，围着神宗恸哭起来。神宗的确为新法倾注了数年心血，爱护新法的心情比任何人更甚，终于又被吕、邓的话打动，新法又一项一项地重新恢复起来，方田法暂且停罢。

4.元祐更化

神宗皇帝在位十八年，任用王安石变法改制，国家状况有所好转。但是，新法部分地限制和侵害了官僚贵族的利益，在他们的打击和阻挠下，官僚贵族把负担转嫁到百姓身上，再加上推行新法时，官员管理不善，贪官污吏压榨百姓，向上级邀功请赏，天下百姓愤愤不平。

元丰八年（公元1085年）三月，宋神宗病逝，年仅三十八岁。其十岁的儿子赵煦继位，史称宋哲宗，太皇太后高氏垂帘听政。高太皇太后一贯反对变法，这时，大权在握，她火速将司马光、吕公著、文彦博等反对变法的大臣召来，以恢复祖先的法度。司马光先被任命为门下侍郎，后被任命为尚书左仆射兼门下侍郎，吕公著任尚书右仆射兼中书侍郎，文彦博为太师，主持军国大事。从元丰八年四月（公元1085年）四月到元祐元年（公元1086年）八月，保甲法、方田均税法、雇役法、青苗法等被司马光等人全部废除，历史上称这次罢废变法的活动为"元祐更化"。

（1）废除新法

司马光上台

太皇太后高氏垂帘听政，哲宗新帝即位，依照惯例要赏赐百官。连退休后在家赋闲的宰相文彦博以及贬官在外的执政大臣张方平、吕公著、吕惠卿，学士孙固、韩维等人也都受了封赏。翰林学士司马光，因反对新法与王安石几度交手，罢官后，在洛阳闲居已达十五年，闻知神宗皇帝驾崩，动了入京的念头。但是外官没有奉朝廷诏书擅自入京是有罪的，况且他也怕人说乘神宗去世之机，图谋不轨，故一直没有启程进京。他的一个至交好友程颢，知道他的心思，劝他早日动身；另外他又看到学士孙固、韩维等已经入京受赏，因此，就下定了进京的决心。在京城，他是反对新法的知名人物，卫士们首先认出他来，兴奋不已，以手加额说："原来是司马相公！"一些受新法危害的老百姓听说消息后，也簇拥到他的马前，呼喊着要他留在京城做宰相，辅佐新天子，拯救百姓，不让他再回到洛阳去。在京城的日子里，司马光无论走到哪里，百姓就跟到哪里。他为官数年，知道这是有罪的，随便给他加个罪名，他就受不住。于是打算早日离开这块是非之地。正巧朝廷有令，外官入朝奔丧者，离去时不用入朝辞谢。于是司马光决定悄悄地回到洛阳去，正准备动身启程，太皇太后高氏派内侍梁维简来到他的下榻处。寒暄、慰劳一番后，向他询问："在今天这种形势下，要治理天下，首先应做什么事？从何处入手？"他略加思考，洋洋洒洒写出一篇奏章，呈了上去。其中说："《周易》说：天地相交称为泰卦，不交称为否卦。意思是天地交融则安泰，隔离则凶险。皇帝与臣民相比，皇帝作为君王是天，臣子百姓是地。两者和谐、融洽，国家就兴旺发达；君臣不和，彼此分心，国家就要遭殃。"其实司马光的道德、文章，可说是古往今来，独一无二，堪为奇才。只可惜治理天下非其所长。在表文中他接着说："如今新君即位，太皇太后垂帘，初发号令，不可不谨慎从事。臣见近些年来，士大夫以苟且偷生为智谋，反而认为说警醒的话是狂妄。以致下情壅蔽不能上达，皇上恩意也不能下通。百姓愁苦、悲惨的生活，皇上不知道；而皇上宵衣旰食，勤于政事，一心要将天下治好，百姓也无从得知。因而上下交困，公私两蔽，盗贼日众。幸运的是这些年无大灾荒，因而人心没有大散，否则天下形势不堪想象。上下不通都是群臣的罪过，而无知百姓往往归咎于先帝，这令臣异常痛心。臣以为当前最紧要的事是应明颁诏令，广开言路。不管他有没有做官，凡是认为朝廷政令有失当处，知道民间有何疾苦者，都有权利写成奏状，加封后上报朝廷。各级官府不得以任何方式威吓阻拦。皇上处理政事后，选择可行的予以采纳，不可行者也不加责罚。这样，好的建议会越来越多，下情也就不会壅蔽了。"这些冠冕堂皇的话，其实难以执行。要天下人都来上书，谈何容易！武则天曾大开告密之门，实行过一次，搞得天下乱七八糟；此后有的皇帝虽颁发过广求直言的诏书，但大都流于形式。如今高氏年老，哲宗幼弱，大丧在身，百事丛杂，怎么可能做到这一步？即使是做了，也一定是不了了之。司马光曾指责王安石不晓事理，于此看来，他恐怕更不懂政事。其实这番话的真正作用不过是唤起众人对新法的不满，为全面恢复旧制做好舆论准备。

四月，朝廷下诏说："先皇帝在位十九年，制定许多新政策，为的是使天下百姓蒙受福泽。由于官吏执行不当，搞得天下骚乱，百姓得不到实惠。特此申令中、外各级官吏，同心同德，遵守法令，不要辜负了先帝惠养百姓的遗志。"这一宣布实际是指责新法，为废除新法做铺垫。

五月，朝廷诏命百官对朝政得失发表意见，并公布于朝廷，使人人得知，鼓励官员对新政进行指责。但如此做法新派官员怎能不闻不问呢？因此强烈建议增加六项限制措施：凡是别有用心、行为过分、动摇朝廷处理政事、迎合已行政令、观望朝廷的意图以求侥幸进取、眩惑百姓以求虚名，以上六条干犯其中之一，必罚无赦。太皇太后将大臣颁行这六项措施的草拟的诏书拿给司马光看，司马光道："这不是求群臣发表意见，而是杜绝他们发表意见。除非你闭上嘴巴不说话，只要说话就难免触犯其中的一条。"太府少卿宁彭年、水部员外郎王谔按照榜于朝堂的诏书，对朝政发表意见。结果以越职言事的罪名，每人罚铜三十斤。司马光出面干预，于是议论朝政的事，从此风行。有趣的是庆历年间，反对新政的人曾经用超越职权的罪名阻止新政的推行，范仲淹、余靖等人都曾因此获罪。料想不到今天，新派官员反而要把这顶帽子戴在政敌头上，真是世事变幻莫测啊。

不久，朝廷任命蔡确、韩缜为宰相，章惇为知枢密院事。又起用司马光为陈州知州。司马光入朝辞谢后，又改任为门下侍郎，职位为执政，是朝中执政八大臣之一。蔡、章二人在《宋史》中是入了奸臣传的；韩缜是个装腔作势的人，史书说他做官"外事庄重"，而"寂无功烈"，说白了就是外强中干；司马光就更不用说了。从高氏挑选的这个领导班子可以看出，这位老妇人志在于恢复旧制，废除新法，使一切恢复到仁宗、英宗时的模样。这样一来，顺从、听话、有虚名，就成了她选择、使用人的标准。

不久，程颢又被召入京，受任宗正寺丞。程颢的名声也很大，又是司马光的挚友，符合高氏的上述用人条件。所以，自任汝州盐税后，迅速提升，被任为丞郎。可是，他没来得及上任就一命呜呼了。

七月，任扬州知州的吕公著被召回，改任为侍读学士。高氏派官吏迎接，问他对朝廷的建议时，答说："先皇帝（指神宗）的本来意图是为了减轻农民负担，才下令推行免役、青苗等法令，而制定法令的王安石等人却是为了苛剥百姓，侵民利权，结果反而害了民众。同时，又不能容忍对朝廷提出建议的人，导致说不同的话的人全都被贬黜。时间越长，危害愈大。若能招来贤明人士管理政务，商讨如何治理天下，齐心协力，纠正'新法'导致的不良后果，国家尚或可救。"又上书讲了对朝廷的十条请求。分别是：畏天、爱民、修身、讲学、任贤、纳谏、薄敛、省刑、去除奢侈、无贪安逸，他首先为元祐更化提出了系统的施政纲领。高氏大喜，吕公著入京后就改任为尚书左丞，也是执政之一。吕公著与司马光原来就反对新法，如今同任执政，正是志同道合，上任后，立刻就废除新法。

首先下诏书废除的是保甲法。

十一月废除方田法。

十二月废市易法。又除保马法。

哲宗元祐元年闰二月，右司谏王觌上书说："国家安危，取决于执政大臣。如今执政者一共八人，奸邪之徒占之大半，朝廷将会败坏的。"接着痛陈蔡确、章惇、韩缜、张璪四执政如何朋比为奸，排斥正人。连续上了数十道表章。此外，右谏议大夫孙觉、侍御史刘挚、右司谏苏辙、御史王岩叟、朱光庭、上官均等人也都上书指责蔡确奸邪为人。说他在神宗熙、丰年间，兴冤狱、行苛政，如今却对人说是迫不得已，想把罪责加到先帝头上。自司马光、吕公著为执政，废除烦法苛政，万民欢喜。蔡确又说是他首先提出的，贪天下之功，据为一人所有，民众不容。太皇太后看过这些表章后就把他贬为陈州知州。原来众言官所说的烦法苛政自然是指王安石的新法了。其实，蔡确既非新法派，也非保守派，而是一个骑墙派。

蔡确被贬，司马光被升为宰相，代理他的职务。这时司马光已病入膏肓，但新法还有青苗、免役、将官三项未除，西北边事未了，司马光视之为四害，说"不除去这四害，我死了也不安心。"四月，相韩缜罢官，司马光升为相。与吕公著书信说："我如今将病体交给医生，家事交给儿子司马康，只有国家大事我不放心，打算交付给你。"把一切都推托开来，他这首相做得倒也轻巧。况且，担任宰相的三个人中，除他和吕公著两人以外，还有一个官封平章军国重事的文彦博，资格比他二人都老得多；执政的八人中吕大防、范纯仁、韩维等也都是与他志同道合的人，无论是做事、理政事，还是为人道德都是值得信赖的，却说是"国事无可托付"，只托给吕公著一人。可见这老先生有时也是会玩弄权术，耍点把戏的。

御史、谏官们把蔡确搞掉了以后，又集中火力攻击章惇。太皇太后又把他由执政贬为汝州知州。

盲目废新法

自司马光执政以来，对于王安石、吕惠卿颁布的新法，不问青红皂白，一律废除。对此不少人向他提出忠告。有人说："不论如何，那是神宗皇帝亲自下令实行的法令，而如今皇帝是神宗的儿子，有朝一日，如果有人以父子的名义离间皇上，轻易给你定个罪下来，你也消受不起。"司马光郑重回答说："若天不绝宋，就不会有这样的事发生；否则，那是天意，只有听其自然了。"可见他是固执己见，不计后果，决心孤注一掷了。还有一个卫尉寺丞毕仲游给司马光写信说："王安石变法是由于国家财政不足，所以，只要是可以增加收入的办法都一一执行。如青苗法、市易法、免役法、盐法等，都是以增加收入为目的。财政不足而思变法，这是天经地义的。若不能让国家财政充足，从根本上无视变法产生的根源，仅仅以行政命令强制废除新法，那是行不通的。如今新法已经全部废除了，假如有人以国用不足、国家急需用钱而亏空国库为由，说给皇上听，别说皇上是个有思想的活人，就是一块顽石也会停止这样做的。所以应该及早设法杜绝这种事发生。为今之计，只有大规模地统计财政，确切知道有多少财富，州县所余全部收入国库。这样做，财政余额就会越来越多，再过几年国库财政将足以使用二十年，而不是坐吃山空。有人再以国库财政不足为借口进行变法改制，皇上是不会相信的，新法也就没有恢复的机会。"他还说："王安石变法之所以能够成功，是由于朝廷内外布满了的他的党徒。如今要废除新法，而朝廷内外官员，绝大部分仍是王安石的党徒。虽然也用了几位反对新法的大臣，但势单力孤，恐怕难以成功。如今您知道不能做的事，而勉强去做，所以，人们不敢以您所做的认为可喜。比如一个人长期卧床不起，但略有好转，其家人并不为之而高兴，是因为知道病其实还没好的缘故。"这封信给司马光提出了一个警告，让他颇受震动，却又不知如何是好。要使国库开支够二十年使用，这谈何容易！要将所有的拥护新法的官员免职，又是多么的艰难！司马光现已到了晚年，疾病缠身，力不从心，怎敢有如此的想法，即使是有此想法，又怎么能做到呢？所以只好任其自然吧。

六月，吕惠卿被贬为建宁军节度副使，安置于建州（今福建建瓯）居住。中书舍人苏轼起草将他贬官的制书，说他"以斗筲之才，穿窬之智，谄事宰辅，同升庙堂"等等，被士大夫争相传诵。《宋史》也将他归入奸臣传。其实，论才干，此人为不可多得的人才。士大夫都对新法深恶痛绝，王安石平素名望又很高，许多人都与王安石私交甚深，司马光也很赏识他的才学与为人。所以人们怨恨吕惠卿，认为王安石干坏事的后台是他。的确，吕惠卿的唯一错事，是对王安石落井下石。正如苏辙所说，王安石对吕惠卿有"卵翼之恩，父师之义"，即他是由王安石一手提拔的。吕惠卿背叛了王安石，尤为士大夫所不齿。此后新党再执朝政，章惇、曾布、蔡京相继为相，而对吕惠卿这个新政的设计者，却都畏如蛇蝎，不敢把他引到朝廷做官。

这时，新党如吕惠卿、章惇、吕嘉问、邓绾、李定、蒲宗孟、范子渊等人都已贬斥为地方官，而朝中的"正人君子"们仍然耿耿于怀，不肯罢休。范纯仁看不过，对太皇太后道："对别人的过失，不宜太看重了。如此揪住不放，不符合圣朝仁厚的政治。"太皇太后这才下了一道诏书："前朝所有附会新法的人，不再追究，言官、谏官不可以再对他们进行打击。"吕惠卿等人这才稍有些放心。还有人对吕公著说："如果今天不斩草除根的话，恐怕后患无穷。"吕公著道："治理天下不过是要去其太甚者。汉文景帝时期，崇尚宽简，刑网极疏，有所谓网漏吞舟之鱼的说法，但史称为盛世。况且，人才难得，为什么不给他们一条自新之路，必欲置之死地而后快呢？"

（2）调停之举

九月初一，司马光病死。这位老先生感激太皇太后对他的信任，欲以身殉国，日理万机，不避寒暑，最后，积劳成疾而死。

元祐二年（公元1087年）四月，宰相文彦博请求告老还乡，诏命十天到都堂一次。元祐三年，宰相吕公著也以年老辞职。三位宰相一死一归，只剩了他一个管事的，朝廷怎能答应？于是给他加封了官爵，并表示挽留。任命他为司空，还为他在中书省政事堂的南部建了一座宅院，修建时把北门与政事堂连接，目的是让他赴政事堂处理政务更为方便。又特别为他定制：三省、枢密院事由他总理，不必每日参加早朝，隔日参加一次即可。逢人朝时，顺路去政事堂一趟。这一切都是违反常规的，尤其兼管三省和枢密院，更与宋代祖制不符。由这件事可以看出，高氏垂帘听政的不易之处，所有事都得依靠这些老臣了。

这时，新党的主要人物全部被逐出朝廷了，但在遍布朝廷内外的中下级官员新党仍为数不少，并时时批评朝政，对朝廷构成威胁。鸿胪丞常安民曾经给吕公著写信分辩他的危害之处，认为这样做以后会有大患的。应该"搜致海内英才"，使朝廷中的英才人数超过"小人"的人数，这样，才能免除大患。吕公著大受启发。不久，任命吕大防、范纯仁分别为尚书左、右仆射兼门下、中书侍郎，就是左、右宰相的角色。

元祐四年二月，吕公著死。高氏对辅臣痛哭流涕地说："司马相公已死，吕司空又亡，真是国家之不幸啊！"哲宗小皇帝也在一旁流泪。当时，朝廷里关于朋党之争的论调非常流行，右相范纯仁一再向朝廷奏明朋党的危害，却毫无用处。适逢知汉阳军吴处厚将蔡确的《安州车盖亭诗》呈献给朝廷，其中的话涉及毁谤，太皇太后主张严加惩处，多数官员都附和她的主张。只有范纯仁与尚书左丞王存表示反对，抿理力争。太师文彦博要把他贬到岭南，范纯仁对左相国吕大防说："自真宗末的乾兴年间，近七十年来贬官已不行此路，我等如今若开了先例，恐怕会自食其果的。"后来决定将蔡贬到新州（今广东新兴）。范纯仁在太皇太后的帘前说："圣朝应该行宽厚政治，不应该由于语言、文字间一些暧昧不明的东西，诛杀大臣，现在一言一行，都要成为以后的榜样，这件事是万万不可以的。"他又到哲宗面前请求，还是难以挽回。吕大防奏请："蔡确有不少同党，理应一同治罪。"范纯仁启奏说："是否是同党是很难分辨的，一般把与自己意见相同者称为正人，不同则称邪党。既以'我'为准，往往真假不分，本末倒置，都成为国家的后患。王安石便是因为党同伐异以致黑白不分的，至今已成风俗，士大夫害怕惹祸上身，谁都不肯表明己见，而以观望彷徨为能事。执政的大臣应该引以为戒。对蔡确不必治他所有的党人。孔子说："举直错诸枉，能使枉者直'，只要举用正人，品行不端的都会消失。若一定株连所有人，治他于山穷水尽的地步，必伤仁政。"司谏吴安诗、正言刘安世等人一齐弹劾范纯仁为蔡确辩护，是蔡确同党。范纯仁只好自己要求解职。六月范纯仁罢职，贬知颍昌府（今河南许昌）。范纯仁任右相才一年零两个月。

元祐五年正月，文彦博由于年老而被罢职。这时候，新法除将兵法以外，虽然都已废除，但关于新法的争论仍未停止，尤其是对于役法的种种争论更加激烈。苏轼说道："天下的老百姓认为差役法不便，这不难理解，以中等人家为例，只要计算一下，他们按以往的免役法应纳钱多少，按今日的差役法所费多少，两者相比较，显然可以明白。更何况农民在官服役，官吏任意蚕食勒索、与雇人充役相比，其苦在十倍以上。"户部尚书李常也曾启奏说："法律不分新旧，方便人民的就是好法，一定要老百姓出钱，贫下的老百姓便难以应付；一定按照差役法让百姓出力，富足的人家深感不便。何况差役法已经废除很久了，版籍簿书都已不存在了，实行起来一定是不均衡的。宽乡人多还能轮番服役，得到休息的机会；狭乡人少就会常年在官服役，不得休息。望朝廷能折衷差、雇二法而行之，使愿出钱者出钱，愿出力者出力。"朝廷颁诏：差役法有何不完善？命令中书舍人王岩叟、枢密都丞旨韩川、谏议大夫提点户曹文字刘安世一同探讨，分辨利害关系，奏请朝廷。刘安世乘机把对差役法不满的人痛骂一番，说"法度贵在统一"，对差法不可稍有动摇。宋自开国以来实行差法已经历了六世，效果一直很好，岂有今日行不通的道理？都是那些"奸邪之人，内怀顾望，造播横议"，影响那些小臣，固执己见，散布歪理邪说，才有了今日争论不休的局面。

熙宁新法是由社会矛盾产生的，当时最大的矛盾是国家财政不足，支大于收。矛盾没有得以解决，仅仅以行政命令废除新法，难以成功。在这个矛盾面前，不但新党，连新党的反对派也会站出来支持新法。失去势力的新党更不失时机地对旧法加以攻击。文彦博罢职后，吕大防独立支撑着相位，一时难以应付，于是为了缓和双方的矛盾，遂称调停，与执政刘挚共同主张任用一些新党的人物。太皇太后对此犹豫不决，苏辙于是当面指出这样做是错误的，并对此表示坚决反对，上书说："君子小人，势同冰炭，不可同处，同处必争。争斗的结果又必是小人获胜。原因是小人能够忍受职辱而居高位，君子则洁身自好，稍微受挫折就会自动辞职。作为臣子，罢官、被祸都无所谓，臣可惜的是祖宗创下的基业，不忍心眼看着被小人慢慢毁掉。"旧党诸人自然也蜂拥而上，共同指责。因而"调停"被迫停止。

王岩叟身为执政，写信给枢密院事，他是新法的反对派之一，任职后首先向太皇太后表明废除新法的举措是深入人心，应坚持下去。"调停"是行不通的，也是导致国家败亡的原因。

十月，许多言官共同弹劾"调停"的制定者之一刘挚，主要因为刘挚与邢恕有过书信往来并接待过章惇的儿子。其实，刘挚与邢恕本就是好友，自邢恕被贬永州后，回家守丧，返回永州的途中给刘挚写了一封信，表示辞别，因为他不敢面辞。而刘挚也不敢回辞，只回信劝他"以国自爱，以俟休复。"这里"休复"是休息、复元的意思，因为他刚回家办完丧事，刘挚劝他多保重。正巧此信落入言官手中，他们将"休复"解释为"复之明辟"之复，即等待复辟机会。因此，从以下三方面弹劾：一是朋党不公；二是对亲戚赵仁恕、王讯罚罪不当；三是勾结新党。太皇太后得知后怒气冲天，当面指责刘挚。刘挚被迫辞职，于十一月贬知郓州。

元祐七年（公元1092年）五月，王岩叟因徇私枉法、父子预政等事，贬为郑州知州。六月补苏颂为左相，与吕大防共同主政事堂，苏辙、范百禄、梁焘、郑雍、韩忠彦、刘奉世被任命为执政。第二年又召范纯仁为右相。

第六章 走向衰落

1.向太后当权

哲宗在元符三年（公元1100年）正月死。哲宗没有儿子，由其弟端王赵佶继承皇位，即为徽宗。神宗皇后向氏以皇太后的身份处理国事。向太后与高太皇太后一样，从来就是新法的反对者。向太后执掌政权，变法派又一次遭到沉重的打击。

在哲宗死时，向氏就提议立神宗第十一子赵佶为帝。章惇认为赵佶"轻佻""不可以君天下"。曾布、蔡卞等人严厉斥责章惇，支持向太后。向太后决定策立赵佶为帝，自己"权同处分军国事"。向太后当权后，以章惇为哲宗山陵使治理丧事。元符三年（公元1100年）二月，任命韩琦之子、守旧派韩忠彦为左相。韩忠彦于元祐时曾被擢任知枢密院事，哲宗亲政，曾布与韩共同执掌枢密院。哲宗绍述神宗法制，韩忠彦反对，出知真定，又改知大名府。支持向太后的曾布，得向太后信任，为右相。曾布与韩忠彦共同打击以章惇为首的变法派。

三月间，韩忠彦、曾布荐用陈瓘、邹浩等保守派为左右正言，龚夬为中侍御史，目的是控制舆论。同时罢黜御史中丞安惇出知潭州，排挤中书舍人张商英出朝为河北路转运使，在打击变法派的同时，四月，先恢复范纯仁官职，范纯仁由于年岁大了，眼睛失明，请求准许自己告老还乡。后又追复文彦博、司马光、吕公著、吕大防、刘挚等三十人官职。保守派官僚重新得势。

五月间，龚惇等弹劾蔡卞说他在哲宗时帮助章惇打击老臣。蔡卞罢尚书右丞，分司池州（今安徽池州市贵池区）。九月，章惇以山陵使"奉使无状"之罪名罢相，被贬知越州（今浙江绍兴），后又连遭贬逐，最后死于睦州（今浙江建德东）。蔡京被指控与弟蔡卞同谋，罢翰林学士承旨。林希的职务被罢免，贬为扬州知府。这样，以章惇为首的变法派全部被赶出朝廷。

在变法派与守旧派之间激烈的争斗中，只有曾布左右逢源，始终保持着自己的官位。熙宁二年（公元1069年），在王安石推荐下，曾布受到神宗赏识，授太子中允、崇政殿说书，成为神宗推行新法的重要顾问。王安石曾评价说，始终说法可变者，只有曾布一人。曾布与吕惠卿共同制定免役、保甲等法，成为王安石的主要助手之一，与韩琦等人反变法派展开了针锋相对的斗争。熙宁七年（公元1074年），守旧派及皇太后高氏反对变法，神宗动摇，曾布又全面反对市易法，并诬陷打击主管市易务的吕嘉问，引起变法派的内部分裂，后被逐，出知饶州（今江西鄱阳阳）。绍圣元年（公元1094年），哲宗亲政，曾布力赞神宗新法之功。在向后执掌朝政时期，曾布又积极参与排挤打击章惇等人。在向太后归政给宋徽宗后，又顺徽宗之意，调和守旧派与变法派。当两派的矛盾难以调和时，他又与韩忠彦争夺权力，极力鼓励徽宗打击保守派，并拉拢蔡京壮大自己势力。后反为蔡京攻击，罢相后，死于润州（今江苏镇江）。曾布拜相后，写信给其弟曾肇说："我从熙宁时立朝，以至今日，时事屡变，我不曾雷同熙、丰，所以得免元祐的贬斥。我不附会元祐，所以又得免绍圣时的中伤！坐看两党之人，反复受祸，而我独泰然自若。"投机取巧，见风使舵才使得他"泰然自若"。王安石任用这种人推行实施他的变法主张，怎么能够成功呢？

向太后执掌朝政不长时间，就还政于徽宗。徽宗见守旧派与变法派长期斗争对朝廷没有好处，想调和两派的矛盾，以韩忠彦为左相，又命拥立自己为帝的曾布为右相，做出对两派同样予以重任的高姿态。又把年号改为"建中靖国"（公元1101年），以示大正至公，消释朋党，兼采元祐、绍圣的政策，以此来平息两派之间的争斗。

后来，曾布为同韩忠彦争权，向徽宗"进绍述之说"，鼓动徽宗打击守旧派。邓洵武也煽动说，韩忠彦为韩琦之子，韩琦是神宗变法的反对派，如果徽宗要继神宗之志，能重用韩忠彦吗？在曾布、邓洵武的煽风点火之下，宋徽宗又放弃调和两派的想法，把年号改为"崇宁"，意思是追崇熙宁新法。崇宁元年（公元1102年）五月，罢韩忠彦左相，闰六月，罢免曾布。七月，蔡京拜相。

蔡京是个比曾布更加狡猾、奸诈、投机的人物。在神宗时，他投靠变法派。司马光打击变法派，废罢募役法时，他在开封府又按司马光的要求，五天之内把开封府属县的雇役全部充当了差役，获得了司马光的高度赞扬。绍圣年间，他又支持章惇全面恢复募役法。宋徽宗继帝位时，他被向太后赶出朝廷，出知杭州。后来伴随徽宗去了江南，对书画艺术极感兴趣，得到了徽宗的欣赏，没过多久就到京城做了丞相。

蔡京当政后，变法的大旗又被举起，扬言不仅恢复新法，还要完成神宗没有完成的改革事业。对元祐党人进一步打击，把司马光等一百二十人定为奸党，由徽宗亲自书写，刻石于皇宫的端礼门，称为党人碑。他们把那些已经去世的人追贬官职，没有去世的人放逐到遥远的边疆地区。凡元符末年宋哲宗死后提议恢复旧法的人，共五百余人，被定作"邪类"，降官责罚。崇宁三年（公元1104年），蔡京与徽宗把元祐、元符党人合为一籍，重新确定三百零九人为"党人"刻石于朝堂。后来，连李清臣及王安石的弟子陆佃等许多变法人物，由于得罪了蔡京，也都被打入元祐党人籍，甚至连著名的变法派章惇也被视为"党人"，屡遭打击。

从元祐到崇宁（公元1086~1101年）的十几年间，由于政治局势的多次巨变及党派之间的相互倾轧，给北宋的政治统治带来了极大的危害，使北宋的统治实力不断削弱。

2.宋江、方腊起义

（1）宋江起义

宋徽宗、蔡京等人组成的朝廷，亲小人，远贤臣，暴殄天物、鱼肉人民，使人民忍无可忍，进行了一次又一次的反抗斗争，其中，宋江领导的梁山起义和方腊领导的青溪起义影响最大。

在今山东省梁山、郓城、巨野、汶上县之间，有个名叫梁山泊的大湖泊，湖面宽广，物产丰富。湖北部，有一座名叫梁山的岛屿，宋代统治者早就盯上了梁山泊，王安石变法时，就有人主张将泊中的水排干，使之变为良田。当时这里聚集着一群被逼得无路可去的农民，政和年间，有个叫杜公才的小吏，想出了一个鬼主意，就是检查所有农家的田契，并逐一追找证明人，只要有一张田契无法证明，就将土地没收为公田，趁机收取田租。大宦官杨戬听从了这个主意，在朝廷设立括田所，将京东西、淮西北、河东、河北等地区的荒山野岭以及无法找到证明人的私田共三万多亩都据为公田。耕种田地的农民被迫向朝廷交纳田租，即使有灾情，田租也分文不减。所收田租，全部供皇帝挥霍。鲁山全县的土地都无一幸免，以前的田契都被付之一炬。提出控诉的人都被逮捕入狱，拷打致死的不计其数。在这种情形下，梁山也未能幸免，湖周围的良田都被括为公田，原田主被要求向朝廷纳租。在湖上打渔捞蒲草的船，都要按其大小，交纳船税，稍显怠慢，就遭严惩。这样一来，逼得周围人民纷纷逃往梁山造反。

在史书中没有关于梁山造反头领宋江的身世记录。他大约于政和四年（公元1114年）在梁山发动起义，队伍壮大很快。这数千人的起义军队伍以三十六位头领为骨干，转战于梁山周围地区，每每将官军打得落花流水。官军非常怕他们，称他们为"河北巨贼"。打不过他们，统治者不得已使出软招。宣和元年（公元1119年）十二月，徽宗派人诱降宋江，起义者识破了统治者的骗局，反而声势大增，把山东许多地方的官吏都吓跑了。朝廷曾调歙州知州曾孝蕴做青州知州，前去镇压起义，后来因为发生方腊起义，才没去成。宋江率起义队伍，在青、济、濮、郓等州之间出没。宣和二年（公元1120年）十月，方腊率众起义，朝廷上下十分害怕。亳州知州侯蒙向朝廷建议道："宋江率领三十六人，控制了山东一带，几万人的军队都无法抵抗他，这个人一定十分厉害。不如下诏书赦免他的死罪，将他招安，让他去镇压方腊起义，来赎罪。"徽宗听从了侯蒙的建议。宣和三年（公元1121年）初，朝廷又一次下诏，招抚宋江。这时，起义军在宋江率领下向南进发，进攻淮阳军，到楚州、海州一带活动。朝廷派知海州张叔夜前去诱降宋江。二月，起义军来到海州海边，备好船只和武器，准备继续前进。官府的探子把消息报告给了张叔夜，张叔夜招募了几千人的敢死队，在海州城外埋伏，又派出小股部队到海边引诱起义军出战，趁起义军与官军拼命之际，张叔夜派人烧掉了起义军的船只。起义军见此情形，一片混乱。城外埋伏的官军趁机猛攻，捉拿了起义军的副帅。宋江四面楚歌，万般无奈之中，只好投降。

后来，宋江率领旧部，参加了由童贯指挥的镇压方腊起义的战斗，并立战功。绍兴二年（公元1132年）五月，宋江在这时候大概已经死去，其部众由当年梁山的另一位好汉杨志率领，随从童贯北上伐辽，失败以后，队伍不知去向。

（2）方腊起义

发动起义

宋徽宗宣和二年（公元1120年）冬，睦州有一名叫方腊的，率领农民起义，影响很大。

方腊是睦州青溪县（今浙江淳安）碣村的一个普通农民，史书上说他家道富有，《桂林方氏宗谱》中则说方腊本是歙州人，是个贫苦人，到青溪县去为人佣工。总之，方腊应属普通百姓之列，他不堪徽宗的巧取豪夺，率众起义。

此外，江浙一带的群众基础也十分有利于起义，魔尼教在这一带很流行。魔尼教在当时称为食菜事魔教，教规主要是食菜、事魔两项。食菜是指不吃荤食，不大摆宴席；事魔指以日月为真佛，不信神佛。此外还有节葬、平等、互助等。一般人认为他们的教规不合常理，所以称之为邪教。比如节葬，按照教规，人死时，先打扮停当，快入棺时，有两个人开始对话，其中一个问道："人刚出生时戴帽子吗？"另一人答道："没有。"于是就把死尸戴的帽子摘掉。又问："人刚出生时穿着衣服吗？"答："没有。"于是又将死尸的衣服全部脱下。又问："来时有什么？"答道："有胞衣。"所以在埋葬时就用布袋将尸体裹住。再比如互助，教中如果有家境贫寒，无以为生的人，人们便解囊相助，直到那家人过上好日子。人们萍水相逢，只要是同教中人，不论是否认识，都会殷勤款待。家中的一切也不分你我，可以像一家人一样随便用。这些教规，有助于人们在逆境中自保。所以，教中人的日子比起不在教者，一般要好过些，此教也就深受老百姓的欢迎。魔尼教的组织有所谓魔王、魔母、魔公等。入教时的仪式很隆重，魔王在左，魔母在右。入教的时候，每人必须交纳四十九文钱，还要对魔王膜拜、发誓。他们把佛教经典《金刚经》进行改编，使其符合魔教教义，如将"众法平等，无有高下"改为"众法平等无，有高下"等。

官府对魔教严厉打击，一人入了魔教，全家人都受牵连而被流放，并将家产半数给告发者，其余入官。穷苦人家被流放等于是判了死刑，况且牵连的人又多，所以，遭到教众的极力反抗，州县官吏大多不敢招惹他们，这样，魔教的势力大增，直至发生方腊这样的起义。

此外，在唐朝时，陈硕真也在睦州领导过起义，还建立国号，声势很大。到宋朝时，睦州尚有天子基、万年楼等和她有关的遗迹。当地流行一本《沙门宝志谶记》，里面有天下将发生骚乱，救世主已经到来等有关她的预言。而方腊自降生之日起，人们就传说有各种怪事发生，比如有传言说以前他照着溪水，见到水中的影子穿着王者冠服，等等。这些传言反映了人们对官府的怨恨以及对方腊的殷殷期待。这些舆论都是在为方腊起义做准备。

青溪是睦州大县，帮源洞就在这个县里。所谓洞，或称为溪，并不是真正有个大山洞，而是少数民族聚居的大山谷。帮源洞长宽各有四十里，地势险要，土地肥沃，物产丰富，许多百姓都在那里聚集。这里不仅有少数民族，而且还有大量的汉族人口，还有许多富商大贾。造作局成立后，官府对方腊家层层盘剥。因为花石纲的事，百姓也被搜刮殆尽，无以为生。方腊家道富有，又喜欢帮助人，所以深得百姓爱戴。他就利用百姓对朝廷的怨恨，发动百姓进行反抗。他先约集万余人，对他们说道："国事与家事道理是一样的，不妨以家事比喻国事。如果有这样一个家庭，孩子们一年到头辛辛苦苦，却只得到一点东西，而父兄不劳动，却大肆浪费孩子们的劳动成果，他们不顺心时，还对孩子们又打又骂，毫无同情之心。对这样的父兄你们能忍受吗？"

众人一致道："不能。"

方腊又说："他们不仅浪费物品，还把可怜的一点剩余拿出来讨好他的仇人。仇人得了这些物资，日渐富裕，又来侵略他们。父兄不能抵抗敌人，便让子弟去御敌。孩子们打不过敌人，父兄便横加指责，严厉惩处，但每年仍送给仇敌大量物品。你们能够忍受吗？"

众人道："这简直不叫父兄，我们无法忍受！"

方腊含泪道："如今的国事就是这个样子。君是父兄，民是子弟。我们辛苦劳作，劳动成果却被他们全部剥削干净，我们只有靠漆树、楮树、竹木等赖以过活了。他们现在竟又来横征暴敛。老天生了百姓，又为百姓建立了各种官府机构，是为了养育百姓的。而这些官府机构却如此暴虐、刻剥百姓，老天和我们一样，早已无法忍受！更何况他们除了挥霍无度，每年还送给契丹、西夏大量财物，这些都是我东南百姓用血汗换来的。契丹、西夏得了这些银绢，日益富足，对宋朝更是看不起，每年都发兵来侵扰我国。朝廷对他们毕恭毕敬，以此来避免纷争。而我百姓辛辛苦苦，却还要忍饥挨饿，家破人亡，你们说，有这样的道理吗？"

众人群情激奋："你说怎么办吧，我们听你的。"

方腊道："近二三十年来，朝中元老旧臣罢官的罢官，死去的死去，朝廷中只剩下那些只知吃喝玩乐的小人。朝廷上下官员不管百姓死活，只知享乐。东南百姓，受苦难已久。现在又收集花石，把我们弄得家破人亡。诸位若能仗义而起，四方各处的百姓听到消息，必定会响应。过不了十天半月，建立一支数万人的军队是很容易的事情。州县官怕丢了官，肯定不敢向朝廷禀报，还会对我们唯命是从。我们就故意拖延，等一两个月后，江南州郡都会被轻易拿下。而朝廷得到申报后，也不可能立即发兵，要准备半年，才能一切就绪，那时我们早在东南站稳了脚跟，就不怕他们了。况且，朝廷给别国的岁币和使用的军费，全都依靠我东南百姓。我们在东南起兵，使它财源断绝，它对中原百姓的搜刮则必定加紧。中原百姓肯定不堪盘剥，也必定起来造反。邻国也会前来侵犯，朝廷就会四面受敌，无法应付。我们只要占据江南，并且减少捐税，必然受人欢迎，使人前来归附我们，这样不下十年，天下必能统一。这比忍气吞声，被官员们剥削得无法生存，不是好得多吗？究竟走哪条路，这些事还是要由各位自己决定的。"众人表示赞同。于是方腊打着杀死朱勔的旗号，发动了起义。他们先杀了里正方有常，焚毁了公署衙门，又杀了官吏、公使等人。穷苦百姓早已对朝廷忍无可忍，纷纷投奔义军，十数日间势力发展到数万人。

破竹之势

宣和二年十一月初一，方腊组建政府，自称"圣公"，改年号为永乐，以该月为正月。他以头巾的不同颜色为标志，设立了等级组织。起义军没有兵器，全是靠勇气与朝廷搏斗。他们在息坑杀死了前来镇压的都督蔡遵和颜坦。东南地区很久都没有发生过战乱，官府没有防备。他们在忍气吞声的百姓面前可以作威作福，一旦群众起来反抗，他们便无计可施了。

二十八日，方腊起义，睦州知州张徽言因此而被罢官撤职，改任青州知州。曾友蕴知睦州，前去镇压起义。二十九日，青溪县也被起义军攻陷，县令陈光不战而逃。

十二月二日，起义军攻克睦州，杀官兵千人，并很快占领寿昌、桐庐、遂安等地。十八日，占领歙州休宁县，活捉了县令鞠嗣复。鞠嗣复是个清官，在百姓心中有一点威信，很受百姓爱戴。起义军想迫使他一同起义，当着他的面杀了二人，逼他投降，鞠嗣复骂道："贼寇没有能够长久的，你们应该停止叛乱，求我为你们说情，朝廷也许会放你们一条生路，你们竟然还劝我投降？"他宁死不肯投降，让起义军杀了他。起义军说："我们都是休宁县人，知道你的为人，怎能杀你？"知道他不会投降，只好把他放了。朝廷以为鞠嗣复镇压叛军得力，升任他为睦州知州。睦州已处在起义军控制之下，他无力抵抗起义军，还被起义军打伤，本想渡江求援，没有上路就死掉了。

二十日，起义军占领了歙州，并且杀死了东南将领郭师中。狱曹掾栗先被捉后，出言不敬，起义军将他杀死。歙州附近几个县城如婺源、绩溪、祁门、黟县等处的官吏听到后仓皇逃走。四天以后，起义军又拿下了富阳、新城二县，杭州也处在起义军围攻之中。

二十一日，朝廷任命谭稹为提举措置，派他去镇压青溪县的叛乱，威武军承宣使、婺州观察使、步军都虞候王禀同时前去镇压。从谭稹的官号大小就可以看出，直到现在朝廷还以为方腊起义只是青溪县的小叛乱，其实起义军已占领二州十几座县城了，只以"提举、措置、捕捉"对付方腊，不起任何作用。

二日，起义军在八大王率领之下攻占宣州宁国县，然后向宣州进发。

九日，东路起义军占领杭州，知州赵霆逃之夭夭，廉访使赵约、制置使陈建城被杀死。杭州是东南重镇，这里的官吏都是贪得无厌，结党营私之徒，所以，东南人民十分痛恨他们。起义军攻占杭州后，杀掉官吏，焚烧官府，好好发泄了一通。《宋史纪事本末》中说，方腊攻破杭州后，曾放了一把大火，烧死了许多人；这本书中还说，起义军只要见到当官的，就会把他的身体弄得支离破碎，让他死无完尸，甚至用油煎熬尸体，还有的用乱箭射死官吏。总之，他们对官吏痛恨至极，想出一切办法来惩罚他们。其实这些记载并不完全属实，原文出自《宋史·陈遘传》。陈遘向朝廷的奏章中有上述一段话，紧接着又说："所有这些都是由于官吏平时横行霸道，对人民作威作福，残害百姓，毫无怜悯之心，才导致人民如此痛恨他们。"

宋朝宰相王黼为了保住自己的政绩，一直没有禀报方腊起义的事情，他虽然也进行过一些迎战的准备，可一点作用都不起。这导致方腊的起义军势力越来越大。据记载，杭州被方腊占领后，太学生吕奖劝他"直捣金陵，传檄东南州县，收其赋税，先立根本，然后徐议攻守之计。"在起义军占领宣州宁国县以后，已经有能力占领金陵这一长江天险。金陵地势险要，易守难攻，且地理位置重要，易于控制局面。如果占领宁国县后，进一步占领宣州，再沿长江向金陵进发，是很容易占领金陵的。放弃这条战略路线，东向杭州，已是错了一步。虽然杭州到金陵之间有许多大城市，攻打起来会十分困难，但由于当时王黼粉饰太平，并没有大规模军队前来镇压；加之江南地区多年以来没有战事，各州各县的武装力量极为薄弱，方腊挥军北上，集中兵力夺取金陵，也可以挽回局面。也就是说，这时吕奖的建议仍然行得通，但他的建议并没有被方腊所采纳。如前所述，在起兵的初期，方腊对形势估计十分正确，他认为可以在宋军前来镇压之前占领东南的许多地方，在江南建立自己的政权，那时宋军的镇压已对他构不成威胁。这种割据东南的思想，表明他充分认识到了长江的屏障作用，并且对宋政府的认识也完全正确。但是，一件意料之外的事情导致了他的失败，这件事情就是宋朝为了践行与女真人签订的盟约，把各地的精良部队集中在京城，做好了北伐的准备。当他们知道方腊起义的事后，就用这支准备北伐的部队前去镇压，这样就大大节省了时间，也超出了方腊的意料，使方腊的策略失败。

宣和三年（公元1121年）正月，方腊起义的事再也瞒不下去，官员们知道后，都十分吃惊，徽猷阁待制陈遘道："方腊刚起义时，人数不多，比较容易镇压，现在势力大增，又有苏州石生、归安陆行儿等寇盗响应，已非同小可。但是朝廷在东南的兵力非常弱，并不是他的对手。朝廷应紧急调派准备北伐的部队和鼎、澧二州的枪牌手，快速赶到那里，以便控制局面。"宋徽宗采纳了这条建议。御史中丞陈过庭道："引起方腊起义的人是蔡京，隐瞒情势的人是王黼。朝廷只要将这两个人降职流放，盗贼流寇就会自然平息。朱勔父子只是卑下的小官，竟敢与有权势者勾结来取得大权。他们还用花石来讨好您，并借此鱼肉人民，引得怨声载道，希望您处死他们，来为人民出气。"徽宗虽没有按他说的去做，但对于东南肇乱发生的原因已是心知肚明。正月七日，皇帝下令让准备北伐的十五万军队，在童贯带领下前去镇压方腊起义。他还把殿前副都指挥使刘延庆任命为宣抚司都统制，负责指挥大军。临出发时，皇帝对童贯谆谆告诫："你可以全权处理这件事，必要时，可以以我的名义发布命令。"

十九日，东路起义军向北进发，攻陷崇德县，并且进一步围攻秀州，由方七佛带领六万军队驻扎在离秀州三十公里的地方。三军统领王子武亲自登城守卫。

二十一日，童贯以皇帝的名义提高捕获起义军将领的奖赏：能抓住方腊的人，如果是平民，就升他为横行防御使，另赏银、绢各一万匹两，钱一万贯，金五百两。生擒或杀掉其他起义军头目的人，一般士兵可以升为武翼大夫，并且奖银、绢五千匹两，钱五千贯，金三百两。抓住一名起义军小头目的人，普通士兵就升为敦武郎，另赏银、绢一千匹两，钱三千贯，金一百两。以上这些人有愿做文官的，也可以。如果本来就是官员，也可以得到升迁。"盗贼"等有罪之人取得这样的功劳，可以免罪，同时仍可得到同样的奖赏。在正常情况下，武臣转三十三转才可以到达御使的位置，可见朝廷镇压起义军的决心之大。

同一天，童贯到达镇江。

二十五日，童贯又以皇帝名义下令停止收买花石，关闭设在苏州及其他地方的造作局，限十日内结清各类工钱，让工匠回家，把原料和工具封存起来，奏明朝廷，听候处理。以后谁再借此名义搜刮人民，将严惩不贷。

给东南百姓带来深重灾难的花石纲、造作局，终于走到了尽头，这不能不说是方腊的一大功劳。起义虽然没有成功，但它把人民从水火中拯救出来，也算功劳不小。

二十八日，童贯让王禀支援秀州，秀州知州宋昭年、统军王子武与王禀一起夹击起义军，义军遭到重创，被迫退回杭州。起义军在北面遇到障碍，向南却势如破竹。这一月，起义军占领婺州后，又去攻打衢州，衢州城中没有防备，官员们也逃之夭夭。知州彭汝方有心奋力抵抗，与同僚段处约拼命守城，也未能挽回局面。衢州被攻下后，起义军杀了彭汝方。

二月十七日，北路起义军攻占了旌德县。

起义失败

东路方七佛退到杭州后，于二月七日与随之而来的王禀军队在清河堰遭遇，虽然起义军武装远没有朝廷军队精良，但他们还是誓死抵抗，打了六天最终失败，死了二万多人。杭州已不足守，起义军放火烧了官舍、学宫、仓库后，于十八日退出杭州，王禀率领官军入城。朝廷派陈遘打开杭州官府的仓库，拿出军饷以保证军队的物资供应。朝廷军队的物资供应有了保证，起义军更显得被动了。

三十日，南路起义军攻陷处州，把处州缙云县尉詹良臣俘虏，他坚决不投降，后来被杀。随后起义军进一步攻打信州。

三月初一，东路起义军再次攻打杭州，又遭失败。官军乘胜西进，在桐庐县与起义军遭遇，起义军又败。

三月初三，童贯让谭稹代他守住镇江，他自己则率领部队前去位置重要的金陵。

起义军自桐庐向西退入衢州、婺州。别的地方仍不断发生响应方腊的群众起义。如兰溪县人朱台、吴邦在处州起义，越州剡县的魔尼教众在仇道人的率领下起义，还有台州仙居县人吕师囊、方岩山人陈十四公等都在温、台等县起兵响应。三月七日，吕师囊攻破仙居县。

十三日，起义军与刘延庆率领的官军在宣州泾县发生激战，战败后被迫退入歙州，后来官军进一步把泾县也攻破了。与此同时，吕师囊等起义军进攻台州，遭到失败。

十六日，几万名起义军在歙州潘村夹击由刘镇、杨可世率领的官军。到半夜时分，还是被打败了，死了一千四百多人。吕师囊等部的起义军又一次兵败台州。

十七日，起义军又在宁国被刘延庆打败。东路官军在王禀率领下向西进发，先后攻克富阳、新城、桐庐，三月二十七日又攻下睦州。

四月二日，官军刘延庆派部将刘光世率兵入衢州，俘虏了起义军将领郑魔王。

四日，起义军又在吕师囊带领下多次攻打台州，遭到通判李景渊的顽强抵抗，仍无功而返。

七日，起义军趁刘光世率军离开衢州之际，攻打衢州，留守衢州的官军将领叶处厚迎战，遇到伏击，溺水而死。刘光世急忙率军队返回衢州，打败了起义军。十七日刘光世攻占婺州。十九日，清溪县被官军王禀部攻下。方腊被迫退入帮源洞。

童贯与王禀、刘镇等相约在睦州、歙州之间会合，从四面包围帮源洞。四月二十四日，官军包围了帮源洞，并以点火为信号来围攻它。洞后有刘镇率领中军、杨可世率领的后军、还有王涣率领马公直及赵明、赵许、宋江等人，洞前有王禀率领的中军、辛兴宗率领的前军、杨惟中率领的后军以及王渊、黄迪、刘光弼等。二十多万起义军与官军奋力搏斗。一天以后，起义军遭到重创。第二日官军搜山，王渊部下偏将韩世忠深入溪谷间，从一个农妇那里问得方腊的藏身之处，越过数道险阻，在帮源洞东北的一处石洞中将方腊抓获。韩世忠押着方腊刚出洞口，就被守候在那里的辛兴宗截获。于是史书记载说，这份功劳就这样被洞前几个将领瓜分了。后来凯旋回朝，杨惟忠为韩世忠说了句公道话，韩被升为承节郎，这只是堵一堵他的嘴罢了。官军的腐败，由此可见一斑。

二十七日，童贯分遣部将讨伐方腊余众。据记载，官军折可存的将领杨震、何灌等在黄岩县将吕师囊俘获。至此，这场轰轰烈烈的大起义被消灭了。

方腊起义平定后，宋朝廷的腐败又依然故我起来。御史中丞陈过庭曾上书说，方腊起义是蔡京、王黼造成的。五月，朝廷因此把他贬为黄州知州。八月，童贯因为成功镇压方腊，被封为楚国公，可是由于他曾下令关闭应奉局，停止花石纲，引起朝中一些奸佞小人的不满，不久王黼告他故意挑先王的错，徽宗一怒之下，强迫童贯退了休，把他逐出了朝廷。王黼、朱动重又得了宠。方腊起义，先后攻陷了睦、歙、婺、衢、杭、处等州县，在东南一带引起了很大震动。当然这一切对宋朝的政治并没有太大影响，宋朝依旧沿着历史的轨迹继续走向腐朽！

3.群臣之窜

正当统治集团荒淫无度，北宋政权摇摇欲坠之际，北方形势发生了很大的变化，一个强大的国家金国正在不断发展自己的势力。此时辽国已奄奄待毙，西夏虽然不断地支援辽，但辽还是抵不住金朝的攻击，终于在宋宣和七年（公元1125年）二月灭亡。而宋朝的昏庸懦弱也在宋金联合攻辽的过程中，暴露在金的面前。

为了夹击辽朝，童贯率领的宋军曾于宣和四年（公元1122年）两次攻打燕京，均被辽守将耶律大石打败。但是金军方面，却在攻占上京后连连得胜，中京和西京也被他们拿下。童贯为了掩饰其失败，竟要联合金朝夹攻燕京。在宋军的配合下，金朝毫不费力地攻占了燕京。后几经周折，金答应交还燕京及蓟、景、檀、顺、涿、易六州给宋，但条件是宋要向金进献财物。金军撤出时把城中的财物洗劫一空，宋只得到几座空城。这样，北宋成了金帝国虎视眈眈注视着的下一个猎物。

（1）金兵伐宋

1125年，金朝以北宋接纳辽将为借口，由完颜杲率军攻打宋朝。

他们很快攻下了河北的许多州，情势十分危急，宋朝廷慌作一团。到十二月二十一日，中山府已被东路金兵包围，宋朝能指望什么来抵御敌人呢？徽宗这时才知道蔡京、王黼、童贯、蔡攸平日只是粉饰太平，等金兵前来侵犯，一切都露了馅。徽宗本人是个才子，却不是政治家，满朝文武都无计可施，他更是一筹莫展。二十二日，他按惯例下旨承认自己的错误：一是没有广开言路，听取群臣的意见；二是亲近小人，使大权落在奸臣手中；三是疏远贤臣，使他们无用武之地；四是赋税沉重；五是奢侈腐化，浪费了许多钱财……一口气说了十条罪状。然后他哀求说，希望全国上下能看在北宋几代皇帝的恩德的分儿上，献计献策来挽救危机。为表示诚意，他当下颁布了几项应急措施：撤销西城所，将新括的公田归还给原有的主人；减少宫廷的日常开支，减发侍从官以上的官员的俸禄；撤销应奉等局，把其中的钱财充作军饷；撤消道官，关闭道场，收回其占有的房屋土地；关闭都茶场、行幸局、采石场，等等。

徽宗有几大弊政：一是搞应奉局、造作局、花石纲以及营建宫室和万岁山，加重人民负担；二是建立西城所掠夺农民土地；三是崇信道教等。从上述罪己诏可以看出，徽宗已认识了错误，并有改正之心。负责这些事情的蔡京、朱勔等人如果有廉耻之心的话，看到这种状况就会没有脸面待在朝廷了。然而他们好像没事一样，我行我素。他们相信，朝廷中都是他们的亲信，没有人敢对他们怎么样。这样想当然是错误的，既然连皇帝都承认了错误，他们当然也要承担责任的。

二十三日，徽宗被改称为道君皇帝，太子赵桓登基，是为钦宗。与此同时，金人也大举攻宋。西路粘罕军围困了太原府，东路斡离不进兵攻下真定，直接威胁汴京的安全。朝中大臣各持己见，没有很好的主意。

十二月二十七日，太学生陈东上书说："陛下刚刚即位，应该首先像尧一样惩处奸臣。朝中就有以蔡京为首的六个奸臣，他们是蔡京、王黼、童贯、梁师成、李彦、朱勔。接着他历数六人的罪状说："蔡京专横骄纵，纠合党羽，害死贤臣，制造了许多冤假错案。王黼借向皇宫进献的名义，到处掠夺财物，并把财物装入了自己的腰包。他还利用手中的权力，买卖官员以及惹怒金人，挑起祸乱。童贯每次带兵出征都要搜刮数以亿万计的财物，回来时大都成了他的私有财产。他不懂用兵之道，不能正确赏罚，最终导致军队士气消沉，人心大乱，被敌人打败，使军政受到破坏，与邻国失去了友好关系。梁师成表面忠厚，内心却极为奸诈，他以搜罗贤臣为名，想使做官的人都归到他的门下。正人君子都对他不屑一顾，无耻小人都投到了他的门下，王黼就是因为他才飞黄腾达，直到做了宰相，仍事事听从梁师成的意见。朝内大臣，有许多都是他的党羽。李彦被升官后，借为朝廷括公田的机会，在河北、京东、京西三路横征暴敛，使三路百姓家破人亡，监司郡守都不敢反抗。朱勔父子依赖蔡京才进了朝廷，他们借买花石的机会，占有公家的财物，并且利用公家的船只，为自己赚取钱财。因为花石纲，他们使百姓生活困顿不堪，即使对待地方官也无半点尊敬之意。东南百姓对他们恨之入骨，终于引发了方腊起义。

"这六个人作恶多端，把国家搞得一片混乱，外敌也趁机入侵，使国家陷入危机。希望皇上您能严惩他们，来为天下的百姓出口气。"

他又说："到处都是他们六个人的爪牙以及死党，如果您惩罚不彻底，他们极易卷土重来，这样就会造成严重后果。希望您吸取安史之乱的教训，不要再姑息他们。"

这时，右正言崔鶠也上书说："数十年来，许多大臣都是因为蔡京而飞黄腾达，他们对他唯命是从，不敢有半点违抗。近日闻谏议大夫冯澥上书说：'士无异论，足见太学兴盛之极。'现在国家形势这么危急，他还在此粉饰太平！'无异论'并不是兴盛的标志。以前王安石拒绝反对意见，搞得天下人众口一词。蔡京在学校里进行严格的思想控制，如果谁意见不一致，学官也受连累。苏轼、黄庭坚的文章，范缜、沈括的杂说都被禁止，对士人思想的禁锢太厉害了。而冯澥却粉饰太平来欺骗皇上，自从章惇、蔡京打着绍述的幌子欺骗皇上以来，'绍述'要统一道德，全国上下却一片媚谀虚妄；'绍述'主张同风俗，其实不过是共同欺骗的风俗；'绍述'注重理财，却使国家穷困不堪；要培养人才而人才却越来越少；

注重扩大疆域，现在却兵临城下。元符年间，蔡京叫人对几千人的上书做了鉴定，意见一致就列入正等，不一致就列入邪等。冯澥就是被蔡京列入正等的人。蔡京的手段比王莽有过之而无不及，再也不能让他贻害天下人民了，如果不予以严惩，会带来无穷的灾难，希望您重罚他们来告慰天下百姓。"朝廷虽暂时没答应他们的请求，但是这些话得到了广泛的支持。

靖康元年（公元1126年）正月，金兵攻打浚州，已攻到黄河沿岸。三日，皇上发布命令要亲自出征，而道君皇帝及其家属却乘夜潜逃。道君皇帝一夜之间多次改道，逃了好几百里，连妃子们也顾不得了。官员中也有许多人像道君皇帝一样贪生怕死，纷纷弃城逃跑。王黼也是如此，他急匆匆收拾家当，逃命而去。朝廷中的大臣听说后，都指责他不仁不义，有负皇上恩典。于是，皇上把王黼贬到永州做了崇信军节度使，把朱勔贬回家乡务农，李彦赐死。皇上还下令没收了王黼、李彦家的财产。大臣吴敏、李纲请杀王黼，开封府尹聂昌受旨办理此事。聂昌是蔡京的同党，一向与王黼不合，得了这道指令后，他立即派人去追杀王黼，最后在雍丘县城南二十里永丰乡辅固村把他杀死了。初即位的钦宗，顾及祖宗"不杀大臣"的遗训，告诉百姓说是叛贼杀了王黼。朝廷又下令没收王黼财产，乡民乘机抢走了他的大量钱物。官吏到来时已是所剩无几。

一月六日，陈东又上书说："听说上皇已到亳避难，并由蔡京、朱勔的全家及童贯指挥的两万军马护送。臣十分害怕这几个贼子护送道君皇帝向南逃避，没安什么好心，如果出什么意外，后果不堪设想。江南土地宽广肥沃，有许多重要城市，京城很多物品都靠那里供应。那里人们不太安分，很容易生出事端。监司、郡守、州县官员又多是蔡京等贼的门生，童贯镇压方腊起义时曾大肆收买人心，还养了几个死党。自从我上书讲明他们的过错后，他们知道自己罪大恶极，也因此对朝廷很是不满。所以才鼓动上皇往江南避难。如果他们到江南后，假借上皇名义，挑起事端来挑拨您与道君皇帝的关系，江南恐怕就落入他们之手。这事可比金人入侵还重要。希望您能抓他们回来，予以严惩。另差忠信可靠的人护送上皇，以保证国家的安全。"钦宗听了这番话，表示赞同。但童贯手握两万士兵，要追回他们，钦宗害怕会惹出是非；而且金兵日益逼近，早已顾不上这些。

直到二十八日，陈东再次上书说："臣去年曾为惩六贼而上书，前不久又上书陈述蔡京、朱勔父子与童贯等挟持道君皇帝向南逃避的危险，请求将数贼予以严惩，到现在也没办到。可能由于金兵兵临城下，皇上没时间考虑这件事，但我以为，此事比金兵入侵事更要紧。我听传言说高俅、高伸在给他弟弟高杰的信中谈到道君南巡的情况说，道君走到南京时，表示不愿再向南行，他们强行要上皇南下。到泗州时，他们以上皇的命义让高俅守卫淮河浮桥，其他人想挟持道君渡过淮河，前往江浙。童贯把不愿离开道君皇帝的人杀掉了，一共有一百多人被杀。高俅父子兄弟仅能与道君皇帝彼此使眼色，不敢说话。人们议论纷纷：想不到天子的父亲竟会被他们劫持，真是可怜。东南到处是他们的爪牙，而蔡京的外甥女婿是道君的随从大臣，如宇文粹中，他的弟弟宇文虚中贬官后也住在江南；镇守镇江的是蔡京的儿子蔡攸；蔡攸妻党宋晚，负责江浙漕运，也手握大权；亲随胜捷军掌握在童贯手中；朱勔一直与乡党勾结，想在关键时刻依靠他们。这些人一旦南渡，利用长江天险，与江北对峙，肯定会占领江南。陛下父子亲情也有危机，后果真是不堪设想。不知为何陛下仍迟疑不决，迟迟不肯动手。是不是梁师成替他们说了好话？请您听我的劝告，梁师成也是小人，他依仗权势为非作歹，气焰十分嚣张。他有个叫储宏的门吏，梁师成送他参加了廷试，中进士以后，仍做门吏。宣和六年的进士考试中，有一百多名富家子弟都是因为每人给了梁师成许多钱，而获得了考试资格。他还创制北司，做一些不重要的事情；他负责书艺局时，纠合了一群无赖之徒，这些人整天无所事事却浪费了国家的钱财，影响了皇上您的威严。只要不除梁师成，童贯等人肯定会依傍他，皇上您再想严惩他们也难了。"

（2）钦宗惩恶

二十九日，皇上下诏书将梁师成勾结王黼等罪恶告知天下百姓，并将他贬为彰化军节度副使，派使臣把他押往华州，行到八角镇时，将他用绳子勒死了。也有人说他自知罪行滔天，自杀了，还有的说是赐死。在钦宗即位以前，王黼曾策划立徽宗第三子、钦宗的次弟郓王楷为帝。

梁师成曾为保护钦宗立下很大功劳。正因如此，徽宗南逃时，童贯等人便随徽宗逃往江南，以寻求他的保护。梁师成以为宋钦宗会对他手下留情，所以没有去。没想到国家形势严峻，陈东等人频频上书，平民张炳还上书说他是唐朝的李辅国。宋钦宗迫于舆论的压力，也有了除梁师成之心。梁师成这才害了怕，从此寝食不离钦宗半步，即便钦宗登茅厕，他也候在外边，钦宗竟不敢对他动手。这时正好郑望之从金营回到京城，说金人又向宋索取财物，钦宗便命郑望之与梁师成把宣和殿中的珍宝送往金营。梁师成以为，前往金营，可以躲过对他的弹劾，就答应下来。出使前照例要到中书省领取文书，梁师成以为他有皇上的圣旨，中书官员不敢招惹他，便兴高采烈地去了。岂知钦宗已先给中书省下了命令，梁师成一到中书，就被扣留起来，并下令贬了他的职。后来他在八角镇吊死。

这一月，白时中罢官，李邦彦做了宰相，后来他被人们称为浪子宰相。金军围汴京，掠走大量财物。

二月，人们情绪高涨，发生了陈东上书请求让李纲复职以及陈东殴打官员、杀死侍从的事。十八日，侍御史孙觌上书："蔡京二十年中四次出任宰相，打着继承先帝遗志的幌子来坑害百姓。他还助长人们奢侈的欲望，使朝廷奢侈成风，大量积蓄都被浪费。他阻塞皇上言路，致使小人当道、忠良被毁。他的私生活也不检点，竟为了闺门恩怨与人反目。自古大奸巨恶无人能与蔡京相比。上皇在位时，已认清他的本质，曾四次撤去他宰相职务。可他总能借助党羽的帮助，卷土重来。蔡京使天下百姓怨声载道，使国家贫弱，以致遭受金人之害。皇上已决然地处死了王黼，对蔡京这个无恶不作之徒，也不能姑息。"

孙觌还历数童贯、蔡攸的罪恶说："朝廷让童贯做宣抚使，率领数十万军队北伐，却被辽军打得落花流水。浪费了一年时间，只得到一座空城，童贯反而受到奖赏。辽朝萧太后为了与宋恢复友好关系，派使者韩昉到军营中会见童贯、蔡攸，提出不再要朝廷的岁币。这本是争取国家安定的良机，童贯、蔡攸却对韩昉拒不接待。韩昉预言说：'金人若灭辽国，紧接着就会灭宋。'如今果真如此，我们不仅失去了大量土地，而且劳民伤财。

"与金国订立盟约后，童贯、蔡攸纠合党羽，与金人为敌，给他们提供了南下的借口。前年秋季，童贯集结大批部队，打算攻破云中的各个县，却失败了。去年冬季，又出兵。如今金兵入侵，都因童贯而起。蔡攸看到童贯兵败太原，形势十分紧张，却仍不采取措施，纵容了敌人的侵略，才弄到后来的局面。如今敌人兵临城下，童贯、蔡攸反而逃之夭夭，不为国抗敌。二人的罪过，难以历数，希望您早日严惩他们，也好让天下的不法之徒引以为戒。"

陈东上书历数蔡京等人的罪恶后，其他人也纷纷表示了同样的意思。皇上迫于压力，只有下命令把蔡京贬为中奉大夫、守秘书监，以分司南京的名义，退休在河南府居住；贬童贯为左卫上将军，令他退休，在池州居住；贬蔡攸为太中大夫，做亳州明道宫的提举。

这个月宰相李邦彦被免职，由张邦昌接任。朝廷中大都是童贯等人的同伙，所以宰相换来换去，无非都是奸人。后来皇上又一次把童贯贬到了柳州。皇上还让吏部对官员们进行考核，把王黼、朱勔搜刮的花石，杨戬、李彦掠夺的农民土地，童贯、谭稹率领的西北兵，孟昌龄等人的防汛工程，以及由官员推荐的破格参加殿试的人和因修缮宫中房屋而拨的款项等，全部收回。

三月二十八日，监察御史胡舜陟等人上奏说："陛下刚刚做皇帝时，贬了朱勔，大快人心。但是因为处罚太轻，人们仍然议论纷纷。希望您能把他处死并没收他的财产，并把他推荐的官员免职。只有这样，才可以对百姓有所交待。"于是，皇上发布命令，把朱勔贬到了广南，并没收了他的财产。

　　二十九日，左司谏陈公辅等人又上奏说："蔡京父子不但无治国之才，且昏庸至极。如果把他们留在京城，一定还会犯上作乱。如果他们阴谋得逞，再加上党羽的帮助，朝廷对他们就不好控制。希望您尽早把蔡京父子贬到边远之处，以消除祸患，也给百姓以交待。"于是皇上下命令把蔡京贬为崇信军节度副使，安置于德安府居住。把蔡攸先贬为太中大夫，让他做上皇的随从，劝他尽早返回京城。胡舜陟马上上书表示对处罚的不满。可是由于蔡攸地位特殊，处罚重了，反而落实不了。于是他联合文武大臣们纷纷上奏，让皇上知道蔡攸已引起公愤，留着他会引来祸患。钦宗迫于压力，只得让蔡攸立即回京，等他回到京城后，再依照圣旨进行发落。

　　四月十七日御史中丞陈过庭再次上书说，蔡京等六个小人中，只有王黼被处死了，其他人都被贬到别处去颐养天年，这很不公平。于是，皇上第三次贬蔡京，把他贬到衡州居住，并让童贯去郴州做了昭化军节度副使。陈过庭又表示不应该把朱勔父子都放在衡州，于是朝廷让朱勔去韶州做了监管，让其七个儿子以及兄弟分别去全州、复州等地居住。

　　二十七日，陈过庭再次上书历数童贯以及蔡京父子的罪行。于是，皇上发布命令说：蔡京作恶多端，贬到韶州去！同时还把童贯贬到了英州，把朱勔贬到了循州，把蔡攸贬为永州节度副使，朱勔的子孙也被贬去了湖南。

　　七月十一日，皇上第五次贬蔡京的职，让他去了儋州，并把蔡攸贬到了雷州。蔡京的子孙也被流放到湖南、江西等偏远地方，让他们再也没有机会返回京城。

　　蔡京之所以一再被贬，是因为大臣们知道他十分奸诈，很善于讨好皇上。虽然徽宗也认清了他的为人，几次罢了他的官，但是每到此时，蔡京就千叩万拜，连连赔罪，徽宗看不过只得再次起用他。尽管如此，皇上还是每次都让蔡京的死对头赵挺之、张商英、郑居中、王黼等人做谏臣，以此来监督牵制蔡京。后来，蔡京更是猖狂，他四处纠集党羽，朝廷中到处遍布他的死党。蔡京总是寻找机会，讨好皇上，以便东山再起，所以大臣多次上书，想让他没有回到京城的机会。

十二日，童贯搬迁到了吉阳军。

二十日，蔡京在去儋州途中，病死于潭州东明寺中，时年八十岁。

二十八日，皇帝发布命令要将童贯处死，并且要亲眼见到他的人头。使者在南雄州追上了童贯，宣读诏书后杀死了他。不知为何，他皮肉坚硬，连砍三刀不死。使者只好让他枕在门槛上，用刀切下他的头并送入京城，来警戒天下人。

九月初一日，太原城被金军攻下。九日，大臣们上书说："蔡京作恶多端，他被放逐，大快人心。现在他已病死。他的儿子蔡攸同样罪恶累累，他攻打燕京失败，造成很大损失；他奢侈腐化也是无人能比，如果不把他也远远放逐，太不公平了。"朝廷于是将蔡攸流放到万安军居住。当他到了岭南时，皇上又派人传来圣旨，把他赐死了。同时被赐死的，还有他的弟弟蔡修以及朱勔。蔡修慨叹道："我们蔡家罪行累累，死了也没什么可惜的。"说完他爽快地喝下毒药死了。蔡攸却因怕服毒后难受，不肯喝下。后来人们给了他一条绳子，他就上吊死了。

至此，六贼已经全部死去。除了蔡京病死之外，其余的人都被朝廷处死了。百姓们都觉得这样太便宜蔡京了，有人说潭州大臣和蔡京有仇，当他经过潭州时，就拼命折磨他，使他得病而死，谁知反倒是帮了他的忙；还有的说是由于蔡京一生罪行累累，在他执政期间，建立居养宅、安济坊、漏泽园等公益设施，消除了穷人的后顾之忧，积了阴德。这当然夸大了蔡京的功劳，其实对于如何评价这些公益设施，有许多人与蔡京等人意见不一致。如宋人记载，有一出演儒释道三教斗法的宋杂剧，儒者先登场，讲述了仁、义、礼、智、信五常的作用；道士又登场，解释了金、木、水、火、土五行的妙处；接着和尚登场道："我学的是生、老、病、死、苦，称为五化。这些十分难懂，还是让我为你们解释吧。"儒、道问："什么是生？"和尚道："全国上下，凡是读书的秀才，都叫作三舍生。他们养尊处优，考试合格后就可以摆脱平民的身份，可以做官，做官以后就前途无量，为卿为相，都不足为奇。朝廷讲的'生'字，就是这个意思。"儒、道又问："什么是老？"和尚道："以前穷人老了后就无依无靠，建立居养宅后，有国家供养，他们就衣食无忧了。国家说的'老'字，就是此意！"儒、道又问："那么病是什么意思？"和尚道："以前穷人得了病，没钱医治。现在有了安济坊，就可以为治不起病的穷人治病了。国家对于'病'字，就是这样解释的。"儒、道又问："那么死呢？"和尚说："以前穷人死后，因为没钱买棺而横尸街头。现在有了漏泽园，使买不起棺本的穷人有了栖身之所，官府还定期去祭奠他们。国家就是这样解释'死'的。"儒、道又问："那么'苦'字呢？"和尚闭目不答，儒、道以为还有更深奥的道理，于是再三追问。最后，和尚伤感地说："所谓苦，就是老百姓的苦难无穷无尽。"也就是说，居养宅等并不能解除百姓苦楚。

蔡京等人虽然死了，但他们的恶行却带来了一场大祸。九月蔡京死，闰十一月，金兵再次围攻开封。

4.北宋灭亡

经过一连串农民起义的打击，宋王朝已摇摇欲坠。宋曾与金订立盟约，一同攻辽。在此过程中，金人看清了北宋的积贫积弱。于是，灭辽后，他们转而攻宋，大破开封，并掠走了钦、徽二帝，北宋王朝灭亡。

（1）李纲抗金

宣和五年（公元1123年）六月，宋朝引诱辽臣张觉把平州、营州还给了宋。八月，金太祖完颜阿骨打逝世，其弟完颜晟即金太宗继位。金军攻克平州，搜出宋朝给张觉的任命状，并向宋朝索要张觉。宋朝杀掉张觉后把人头交给金，金后来仍以此为借口进攻宋朝。

宣和七年（公元1125年）十一月，金借口宋朝招纳金的逃兵，出兵大举攻宋。金军兵分两路，由左副元帅完颜宗翰率领西路，自云中出发，进攻河东；由右副元帅完颜宗望率领东路，从平州出发，进攻燕地、河北，并预定在开封会合。童贯听到消息后，派马扩前去金营与宗翰谈判，提议以蔚、应二州和飞狐、灵丘二县，换取金人退兵。宗翰笑道："我的领土，何止这两州两县？你再多交出几座城，我们才能退兵。"金使到太原，要宋朝将河东、河北之地割给金朝，双方划界而治。童贯不敢答应。十二月初，西路金军陆续占领朔州、武州、代州和忻州，逼近太原。童贯见状，要弃城而逃。太原知府张孝纯劝他说："金人背信弃义，您应该带领将士抵抗才对。如果你离开太原，敌人一定会占领河东，并进一步占领河北。"童贯生气地说："朝廷让我管理河东而不是守住河东，要我守城，你们做什么？"张孝纯拍手叹息道："平时童太师多么威风！现在他竟然临阵脱逃，真对不起百姓！"

太原军民在宣抚副使王禀和知府张孝纯率领下，英勇抗金，极大地牵制了金军。东路金军抵达燕山府城下，宋守将郭药师率军打败金军。这时，宋将张令徽等人却临阵脱逃，金军乘机追杀。八日，郭药师投降，做了金人的先锋，他引导东路金军南下，攻打中山府。

燕京失守的消息传到开封，朝廷上下十分害怕。徽宗想向南逃亡，并决定派李阗先去金陵做准备，给事中吴敏上书，表示坚决反对。皇帝发布命令从各地召集军队，并任命太常少卿李纲负责守城。李纲与吴敏先后向宋徽宗建议："在如今的情况下，只有让太子即位，才能招徕天下豪杰。"徽宗不久后把吴敏任命为门下侍郎，辅佐太子。

宋将詹度在中山府外顽强抗金，将蒲察、绳果杀死。受挫的金军绕开中山，向南推进，在占领庆源、信德以后，逼近黄河。北岸守军闻讯仓皇逃走，后被金军俘虏。黄河南岸防守的二万宋军见金军攻来，把桥上的绳子烧断，来抵抗金军。金人花了好几天时间，用小船将大军渡过黄河，直扑宋都开封。

消息传来，宋徽宗决定让太子即位。十二月二十二日，午朝以后，徽宗将李纲和吴敏劝他禅位的意见告诉了李邦彦，并当即书写"传位东宫"四字，让皇太子赵桓即皇帝位，自己称教主道君太上皇帝。二十三日，宋钦宗赵桓即皇帝位，改次年年号为靖康。

靖康元年（公元1126年）正月，徽宗逃出开封，向南逃亡。大敌当前，京城百姓纷纷指责六贼的罪行，宋钦宗把朱勔贬回家中，把王黼贬到永州，李彦、梁师成也被赐死，蔡京、童贯被流放。最后，除蔡京在流放途中病死，其他几人都被赐死，人们十分高兴。

迫于百姓的压力，宋钦宗封李纲为兵部侍郎、亲征行营使，吴敏为亲征行营副使，开封府尹聂昌为参谋军事。宰相白时中和李邦彦劝钦宗弃城前往襄、邓避难，李纲反对说："再也没有比京城更牢固的城池了，这里又有祖宗基业和全城百姓，放弃京城，便会无路可走。我们应该众志成城，合力抗金，等待援军到来。"钦宗把李纲封为尚书左丞、东京留守。正在这时，传来消息说，皇后已经出宫，钦宗借口调兵救国，也要去陕西。李纲哭劝皇上留下。这时，燕、赵二王上殿，也认为应该守城。钦宗这才不再坚持，他对李纲说："我是因为听了你的劝说才留下来的，我把抗敌的事全托付给你，你千万别让我失望！"夜里，经不住宰相的劝说，钦宗还是决定出逃。次日清晨，李纲见皇上已经安排妥当，准备出发，便急中生智，向禁卫兵们喊道："你们是愿意坚守京城呢，还是愿意随驾避难呢？"禁卫兵们表示愿意守城。李纲又去动员钦宗，说："陛下已经答应为臣留在京城，现在怎么又准备车驾要出行呢？禁卫六军将士都愿意死守京城，万一他们中途逃跑，谁来保护您呢？何况，敌人已兵临城下，皇上的乘舆走不了多远，就会被敌人追上，您怎能抵挡得住呢？"钦宗听后终于改变主意，不再出逃。

皇上命令李纲布防守城。李纲在京城四面，用百步分兵法守卫，每一面都布置正兵一万多人，并有厢军和保甲民兵协助。他还把马步军整编为前、后、左、右、中五军，每军八千人，分别委派将领统率训练。他派前军守护城外的粮仓，后军守卫樊家冈，防止敌军近城，其他四军留在城中，随时听令。李纲还紧急准备了许多兵器。从五日到七日，在三天之内，战守设施初步备齐。

八日，金军到达开封西北郊的牟驼岗。当晚，金兵乘船沿汴水而下，进攻西水门。李纲亲临战地，率领二千名士兵誓死守城。宋军用长钩把金军大船拖上岸砸烂，在河中间设置杈木阻挡敌船，从蔡京家花园里搬来石头堵塞了西水门的门道。经过一夜的战斗，金军战败。九日晨，金军同时进攻酸枣门、卫州门、封丘门和陈桥门，特别是酸枣门的战斗更是激烈。李纲率兵赶到酸枣门时，金兵已越过护城河，在用云梯攻城。射手们放箭，射倒敌人。李纲登上城头督战，并且派人烧掉了金军的几十副云梯。宋军还用手炮、檑木消灭靠近城墙的敌人，用神臂弓对付稍远一些的敌人，对更远处的敌人，便用床子弩和座炮还击。在宋军的英勇抵抗下，金军只好撤兵。

李纲和开封军民的反抗，粉碎了金军一举攻下开封的企图，从十日起，进入边打边谈阶段。宋钦宗派使臣李梲向金朝求和，宗望一开口，就要求宋朝犒给金军金五百万两、银五千万两、绢缎各一万端（每端六丈）、牛马骡驴驼各一万匹。他们还让宋朝割让太原、中山、真定三镇土地，宋皇帝称金帝为伯父，派亲王做人质。钦宗一一答应金人要求，并交出康王赵构，少宰张邦昌做人质。后来他向金人发出誓书，献上地图，做了侄皇帝。当宋钦宗及宰相准备接受这些条件时，李纲曾反对说："金人所索金、币，根本没办法集齐。如果失去三镇，国家就失去了屏障，所以不能割让三镇。至于派人质也应叫宰相去，而不应该叫皇子去。现在应该派人去和金人谈判，以拖延时间，等待大批军队的到来。到那时，金人寡不敌众，即使不满足他的条件，他也得退兵。到那时再与其谈判订立盟约，就可以为宋朝挽回损失了。"但是大臣们却坚持要答应金人，李纲一怒之下提出辞职。钦宗劝他说："你先去安排守城，这件事以后再商量。"当李纲巡城回朝时，宋已向金人发出了誓书，康王赵构和宰相张邦昌也去了金营。李纲扣留割地的诏书，想等待援军来后再挽回局面。

为了筹集给金军的岁币，宋政府上上下下，都被搜寻一空，还拿奴婢和百姓折钱，才凑够数目，交给金军。而金军仍大肆烧杀抢掠。二十七日，宋从各地调遣的二十万军队陆续到达京城。李纲上奏道："金人来势凶猛，所以必须迎战。金军人少力孤，又是深入京城，必然被动。我们应该智取而不必强攻，先控制黄河渡口，占领开封以北的城邑，截断他的粮道，再进行攻打。金军弹尽粮绝，向北撤退时，我们趁机袭击，必能制胜。"钦宗别无他法，只有听从，并确定了行动时间。

不料，大将姚平仲求功心切，竟提前率领步骑兵袭击金营，想活捉敌帅宗望，并解救康王。半夜，李纲得到消息，急忙调大军支援。宋军在幕天坡遭遇金军，姚平仲畏罪潜逃。金帅谴责宋朝擅自出兵，康王毫不理睬，张邦昌却吓得泪水涟涟。金人派来使者，谴责用兵之事，并要求更换人质。宋朝改派钦宗的儿子肃王赵枢为人质，并将张邦昌升为太宰。宰相李邦彦推卸责任，陷害李纲和姚平仲。李纲被贬，其官职由蔡懋继任。几十万军民聚集到皇宫外，为李纲叫屈，钦宗只得恢复李纲的职务。

几天来，金军一再攻城，蔡懋不许士兵迎战，将士们十分气愤。李纲恢复职位后，下令重赏抗金有功的人，将士士气大增，奋力杀敌。金军十分害怕李纲，况且已经得到许多金银绢帛和割让太原等三镇的许诺，就于二月九日退兵，但将人质肃王赵枢和太宰张邦昌也一同带走了，要等宋兑现承诺后放他回京。西路金军在包围太原的同时，向南攻下了忻州、代州、南北关、隆德府。二月二十六日，宋派使者前往高平交涉后，金军才退回太原。

（2）金兵南侵

金兵退走以后，南逃避难的宋徽宗于四月初安然无恙地回到开封。而抗金有功的李纲却被贬为河东河北路宣使，到山西巡边。不久，皇上又借口李纲对金出兵，劳民伤财，将其贬到宁州。吴敏也被贬去了涪州。

金军在返回途中，继续攻打未占领的州县，遭到当地军民的痛击。钦宗于三月二十六日又下诏拒绝割让三镇，并派遣种师道、姚古、种师中前往三镇。种师中率部队到达中山、河间后，宗望仓皇撤兵。种师中收复寿阳、榆次等地，驻扎在真定。姚古部收复隆德府。朝廷命种师中再战，种师中率部在寿阳大败金军，前往榆次。金人发来重兵，种师中被金军打败后，死于阵前。同时，姚谷军队也在隆州被金军打败，之后，退守隆德。四月以后，金多次前来索要三镇，并扬言如果宋朝不答应，就要再次攻打。

八月二十日，金军因为宋朝拒不割让三镇，再次大举南侵。金人任命宗翰为左副元帅，宗望为右副元帅，分别向西京太原和保州进发，计划在开封会合。宋将张灏、刘臻分别从汾州、寿阳出发抗金，都遭失败。后来，张灏还在文水被完颜娄室打败。宗翰率西路军由云中出发，继续围攻太原。太原自宣和七年（公元1125年）十二月被围困以来，在王禀的指挥下，屡胜金军。宗翰派人入城招降王禀和知府张孝纯，遭到拒绝，于是他丧心病狂地大举攻城，他们用大炮疯狂地轰城，还用大车运来土木堵塞城壕。城内军民放火焚烧填壕的木薪。敌军又制作了鹅形的大车，上面覆以牛皮和铁叶，想以此来登上城楼。后来被宋军破坏，未能得逞。然而，太原外无救兵，内无粮草，在断粮以后，将士、百姓都无以为食。九月三日，金军攻进太原城。张孝纯被俘。王禀率领残兵突围而出，在金兵紧追的情况下，投汾水自尽。宗翰随即率军越过南北关，逼近河阳。河阳守军不战而逃，西路金军毫不费力地渡过黄河，占领河南府和郑州，逼近开封。

金军还南下攻取平遥、灵石、孝义、介休等县。东路宗望军在井陉打败宋将种师闵，攻取天威军后，绕过中山府，向真定发动进攻。当时真定兵力空虚，面对强大的敌人，军民在知府李邈和兵马提辖刘翊率领下进行了英勇的抵抗，相持四十多天，十月五日沦陷。刘翊被打败后，上吊而死。李邈也欲投井自杀，被部下拦住。他被金人俘虏以后，宁死不屈。宗望率军南进，攻占庆源后，兵败磁州。宗望转向东，从魏县李固渡渡过黄河，进逼开封。

在金兵再次南下时，宋使多次与金人谈判。金人要求亲王前来谢罪，并索取大量宫中用品，宋朝一一答应。金人又提出与宋朝划河为界，宋也没拒绝。但金人并无诚心，只是以谈判来麻痹宋的斗志，谈判的同时，仍攻城不止。十一月二十三日，宗望大军到达开封城下，驻扎在刘家寺，不久进攻开封城。当时，城中仅有七万军队，殿前司命守城军士分兵把守，并封正在磁州的康王赵构为河北兵马大元帅，要求他出兵支援开封。闰十一月二日，宗翰军队进抵开封城下，与宗望军队会合。金人一面攻城，一面威胁宋朝："皇帝赶快亲自出城会盟！否则，就不以臣礼相见了。"二十四日，金军再次猛攻开封，并派使节前来说降。这时城中可以作战的宋军只剩下一万多人。

京城兵临城下，宰相却听信江湖骗子郭京的意见，企图用法术退杀金兵。他挑了生辰为甲的七千多个无赖之徒，称"六甲正兵"。宰相撤走守军，然后在城上竖起一杆绘有天王像的大旗。郭京指着天王像对众人说："这面旗就可以吓退金兵。"二十五日晨，郭京要以六甲法作战，宣化城门打开，六甲正兵出城，这些市井无赖，与金兵一交战，就被击溃。郭京率兵逃走。金军乘机登城，开封沦陷。金兵占据了开封的十六个城门，并大肆屠城。

（3）宋主降金

宋钦宗靖康元年（公元1126年）十一月，金军攻入汴梁，右仆射何㮚迎战。李若水从金营回到朝廷，传金人意思说叫何㮚前去议和。随后金、宋互派使者，进行"和谈"。

所谓和谈，不过是要宋投降罢了。金人要宋徽宗去金营，徽宗不敢。三十日，宋钦宗在金军马队的夹持中，进入金军大营，宗翰、宗望拒不相见。十二月一日，宋又改派两位宰相前来，金人却要求皇帝亲自交上投降表。同时，宗翰还派遣萧庆进驻尚书省，监视宋朝廷的行动。二日，钦宗进大营见金军二帅，并交出投降表。宗翰让人宣读降表，又让钦宗对着降表，朝西北面拜了四拜。投降仪式结束后，钦宗返回宫中。

从十二月五日起，金人开始对开封府索要财物，让开封府进献军马，收缴武器。金人索要金银布匹，宋朝廷便向宫中内侍、宫妃等搜集。钦宗命令开封府竭尽全力为金人收集财物。开封府强迫百姓交纳金银，导致城中银价上涨。后来，金人又提出割让河中府、解州，宋人不顾其地理位置的重要，满口答应下来。

金人索要无度，宋朝难以筹齐那么多金银，金人就要亲自进城去抢。

这时康王受任为河北兵马大元帅，负责指挥宋军。金军见不久就会形成一个新的军事力量的中心，非常着急。一月十日，宋钦宗再次到青城金军大营，从此被扣于金营。金人要求钦宗将所欠金银交足，钦宗同意。但宋朝又没有这么多金银，无奈之下，只有答应拿嫔妃公主来抵金银。到正月下旬，开封府倾尽全力才得金十三万八千两，银六百万两，衣缎一百万匹，仍远远不够。于是又四处设场，命京城百姓每人出米三升、钱六十二文。仍不能足，金人也只好作罢，答应二月份在军前交割，这事就算了了。哪知有教坊官员孟子著、周扎义，内侍蓝忻，医官周导隆等人前来报信说，在窖子里仍然存着金银，请官府派人掘取。金人十分生气："你们君臣都说已竭尽全力，怎么还有金银没献出来？"他们命人继续寻找。十八天后，又得金七万两，银一百一十四万两，衣缎四万匹。宫中已被洗劫一空，可是他们还是不肯停止。二十七日，金军又将宫中的古器、书籍以及祭天礼器运走。他们还掠走了乐工、各种工匠、医生、画工以及大臣和三十六州守臣的家属。这些东西，他们运了四天才运完。

自钦宗入金营后，京城的人每天都挤在大内到南薰门的路上迎接皇上，风雨无阻。钦宗也每天派人回城报信。二月六日，金人将南薰门的道路掘断了，至此，京城因很长时间没有音信，朝廷上下都十分惊慌。监国皇太子传出消息说，明日太上皇将前往金营接皇上回宫。不久，翰林承旨吴幵、吏部尚书莫俦回到皇宫，带回金帅命令说：金主吴乞买（金太宗完颜晟）已把皇上、太上皇降为普通人，让大臣们从皇亲以外的人中另外推选首领，再经过金人册封为王，还要太上皇等人前往金营。太上皇正要启程，资政殿学士、签书枢密院事张叔夜道："皇上去了还没回来，太上皇您怎么能再去呢？依我的看法，可以由我带领一支精锐部队，保护太上皇。如果成功了，可以卷土重来，再建功业。万一失败了，也是为国家而死，总比死在金人手里强。"这番话颇有豪气，但太上皇是怕死的人。最后他经不起巡检使范琼的督促，与太后乘一辆牛车前往，同行的还有郓王以下包括王妃、公主在内的三千余人。

都城被攻破时，金人带走了许多太监，审问之后，没有用的一概放回，有用的都留了下来。宋朝君臣原以为金帅要过一过皇帝瘾，并没放在心上。这时，吴幵、莫俦传达了金帅的命令，要皇亲国戚前往金营。太子少傅、京城留守孙傅打算让一些无关紧要的人前去冒充，没想到金人手中竟然握有名单，少一个也是不行。这时大臣们才知道金人为什么把重要的太监留下。金人命开封府尹徐秉哲负责将宋宫中的皇亲国戚毫无例外地押送金营。徐秉哲把京城中每五家编为一保，让他们互相监督，不许藏匿宫廷中人。最后他把搜来的三十多人的衣衿结在一起，联成一串，送到金营之中。

在这以前，统制官吴革打算招集一批不怕死的勇士，拼死保护太子。孙傅认为这样太冒险，不肯答应。他要把太子藏起来，把另一个人杀了充当太子，再把他的头及两名太监等十几个人的尸体送到金营，撒谎说：太子在太监的陪同下到别处逃难，半路上，被争吵中的百姓不小心杀死了。宋兵已惩罚了争斗的百姓，人头为证。这个办法倒是行得通，汉高祖刘邦遭遇厄运，就是一个叫纪信的人替他去死，他才活了下来。可是一连拖了五天，也没有人愿意冒充太子。又因为吴幵、莫俦、徐秉哲、范琼等人在紧紧逼迫，也只好放弃这个计划。孙傅道："皇上离去时，要我做京城留守，我又是太子少傅。如今太子要去金营，我应该与他共患难，而不应留在京城。"于是他将朝廷事务委托给王时雍，要与太子一起前往金营。但是范琼不肯答应，在南薰门截住了他。孙傅为表示对太子的忠心，从此住在南薰门下。后来太子随金兵北去，他一直跟着，最后不知流落到了哪里。吏部侍郎李若水也是一个值得一提的人物。钦宗第一次入金营，平安归来，第二次李若水也认为不会有危险，就极力支持钦宗去，他自己也愿意陪着，哪知这次一去再也没有机会回到京城了。后来金太宗把钦宗、徽宗贬为平民百姓，逼迫钦宗脱下龙袍，换上牛衣。李若水把金人骂得猪狗不如，金人大怒，把他拖到外面，狠狠打了一顿。粘罕见他十分勇敢，就叫十几个金兵守护着他，以保证他的安全。李若水醒来后，不吃不喝，金人劝解说："你还是认清形势吧。你骂大王，大王并不怪罪你，如果你能听命于大王，自会有你的好处。"李若水说："我李若水绝不做那种不仁义的人。"随身老仆也劝道："你不为自己想，也要替你年迈的双亲想想。只要你肯屈从，还能与父母见上一面。"李若水道："我家难国难两全，顾不得那么多了。"过了十多天，金人欲封赵姓以外的人做宋王，去问李若水，又被他骂了一顿。粘罕命人把他赶出去，李若水还是骂声不止。他作为一介书生，这时候，也只有骂人一种办法了。监军把他的嘴唇扯得满嘴是血，他将血吐出，仍是骂不绝口。金人用匕首割去他的舌头，切断他的咽喉，他才止住骂。金人虽然杀了李若水，但对其人格十分佩服，私下议论说："辽国灭亡时，有十多位义士；南朝的义士就只有李若水了。"其实，这不能怨大臣们无情无义。五百壮士为田横自杀，汉高祖闻讯后赞扬田氏能得人心，而不是五百壮士的义举。宋朝自立国后，便处处防范大臣，怕他们叛乱。太祖、太宗等人还对他们进行监视。皇帝待他们这样刻薄，他们当然不愿为国赴难。况且，皇帝并不是为百姓而死，大臣们更没有理由为皇帝而死了。大臣们不忠不义，正是宋代社会政治的反映。当然，像李若水那样的义士，同样令人钦佩。

再说朝中百官知道金王要册封赵姓以外的人做皇帝，便聚在一旁商量应对之计。最后他们商定：先随便选一个人，来敷衍金人。可是百姓中有人传言说，金人要立张邦昌为大楚皇帝，建都金陵，不久金人将命令城内的官员及平民共同推举，如果不推举张邦昌，金人就把城中百姓杀死。大臣半信半疑，正巧左司员外郎宋齐愈回到京城，大臣们纷纷向他打听消息，他写了"张邦昌"三字给众人看，人们才确信了传言。不久金太宗派使者韩正前来册封张邦昌，还派吴幵、莫俦在皇城司召集官员们集会，商量把都城迁到哪里。人们提出或是扬州，或是江宁，最后金人把都城定在了江宁。

这场选举也十分艰难。其实金人早已商量好了一切，但他们还是在二十三日让官员们推选异姓王，让他们请求金王册封张邦昌。虽然有的人不情愿，但大部分人还是在上面签字表示同意，也有少数人如孙傅、张叔夜等拒绝签字。二十八日，金人又让官员们写劝进表来劝张邦昌为帝，执政使以下的官员每人都要写一份，最后由礼部员外郎吴懋起草一份合写公文。吴懋借口身体不舒服，不肯下笔，让别人代写，谁也不愿意干这种不仁义的事。他们正在互相推脱，军器监王绍拨开人群，走上前去说："这事我早就料到了，并且早就准备好了。"说着，他从袖中取出一纸提前写好的劝进文书。众人气得咬牙切齿。吴幵、莫俦命司农少卿胡思修改后，呈到金帅那里。二帅见上面写的无非是赞扬张邦昌学识过人、名冠天下，要他不要推辞，来报答金王的厚爱和人民的恩情之类的话。他们派人送交张邦昌。张邦昌看后，骂官员们不仁不义，并以绝食表示抗议。金人明知他是在表演，也只得将计就计，假装非让他做皇帝不可，让十来个士兵守护他，以免他誓死"报国"。

三月初一，范琼率领官员们列队迎接张邦昌。金人派兵把张邦昌护送到京城，张邦昌与官员们互相寒暄、问候，只有司门郎中徐俯不理会他。徐俯十分痛恨这个虚伪的家伙，为宋朝悲哀。他脱下官服交给王时雍，然后哭着跑走了。

第二天，金人封昌好问、何昌言等做事务官，让他们用三天时间为张邦昌即位做准备，如果过期就把全城百姓杀掉。张邦昌又假装要寻短见，有人劝道："相公在城外时不死，如今要把全城百姓害死吗？"张邦昌便不再推辞。初三，王时雍请求金帅早日让张邦昌登基。初七日群官齐集文德殿，金人册封张邦昌为帝，国号大楚，定都金陵，管辖黄河以南，除西夏以外的疆土。张邦昌又假惺惺地推辞了一阵，才肯接受。

（4）二帝被掠

靖康二年（公元1127年）四月初一，金兵分两路撤出京城，将俘获的帝王及其三千多名亲属也分作二拨：一拨包括上皇、太后、亲王、皇孙、驸马、公主、妃嫔以及高宗的母亲和夫人。他们由东路副元帅翰离不押送，已于三天前出发，沿滑州道北去；另一拨包括钦宗皇帝、皇后、太子、妃嫔、宗室和尚书右仆射何桌，以及知枢密院事兼太子少傅孙傅、资政殿学士签书枢密院事张叔夜、御史中丞秦桧等几个不肯屈服的大臣。他们由西路副元帅粘罕押送，沿郑州北去，而把冯澥、曹辅、路允迪等人留在了京城。张邦昌率领百官在南薰门外为徽宗、钦宗送别，众人在张邦昌的带领下放声大哭。正在这时，一阵大风吹过，天空一片阴暗，场面好不凄惨。同时被金人掠走的还有帝后法驾、卤薄、冠服、车辂、大乐、教坊乐、祭器、八宝、九鼎、圭璧，以及各种文物、书籍、金银财宝、宫女、侍从、工匠等等，以及十几万平民百姓。

离京以后，东路太上皇等人坐着由女真人驾驶的一百多辆牛车。西路钦宗骑马，其他人则穿戴破旧，饮食粗糙。一路上他们受尽辛苦，还饱受金兵折磨。由于他们亲近小人，使国家贫困，老百姓受的苦比他们要多上百倍。如金兵南下时，派兵四处抢夺财物，在东自沂、密，西到曹、濮、兖、郓，南到陈、蔡、汝、颍，北到河朔的广大地区，大肆杀戮。京城百姓更是悲惨，由于被围困了很长时间，许多人染上疾病，病死的人就有总人数的一半。城内米价高涨，许多人都被饿死了。百姓们没有食物，只有以椿、槐等树的叶子，以及猫狗等家畜当作食物。家禽吃光了，就吃死尸的肉。有的人气还没绝，肉就叫人割去了。

到幽州以后，金人命令徽、钦二帝穿着孝服去阿骨打庙行礼，然后去拜见金太宗。这是中原皇帝的一贯做法，如今却被金人拿出整治他们。金太宗还学习隋文帝和宋代先王的做法，把太上皇封为昏德公，把钦宗封为重昏侯。后妃都被送进洗衣院，许多王公大臣被卖为奴隶。不久，金人将他们迁到韩州，分给他们十五顷地，让他们自食其力。绍兴五年四月，徽宗在五国城病死。据《南烬纪闻》载，绍兴三十一年，金主完颜亮与辽王、宋王等人一起喝酒，喝到尽兴时，完颜亮将辽王耶律延禧射死了。后来完颜亮在与诸王竞射之际，又将钦宗乱箭射死。徽宗、钦宗两位皇帝，就这样走完了他们的人生之路。

下 篇

南 宋

第一章 宋金和战

1.赵构登基

靖康二年（公元1127年）四月初一，徽宗、钦宗、宋宗室成员、文武百官以及东京开封的财物被金兵掳掠到金国。金兵撤离中原后，金人所立的张邦昌政权受到百姓的唾骂，在开封已摇摇欲坠。康王赵构被宗泽等宋朝一些官员拥立为帝，于靖康二年（公元1127年）五月初一在南京应天府（今河南商丘）即位，重建宋朝，同时改年号为建炎，史称南宋，赵构即为宋高宗。

（1）康王起兵

高宗，名构，字德基，徽宗第九子，钦宗之弟，他的母亲是韦贤妃。徽宗大观元年（公元1107年）生于东京汴梁（今河南开封）大内宫中，宣和三年（公元1121年）十二月拜太保，遂安、庆源节度使，进封康王。康王不仅才华横溢，而且有胆有识。

钦宗靖康元年（公元1126年），南侵金兵的西路军在太原受阻，而东路军却势不可挡，于正月初七兵临东京城下。知枢密院事李棁等被钦宗派去向金兵求和。金军统帅斡离不提出如下要求：宋朝要向金国进奉五百万两黄金、五千万两白银以及一百万匹绢帛；尊金主为伯父；割太原（今山西太原市晋源区）、河间（今河北河间市）、中山（今陕西延安）三镇；以一亲王、宰相作为人质方答应退兵。软弱无能的钦宗一概应允，并派张邦昌作为计议使携康王为人质，前与金兵议和。金人怀疑康王是将帅之子，冒充亲王，因此要求用肃王代替康王。康王又回到东京。

斡离不、粘罕率金兵在当年八月分两路再次南侵。

太原在九月被粘罕军攻陷，真定府（今河北保定）在十月被斡离不军攻占。二人约定会攻东京。宋廷却是一片主和之声。十月初二，钦宗派资政殿学士、刑部尚书王云出使斡离不军议和。这时候，斡离不已经知道康王确实是亲王，因此要康王前去议和，王云于是派随从人员先到东京禀告。此前朝中商议让钦宗去南方避敌，而让康王统兵在东京抵抗金兵。得到王云报告，钦宗无奈只得命康王作为议和使，冯澥为副使前往斡离不军营议和。王云在康王尚未离开京城时回朝，遂被任命为副使。康王领命回到府中，对随从说："国家多难，君主忧辱，若可解决问题，义不得辞。"康王率众在十一月十七日经滑州渡过黄河到浚州后，继续赶往真定，金兵已经渡过黄河，到达卫南县（今河南清县境），离相州（今河南安阳）不足百里地。因得知康王已经率众过黄河好几日了，金兵派出邀截康王的四百名骑兵只得作罢。相州知州汪伯彦看到情况危急，遂带兵前去护送康王等人进相州。金军已渡过黄河数日，难于追及，请康王留在相州。康王说："受命北去，不敢止于半路。"于是向北到达磁州（今河北磁县），驻守大臣宗泽率兵出城迎接康王。磁州百姓痛恨王云卖国，劝康王说："大王不如起兵勤王，不要再往前走了，王云可是金人的奸细，他想害大王，把你交给金人呀。"宗泽也说："肃王一去不返，今敌骑迫近，大王去也无益于事，不如留下。"康王没有答应。百姓在康王与宗泽拜谒嘉应神祠后，走到神祠前时，拦驾劝请康王不要继续往北走了。百姓看见王云跟在后面，厉声指责他："真是奸贼！"于是把想逃跑的王云杀了，所带议和国书等也因此全部遗失。金兵统帅斡离不还在派骑兵前往磁州继续寻找康王。汪伯彦获悉，急忙派人报信，请求康王回到相州去。又值参议官耿延禧、高世则也请康王回相州，康王这才同意。汪伯彦身穿朝服，亲自带领步兵迎接康王于黄河以北。康王到达相州，慰劳汪伯彦说："他日见到皇帝，一定首先推荐你当京兆尹。"汪伯彦从此得到了康王的宠信。

两路金军长驱直入，兵临东京城下，驻于刘家寺、青城，将东京围得水泄不通。闰十一月，钦宗急派人传诏康王及河北守兵前往援助。相州一带的老百姓、土豪们请求康王招募士兵以抗金，他推辞道："奉使出来，未得圣旨不敢擅自起兵。"不几日，门下侍郎耿南仲经过卫州时，卫州人因恨他出使割地，都不让他入城。耿南仲便到相州见康王，诈称面奉皇帝圣旨：让康王统率河北诸郡的士兵进驻京城。康王非常高兴，并说："这下我们可以正当起兵了。"就和耿南仲贴出招兵榜文，招得到三千士兵。金兵害怕保护皇帝的军队日渐增多，为了威胁宋朝早日议和割地，加紧攻打京城。殿中侍御中胡唐老奏说："士民留住了到磁州的康王，这是天意呀！就请让他当大元帅，并率兵马去救援吧！"钦宗立即颁下诏书说："檄到之日，康王可充河北兵马大元帅，中山府知府陈遘为元帅、磁州知州宗泽与相州知汪伯彦为副元帅"，为了保卫东京而发动整个河北的士兵，钦宗选派阁门祗候秦仔等八人将诏书送交康王。缒城而下的八个人陆陆续续到了相州，完成了使命。康王读罢诏书，痛哭流涕，军民为之感动。随后，使臣刘定也写信说京城十分危险，让康王尽快派兵救援。

十二月初一，康王在相州建立大元帅府，让耿延禧、高世则作参议官，河北都转运使张悫、东京转运副使黄潜厚为随军应副，信德府（今河北邢台）知府梁扬祖为随军转运使。康王此时有相州所招募的士兵，再加上信德府勤王兵，大名府河北兵以及在太原真定、辽州所招的散兵，共有上万人，他把这些人分为五路军。金军听说康王在河北起兵，担心南宋难以将河北交割给金国，于是以三千骑兵挟持篡书枢密院事曹辅，带着钦宗的诏书去寻找康王。当时宗泽在磁州，他多次请求康王在李固渡与金兵作战，并南下断绝金兵后路。耿南仲、汪伯彦等却说："李固渡小而坚，胜之不武，不胜为笑，且敌归路不可阻挡。"主张去大名。康王采纳了汪伯彦的建议，带兵渡过黄河到达大名。宗泽率二千余兵与金军作战，破了三十多座敌寨，并踏冰横渡黄河。至大名叩见康王说："京城被围很久了，入援不可缓。"另外三千士兵在梁扬祖的率领下也到达了大名，在他统领下的有张俊、苗傅、杨沂中等将士。康王军威大振。曹辅所寄诏书通过兴仁府曾楙传康王。诏书分析了当前时势，认为在金兵不断攻打城池的情况下，正是求和的好时机，大元帅不宜轻举妄动，最好让新招募的士兵分别屯守在近甸。康王召集部众议兵所向，伯彦等同意议和，但只有宗泽认为："此为金军欺诈之计，以拖延康王进军速度。您父兄如饥似渴地盼望救兵早日到达。如果相信他那真是后悔莫及呀。应该先派兵前往澶渊（今河南濮阳西南），然后再解除京城被困之忧。如果真有意外，我们的军队早已到城下了。"汪伯彦等认为金军以多于宋十倍的人马围困城下，挡住要道，元帅府仅有一万三千兵，应先安顿好康王，待河东兵会合陕西、江、淮之兵，然后两路兵马合力从东北、西南夹击，以解东京之围，主张移兵东平府（今山东东平）。汪伯彦等又忌恨宗泽主战，要将宗泽挤出元帅府，即请高宗派宗泽率所部进兵澶渊。康王庆幸自己在金兵进犯相州时已离开，所以更加宠信汪伯彦，又因怕金人知道自己的所在，便命宗泽进军澶渊。自此宗泽无法参与大元帅府的军政大事了。

（2）建立南宋

靖康二年（公元1127年）正月，康王率众至东平，东平府路安抚使卢益、转动使黄潜善前来迎接。宗泽则率部至澶渊，扬言康王在己军中。金军得报，派兵随宋之中书舍人张澂至澶渊召康王回京，但是却遭到宗泽兵士的不断射杀，只好逃跑了。宗泽随后在与金军的大小十三战中，取得了全胜。宗泽派人送信请求康王与诸路军会合，共同攻打围困京城的金兵，而康王只是与一班僚属在东平闲聊古今治乱、军中事情，不予理会。北道总管赵野，河东北路宣抚使范讷、兴仁知府曾楙都认为宗泽是狂人，而不答应他合兵入援东京的请求。宗泽无奈，只得孤军前进。至卫南，先锋报告前有敌军。宗泽率部迎战，大败敌军，挥兵往东。金军日益增多，前呼后应相夹击。宗泽号召："今天进退都是死，不可不死中求生。"士兵们知道自己横竖都是死，等死不如战死，故奋力拼杀，大败金军，金军只好退却几十里。宗泽趁着夜色把军队撤出了军营，以防金兵夜间劫营。自此金军害怕宗泽，不敢出战。宗泽在金兵不注意时出兵，大败金兵，金军的围剿由此被打破。

宋朝百姓在康王渡过黄河以后，才大概知道康王所在地，因此勤王的各路兵马都纷纷前来。到了东平的康王号称有十六万七千的兵力，由宗泽、杨惟忠等节制，分屯济、濮等州。二月，康王派真定总管王渊以三千兵入援东京。康王收到张澂所传蜡诏，此诏命康王将兵马交给副元帅统管，并令康王回京。后军统制张俊说："不可以随便回京，那是金人的阴谋，是不可以相信的，而且大王如今在外，这便是天意呀！"康王在东平一个多月，却不知道徽宗、钦宗已被金兵软禁，准备掳往金国，另立张邦昌为皇帝，得诏令不知如何是好。汪伯彦本来便想让康王留在济州，这时便提出去济州以求破敌之机。适范讷、赵野合兵南京（今河南商丘），致书康王。康王既到济州，时军饷不济，采纳了梁扬祖印卖东北盐钞的建议，一个月内，便得资百余万缗以充军饷，问题才得以解决。

三月，京城金人对大臣吕好问说："康王是我们的眼中钉，已派五千骑兵去捉拿他。"吕好问赶紧派人告诉康王说："大王的部队，估计能击败金军，就打击他们，不能击败他们就远离他们。"又说："大王若不自立继承皇位，恐怕有不当立而立者。"随后，金兵分路进犯济州。都统杨惟忠受康王之命率兵严阵以待。杨惟忠埋怨青壮士卒不愿向前，只推老弱之兵向前。康王安慰道："这只是金军的游动骑兵来探我们的虚实而已。"命杨惟忠督兵于城上，严阵以待；命中军统制张俊以所部为疑兵。听到这个消息，金兵便撤退了。康王的其他部属也经常和金兵打些小战役。此时京城的情况为黄潜善所探知，听到徽宗、钦宗被金兵作为人质挟持北上，并且要把张邦昌拥立为傀儡政权，康王大哭不已。汪伯彦为了准备往江南逃跑，趁机请康王南下去宿州。淮宁府（今河南周口市淮阳区）知府赵子崧建议康王率兵驻扎黄河，在金军一半渡过黄河时趁机袭击，截断其归路，把徽宗、钦宗二帝迎送回京都；同时对康王等人渡过长江，偏安南方的念头极力反对。汪伯彦被康王命为元帅，黄潜善为副元帅，派宗泽火速去与各路兵马会合以袭击金军后路，救回二帝。四月，金军掳走二帝及宗室三千余人，包括康王的母亲韦贤妃、妻子邢夫人和大量金银财宝。在卫州的宗泽得到消息后，请求康王截断敌后路，以达到半路阻截金军，救回二帝的目的。适逢宗泽接到康王命令，立即率部到滑州、大名，无奈勤王部队没有一支前来会合，迎回二帝的想法因宗泽孤军奋战势单力薄而落空了。康王只好发布檄文以安定民心。宗泽退回卫州以讨伐张邦昌，并上书请康王继皇帝位重建宋朝，接着也到了济州。

各地民众纷纷起来抵抗金兵，各路勤王的军队也都向东京集结，金军也因此加快了撤退的步伐。同时金军将怯懦的宋臣张邦昌扶为傀儡皇帝，并以国号楚取代宋，以达到自己统治中原的目的。但宋朝众臣大多不愿意以楚代宋，于是张邦昌不敢轻举妄动，遇事也不敢擅自做主。待金军退兵北归后，昌好问对张邦昌说："你应火速派人进推戴状，拥戴康王为帝，这样城中之臣就是功臣；若为其他各道先推戴，那么城中之臣就是叛臣。为功臣或叛臣在此一举，不可稍缓！"侍御史胡舜陟也说："我看你正位为帝不是出于本意，只是对外迫于金军之威，对内为免百姓于涂炭之苦。现在金军已退，君臣大义怎可一日而废！勤王之兵云集东京，都是为赵氏王朝而来，怎么会听你指挥？应速正名位，请元祐皇后垂帘听政于内，你以宰相身份处理政务于外，派大臣迎请康王继位，并传告将士。"在无路可走的情况下，张邦昌将城内未被金兵掠走的唯一的徽宗亲属、哲宗废后元祐皇后从私宅迎进宫中垂帘听政，自己行使宰相的职权；将伪楚所颁的文告收回，封存府库，以等待康王回京继位；派吏部尚书谢克家携玉玺"大宋受命之宝"往济州劝进康王。张邦昌在得知云集在东京的勤王之兵有进攻伪楚之意后，命兵士修造守城器械。康王害怕有人乘虚作乱或毁坏宗庙，则命令各路人马，包括已临京城或未至京城的部众，不得擅自入京。伪楚大臣见状，纷纷请求还复原职，伪楚政权仅存三十二天即告寿终。

康王收到此时被金兵所俘虏的钦宗的诏书，让他雪国耻民恨。宗室赵子崧请求康王率部移驻南京，说："亲王在外面是不符合国家礼制的，大元帅的权力是钦宗授予的，这也是天意呀。今若稍有犹豫，恐四方奸雄乘变而起，届时将难以平定。为了在近期使国家安定，请大王以天下兵马大元帅身份，继承皇位号召四方。"僚属们也劝康王早登皇帝位。康王接过玉玺，大哭。康王在僚属们的劝导下，命谢克家回京办理即位物品，并在即位前由张邦昌代理政务。冯澥、李回分别被元祐皇后命为奉迎使和副使，吴何系皇后之侄、康王母舅韦渊、张邦昌的外甥，和其他人等奉皇后诏书请康王到东京继承皇位。元祐皇后手诏说：

"都城由于敌军入侵而失守，二帝被掳，这也许便是上天神灵的旨意吧！群臣恐朝中无主，姑且让旧臣张邦昌料理朝政。他虽然坚辞不受，但迫于国家之危难，不得不暂且总揽朝权以解国之危急。这样，外可缓邻国威逼之难，内可挽救一城百姓，维护宗庙，避免了一城的灾难。奉迎建立宫闱，劝康王继承皇位，实行徽宗尚在时的政策，成就钦宗希望复兴的决心，重建国家于危难之中，使社稷摆脱衰败的困扰……这可不是人所能想到的，这是天意呀！故希望大家同心协力以保国家，使人民安定，国家太平，希望大家了解我的意思。"

济州父老也来劝康王在济州继位，康王僚属讨论继位地点，有的说济州，有的说东京，有的说南京，计议未定。宗泽和应天知府朱胜非写信给康王："张邦昌在敌营中躲了很久，怕他与敌有勾结，不可完全相信他。南京是太祖兴王之地，是四方的中心，漕运更是方便。"又有二帝派人传告："可对康王说为了宗庙社稷，可以让他继位。"于是康王决定同意到应天继承皇帝位。

康王率部前往应天途中，刘光世、王襄等各路兵马都来同康王会合。康王一行至南京，不几日，张邦昌、王时雍等奉元祐皇后之命，率百官到南京拜见康王并向其请罪。康王对他们以礼相待，并安慰道："邦昌和那些奉命做事的人都没有罪呀！"奉皇后之命，内侍邵成章把皇帝所乘车、服饰等礼仪国物送到南京。康王准备在五月初一举行继位仪式，改靖康二年为建炎元年（公元1127年），并命令于府门外建筑祭坛，以便登位时使用，又拜太常寺主簿张浚为赞礼官。

五月初一，康王登坛受命，大哭，跪拜远方二帝，在应天府继位，即宋高宗。张邦昌带着旧朝群官在大元帅府一班僚属的朝贺之后也前来朝贺。高宗继位以后，大赦天下，也不追究张邦昌及其他奉金人命令的大臣的罪过。并下旨不得录用童贯、蔡京、朱勔、李彦、孟昌龄等及他们的子孙；因遵照王命而殉难的都追加恩惠；不再征收青苗税，拜黄潜善为中书侍郎、汪伯彦为同知枢密院事。当天，元祐皇后也不再听政，在东京撤帘。随后，尊钦宗为孝慈渊圣皇帝、元祐皇后为元祐太后、生母韦贤妃为宣和皇太后，遥立夫人邢氏为皇后，限大元帅府十日内撤消。高宗怕金人问罪，并夸奖张邦昌随机应变，是有功之臣，拜其为太保奉国军节度使，封为同安郡王，并令张邦昌以天下不忘赵宋而归位于赵宋之意告诉金人。黄潜善、汪伯彦自以为对高宗有功，估计自己可以当宰相。无奈二人威望不高，高宗自外召李纲，拜为尚书右仆射（右相）兼中书侍郎。因兵部尚书吕好问曾多次劝谏康王，便封他为尚书右丞兼门下侍郎，以嘉其保全宗庙之功。元帅部属都封官职。此时勤王兵马都云集南京，王渊、杨惟忠所部河北兵马，刘光世所部陕西兵马，张俊、苗傅所部帅府及降盗兵马，各路兵马很不统一协调。高宗为了统领军政，而设立了御营司主管军队。命黄潜善兼御营司使，汪伯彦为副使，王渊为都统制，刘光世提举一行事务，张俊为前军统制，韩世忠为左军统制，杨惟忠主管殿前公事。

至此，以高宗为开国皇帝的南宋得以建立。

2.中原沦陷

建炎四年（公元1130年）二月，由于宋高宗在对金作战中所犯的一系列错误，致使四京失守，中原沦陷。

（1）西京沦陷

建炎元年（公元1127年）五月，赵构刚刚登上皇帝宝座，金兵就以重兵进犯河中府（今山西永济），守臣席益逃走，贵州防御使、权府事郝仲连拼死抵抗，奈何援兵未至，城池最终沦陷，他与其子郝致厚皆不屈而死。

六月，高宗任命宗泽为开封府知府。当时金人屯兵河上，距京师不足二百里，金鼓之声，日夜相闻。宗泽到任后严令："为盗者，赃无轻重，皆按军法处置。"于是盗贼大为收敛，人心稍安。

是月，邵兴占据解州（今山西运城南解州）的神稷山，多次打败金军。

当时，宋高宗以马忠为河北经制使号召州县守臣，有能组织民众抗金保乡破敌者，即授以节钺为使者，地方财赋，官员任用，均可见机行事。随后，宋政府于陕西、河北募兵各三万人，京东、西各募两万人，且令于京东西、河北东路、永兴军、江淮诸路均设置帅府以抗金。七月，磁州（今河北磁县）城被金军攻破，权领州事张显带领随从逃跑。

九月，宗泽自河北率军还汴京（今河南开封），招募义士把守。他派人造决胜战车一千二百辆，又依据地形在城外设立二十四壁，各屯兵数万。沿大河多处设置了营垒；联结两河山水寨及陕西义士；开通五丈河以便利交通；京郊近河七十二里，命十六县分守御敌；于各县亦开濠，深广丈许，又置鹿角，以防金兵南下。此外，他还团结班者诸军及军民之可用者，合力请高宗还汴京。

当月，河北招抚使、都统制王彦率领岳飞等七千余人过河，奋力抗金，一举收复了新乡（今河南境）。金军疑是宋军大举进攻，聚集了数万金军围攻。不久王彦兵败，他奋力突围转战几十里，得以生还。于是，收散亡卒七百人，据守共城县（今河南辉县市）西的太行山区，坚持抗金。这支军队的军士每个人在面部都刺上了"赤心报国，誓杀金贼"这八个字。不久，两河忠义民兵与王彦军联合，屯兵数百里，威胁南侵的金军。

十月，高宗自南京应天府（今河南商兵）经泗州（今江苏盱眙东北）、宝应（今江苏宝应县），逃至扬州。

十一月，高宗派王伦作为大金通问使，向金求和。

十二月，金主听说高宗南逃，便以傀儡张邦昌被废为借口，派粘罕率军分三路大举南侵：右副元帅宗辅与其弟兀剅率东路军自沧州（今河北沧县）渡河，攻打山东；粘罕率中路金军自河阳（今河南孟州市）渡河，直攻河南；娄室率领着西路的金军向西进攻陕西。

当时，宋西京统制官翟进扼清河、郑建雄守河阳，金兵根本过不了河。粘罕先屯重兵于河阳北城，用以迷惑郑建雄，然后暗中派万户尼楚赫自九鼎渡河，从后面攻打河阳南城，攻占河阳。

没过多久，粘罕占据汜水（今河南荥阳市汜水镇），领兵向东进发，命尼楚赫分兵攻京西。宗泽闻金兵入境，就派部将刘达前去声援，刘达却没有去，知郑州董庠弃城而逃。随后，娄室渡河，攻占了韩城县（今陕西韩城）、同州（今陕西大荔）、华州（陕西渭南市华州区）、潼关（今陕西潼关）等地。宗辅攻入西京（今河南洛阳），任命李嗣本为河南知府，屯兵西京大内，与宗泽军对峙。

建炎二年（公元1128年）正月，金军南侵东京（今河南开封），至白沙镇（今河南中牟县东），被宗泽的军队击败。不久，金尼楚赫破均州（今湖北丹江口市均县镇西北）、房州（今湖北房县）。娄室破长安（今陕西西安），宋守臣京兆路经略使唐重牺牲。随后，金游骑至东京附近，宗泽表面上装作毫无准备，金兵不敢进攻。统制官刘衍在板桥击败金兵，并追至滑州（今河南滑县）。

此月，金军攻破郑州，郑州通判、直秘阁赵伯振领军与敌军发生巷战，中流矢坠马，被金兵剖腹而死。随后，金兵又焚邓州（今河南邓州市），驱全城民众北去。宗辅又破青州（今山东益县）、潍州（今山东潍坊市），但至千乘（今山东广饶）时，被滨州溃败之军葛进等人所败，只好丢弃青、潍二州败走。

二月，金军再次侵犯东京，宗泽派统制官李景良等领兵万余赴滑州、郑州，中途受阻，被金兵打败。李景良临阵脱逃，被宗泽斩首。不久，金尼楚赫破唐州（今河南泌阳），烧杀抢掠，把城市扫荡一空。接着，金军欲攻打战略重地滑州。宗泽派右武大夫、果州防御使张㧑率军至滑州迎敌。张㧑以寡敌众，宗泽随后又派统领官王宣以五千骑驰援，援军未到，张㧑再次与金军交锋，战死沙场。此后的两天里，王宣至滑州与金兵大战于北门，击败了金军。后尼楚赫破蔡州（今河南汝南）。接着，金人攻克淮宁府（今河南周口市淮阳区），知府向子韶率众与金军巷战，被金兵俘获，以死殉国。

当时，武翼大夫赵邦杰在庆源五马山（今河北元氏县西南）集忠义乡兵，立寨自保，马扩率亲属十三人前往投靠。开始，赵构的弟弟信王赵榛流亡在外，改姓为梁，替别人摘茶。马扩奉迎信王至五马山寨以号令乡兵。两河人民纷纷响应，愿受信王统领。

这一月，娄室既破同州，筑桥以为归路，并往西攻占了陕、华、陇、秦诸州。秦凤路经略使李复生投降于金国，陇右纷扰不断。

三月，金人破中山府（今河北定州市）。初，中山府自靖康末年被金兵围困以后，军民坚持抗金三年，这时因人困马乏，粮草用尽，为金军所陷。

不久之后，河南统制官翟进将西京（今河南洛阳）收复。

四月，翟进经宗泽推荐为知河南府，充京西北路安抚制置使。当时御营左翼统制韩世忠至西京，与翟进等兴兵一同对金作战。京城的都巡检丁进夜袭金军兵营，大败而归。旋与韩世忠又战金兵于文家寺，又为金兵所败。韩世忠只得收余兵数千人南返，这样，西京又沦于金人之手。

（2）东京沦陷

四月，金军攻占洺州（今河北邯郸市永年区）。自此，两河州郡，在"外无救援，内绝粮储"的情况下，都被金军占领。

五月，宗泽听到王彦聚兵于太行山下，就委任他为忠州防御使，制置两河的军事。并且和诸将约马扩、王彦等忠义民兵一起抗击金军。

这一月，金娄室大肆掠夺，向东进军，绛州（今山西新绛）沦陷。

六月，南宋在沿江地区训练水军。当时金人已破唐（河南唐河）、邓（河南邓州市）、陈（河南周口市淮阳区）、蔡（河南汝南），逼近淮河、汉水地区。宋廷因为东南适合水战，在大江上如采石等地精练水兵，并增战舰，以求稳固江防。

七月，东京留守宗泽卒。高宗任命杜充为开封府尹、东京留守。杜充上任后，并没有恢复中原的意思，反而尽反宗泽所为，结果大失民心。

金人听说宗泽已死，决心再一次进攻中原。金主令娄室平陕西，尼楚赫守太原，耶律余睹守云中（今山西大同），并令粘罕率大军南侵。

这一月，金娄室派自己的军队去攻打解州的朱家山，为统领忠义军马邵兴聚义兵所败。

九月，金人攻陷冀州（今河北衡水市冀州区）。

十月，高宗命韩世忠自彭城（今江苏徐州）至东平，张俊自东京至开德（今河南濮阳）以防金兵，并命马扩声援。当时，马扩军曾攻清平（今山东清平县），被金右副元帅宗辅、左监军挞懒在城南击败。到了晚上，清平人开门助金军，马扩军遂乱，信王不知所终，马扩败至扬州，军职被罢免。

这一月，宋京西北路安抚制置使翟进战死于伊水鸣皋山（今河南嵩县西北）。

十一月，金军攻下了延安府，从此，陕北的各州大多被金人占据。

随后，金军攻破濮州（今山东鄄城北）。起初，金左副元帅粘罕率兵至城下，意以为小郡，十分轻视它。宋将官姚端乘其不意，夜劫金营，直犯中军。粘罕光着脚板仓皇出逃，仅以身免。后金军围城三十三日城始破，城里的平民百姓全被金军杀死。

紧接着，金人又攻开德府，宋知府王棣率军民防守。金人见一时难以攻下，便卑鄙地作伪书称王棣已降金，于是军民怀疑王棣，并想杀掉他。王棣实在没有办法，便只好出走，到了南门，就被军民践踏而死，城被破，居民被金军"杀戮无遗"。

这一月，相州（今河南安阳）因被金军围困日久，粮食皆绝，守臣赵不试开门投降，请求不要杀百姓，金人同意了这个要求。随后，赵不试即投井殉职。相州陷落。

此时东京留守的杜充听说金兵将要来到，乃决黄河水入清河（西起今山东梁县，东至于海），以阻截金兵。

十二月，金人进军东平府，宋守臣京东西路安抚制置使权邦彦逃跑，城为金人所有。

金人既得东平府，又攻济南府。济南守臣刘豫遣其子刘麟与金战，被围，通判张东率兵增援，金军于是只好退兵。后金以利禄诱降刘豫，城遂破。

这一月，金左副元帅粘罕率军攻北京（今河北大名），宋河北东路提点刑狱郭永死难，而河北转运副使兼权大名尹张益谦与转运判官裴亿降金，北京于是被金军占领。

建炎三年（公元1129年）正月，金人破青州、潍州，皆焚其城而去。

这时，宋陕西都统制军马邵兴在潼关及虢州（今河南灵宝）大败金军。

六月，金破磁州。

七月，留守东京之杜充因为没有粮食接济，决定弃汴京而重返建康。当杜充离汴京时，岳飞曾力谏说："中原地尺寸不可弃，今一举足，此地非我们所有。他日取之，非数十万众不可。"杜充没有采纳。

建炎四年（公元1130年）正月，金陕西都统娄室以重兵陷陕州（今河南三门峡），宋知府李彦仙率军力战。当时娄室欲招降，李彦仙不从。巷战中李彦仙左臂中刀，之后落水而亡，所属的宋官民没有人投降金人。

二月，金人陷东京。开始，河南北部已经被金占领，只有汴京和近畿地区仍属于宋，粮食奇缺。河北金军首领夏渊等常以食物与宋兵贸易，日久遂熟。后夏渊及其徒众夜登城北纵火，城乱。守臣上官悟及副留守赵伦仓皇出奔，于是金人攻陷东京。

至此，四京都被金兵所占领，中原彻底沦陷了。

3.黄天荡之战

南宋建炎四年（公元1130年）三月，宋将韩世忠在黄天荡利用八千宋军对抗金兵十万之众，把渡江南侵北返之金兵挡在黄天荡四十八天，使金兵从此不敢轻易渡江南侵，是为黄天荡之战。

（1）金人南侵

建炎三年（公元1129年）六月，金主吴乞买听从金兀术的请求，发动燕、云、河朔的兵士大举进攻南宋。当时，金军分为四路，挞懒攻取山东及淮北地区，金兀术由归德（今河南商丘）南下，从建康（今江苏南京）渡江追击宋高宗，拔离速、马五由今河南经湖南南侵，娄室仍攻陕西。就在这个月，金兵攻下了磁州，宋权知磁州苏珪向金人投降。

八月，宋高宗听到金兵南下的消息后，赶忙派京东路转运判官杜时亮充任奉使大金军前使，进士宋汝任副使，拿着高宗写给金主的议和书，书中写道：我愿意削去旧号，天下都是大金国的，真的不必要远涉征战。金主不予理睬。

十月，金兀术分兵南侵，一自滁（今安徽滁州市）、和（今安徽和县）入江东，一自蕲（今湖北蕲春南）、黄（今湖北黄冈）入江西。而江西守卫将领刘光世不战而退，致使江西州、军大部分为金人所占有。

当月，宋高宗在南逃的路上，于临安（今浙江杭州）停留了七日后，又去了越州（今浙江绍兴）。

十一月，金兀术与李成合兵攻乌江（今安徽和县西南）。当时杜充无应敌才略，只是整日闭门不战。统制岳飞曾经劝谏杜充出师至于泣下，然而杜充对此却漠然处之。后金兀术攻取和州（今安徽和县）、无为（今安徽无为市），并率军自马家渡（今安徽和县南大江西岸）过江，破太平州（今安徽当涂）。这时，杜充才派都统制陈淬及岳飞率军仓促迎战，结果被金军打败。金兀术很快便率军攻入建康（今江苏南京），宋守臣陈邦光、户部尚书李棁迎降。杜充战败后，率军退保真州（今江苏仪征）。金兀术派人去招降，答应以中原相封，杜充竟然返回建康投降金国。

宋高宗听到杜充反叛的消息后，惶恐地问江东制置使吕颐浩："形势如此危急，该怎么办呢？"吕颐浩向高宗提出了从海路逃跑的应对之策。

他说："敌军骑兵很多，肯定不能乘船作战，江浙地方天气太热，不宜久留，等他们退兵后，再回不迟。彼出我人，彼入我出，此兵家之奇也。"高宗认为这话很有道理，决定航海继续南逃。

十二月，金兀术攻入临安，遣兵入海追击高宗，但这时高宗已逃往明州（今浙江宁波）了。

江淮统制岳飞听说金兀术率军将趋临安，便挥师邀击金军于广德（今安徽境内），六战皆捷，俘金将王权及首领四十余人，并乘势纵击，大败金兵。

当时韩世忠自镇江退守江阴。韩世忠，字良臣，延安人。家境贫寒，没有产业。他身材伟岸，目光如电。青年时勇猛过人，能骑没有驯熟的马。性嗜酒，崇尚豪气，不受约束。有的人认为他将会官至三公，他异常愤怒，觉得这是在侮辱他，就把那个人痛揍了一顿。韩世忠十八岁参加乡州招募，隶属兵籍。他善于挽强弓骑射，勇冠三军，在其后的战斗中又屡建奇功。

金兀术听到宋高宗已逃往明州的消息后，急忙派阿里蒲卢浑率精兵四千进犯明州。浙东制置使张俊使统制杨沂中迎战，败金兵于高桥（今浙江宁波境内）。这时高宗已至定海（今浙江宁波市镇海区），复至昌国县（今浙江丹山市定海区）。

建炎四年（1130年）正月，金军进攻明州，将其攻下。起初，金兵攻城时，被宋浙东制置使张俊与守臣刘洪道击败，退守余姚（今浙江余姚）。后金兀术率援兵至，再攻明州。张俊无法抵挡，只好率军赴台州（今浙江临海），刘洪道亦逃，金兵遂入明州屠杀。这时，宋高宗逃至台州章安镇（今浙江临海东南灵江北岸）。金人船队将高宗追出三百多里，后因为大雨和宋枢密院提领海舟的冲击，只得退回明州。并派人到临安向金兀术报告说："搜山检海已毕。"时高宗已入温州，停泊于港口。

二月，金人既破江西诸郡，乃引兵进犯湖南，攻打潭州（今湖南长沙）。宋帅直龙图阁向子谭与宗室赵丰之率军抵抗，将吏王晁、刘玠等先后战死。金军围攻了八天八夜，后攻破城池，向子諲带着随从从南楚门出逃，赵聿之自杀殉国。金人入潭州掳掠了六日后，屠城而去。

金兵据守明州七十日后北返，行前，放火焚城，仅城内东南角几座佛寺与僻巷居民略有幸存。金兀术领金兵北上至临安亦纵火焚掠。他担心获得的辎重很难在陆上运输，决定取道秀州（今浙江嘉兴）北归。

（2）韩世忠阻金

本月，金军游骑至平江（今江苏苏州）城东，宋统制郭仲威没有交战就向后退兵。两浙宣抚使周望逃向太湖，守臣汤东野携家潜逃，以府印付郭仲威。金兀术攻入平江后，驻兵府治，掳掠女子财帛，纵火焚城，光照百里，大火燃烧了整整五天。

三月，金军北返途中受到了韩世忠率领的八千宋军将士的顽强阻击。起初，韩世忠以前军驻青龙镇（今上海青浦区），中军驻江湾（今上海宝山南），后军驻海口，以待金兀术回师时阻击。当宋军得知今金兀术由秀州赴平江后，乃移师镇江焦山寺（今江苏镇江北焦山），截断了金军北归的退路。

金兀术想渡江北归，急于遣使通问，且要与韩世忠约好交战日期。韩世忠同意了。他对诸将说："金军必会登金山龙王庙以窥我虚实。"于是他在庙中及庙外岸边各埋伏士兵百人，并令岸边伏兵听到鼓声后举兵先入，庙内伏兵继出，以合击金人。果不其然，金兵派出五个人出来探听虚实，宋伏兵听到鼓声迅速出击，擒获了两骑，另三骑仓皇逃回金营。其中有一个身着红袍玉带的人坠马后，又上马逃走了。韩世忠审问俘获的两个金兵，知此人即金军统帅金兀术。

之后，宋金双方各以水师在长江激战。交战十数合，韩世忠率军英勇迎敌，其舟"乘风使篷，往来如飞"，其妻梁红玉亲擂战鼓助威，打得金兵狼狈不堪，俘获了金兀术女婿龙虎大王和许多金兵。金军终不能渡江。

金兀术黔驴技穷，惊恐异常，只得低声下气向韩世忠示意，愿意将在江南掠获的人口和财物如数奉还，以求能借道北归，遭到了韩世忠的严词拒绝。金兀术看到从镇江渡江不成，只好率金兵乘舟沿长江南岸溯江西上，韩世忠则率宋军船队沿长江北岸与金军并行，且战且行，最后把金军逼进了离建康东北七十里处的黄天荡（今江苏南京东北江中）。黄天荡乃一死水港，宋船将出口堵死，金军屡次突围均告败北。

四月初，金兀术采纳了一个奸细的建议，出动大军，利用老鹳河（今江苏南京黄天荡南）故道，开渠三十里，逃出了黄天荡，奔向建康。宋将岳飞在牛头山设伏，大败金军。韩世忠知道金军窜逃，马上追击，又在建康北面的长江上堵住金军的退路，双方在长江进行了几次水战，金军仍无法突破宋军的拦截。

金挞懒听到金兀术北归受阻的消息后，赶忙派移剌古自淮州（今山东潍坊）引兵来援。当时，移剌古军在江北，金兀术军在江南，韩世忠则以海舰泊金山下。交战的时候，韩世忠命令健壮兵士用大铁钩曳沉金船。金兀术穷途末路，多次派人恳请韩世忠放一条生路。韩世忠说："还我两宫，复我疆土，则可以放行。"金兀术无话可答。

金兀术见韩世忠军的海舟乘风扬帆，往来如飞，日感形势危急，乃下令募人献破海舟之策。侨居建康的福建人王某为了领赏，教金军在船上载土，上铺平板，凿空船板安装船桨，既可增强船的稳定性，而且可以提高船行的速度。之后趁天无大风，海船行动不便之时，靠近宋船，使用火箭射宋军船帆，则宋军必败。金兀术采纳了这个建议，转眼间，韩世忠军船烟焰蔽天，慌忙顺水败走，金军乘胜追击了数十里。

那时，长芦崇福院僧人普伦等及百姓千余人驻在杨家洲上。得知韩世忠军队战败的消息后，驾着无数小船，头裹红巾，船插红旗，抵挡了金军的追击。就这样，韩世忠之部才得以退回镇江，而金兀术乘机北归，屯兵六合县。

这一仗，韩世忠以八千人抗拒金兵十万众，阻金兵四十八日，虽然最后失败，却使金兵不敢轻易渡江南侵了。

进犯江西的金兵听说金兀术已渡江，也赶忙自荆门（今湖北当阳）引军北还。行至宝丰（今河南宝丰）时，宋军统制牛皋率领民兵大败金军于宋村，将金军将领马五活捉。

五月，淮南宣抚司右军统制岳飞得知金军已北去，乃率所部邀击金军于静安镇（今江苏南京西北），获胜，建康府通判钱需亦率乡兵邀击敌后，之后跟随岳飞收复了建康。

七月，金兵攻承州（今江苏高邮），兵马钤辖王林出城迎敌，随即败逃，承州沦陷。时金兵亦围楚州（今江苏淮安）。

九月，金兵破楚州。先是，金兀术将北归，曾向知楚州赵立假道，赵立不从，且斩其使者。金兀术十分恼怒，设立了南北两屯用来断绝楚州的粮道，把楚州围得密不透风。高宗命浙西安抚大使刘光世督淮南诸将往援，东海李彦先军首先至淮河，受敌阻挠不能前进。而刘光世部下的王德、郦琼诸部则多不用命，只有岳飞的军队可以作为后援，又寡不敌众。金知楚州宋军外援已绝，加紧进攻。赵立与士兵同甘共苦，每战必身先士卒。后来被炮石击中死去，没有多长时间，楚州也沦陷了。

十一月，金挞懒既得楚州，又萌发了南渡的念头。先令金军攻打泰州（今江苏泰州）。通、泰镇抚使岳飞以泰州不可守，乃弃城去，率兵渡江，在江阴屯守。金挞懒率兵攻下泰州后，继而又破了通州（今江苏南通）。

绍兴元年（公元1131年）三月，原在梁山泊组织义军抗金的张荣移军南下，至兴化缩头湖（今江苏兴化东）建立水寨。时金挞懒在泰州，欲渡江南侵，必先破此寨。于是双方战于湖上。正值湖水退潮，金军船舰不能靠岸，义军弃船登岸，大呼杀敌，很多金兵被水淹死或陷进泥潭，伤五千人。挞懒收其余众二千余人，狼狈逃回楚州，退屯宿迁（今江苏宿迁），后经东平（今山东东平）等地北归。

从此之后，金军既无力向南进攻，宋朝廷也没有北进之意，江淮地区暂时稳定了。

4.顺昌、柘皋大捷

绍兴十年（公元1140）二月，宋高宗任命刘锜做东京（今河南开封）副留守。刘锜率王彦"八字军"三万七千和殿司兵三千渡江北上，取得了顺昌、柘皋两次抗金斗争的重大胜利。

（1）顺昌大捷

刘锜字信叔，德顺军人，是泸川军节度使刘仲武的第九个儿子，长相俊美，声音洪亮，又精于射箭。一次随从其父征战时，营门口有一水缸中盛满水，刘锜一箭射中水缸，拔出箭后，缸中水流如注，向外涌出，随后又补射一箭，正好将原来的箭孔堵住，人们对其精湛的箭术交口称赞。宣和年间，由高俅推荐，刘锜被封为阁门祗候。

高宗即位后，开始录用刘仲武的后代，刘锜也由此被高宗召见。高宗惊叹于他的才能，特授予阁门宣赞舍人，派他知岷州，任陇右都护。刘锜与西夏军队作战，常常大获全胜，以至于夏国小孩啼哭不听话时，他们的妈妈就吓唬他们说："刘都护来了！"张浚巡视陕西时，惊奇他的才能，任命他为泾原路经略使兼知渭州。张浚集合五路兵马与金军作战，不料在富平被金军打败，而慕容洧在庆阳叛变投敌后，又攻打环州。张浚命令刘锜前往救援。刘锜留下部将守卫渭州，自己亲自率兵救援环州。不久，金军派兵攻打渭州。刘锜留下部将李彦琪抵抗慕洧，而自己则带领精锐部队救援渭州。但时机已晚，进退两难中，刘锜率领军队撤到德顺军；李彦琪临阵脱逃到渭州，投降金朝。刘锜也因为这件事被贬，官降秩知绵州兼任沿边安抚。

绍兴三年，刘锜官复原职，又任宣抚司都统。金军攻克和尚原后，刘锜率兵分别驻军陕西、四川地区。事有凑巧，从四川回京的使者将刘锜的事迹上报给了朝廷。高宗诏令刘锜返回朝廷，刘锜被任命为带御器械，不久改为江东路副总管。绍兴六年（公元1136年），做了宿卫亲军指挥官。在高宗驻于平江时，解潜和平彦的军队由于私怨互相争斗，结果两人均被免职，刘锜受朝廷委派兼任两军统帅。刘锜于是请求将以前护副军及马军，合并分为前、后、左、右、中军和游奕军，共六军，每军千人，设二将，共计六千军士，十二将领。其中的前护副军，就是原来王彦的八字军。此时，刘锜的部队才得以单独成军，在高宗到金陵军中一路保驾护航。绍兴七年（公元1137年），任合肥军事长官；绍兴八年（公元1138年），率部戍守京口。绍兴九年（公元1139年）又提升为果州团练使，龙神卫四厢都指挥使，主管侍卫马军司。

绍兴十年（公元1140年），金朝把三京还给南宋，刘锜以东京副留守的身份，统辖当地兵马。所辖八字军只有三万七千人，将要出发时，又增加了殿前司三千人，均携妇将子；官兵预备留守汴京，而家属则在顺昌留住。刘锜率军从临安渡过长江、淮河，行程二千二百里。到达涡口，正准备吃饭时，忽然一阵大风，拔起了刘锜的坐椅，刘锜说："这是不祥之兆，表明金军将南侵，大敌当前了。"立即下令部队星夜兼程，五月到达距顺昌三百里地方，果然一切如刘锜所料，金朝背弃了盟约，大举南下。

刘锜带领将佐弃舟登陆，首先进入顺昌城。负责侦察的军兵报告金军进入东京。知顺昌府陈规求见刘锜，请教防守的方法，刘锜说："如果城中有粮草，我就能同你共同守卫顺昌。"陈规说："还有几万斛粮食。"刘锜想了想说："这就够了。"当时刘锜所部选锋、游奕两军和老幼辎重，距离顺昌城还很远，刘锜派骑兵回去督促，各军急忙赶路，夜里四更才赶到。第二天一早得到报告，金军骑兵已拿下了陈州。

刘锜与陈规商议，决定将兵力收缩进入城中，作防御的打算。这样，人心逐渐地安定了下来。刘锜召集各位将领商议退兵之策，大家都说："金军势大，难以抵挡，最好由精锐部队殿后，由步兵和骑兵共同掩护家属老幼返回江南。"刘锜说："我本来是到东京留守司上任，现在东京虽已归敌手，但大军已至此，又有城池可以防守，怎么能够放弃呢？我的决心已定，有敢说离开这里的斩首！"众将中只有号称"夜叉"的许清神情激昂，说："太尉奉命任汴京副留守，士兵扶老携幼前来，今天避敌退走，是很容易的。但如果不顾父母妻子死活，则于心不忍；如果与他们同行，那么如果敌人从两面进攻，又往哪里逃呢？不如奋力杀敌，'置之死地而后生'的好。"这种见解正合刘锜心意。刘锜非常高兴，命人把船凿破，沉到水里去，以此来表明自己誓守城池、决不逃走的坚强决心。他又把家属安置在寺庙中，并在寺门堆起高高的柴薪，对守兵严肃地说："如果战斗失败，就放火烧死我的家属，决不能让他们陷于敌手受辱。"然后又命令各将领把守城门，并征召当地人为间谍，探明敌情。于是军心大振，男子准备战斗守御，妇女磨砺刀剑，笑着大声说："平时没有人看得起我们八字军，今天终于轮到我们杀敌建功了。"

当时顺昌城的防御工事破落不堪，无可倚仗，刘锜亲自在城上督促激励，将原伪齐所遗留下来的车辆，放在城墙上，把车轮固定埋好；又拆下城中居民的门板，作为周围的屏蔽。在城外的数千间民房，全部焚毁。六天后，准备工作大体完毕，而此时，金军的先头部队已渡过颍河，兵临城下。五月二十九日，金兵包围顺昌城，刘锜预先在城下设置伏兵，将敌将千户阿黑等两人俘虏，审问他们得到的口供是："韩将军在白沙涡驻军，距离顺昌城有三十里。"刘锜当天夜晚派遣一千多人前去突袭，杀敌无数。不久金三路都统葛王锜率兵三万人，与龙虎大王合兵攻城。刘锜下令士兵大开城门，金军惊惧，怀疑有伏兵，不敢上前。

当初，刘锜依附城墙修筑一道矮土墙，在墙上凿孔为门，现在，跟许清等人合作布置阵势，土墙就成了排兵布阵的好屏障。金军朝城中射箭，箭矢都飞越矮土墙掉到城中，有的射入矮土墙上。刘锜用破敌弓和神臂弓、强弩互相配合，从城墙上或孔门中射击敌人，伤敌甚重，敌兵稍稍后退了一些。他又派步兵出城主动攻击敌人，金军一片混乱，互相踩踏，坠颍河淹死了很多人。于是，金数千铁骑兵被打败了。此时，朝廷任命刘锜为鼎州观察使，枢密副都承旨，沿淮制置使。

到这时候，敌人包围顺昌城已有四天了，而金兵又越来越多，于是刘锜决定移营驻扎在离顺昌城二十里的东村，刘锜派遣猛将阎充带五百壮士乘夜色突袭敌营。当晚，将要下雨，电闪雷鸣，趁着电光，阎充及其士兵看到有发辫的士兵就杀。金兵后退十五里。刘锜又招募百人袭击金军，有人请求让士兵口中衔枚禁止出声以免被敌人发觉，刘锜哈哈大笑说"不用衔枚"，他下令用吹竹子的方法发出口哨，就像民间的儿童游戏一样，每人一个竹哨，这就是暗号了，而后直向金营杀去。进入金营的士兵在雷电闪耀时就奋力杀敌，雷电停止时就隐藏起来，伺机待变。敌军一时大乱。一百人闻哨则聚，金军难辨虚实。一夜之间金人尸横遍野，不得不退回到老婆湾驻守。

金兀术在汴京得到失败的消息后，立即出兵。在淮宁停留一夜，整顿好军备，不出七天便赶到了顺昌。刘锜听说金兀术赶到，召集各位将领在城上共议对敌之策。有人认为，从开战以来已经多次获胜，不如见好就收，乘此机会，保全军队力量撤退。刘锜说：朝廷养兵十五年，正是为了在形势危急时使用，况且现在已伤了敌军锐气，我军军威刚刚振奋，虽然敌众我寡，但在这个形势下我们也只能前进不能后退。敌我军营又相距不远，金兀术已赶来了，我军一动，敌人必然在后面追击，那么以前的功绩也就付之流水了。而且，如果让敌人大举南下，侵犯到两淮、江浙一带，那么我们不仅有负平生的报国之志，而且恐怕要背负误国的罪名呢。"众人闻言，都群情激奋，说："愿意听从太尉的命令。"

刘锜招募到曹成等两人，告诉他们说："派遣你们去打探军情，事成之后必有重赏，只管按照我说的去做，敌人不会杀死你们的。现在你们假扮在路上掉队的骑兵，遇到敌人后便假装落马被俘。如果有敌人将领向你们打听我的为人，就回答说：'刘锜原是边帅的儿子，喜爱声色，由于两国已恢复了和平，朝廷让他留守东京享受荣华富贵而已。'"不久两人果然被敌人俘获，金兀术问他们时，他们就将刘锜教的话一字不差地说了一遍。金兀术大为高兴，说："我不费吹灰之力便可攻破此城了。"于是就不再用鹅车炮等攻城装备，而是把它们丢在一边。第二天，刘锜登城了望，看见曹成两人远道赶来，用绳子把他们拉上来。原来是敌人把曹成等用绳子绑了送回宋营，并在他们身上夹带了一卷文书。刘锜害怕军心因此而被动摇，忙一把火烧了文书。

金兀术来到城下，责备失职的众将领。众人都说："现在宋朝用兵与过去不同了。元帅亲自看一看，就会明白了。"刘锜派遣耿训到金营送了决战表，金兀术怒气冲天，说："刘锜凭什么同我交战，我有大军在后，要攻破顺昌城，只用靴尖踢墙就能够让城墙倒塌了。"耿训说："太尉不但请求同太子决战，并且说太子一定不敢渡河，否则情愿把五座浮桥献给太子，以便贵军渡河决战。"金兀术说："好！"并下令部队第二天在顺昌城中聚餐。天刚破晓，刘锜便依前言在颍河上架起了五座浮桥，金兵金将从桥上渡河到了对岸。

颍河上游和草木中都被刘锜派人投了毒药。他告诫自己人说，即使是渴死也不要喝河里的水，违抗这个命令的斩杀他的全族人。敌军以精锐部队等待战斗，众位将领各率一部。众人请求先攻打韩将军部，刘锜说："这样做不好。我们应该先攻打金兀术的军队，因为那才是金军的精锐之师。如果击退了金兀术部队，金军自然会全线溃逃，难以有所作为了。不然，即便打退了韩军，金兀术的军队我们还是招架不住。"

当时天气酷热难当，金军远道而来疲惫难当；而刘锜的军队以逸待劳，以不变应万变，悠闲安逸却士气高涨。金军盔甲不离身，昼夜不敢休息，刘锜军队则坐在矮墙下轮流吃饭歇息。金军此时已是人困马乏，喝水（因为水里有毒）就生病，已毫无战斗力可言。早晨天气凉快，刘锜却按兵不动，等到中午热浪袭人时，敌人又热又累，力尽筋疲，刘锜突然派遣数百人出西门同金军交战。随即派数千人立刻从南门杀出，并告诫士兵不可高喊，只以利斧杀敌就是了。统制官赵搏、韩直身中数箭，依然奋不顾身坚持战斗，士兵们均殊死奋战，冲入金军阵营中用刀斧乱砍敌军，大败金军。这天晚上大雨倾盆，平地积水一尺多深。金兀术带领士兵向北撤退，刘锜乘胜追击，金军死伤万余人。

双方正打得激烈，金兀术身着白袍，率领三千侍卫亲兵亲自来督战，每名士兵都身穿厚重的铠甲，号称"铁浮图"，胸戴铁兜牟，周围连缀长檐。他们三人为一组，用绳索连起来，每前进一步，就用拒马木把后退的路截断。人进一步，拒马木也随之跟进一步，退路被封死了。宋军先用长枪挑去他们的头盔，再用大斧砍断他们的手臂，击碎他们的脑袋。金军又把铁骑兵分为左右两翼，号称"拐子马"，由女真族人组成，被称为"常胜军"，专门用来打硬仗，只有关键时刻，才用其参战。自从出战以来，这支部队所向披靡，战无不胜，但现在也被刘锜打败了。战斗自中午到黄昏，金军惨败，刘锜于是用拒马木作屏障，稍作休息。城上不断传来战鼓声，城下战士们坐下吃饭休息，跟平常没有丝毫区别，而敌人则溃不成军，不敢轻举妄动。吃完饭，撤除拒马木，宋军深入金营中拼杀，又把金军打得落花流水。敌军尸横遍野，车旗器甲堆积如山。

当初，有河北军对官军说："我们原是左护军，本来就没有斗志，应该最先击杀的不是我们，而是两翼的拐子马。"因此刘锜的部队将攻击拐子马作为重要任务。金兀术平时所依仗的拐子马部队损失了十之七八，金兀术逃到陈州，将其手下失职的将领分别治罪，韩常以下都被鞭打，然后率领军队返回汴京。捷报传至宋廷，高宗非常欢喜，升刘锜为武泰军节度使、侍卫马军都虞候、知顺昌府、沿淮制置使。

此战，刘锜统率兵力不到二万，其中可以投入战斗的士兵只有五千。金军数十万人在西北扎营，营房长达十五里，每天傍晚，鼓声震动山谷，营中喧哗吵闹，夜夜不息。金派人接近顺昌城窃听消息，见城中秩序井然，寂静无声，连鸡鸣狗叫之声都听不见。金军这边，将士们环列在金兀术帐前，手中以蜡烛照明，部下将士只能在马上轮班睡觉。刘锜以逸待劳，因此获得胜利。当时出使金朝的洪皓在燕京秘密上奏："顺昌一战之后，金人肝胆俱裂，燕京的珍贵珠宝全部北移，准备放弃燕京以南土地。因此人们认为这时如果诸将同心协力，分路追击，那就可以擒获兀术，收复汴京；但宋军却忙着撤退，白白丧失了大好机会，实在可惜。"

七月，朝廷命令刘锜任淮北宣抚判官，协助杨沂中在太康县大败金军。

不久，秦桧请求高宗命令杨沂中回师镇江，刘锜则返回太平州，由岳飞率兵赶往行在，这样北伐的计划也便搁置了。

（2）柘皋大捷

自从顺昌大败后，金兀术便在汴京招兵买马，以图东山再起。绍兴十一年（公元1141年）正月，金兀术趁着淮西宋军奉诏南归，再次南侵宋廷，攻陷寿春，渡过淮河，又攻陷了庐州（今安徽合肥）。

二月，宋高宗听闻金军再次南侵，便命张俊、杨沂中赴淮西迎敌。张俊等率军从采石过江，先后攻克了历阳和和州（安徽和县）。金军退守昭关（今安徽含山北）。不久，宋将王德、田师中又攻克含山和昭关。这时，刘锜也奉命率军从太平（安徽当涂）过江，与张俊、杨沂中在含山会合。

宋大军渡江会合后，金军大将韩常等下令金军在含山、和州一带的前锋缓缓后退，想引诱宋军到柘皋（安徽巢县西北）进行决战。柘皋地势平坦，最适于骑兵作战，这利于金兵发挥优势。会师后的宋军，继续向庐州开拔。

刘锜率重甲步兵率先前进。二月十二日，刘锜部进军到了石梁河（今安徽巢湖市东）。金军拆毁桥梁，又在河对岸的柘皋列阵，等待宋军的到来。金兵见刘锜部主要是步兵，颇不以为然，轻敌之心蔓延，斗志松懈。石梁河与巢湖相连，有两丈多宽。刘锜命令士兵拿柴草来架桥，很快就搭起了数座草桥。刘锜随即命令将士赶紧过河以掩护后边主力部队的渡河行动。不久，杨沂中、王德、田师中、张子盖等率领的宋军相继过河。刘锜与诸将把宋军分为三支，分兵攻打金军。金军无力抵挡，纷纷后退。宋军初战告捷。

第二天，金镇国大将军韩常等把十多万骑兵分作两支人马，对宋军形成左右夹击之势。宋将田师中见金兵人多势众，主张坚守城池不主动迎战，从而等待援军，等张俊率领的宋军赶到再反击。王德却认为战机不可失，更不能被动挨打，主张应掌握战斗的主动权，抓紧时机进行反击。他建议："金军的右翼才是真正的主力，我们应当先集中兵力击败右翼敌军。"众将都认为王德的话有道理，从而对金军进行了全面攻击。王德亲自率宋军攻击金军右翼，田师中率军随后接应。金军见王德率军冲杀过来，立即拉开架势，准备迎敌。金军中有一将披甲跃马，指挥金军抵抗宋军的进攻，王德见状，引弓发箭，将金将射落马下，金将当场毙命。金将一死，金军便少了指挥，顿时大乱。王德乘势率领宋军呐喊冲击，金军败退。这时，金军的精锐部队拐子马又从两翼增援而来，王德率军迎敌，死力拼杀。宋将杨沂中见状，使出已想好的破拐子马的绝招。他让士兵手执长斧和盾牌，排成人墙，遇到拐子马，先砍马腿，再砍杀随马倒地的金兵。金军已黔驴技穷，只得大败而逃。王德和刘锜率宋军乘胜追击，在东山（龙泉山）又大败金军。金兵一见宋军旗帜，便惊呼："这是顺昌宋军的旗帜！"惶惶乎如惊弓之鸟，拼命逃跑。

金兀术见宋军士气高涨，而金军却节节败退，就亲自率军在步店（今安徽合肥市东）截击宋军，试图阻挡宋军攻势，挽回败局。但宋将杨沂中等又在步店打败了金兀术。金兀术仓皇北退，宋军乘胜追击，收复了寿春和庐州。

柘皋之战，宋军以九百多人的损失换取了金军死伤数万人的大胜利。

柘皋之战后，宋军步"顺昌之捷"的后尘，也未能乘胜追杀金军，扩大战果。三月，高宗诏令张俊、杨沂中、刘锜班师回朝。

班师的宋军刚起程，就收到报告说金军进攻濠州（安徽凤阳东北）。张俊邀请杨沂中、刘锜回师救援濠州。当援军距濠州还有六十里时，濠州已沦入金军之手。张俊召集诸将帅商讨应对之策。杨沂中主张继续前往濠州，与金军决战。刘锜则认为回师北来主要是救濠州的，现濠州已失，金军以逸待劳，又可据城攻守，如此贸然进攻，很可能要吃败仗，倒不如退据关险，再想收复濠州的办法。众人大多同意刘锜意见，于是三军扎营，形成鼎足之势。

张俊派去的许多侦察濠州军情的士兵回来都报告说濠州没有金兵。刘锜对张俊说："敌人得了濠州又突然放弃，其中一定有诈，我们不可不防。"张俊想独占功劳，不听刘锜的忠告，遂命刘锜留守，命杨沂中、王德率神勇步骑兵六万，直奔濠州而去。三月十日上午，宋军骑兵先至濠州城西岭上。金军早已在城两侧埋伏了数万铁骑，在宋军还未稳住阵脚时，以城墙上烟火为号，突然从两翼杀出。宋军士兵纷纷向南后退，阵脚大乱。随后赶来的步兵见骑兵南奔，以为前锋将士吃了败仗，也都四散逃跑了。金兵乘势追击，宋军损失惨重。沿途宋军看前线大败，形势不妙，也都向南逃奔。

宋军濠州之败后，朝廷便放弃了顺昌之战和柘皋之战收复的淮西地区，只想保住长江以南，命大军南撤。张俊渡过长江在建康（今江苏南京市）驻扎，刘锜从和州渡江屯驻太平，杨沂中回到了临安。

顺昌柘皋大捷，是南宋抗金史上的光辉篇章。它挫败了金军南下的计划，激发了南宋军民的抗金热情。但由于宋高宗和秦桧一伙人主张"议和"干扰破坏抗金活动，南宋军民所取得的胜利非但没能巩固与扩大，反而丧失在"议和"派手中。

5.绍兴和议

绍兴十一年（公元1141年）十一月，南宋朝廷罢免韩世忠、张俊、岳飞三人的兵权，在有利的军事形势下签订了丧权辱国的和约，史称"绍兴和议"。

（1）秦桧

"绍兴和议"的签订与中国历史上臭名昭著的大汉奸——秦桧有着密切的关系。

秦桧，字会之，是江宁人。政和五年（公元1115年）考中进士，补为密州教授。接着考中词学兼茂科，任太学学正。靖康元年（公元1126年），金兵攻打汴京，派来使者要求南宋割让三镇，秦桧上书给钦宗，陈述了关于军机的四个方面：一是说金人欲望无穷，请求只答应割燕山一路；二是说金人狡猾，可能有其他阴谋，仍不能放松守备；三是请求召集百官详细讨论，选择恰当的语言写入誓书；四是请求让金人在城外使馆休息，不能让他入城和上殿。可惜没有得到答复。他先任职为职方员外郎，不久，又在张邦昌手下做事。张邦昌奉命出使金国，令秦桧随行，秦桧说："此行专为割地而去，与我的主意相违背，不是我想做的。"于是，他三次上书朝廷辞职，皇上允许了。

随后宋廷商议把太原、中山、河间三镇割让给金国，以此来求得停战。高宗命秦桧假借礼部侍郎之名同程瑀一起做割地使陪肃王来到金营。金兵撤退后，秦桧、程㬋肠从燕京回来。御使中丞李回、翰林承旨吴幵一起推荐秦桧，朝廷任命他为殿中侍御史，升为左司谏。王云、李若水见了金兵二元帅，回来说："金兵坚持要宋割地，不然，就进取汴京。"十一月，皇上召集百官在延和殿商议对策，以范宗尹为首的七十人同意割地，而秦桧等三十六人则坚决反对。不久，秦桧受皇命，做了御史中丞。

闰十一月，汴京被攻破，金军掳走了宋徽宗和宋钦宗。靖康二年（公元1127年）二月，莫俦、吴幵从金营回来，传达金人的命令说要重新推立异姓皇帝。留守王时雍等召集百官军民共同商议立张邦昌为帝，众人大惊，不敢回答，监察御史马伸对大家说："我们是忠臣良将，怎么能在这里一味旁观，不说一句仗义直言的话？我们应当一起写成议状，请求保存赵氏天下呀。"当时秦桧是御史台长官，也认为马伸的话对，就上书金国主说：

"秦桧承蒙皇帝恩典，十分惭愧无以报答。现在金人手中掌握重兵，占据城池，有生杀予夺的权力，假若一定要立异姓人为皇帝，秦桧将冒死争辩，不单是因为忠于皇上，更是要讲明两国的利害关系。赵氏开国至今，宋已绵延一百七十多年，天下太平，民心安定。突然因为奸臣破坏了和约，得罪了邻国，导致了刀兵之苦，生灵遭难，都城失守，皇上落于金人之手，实在是我们的罪过。现在两军元帅已经达成谅解，况且我们正在搜集各种珍贵之物，准备倾我国之所有奉献给金国，又割地给金，恭顺地做金的子民。这些工作已做得差不多了，你们却变更前面的协议，要推立异姓皇帝，对此我怎么能畏惧死亡，不陈述利害呢？

"宋朝统治中原地区的万里国土，百姓深感皇恩浩荡。虽然说兴亡之事自有天定，但又怎么能因为汴京一城的得失而决定废立之事呢？历史上，西汉被新政权王莽所代替，后来有光武帝刘秀中兴汉室；东汉被曹操所窃，而刘备却在蜀中以刘姓称帝；唐被朱温篡夺，李克用仍奉唐之正朔继承它。因为基业坚固则难倾，根深则难拔。

"张邦昌在徽宗在位的时候，攀附权贵，图谋不轨，为人所唾弃。社稷倾危，生灵涂炭，固然不是一人所致，但张邦昌确实负有不可推卸的责任。天下的人对他恨之入骨，假若立他为帝，让他统治人民，人民最终会共同起事，诛杀他，他也无法做大金朝的屏障。一定要立张邦昌，京城的百姓可以服从，但全国的百姓则不能保证个个臣服；京城的赵姓子弟可消灭，但全国的赵氏宗亲是灭不完的。秦桧不怕遭受朝刑，只想讲明利害，希望恢复钦宗的帝位，来安抚天下，这是对金、宋两国都有好处的事情。"

不久，金人把秦桧捉到军中。三月，金立张邦昌做了伪楚皇帝。张邦昌送书信请求金方放回秦桧、孙傅和张叔夜，金没有答应。早些时候，二帝随金兵北迁，秦桧和孙傅、张叔夜、何㮚、司马朴跟从到燕山，又转移到韩州。徽宗听说康王即位，就写信给粘罕，与粘罕讲和，并让秦桧来润色词句。秦桧用许多财物贿赂粘罕。恰好金主吴乞买把秦桧赐给他的弟弟挞懒。秦桧受到挞懒重用，挞懒攻打山阳，秦桧随军。建炎四年十月甲辰日，秦桧携妻子王氏及仆从一家人，从军中取道涟水军水砦经海上返回行在临安。

秦桧自己声称是杀掉了金朝的监视人员夺舟逃归的。当时，南宋的许多官员都认为秦桧的说法有许多破绽，不能自圆其说，更有人对他的来历表示怀疑。有人怀疑他和何㮚、孙傅等一起被金军掳掠北去，怎么就他一人能逃脱金人魔爪？还有人怀疑他在金军大营中身单力薄，如何能轻易杀掉金朝监视人员？又如何能从楚州至涟水军这一段金军控制下的地区逃脱而不被发现和追击？更有人怀疑他随金军南下，金人定会把王氏作为人质，怎么可能让王氏随军，更何况让他与王氏一起逃走？尽管朝野议论纷纷，可宋高宗赵构对此充耳不闻，他最急于得知的是徽、钦二帝的近况及是否可能与金议和。于是，秦桧回南宋不久，就受到了高宗的亲自召见。

（2）迷惑高宗

秦桧对宋高宗的心理已了如指掌，一见面就问："假若我军真能收复失地，那么钦宗肯定会回来，到时皇上您该怎么办？"宋高宗不积极抗金而主张议和的原因之一，就是对于是否能保住他皇位的顾虑。秦桧见宋高宗无言以对，就将自己起草的《与挞懒求和书》献上，夸口自己跟随挞懒数年，挞懒对他深信不疑，此书送去，定能了除积怨，使天下太平。高宗听了秦桧一番言论，信以为真，顿时心花怒放，庆幸自己在危难之时得到了一位与自己志同道合的干将。事后，他欣喜地对辅臣说："秦桧为人善良，我得到他，高兴得夜里都睡不着觉。他一回来我就知道了两位皇帝和母后的消息。而且我还得到了一个难得的人才。"在这以前，南宋虽然多次向金求和，但双方的战斗一直时断时续，从来没有终止过。南宋朝廷一心想与金议和便是发韧于秦桧南归之时。

秦桧由于得到宋高宗的宠信，连连升官，先被任命为礼部尚书。这时，范宗尹被高宗罢去相位，秦桧很想得到这个位置，因而扬言说："我有二策，可以使天下轰动，使国家安如磐石。"有人问："既然如此，怎么不一吐为快呢？"秦桧别有用心地说："我朝现在没有丞相，讲出来也不能施行，讲又有什么用处呢？"此话被高宗得知，于是在绍兴元年（公元1131年）八月任命秦桧为尚书右仆射、同平章事兼知枢密院事（右相）。秦桧如愿以偿地得到相位后，入朝谢恩，高宗急不可耐地问他："听说你有治国安邦的两个好方法，能使国家安如磐石，那时朝中没有丞相，不能实施这两个措施，现在你已做丞相，赶快施行吧。"秦桧答道："要使天下太平，百姓安宁，那就须南人归南，北人归北。将河北人还给金朝，中原人还给刘豫，战争就可以停止了。"因为当时不仅赵构本人是"北人"，许多文臣武将和士卒也都是北方人，如果实行这两个策略，不仅南宋政权和军队都要解体，高宗本人也会无可去之处。所以，尽管高宗本人也希望与金人和解，但不能接受这两个建议。于是，高宗冷笑着说："你说南人归南，北人归北，那么你是中原人，应该做刘豫的子民，我是北人，应该去哪儿呢？"秦桧被驳得哑口无言。

本来朝中有一些大臣就很反对秦桧的议和主张，并且不满他被宠幸高升，恃宠专权，现在终于来了机会。以左相吕颐浩为首，一些朝官纷纷弹劾秦桧罪行，说他专主议和，阻挠恢复大业，结党专权，狂言蒙听，应该赶出朝廷放逐而去。赵构也对他在相位十个月来无所作为和他所提出的议和"二下策"深感失望，就在绍兴二年（公元1132年）六月罢免了他，并在朝上明确表示永远不再启用他。

绍兴三年（公元1133年）十二月，金朝派李永寿、王翊出使南宋，要求把伪齐的俘虏和西北的士民归还给刘豫，而且要南宋与伪齐政权以长江为界，互相独立。金朝的这些要求，与秦桧前面的主张如出一辙。这更加证明秦桧与金朝串通一气了。

秦桧被罢相后，高宗并没有停止与金议和。但是，当议和的宋使到金营时，金人反复质问宋使，为何秦桧被罢免相职。挞懒还特意交待宋使说："秦桧熟知我朝情况，有些事情你们可以问他。"这显然是对高宗施加压力，要他重新起用秦桧。高宗也感到没有秦桧辅佐，如同失去了左右手，议和的事也久拖不决，没有丝毫进展，于是决定重新起用他。绍兴六年八月，高宗重新任命秦桧为醴泉观使兼侍读，建康行宫留守，并参决尚书省和枢密院议事。

在中原地区，人民奋起抗金，刘豫无力镇压，金朝见其无利用价值，就废黜了他。绍兴七年，金主采纳了掌握金朝大权的挞懒的建议，决定把原刘豫统治的地区归还南宋，并以归还已死在金朝的徽宗梓宫（灵柩）、韦太后（高宗赵构生母）为条件，要南宋向金称臣，贡纳岁币。高宗得到消息后，当即表示同意。又考虑到秦桧深得金人信赖，而且他又与挞懒交好，是个难得的使臣，因此，高宗于绍兴八年（公元1138年）三月，又把秦桧升迁为尚书右仆射，同平章事兼枢密使。

这年五月，宋使王伦与金使乌陵噶思谋等到达临安，金朝正式提出议和的条件和要求。赵构表示要委曲求全，一切按照金人的意思办。朝中的大臣都反对议和，朝廷内外一片愤怒之声。但高宗鬼迷心窍，与秦桧狼狈为奸，一心议和，独断专行，加快了议和的步伐。七月，由秦桧安排，南宋派王伦出使金朝，商定议和日期。为使议和事宜顺利进行，十月上旬的一天，朝议过后，秦桧独自留下，他对高宗说："其他大臣们多是畏首畏尾，难成大事，所以有关议和的问题，最好请陛下与臣一人商量，不必再让其他人干预了。"高宗立即答应。秦桧力主和议，虽有高宗做其后盾，仍害怕群臣从中阻拦。中书舍人勾龙如渊深知秦桧心意，竭力巴结讨好秦桧说："相公您施行的乃是平天下的大计，只因无人为台谏，才使得邪说四起，无从反击。如果有人为台谏，对不利相公的言行进行反击，对反对相公主张的人进行弹劾，则事情就可顺利成功。"秦桧听了，喜上眉梢，立即擢勾龙如渊为中丞，专门弹劾反对和议的大臣。他们相互勾结，忠臣良将惨遭陷害，又有高宗的支持，反对议和的参知政事刘大中和左相赵鼎被先后罢官。

金朝以张通古、萧哲为江南诏谕使，与宋使王伦一起南来。金使十分傲慢，并不把南宋放在眼里。进入宋境后，竟然让沿途各县守臣像迎奉宋帝诏书一样恭迎大金的诏书。南宋士大夫得到这个消息，纷纷上书高宗，指责议和的失误。枢密副使王庶连续上书，极力陈述议和的坏处，被高宗免去了职务。枢密院编修胡铨上疏大骂秦桧、王伦一伙祸国殃民，认贼作父，罪该万死。秦桧就以"狂妄凶悖，鼓众犯上"的罪名，发配胡铨到了边远地区。

在外统兵的将帅，也极力反对和议，主张抗击金军。秦桧为了让金朝满意，命令江北韩世忠部撤驻镇江。韩世忠认为金军议和是假，麻痹我们是真，主动向朝廷请战，打击敌军，以报效国家。但高宗和秦桧一门心思只想议和，对韩世忠的请求置若罔闻，并不答应。驻军永州（湖南零陵）的张浚也多次上书，主张不能议和，可书信都被秦桧私自扣压，从不让高宗看见。

金使到达后，专横跋扈，气焰嚣张，坚持要册封赵构做金的儿皇帝，并让他跪下谢恩。消息传开后，群情激奋，朝野哗然，临安的守军准备举行起义。秦桧怕高宗迫于舆论压力而改变主意，便假意辞职。高宗驳回了秦桧的请求，而且在大臣面前极力称赞秦桧的功德，同时下诏威胁军民，禁止军民闹事。

金使要宋高宗在满朝文武百官面前跪拜金主的册封，这个要求让高宗感到很没面子。但不这样做，和议就会前功尽弃，秦桧虽深知赵构的苦衷，却也想不出一个两全其美的办法，于是去找给事中直学士楼炤商量。楼炤教他一个方法，让他向金使说明，高宗正在服丧，不能行礼，所以宰相可以代皇上行跪礼。秦桧把这一办法告知高宗，高宗很满意，觉得秦桧很会办事，使他免于受更难堪的侮辱。金使见南宋军民反对和议的呼声日益高涨，也就不再坚持原来的要求。十二月二十八日，秦桧代高宗跪拜受封。

绍兴九年正月，宋朝正式宣布了议和的内容：南宋对金称臣，每年向金纳银二十五万两，绢二十五万匹；金把原来刘豫统治的河南、陕西地区还给南宋，并把徽宗的棺材和韦太后送回南宋。和议告成，高宗和秦桧等人欢天喜地。高宗认为秦桧为议和立下了汗马功劳，为他升官晋爵，更加宠信他。

但是，高宗和秦桧一伙的好日子没过上几天。和议刚宣布不久，一直反对把河南、陕西地区交还给南宋的金朝金兀术，发动了政变，将挞懒处死，从而成为金朝权力的实际拥有者。金兀术掌权后，向南宋提出了修改和议的要求。高宗和秦桧不听群臣的劝告，仍然主张和金朝谈判议和。

（3）辱国之约

绍兴十年（公元1140年）五月，金军大举南侵，计划渡过长江灭亡南宋，宋军前线将士奋勇杀敌，捷报频传。著名抗金将领岳飞率领"岳家军"先后取得了"郾城大捷"和"朱仙镇大捷"，刘锜、张俊、杨沂中等也先后取得了"顺昌大捷"和"柘皋大捷"。金军被宋军阻击，老打败仗，不得不慌忙北撤。金兀术甚至想放弃中原，退回东北的根据地。如果宋军此时能够乘胜追击，很有可能将金军一网打尽，尽收失地，雪靖康之耻。但此时秦桧惴惴不安，为了避免在以后的谈判桌上金军向他兴师问罪，他便竭尽全力阻挠岳飞等宋军北伐抗金。他利用高宗只想保住南宋半壁江山的心理，怂恿高宗乘胜议和，则金朝必然答应。这一建议正中高宗下怀。因为投降议和一贯是高宗所推崇的。因此，秦桧以高宗的名义命令刘锜、岳飞等前线部队立即回师南下，不能轻举妄动，攻打金军。

秦桧知道岳飞不肯从抗金前线撤军，就先命令张俊、杨沂中等抗金将领率先撤退，然后以"孤军不可久留"为由，请求高宗给岳飞下达班师的命令。高宗在秦桧的请求下，竟在一日之内连下十二道金牌给岳飞，勒令岳家军马上班师回朝。

秦桧在进行议和活动中，最怕带兵将帅在朝廷外作战，不再听他的命令，就一心想夺取他们手中的兵权。给事中范同对秦桧献计说："把这些拥兵在外又不听宰相话的将领调入朝廷内的枢密府，那么他们的兵权就会自动被解除。"秦桧很高兴，认为此乃良策。给高宗上密奏说："三位大将连年在外作战，十分辛苦，现在该把他们召回临安，按功行赏了。"绍兴十一年四月上旬，韩世忠、张俊、岳飞三大将奉诏先后来到临安。秦桧和高宗串通一气，立即宣布任命韩世忠、张俊为枢密使，岳飞为枢密副使，马上入府议事，不再返回军营。这实际是明升暗降，三位大将虽然表面上升了官，但从此兵权被剥夺了。

岳飞在临安多次奏请高宗让他带兵北伐，收复失地，并痛斥秦桧一伙卖国求荣，陷害忠良。秦桧因此认为岳飞是他从事议和活动路途中的绊脚石，必欲置岳飞于死地而后快。他指使贪功妒贤的张俊和他的同伙右谏议大夫万俟卨捏造岳飞"谋反"的罪名对他进行陷害。著名抗金将领岳飞终以"谋反"罪名被秦桧所杀。陷害岳飞成了秦桧向金邀功的一件得意之作。

这年九月，金兀术在军事失利的情况下，主动要与南宋议和。高宗和秦桧闻讯，求之不得，立即答应。宋、金双方于十一月订立和议：宋朝正式对金朝称臣，并每年纳贡二十五万两白银，二十五万匹丝绢，宋、金东以淮河中流，西以大散关（陕西宝鸡西南）为界，宋割唐（河南唐河）、邓（河南邓州市）二州及商（陕西商洛市商州区）、秦（甘肃天水）二州之半予金。南宋在军事上节节胜利的大好形势下，与金人签订了这样不公平的条约，真是丧权辱国，上对不起开国皇上，下对不起黎民大众，同时，这也使秦桧一伙人卖国求荣，贪生怕死的嘴脸暴露无遗。这个和议因为签订于南宋高宗绍兴年间，史称"绍兴和议"。

秦桧一伙的议和活动，遭到了南宋军民的反对。地方官邵隆在商州十年中把流散人口组织成抗金军队，多次力挫金军。"绍兴和议"后，商州割让给金。邵隆心中十分难受，迫不得已转知金州（陕西安康）。但邵隆多次进攻金军，给金军很大打击。秦桧对邵隆此举恨之入骨，说他破坏议和，把他调知叙州（四川宜宾东北），并派人把他偷偷地毒杀了。

绍兴十二年（公元1142年）九月，因为秦桧议和的功劳，宋高宗加封秦桧为太师，封魏国公。十月，又晋封为秦、魏两国公。秦桧认为封两国公与北宋奸相蔡京相同，不肯接受。

绍兴十三年（公元1143年）七月，曾为王伦副手使金的朱弁回到临安，宋高宗召见了他。他建议高宗提高警惕，整顿军备，时时提防，防止金人毁弃盟约，南下而来，以免被金军打个措手不及。他还告诉高宗，金朝内部矛盾重重，国内人民对金的穷兵黩武很是不满，纷纷起义抗争。最后又建议高宗说："金朝实已外强中干，如若我们能抓住有利时机，是能够取得最后胜利的。"高宗只是表面上采纳了他的建议，并称赞他讲得好。但秦桧却耿耿于怀，十分反感，奏请高宗给他了一个宣教郎直秘阁的闲职，朱弁在这个位置上一直得不到重用，郁郁不乐，一直到死。

自从"绍兴和议"之后，秦桧专权有十五年，为了架空高宗，他建议高宗立太学、听讲《易经》、耕种农田等，让高宗整天在琐事中奔波。为了粉饰太平，他授意同党知虔州的薛弼，造谣说当地一百姓在朽柱中发现了木纹，上有"天下太平"字样。秦桧借此大肆渲染，因而各地官员投其所好，天天有报告祥瑞的奏章。为此，高宗大为高兴，为秦桧粉饰的太平所陶醉，不再议论军事。

秦桧的作为激起了正义之士的愤慨，很多人欲杀之而后快。殿前军士施全，趁着秦桧上朝的机会，挟刀行刺，但没有成功，反被捕入狱。秦桧曾到狱中问施全为何杀他，施全理直气壮地说："天下军民都要求抗金，你偏要议和，又残害忠良，所以我要杀你。"秦桧虽然杀了施全，但做贼心虚，从此胆小如鼠，每次出行，都带着全副武装的护卫五十多人，预防刺客，府第内外日夜重兵把守，轻易不敢外出。

晚年的秦桧仍不肯放过那些曾反对他议和的大臣。他曾经把赵鼎等人的名字写好藏在"一德格天阁"中，一心想杀了他们。赵鼎被安置在吉阳军，派人去告诉他儿子赵汾说："秦桧一定不会放过我，只有我死了，才有可能不祸及全家。"其后，赵鼎绝食而死。秦桧为没有亲手杀了赵鼎而感到很遗憾。他仍不放过赵汾，给赵汾罗织了个"奸谋"的罪名，把他逮捕入狱，又指使手下对他酷刑逼供，并让他诬陷李光、胡铨等五十三人"谋反"，造成一桩大案。但此时秦桧已病入膏肓，奄奄一息，再也无力深究"谋反"这桩大大的冤狱案件了。

绍兴二十五年（公元1155年）十月，秦桧在临安病死。

6.岳飞之死

绍兴十一年（公元1141年）十二月，抗金名将岳飞为奸臣所杀，死在狱中，年仅三十九岁。

（1）岳飞出世

岳飞，字鹏举，相州汤阴人。祖上世世代代是农民出身。父亲岳和，节俭度日，时常扶危济贫，接济百姓。有人越过田埂之界，把庄稼种到了他的田里，他把庄稼收割后归还别人；别人向他借贷，他也不强要借贷的人归还。岳飞出生时，有一大鸟像是鲲鹏，由屋顶鸣叫着疾飞而过，因此父母为他取名为岳飞。岳飞未满月时，黄河在内黄一带决堤，大水突然冲来，母亲姚氏抱着岳飞坐在大缸里，被波涛冲到岸上才未被水淹没，人们都觉得十分惊奇。

岳飞小时候就有远大的志向，性情深沉淳厚，不爱讲话。他读书很用功，特别喜欢读《左氏春秋》《孙吴兵法》等。岳飞生下来时就有很大力气，不到二十岁时，就能拉动三百斤的强弓、八石的劲弩。曾经拜周侗为师，学习射箭本领，尽得周侗真传，能够左右开弓射击。父亲对此十分赞许，说："如果你长大后能够报效国家，一定能够成为为国捐躯的忠义之士。"

宣和四年（公元1122年），真定宣抚使刘浩招募战士，岳飞前往应征入伍，从此开始了自己的军旅生活。当时相州有一股以陶俊、贾进和为首的盗贼为非作歹，在当地猖獗。岳飞请战，要求率领二百兵士去消灭这伙盗贼。他先派部分士兵扮作商人进入盗贼活动区，被陶俊等俘去编入部伍。接着岳飞把剩下的士兵派到山下埋伏，自己亲自带领几十个人向敌人营垒逼进，进行挑战。陶俊出兵应战，岳飞假装打不过敌人败退，引诱敌人追赶，陶俊等果然随后紧追。山下伏兵突然杀出，先前让陶俊掳去假扮商人的士兵也作为内应，一举活捉了陶俊和贾进和，胜利而归。

康王赵构至相州，岳飞通过刘浩进见赵构，接受赵构的命令招讨游寇吉倩，吉倩率众三百八十人投降，岳飞由于军功被封为承信郎。此后，他又率铁骑三百人前往李固渡诱敌，打败了金兵。而后跟从刘浩为东京开封解了围，在滑州南部与金军相持。当岳飞正带领百名骑兵在结冰的河面演习时，金军突然袭来，岳飞对部属说："敌人虽然人多势众，但并不知晓我军的情况，我们应当趁着他们还未站稳脚跟就打他个措手不及。"于是一马当先，向敌人杀去。金有一猛将手舞大刀扑面而来，岳飞把他斩杀于马下，敌人大败而逃。岳飞因此迁为秉义郎，隶属于东京留守宗泽。岳飞转战于开德、曹州，屡立战功。宗泽对此十分惊奇，说："你的勇敢机智和才能武艺，古代的良将也不能在你之上啊，但你喜欢野战，终不是长久之计。"因此将作战阵图传授给岳飞。岳飞说："摆好阵势再开战，这是用兵的一般法则；要把它运用得巧妙得当，全在于开动脑筋，灵活运用。"宗泽闻言，觉得岳飞说得很有道理。

康王赵构即位以后，岳飞上书数千言，大概意思是说："现在陛下已继承皇位，社稷百姓都有了主心骨，这足以可以破敌奸谋了，再加上保护皇上的军队日益集中，兵力已够；而金军则认为我们软弱，难免会轻敌，我们应该趁金军懈怠的时候全力出击才对。黄潜善、汪伯彦之辈不能实现陛下旨意，图谋恢复故土，而是劝陛下不断南逃，这恐怕要辜负中原父老的愿望。我恳请陛下趁敌人阵营还没有巩固的时机，率领大军北渡黄河，这样将士振奋，士气激昂，中原失地可一举恢复。"岳飞上书之后，因为有奸佞小臣说这是越职言事，被剥职为民，赶出了军队。

岳飞无奈，投靠到河北招讨使张所门下，张所待他如上宾，以国士的礼节接见了他，补为修武郎，充任中军统领。张所问道："你能抵敌多少敌人？"岳飞回答说："单凭勇敢并不足以对敌作战，用兵之要点在有谋有略，事先计划好。古代晋国栾枝用曳柴扬尘的方法战胜楚国，楚国莫敖用采樵之计打败绞国，这都是先定谋略取胜的例证。"张所对岳飞的一席话惊叹道："你可不是普通的军队中的武夫可以比得上的。"岳飞向张所建议说："国都开封只有以河北为屏障才能巩固。如果我军占领要害的地方，把主力部队在各军事重镇驻扎，在这些城镇中即使有一座城市受到敌人的包围，其余的城池也可以出兵援救，打败敌人，这样金军就不能占我河南领土，开封也可以固若金汤了。您如果要出兵，岳飞我会随军出征，俯首听命。"张所听完这话十分高兴，即将岳飞补为武经郎。

大军前进到新乡，这里金兵数量众多，王彦有些惧怕，停止不前。岳飞独自率领所部与敌人大战，挥舞从敌人那里夺过来的大旗鼓励士气，将士个个奋不顾身，英勇战斗，新乡之战取得了胜利。次日，岳飞又与金军在候北川激战，身上受了十多处伤，手下军士也都拼死战斗，金军又大败而回。夜晚驻扎在石门山下，有人传言金兵卷土重来，全军都躁动不安，害怕起来，岳飞却很镇静，一直卧床休息，最终金兵也没来。但粮食不久就吃完了，军中不可一日无粮，于是岳飞请求王彦给军队拨些粮草，遭到了王彦的拒绝。岳飞向北进发，在太行山与金军遭遇，展开大战，捉住了金将拓跋耶乌。在太行山驻扎了些日子，又同敌人遭遇，岳飞单人独骑，深入敌阵，手中丈八铁枪，所向披靡，刺死金将黑风大王，敌人大败而逃。岳飞知道自己与王彦有矛盾，就投奔了宗泽，作留守司统制。宗泽去世后，杜充接任东京留守，岳飞官职不动。

建炎二年（公元1128年），岳飞先与金军在胙城打了一仗，又在黑龙潭与金军交锋，均大胜金军。随从间勍保护宋皇陵，与金大战汜水关，射杀金将，大败金人。岳飞在竹芦渡驻扎时，与金军对峙，总也不分胜负。于是岳飞选择三百名英勇善战的士兵在前山下埋伏好，命令每人将两束薪草交叉绑缚起来，等到夜半时分，点燃四端将其举起。金军以为是大宋援兵来了，吓得四处逃散。

建炎三年（公元1129年），贼寇王善、曹成、孔彦舟等人带领五十万人，进攻南薰门。岳飞所部人马仅有八百，大家都害怕寡不敌众，岳飞说："我可以为诸位击败敌人。"于是左手挟弓，右手持矛，冲入敌阵，奋力砍杀，敌军大乱，溃散而逃。又在东明活捉贼首杜叔五、孙海。因岳飞有功，被借补为英州刺史。王善围攻陈州，岳飞在清河跟他摆开阵势，进行战斗，擒获其将领孙胜、孙清，被授予真州刺史。

杜充准备率领部队撤回建康，岳飞说："中原地区自古为我们的疆土，每寸土地我们都要誓死保卫，绝对不可以放弃，今天部队南移，金军必会乘虚而入，占我疆土，将来想要收复那就难了，我看至少需要十万军队才能办到。"杜充听不进劝告，岳飞没办法只好随军南归。军队行进途中，遇到贼寇张用的军队，在六合又与李成遭逢，岳飞同他们作战，都取得了胜利。李成派人抢劫南宋朝廷的劳军物资，被岳飞击败，狼狈地向江西逃窜。这时朝廷命令杜充守卫建康，金军与李成合军进攻乌江。杜充把自己关在屋里，对此事不闻不问，岳飞哭谏，请求他视察军队，杜充依然不为所动，按兵不动。金军由马家渡渡过乌江，杜充派出岳飞等出战，王燮未战先逃，其他的将领见势不妙，也都溃散，只留岳飞一人独力支撑。

这时杜充已叛变，投降了金人。将领们趁此机会怂恿部下掠夺百姓，只有岳飞军队纪律严明，对百姓秋毫无犯。金兀术派兵向杭州进军，岳飞率领部队在广德境内截击，与金军交战六回，每战皆胜，擒获金将王权，俘虏金军首领四十多人。岳飞把其中可以"为我所用"的人利用起来，对他们施以恩惠，然后把他们送回金军中，嘱咐他们晚上在岳家军攻打敌营时作为内应，在金营中放火。到了夜里，大家依计而行。岳飞乘混乱直捣敌巢，大败金军。岳飞在钟村驻扎时，将士们缺粮，但大家宁可忍饥挨饿，却从不骚扰百姓。金朝所征集的汉族士兵互相传告："这是岳爷爷的军队。"因此争相投奔。

（2）大显神威

建炎四年（公元1130年），金兀术进攻常州，宜兴县令把岳飞的军队迎接到其所辖地区。盗贼郭吉听说了岳飞要来的消息，慌忙乘船逃到太湖上。岳飞派遣王贵、傅庆追击攻打他们，又派能言善辩的马皋、林聚前去劝降。其中有一个叫张威武的人不肯投降，岳飞独自一人闯入他的大营，把他杀了。在此地避难的百姓，从此不再受盗贼侵扰了，个个感恩戴德，家家供奉岳飞的画像。

金军再次出兵常州，岳飞与金兵交锋四回，捷报频传，乘胜追击金军到镇江以东，并再一次战胜了金军。清水亭一战，又使金军大败，横尸十五里。金兀术军越来越接近建康，岳飞在牛头山下埋伏好了等待敌人。夜里，命令一百名士兵穿着黑色衣服混入金营袭扰，金兵惊慌失措，分不清敌我，自相残杀起来。金兀术领军在龙湾驻扎，岳飞带领三百骑兵，二千步兵赶到新城，打败了金军。金兀术逃奔到淮西，岳飞于是收复建康。岳飞上奏说："建康是重要的地方，应该派军队来严防固守；淮河地区是南宋的心腹之地，也要增兵防卫。"皇帝很高兴，采纳了意见。金兀术率军北撤，岳飞与金军约战于静安，大败金军。

朝廷诏令讨伐戚方，岳飞率三千人在苦岭安营扎寨。戚方先是逃跑，后来又卷土重来，这次兵力已有所增加。岳飞率领一千人马，亲自参战，与戚方大战十次，获得了全胜的战绩。恰好张俊军队来到，戚方于是投降。范宗尹称赞岳飞真是国家栋梁，朝廷因此将岳飞擢升为通、泰镇抚使兼知泰州。岳飞谢过皇恩，但坚辞不受，请求担承淮南东路重要而艰难的职务，收复本路所辖州郡，等有了机会马上北伐，逐渐收回山东、河北、河东、京畿等路沦陷地区。

这时金军加紧进攻楚州，形势十分危急，朝廷令张俊率部增援。张俊不想去，推掉任务。于是岳飞被派驻前线，同时刘光世也出兵，作岳飞的援军。岳飞部驻扎在三墅作为楚州援兵，不久进兵到了承州，三战三胜，杀死敌将高太保，俘虏敌军首领七十多人。但刘光世胆小怕事，畏敌不前，再加上岳飞势单力薄，孤掌难鸣，最后楚州还是陷于敌手。高宗又诏令岳飞回军守卫通、泰，并下旨说：能守就守，如守不住，便在沙州保护百姓撤退，伺机袭击敌人。岳飞研究了泰州一带的地形，认为此地没有用来抵挡金军的险要地形，于是就退守柴墟，在南霸桥大败金军。在沙州护卫百姓渡江，岳飞率领二百名精锐骑兵在后边保护。金军久闻岳飞威名，不敢接近。岳飞认为泰州失守是自己的过失，因而请求朝廷处分。

绍兴元年（公元1131年），张俊请高宗让岳飞一同前去讨伐李成。当时李成部将马进正进犯洪州，并将营寨扎于西山一带。岳飞说："敌人贪图立功而不考虑退路，如果我们派骑兵从上流生米渡处过江，突然从敌军后面发起冲击，那么肯定能大败敌军。"岳飞请求由自己亲自担任先锋，张俊大喜。岳飞身披重甲骑着战马，人不知，鬼不觉，突然在敌军右翼出现，左拼右突，杀敌无数，他所带来的军士英勇作战，马进大败逃到了筠州。岳飞率部追击到了城东，群贼出城迎战，军前列阵十五里之遥，岳飞埋伏了一队人马，在红绸的旗帜上绣上"岳"字，让二百名骑兵随军旗进发。敌人认为岳飞兵少可欺，向其发动进攻，不想岳飞早作了埋伏，伏兵一出，奋力杀敌，敌人大败。岳飞命人大呼："不想再做贼的，我们保证不杀你们。"这个方法很灵验，有八万多贼寇投降。马进率领残兵到南康投奔李成。岳飞于夜里领军至朱家山，又斩杀其将领赵万。李成听到马进失败，亲率十多万大军前来，在楼子庄遭遇到岳飞，被岳飞打得大败。岳飞追上马进，杀了他。李成失败后，跑到蕲州，投降了伪齐政权。

张用出兵侵犯江西，张用与岳飞是同乡，均是相州人，岳飞写信劝告他说："我们是老乡，你一定知道，从前的南薰门、铁路步战役吧。今天你只有两条路可走：或战或降，你自己选吧。"张用接到岳飞的信后说："真是我的再生父母啊。"于是率领军队投到了岳飞帐下。

江、淮平定后，张俊奏报岳飞居功至伟，朝廷封岳飞为神武右军副统制，留守洪州，又因镇压境内盗贼有功，授予他亲卫大夫、建州观察使官衔。建州贼寇范汝为攻陷邵武，江西安抚使李回急忙请岳飞分兵保卫建昌军及抚州，岳飞派人将"岳"字旗插在城门上，众贼寇远远看见，互相告诫说这是岳飞的军队，是不能轻举妄动，随意侵犯的。贼寇同党姚达、饶青向建昌逼来，岳飞派将王万、徐庆率兵讨伐，擒获姚达、饶青。此战之后，岳飞因军功显赫又被提升为神武副军统制。

绍兴二年（公元1132年），贼寇曹成率领十余万军队，从江西经湖湘，占据道、贺两州。朝廷命岳飞权知潭州，兼权荆湖东路安抚都总管，并交给他金字牌、黄旗，让他招安曹成。曹成听说岳飞将到，惊慌失措，大叫："岳家军到了。"连忙分路逃跑。岳飞至茶陵，按照皇上的旨意招安曹成，曹成就是不降。岳飞上奏："皇上这些年来下招安诏书很多次了，而贼寇们往往是在力量强大时就横行肆虐，势单力薄时就接受招安。这样下去，也不是长久的方法，最好的措施是一举铲除贼盗，斩草除根。"皇帝同意他的意见。

岳飞率军到了贺州境内，抓来了曹成的间谍，让他在营帐下受绑。岳飞走出营帐分配粮草，有关官员报告说："粮食已没了，如何是好呢？"岳飞假装说："还撤回到茶陵吧。"当他回头看到间谍时，脸上马上显出因泄露军事情报而悔恨的神情，顿足捶胸，走进营帐，暗中却下令宋军让间谍逃回去。间谍回去告诉曹成，曹成听见这个报告，十分高兴，约定第二天追击岳飞。这一边岳飞却下令士兵吃罢早饭，悄悄绕过山岭迅速前进，天还没亮，就到了太平场，将曹成营寨一举拿下。曹成依托险阻抵御岳飞军进攻，岳飞指挥军队掩击，敌人大败溃逃。曹成逃到北藏岭、上梧关一带盘踞，派人向岳飞挑战。岳飞先发制人，还没等对方列好阵势就出击敌人，将士们人人奋勇，个个当先，不多时两个关隘已在岳飞军手中。曹成又从桂岭设寨一直到北藏岭，接连控制隘要通道，亲自率领十多万人守卫蓬头岭。岳飞率领的军队虽然只八千人，但士气振作，登上山岭，大破曹成大军。曹成逃到连州。岳飞对张宪等人说："曹成同伙都已溃不成军了。现在若放了他们的头头，又怕他们往后集结队伍，卷土重来，但杀死胁从者又有滥杀之嫌，这样吧，你带人把他们的首领诛杀了，同时招抚他们的部下吧，注意不要滥加杀戮，损害皇上爱民如子的声誉。"于是张宪自贺州、连州，徐庆自邵州、道州，王贵自郴州、桂州，招降曹成部下两万人，在连州与岳飞会合。岳飞又进军追击曹成，曹成逃到宣抚司投降。当时正是盛夏季节，当地多瘴气，由于岳飞管理有方，在这个地区行军，士卒竟没有一个人死于瘟疫，这很不容易。平定了岭表（即岭南）地区后，岳飞被授予武安军承宣使，屯驻江州。刚刚进入江州境内就接到安抚使李回命令，要求捕拿大贼马友、赦通、刘忠、李通、李宗亮、张式。岳飞把他们一一逮捕归案。

绍兴三年春，朝廷召岳飞去行在临安（今浙江杭州）。江西宣谕刘大中上奏说："岳飞的部队军纪严明，深得当地百姓拥戴，现在要是去了行在，恐怕此地要再起盗贼。"这样岳飞就没有去临安。当时虔、吉州盗贼联兵寇掠循、梅、广、惠、英、韶、南雄、南安、建昌、汀、邵武等州郡，皇帝亲自点名让岳飞去平定贼寇。岳飞到虔州，固石洞贼寇彭友率领全部人马赶至雩都迎战，他本人跃马直冲宋军，但由于岳飞指挥有方，很快被官军捕获，剩下的贼寇首领退到固石洞坚守。固石洞地势险峻，而且四周都有水环绕，只有一条小河能够作为进出之路。岳飞将骑兵在山下列阵，命令军士张弓持弩，准备战斗，黎明时分，派出敢死队迅速出击登上山顶，敌人顿时慌了手脚，放弃山头四下逃散，岳飞的军队把他们包围了。贼众溃败，呼天抢地，请求官兵饶命。岳飞下令士兵不要屠杀，接受他们的投降。徐庆等人又按照岳飞教给他们的计策搜捕各地残余的贼寇，并迫使他们投降。当初，因为隆后曾在此受到惊吓，皇帝曾秘密诏令岳飞占领虔州城后，把城内居民都杀光。岳飞上奏请求高宗只杀害罪大恶极者，而把胁从犯罪的人赦免，高宗并不答应，后经岳飞再三恳求，高宗才勉强同意。城中百姓为了感激岳飞恩德，绘制了岳飞像，家家供奉。余寇高聚、张成侵犯袁州，岳飞派王贵带兵平定了他们。

（3）精忠岳飞

这年秋天，岳飞入朝觐见高宗，高宗亲自给岳飞题词"精忠岳飞"四字，制成旗帜赐给岳飞。朝廷任命他为镇南军承宣使、江南西路沿江制置使，不久又改任神武后军都统制，仍保留制置使职务，李山、吴全、吴锡、李横、牛皋等部都受他的管辖。

伪齐政权倚仗着金兵南侵，派遣李成攻破襄阳、唐、邓、随、郢等州及信阳军，洞庭湖的杨幺也企图顺流而下，李成则打算从江西陆路进攻，一直杀向两浙，与杨幺会合。高宗命令岳飞迎击。

绍兴四年（公元1134年），朝廷任命岳飞兼任荆南、鄂、岳州制置使。岳飞上书天子说："襄阳等六郡是恢复中原的关键，我们只有先攻下这六郡，解除心腹之患，才可恢复中原。李成远逃后，再在湖湘等地增派兵力，用来歼灭全部盗贼。"高宗将岳飞的建议告诉赵鼎，赵鼎说："岳飞是最了解长江上流利害得失的人，这一点尚无人能比。"于是授予岳飞为黄州、复州、汉阳军、德安府制置使。岳飞乘船渡江到了江心，转回头告诉部下说："岳飞我要是不剿灭贼寇，此生不再渡长江。"进抵郢州城下，伪齐大将京超号称"万人敌"，凭借城墙坚固抗拒岳飞。岳飞亲自擂鼓助战，军队士气振奋，收复郢州，京超投崖自杀。之后，岳飞一面派张宪、徐庆去收复随州，一面亲自率部去收复襄阳。李成率领人马迎战，左翼靠近襄江，岳飞笑道："步兵本适于在险阻之地作战，而骑兵则精于平原之战，可李成今天正好相反，左翼骑兵排列在江岸，右翼步兵排列于平地，就算拥有十万之众又怎么能成功呢？"他命令王贵率领长枪步兵进攻骑兵，又命令牛皋率领骑兵进攻李成步兵。两军交战之后，李成军的战马应枪倒毙，后面的骑兵被挤入江中，步兵死亡无数，李成连夜逃走，襄阳终于回到官兵手中。伪齐刘豫派兵增援李成，并让他驻守新野，岳飞和王万两面夹击，击败李成。

岳飞上奏说："金人现在贪财好色，他们已经骄傲自满，意志薄弱；刘豫虽然忘了臣子本分建立了伪齐政权，但当地人民却心系故国，时刻没有忘记宋朝。假如派出精兵二十万，长驱直入，直捣中原，那么驱除金人，收复故土，实在是易如反掌。襄阳、随州、郢州土地都十分肥沃，如果实行营田，好处很多。等到粮饷充足之时，我就率领军队过江剿灭敌军。"当时朝廷对深入北方的举动十分重视，再加上营田的确是一个好办法，因此支持这些观点的人多起来了。

岳飞进军邓州，李成和金将刘合孛堇排列营寨抵御岳飞。岳飞派遣王贵、张宪带兵出击，敌军溃退，只有刘合孛堇一人逃跑了。李成的党羽高仲退而保守邓州城，岳飞率军一鼓作气攻下邓州城，活捉高仲，收复邓州。高宗闻报，喜形于色地说："我早就听说岳飞治理军队有方，纪律严明，没想到攻城破寨他也这样有办法啊。"岳飞又收复唐州、信阳军。

平定襄汉地区之后，岳飞辞去制置使职务，请求朝廷重新派人治理该地，但朝廷没有批准。赵鼎上奏说："湖北鄂州、岳州是上流最重要的地区，皇上派岳飞屯驻鄂州、岳州，这样不仅江西可以倚仗他的声威，湖、广、江、浙也可以获得安定。"于是朝廷将随、郢、唐、邓四州和信阳军合并为襄阳府路，划归岳飞管辖，岳飞则移驻鄂州，被封为清远军节度使，湖北路、荆、襄、潭州制置使，封爵为武昌县开国子。

金兀术、刘豫联合包围了庐州，高宗命令岳飞火速前往解庐州之围。岳飞率军赶往庐州，伪齐已派遣五千名铁甲骑兵，兵临城下。岳飞军队旗帜飘扬，金兵一见"岳"字旗和"精忠"旗，便胆战心惊，刚与宋军交战便大批溃逃。这样，庐州之围得解。岳飞上奏说："襄阳等六郡的民户缺乏耕牛和粮食，请求朝廷适当地把官钱借贷给他们，免除他们以前拖欠的公私债务，并更改考核州官政绩优劣的标准，以招集流亡百姓归业的多少作参考。"

绍兴五年（公元1135年），岳飞到朝廷觐见高宗，高宗封岳飞母亲为国夫人；授予岳飞镇宁、崇信军节度使，湖北路、荆襄潭州制置使，并进封爵位为武昌郡开国侯，又任命他做荆湖南北、襄阳路制置使，神武后军都统制，命令他招捕杨幺。岳飞的军队大都是西北来的将士，不擅长水战，岳飞说："打仗哪有什么定势、常规可循，只要灵活运用，善于因地制宜，哪有不胜利的道理。"他先派遣使者前去招谕杨幺。杨幺部下黄佐说："岳节度使号令如山，如果跟他对着干，只有死路一条，我想还是投降的好。节度使诚实而讲信义，必然会好好对待我们。"于是投降。岳飞上表朝廷授予黄佐武义大夫，自己单人独骑视察黄佐的部队，拍着黄佐的背亲切地说："你是知道逆顺好坏的人，如果能够立功，他日封侯拜相也不在话下。我打算派你返回洞庭湖中，看到杨幺军中可以制服的就擒获他，能够劝降的就劝降他，你愿意做这件事吗？"黄佐感激涕零，发誓效忠南宋。

当时张浚以都督军事身份来到潭州，参政席益告诉张浚，他怀疑岳飞玩忽职守，放纵贼寇，并想上奏朝廷。张浚说："岳飞是忠孝之人，用兵有深机，我们不知他的谋略，怎么能随便议论呢？"席益非常惭愧，不再提及此事。黄佐袭击周伦营寨，杀死周伦，又把统制陈贵等人生擒活捉了。岳飞向朝廷报告了黄佐的功绩，黄佐被升为武功大夫。统制官任士安不服从王瓒的命令，军队因此而没能战胜杨幺。岳飞鞭打任士安，并命令他引诱起义军，说："三日内如果无法平定起义军，我要你项上人头示众。"任士安到处散布消息："岳太尉二十万大军来到了。"起义军见到只有任士安一支军队，集中兵力向他进攻。岳飞早已设置了伏兵，战斗危急之时，伏兵四起，救下任士安，击溃起义军。

恰好这时朝廷召张浚还朝做防备金军秋季南侵的工作。岳飞从袖中拿出一幅小图给张浚看。张浚准备等到来年再商议破杨幺事宜，岳飞说："我们已经有了破敌之策，都督只推迟几日回朝，八日之内即可破贼。"张浚问道："这也太容易了吧？"岳飞答道："王四厢用官军攻打水寇当然很困难，而我用水寇攻打水寇自然就很容易。水上作战是敌人的长处，而对我们来说是短处，以己之短攻敌之长，就算能够胜利，也会损失惨重。如果利用敌将使用敌兵，离间敌人，使其各个孤立，如同断其手足，然后用官军乘机进攻，八天之内，必然能俘虏敌人各位首领。"张浚听了这话，点头答应过几天再起程。

于是岳飞到鼎州去，属下黄佐招降了杨钦，并带了来见岳飞。岳飞高兴地说："杨钦勇敢善战，他既然投降，贼寇内部心腹已崩溃了。"然后上表朝廷，授予杨钦武义大夫，并对之给予厚待，之后仍把他派回湖中。两天后，杨钦说服余端、刘诜等前来投降，岳飞假装大怒骂杨钦说："贼寇还没有全部投降，你为什么又回来了？"于是杖打杨钦以示惩罚，再次命令他回到湖中去。这天夜里，岳飞指挥军队突袭敌营，杨幺军队数万人不得已，只得投降。杨幺依仗险固地势，不肯投降，在湖中驾船行驶。他的船以车轮击水，船速飞快，并在船旁设置撞杆，官船只要迎上去便被撞得粉碎。岳飞命令砍伐君山上的树木制成巨大的木筏，把湖汊港湾堵住，又用腐木乱草投入上流让它们顺着水势向下流去，选择水浅的地方，派遣善于叫骂的士兵挑逗起义军，引他们上当来追。起义军听见谩骂，大怒不已，果然中计来追，但腐木乱草积堵了水道，车船的水轮受阻不能前进，被困在那里。岳飞迅速派兵出击，起义军奔逃到港湾中，又被木筏阻拦。官军乘着木筏，张开牛皮革以遮挡弓矢石块，举起巨大的木头撞击敌船，敌船全都被破坏了。杨幺跳入湖水中，被牛皋捉住斩首。岳飞杀入敌营，余下的起义军首领以为岳飞为天人，行动如此神速，惊叹不已，全部投降了官军。岳飞亲自巡视各个营寨，嘘寒问暖，殷勤抚慰，起义军中老弱病残者留在田里耕作生产，年轻力壮的登记在册，编入官军。岳飞果然于八天之内平定了起义军，应了前面已许下的诺言。张浚叹服说："岳飞真是神机妙算啊！"当初，起义军凭借天险扬言说："要打我们，难于上天！除非是天兵天将在世。"到这时，人们才相信了岳飞的预言。这场战斗缴获敌船千余艘，鄂州水军也因此强大，成为沿江水军中最为强大的一支。朝廷诏令岳飞兼任蕲、黄制置使，岳飞以眼疾为由请求辞去所任职务，朝廷没有批准，加升他为检校少保，进封爵位为公。岳飞率军回到鄂州，朝廷又任命他为荆湖南北、襄阳路招讨使。

绍兴六年（公元1136年），太行山忠义社梁兴等一百多人，久仰岳飞忠义之名，率领军队前来投奔。岳飞入朝觐见高宗赵构，上奏说："自从襄阳被收复以来，并没有设置监司机构，因而所属州县也无法按察管理，请任命一些官员。"高宗接受了他的意见，任命李若虚为京西南路提举兼任转运使、提点刑狱，又下令湖北、襄阳府路自知州、通判以下官员，交由岳飞一手管理，可视其贤能程度或罢免或提升。

（4）直捣黄龙

绍兴十年（公元1140年），金军进攻拱州、亳州，刘锜向朝廷告急，朝廷命令迅速出兵援助，岳飞派遣张宪、姚政率军去增援。高宗亲自给岳飞写信说："你全权安排对金作战的计划吧。我不会在朝廷对你遥加控制，横加干预。"岳飞于是派遣王贵、牛皋、董先、杨再兴、孟邦杰等人，分道出兵，进攻西京、汝州、郑州、颍昌、陈州、曹州、光州、蔡州等地；又命令梁兴带兵渡过黄河，联络抗击金军的忠义社，一同攻取河东、河北各州县。又派兵去东面援助刘术，往西面援助郭浩，自己率领主力一路北进，对中原地区紧密关注。大军即将出发时，岳飞秘密上奏说："我们应首先确定太子，这是国家的根本，这样才可以安定人民，而且也可以表示我们并没有忘记复仇雪耻的决心。"高宗得到奏章，对他的忠心大大褒奖了一番，授他为少保，河南府路、陕西、河东北路招讨使，不久改任河南、北诸路招讨使。不久，岳飞派出的各处将领先后传来捷报。岳飞大军进至颍昌，命众将领分路出战，而自己则率领轻骑兵在郾城驻扎，军队士气高涨，气势如虹。

金兀术极为害怕，与龙虎大王商议对策，认为其他宋军将领都容易对付，只有岳飞难以抵挡，打算引诱岳飞军前来，集中兵力决一死战。朝廷方面听到这个消息，非常害怕，就诏令岳飞小心谨慎，要保住军队。岳飞说："金人已无计可施了。"于是天天出兵挑战，不断辱骂金军。金兀术大怒，会合各方兵力，包括龙虎大王、盖天大王和韩常的军队，逼进郾城。岳飞派遣儿子岳云率领骑兵直穿金军阵中，警告他说："不能取胜，我先杀你！"双方激战数十个回合，金军伤亡惨重。

当初，金兀术有一支精锐部队，每人都身穿重甲，再用皮绳连在一起，每三人一组，称为"拐子马"，宋军对"拐子马"不能抵挡。这次战役，金兀术出动一万五千名骑兵。岳飞命令步兵用麻扎刀冲入敌人骑兵阵中，只管砍敌人的马腿。拐子马是用皮绳连接，只要一匹马倒下，其他两马就再难以行动。宋军努力杀敌，金军大败。金兀术大哭道："我自海上起兵以来，都是用拐子马取胜，今天完了！"金兀术增兵前来，正与岳飞部将王刚所率的五十名侦察敌情的骑兵相遇，王刚奋力斩杀敌军将领。当时岳飞出来观察战场情况，只见黄沙蔽日，遂亲自率领四十名骑兵突入敌阵冲杀，将金军打败。

当郾城之战再次获胜时，岳飞对岳云说："金人屡战屡败，他们一定不甘心，会回师进攻颍昌，你应当赶快领兵去支援王贵。"果然如岳飞所料，不久金兀术率军进逼颍昌，王贵率领游奕军、岳飞率领背嵬军同金军在城西大战。岳云率八百名骑兵冲至阵前与金兵决战，步兵在左右翼攻杀敌人，杀死金兀术女婿夏金吾、副统军粘罕索孛堇，金兀术逃走。

梁兴与太行山地区的抗金民兵和两河地区的英雄豪杰联合在一起，屡败金军，威震中原。岳飞上奏："梁兴等渡过黄河，那里的民众都愿意归附朝廷。金军屡吃败仗，当地老百姓受金军胁迫要向北迁移，这正是中兴宋朝大业的好机会。"岳飞在距汴京四五十里的朱仙镇与金兀术对峙，双方摆开阵势，准备大战，岳飞派遣勇将率领背嵬军五百名骑兵奋勇冲击，大破金军，金兀术逃回汴京。岳飞命令陵台令巡视察看皇室陵墓，并加以修葺。

早在绍兴五年，岳飞就派梁兴等人集结两河地区的义士，广布皇上的恩德，山寨中的韦铨、孙谋等人收缩兵力固守堡寨，直等宋军一来便开寨迎接，李通、胡清、李宝、李兴、张恩等人也率领部众前来归附。岳飞已了解了金军的虚实，山川地貌也尽在心中。磁、相、开德、泽、潞、晋、绛、汾、隰等州府的所有地区，都约定日期同时起兵，与宋军互相呼应。他们都以"岳"字为号，打出旗帜。父老乡亲们给岳飞的部队送粮送物，成群结队在道路两旁，焚香祝祷，迎候宋军到来。自燕京以南，人们拒绝执行金朝的命令，金兀术想强制男人参加金人军队，以此来抵抗岳飞，使他失去兵源，但河北地区的人民没有一个服从这个命令的。金兀术于是哀叹说："自从金朝在北方建立以来，从没有遭到过像今天这样的挫败。"金朝将领乌陵思谋一向以"凶悍多谋"著称，但此时也不能使他的部下俯首帖耳地听命于他，只得劝说他的部下说："现在不要轻举妄动，等岳家军到来时就投降吧。"金军统制王镇、统领崔庆、将官李觊、崔虎、华旺等人都带人来投降，以至于金禁卫龙虎大王的下属忔查千户高勇等人，也都秘密地从北方来投降宋军，旗号也换成了岳家军的。金军将领韩常率领五万人想投降。岳飞十分高兴，对部下说："一鼓作气，直打到金军的老窝黄龙府，那时我们大家开怀痛饮，一醉方休！"正当岳飞指日之内就要渡过黄河北进时，秦桧却企图放弃淮河以北地区，向台谏官授意，要他奏请高宗命令岳飞班师回朝。岳飞上奏："金兵已锐气全失，只知抛弃辎重物资北逃，两河地区的英雄豪杰也极力与我军配合共同杀敌，全军将士誓死战斗。大破金兵指日可待。这样的机会要好好把握，怎么能轻言放弃呢？"秦桧知道岳飞北伐意志坚决不可改变，于是先请求高宗让张俊、杨沂中等人率军回师，然后以"岳飞孤军深入无援兵"为由，请高宗下令班师，一天之内竟然连下十二道金字牌。岳飞愤慨难当，泪如雨下，朝东方拜了又拜说："十年的努力，一时全毁了。"岳飞率军南撤，百姓拦道痛哭道："我们运送粮草以迎接官军，金人全都知道。您一走，我们一定会被金军杀害的。"岳飞也悲痛流泪，取出皇帝诏旨对他们说："我不能违抗圣旨擅自留下。"哭声震撼原野，岳飞为了等百姓迁移，延迟了五天。跟随他迁移到南方去的百姓多如集市上的人群，岳飞急忙上奏高宗，用汉水上流六个州府的空闲之地来安置他们。

正当金兀术准备放弃汴京北逃时，有一书生拦住他的去路，说："太子不必撤走，岳少保将要退兵了。"金兀术问道："我十万大军被他区区五百名骑兵打败，汴京的百姓日夜盼望他前来，怎么能够守得住呢？"书生回答说："自古以来没有奸臣在朝内专权，而大将能在前线建立功业的先例。岳少保自己的性命都不知是否能保住，还提什么建功立业呢？"兀术恍然大悟，于是留在汴京，没有北撤。岳飞大军南撤后，原来所收复的州县，立即又全部丧失。岳飞极力请求解除自己的兵权，高宗没有批准。岳飞从庐山起程拜见高宗，高宗向他问话，岳飞除了拜谢圣主之恩外，别的话什么也不说。

绍兴十一年（公元1141年），间谍报告金军分路渡过淮河南侵，岳飞请求与各位将帅的部队会合，打退敌人的进攻。金兀术、韩常和龙虎大王率军迅速来到庐州，高宗催促岳飞率军队去救援，前后写了十七封信。岳飞估计金人集中全国兵力南犯，敌人后方必然兵力不足，如果直接攻打，金军必然疲于奔命，可以等敌人自取灭亡。当时岳飞正患风寒咳嗽，却带病坚持战斗。又担心高宗急于求成，于是上奏："我军如果直捣敌人空虚地区，一定能取得胜利，如果由于敌人正在附近，没有时间考虑远方的战事，我准备请求亲自到蕲州、黄州，以商议进攻退敌事宜。"高宗看到岳飞奏章十分高兴，赐给岳飞书信说："你正患风寒，仍然为我领军行动，为国家而忘记自己，像你这样的忠臣还有谁呢？"岳飞大军进至庐州，金军闻风而逃。岳飞回军舒州等待命令，高宗又赐给岳飞书信，称赞岳飞谨慎小心，不擅自进退的得体行为。金兀术攻破濠州，张俊将军队驻扎在黄连镇，不敢前进；杨沂中了金军埋伏而失败，高宗命令岳飞率部救援。金军听说岳飞来到，慌忙逃走。

（5）被罢兵权

四月二十三日，高宗以赏功为由，命岳飞、韩世忠、张俊三位大将赴京听封。秦桧担心走漏风声，不敢先封先赶到的韩、张，采取了王次翁的计策，在西湖上置酒设宴，专等岳飞到来。直等了六七日，岳飞才姗姗来迟。秦桧奏请朝廷，第二日就颁下制书：封韩、张作枢密使，岳飞做枢密副使。官衔都封得很高，地位尚在参政之上。但是，秦桧耍了个手腕，既封三人为枢密使、副使，三位大将原来统帅的军队怎么处置？按以前惯例，每次加封，都是原领兵权不变，但此次制书对此却一字未提。三人以为仍然和从前一样，便糊里糊涂地上殿谢了封赏。等他们发现制书中没有"原领兵权不变"之类的话时已经迟了。岳飞受封后立即上疏，请求缴还兵权。朝廷谦让一番，其实，他的兵权已经被削夺了。从此三人都在都堂办公，韩世忠自知因反对和谈，得罪了秦桧，他怕遭毒手，入都堂时，将一字巾裹在头上，一副文士打扮，身边还有亲兵保护，一副大敌当前的模样。而岳飞出入一直都是便服，身边也不带一个侍卫，与韩世忠截然相反，从不将个人安危放在心上。可在秦桧看来，韩世忠这样做是把他当成仇人，岳飞的行为是表示对他轻蔑。他对二人同样仇恨。

五月十日，高宗为了便于以后的宋金和谈，就诏命张俊、岳飞前往楚州（今江苏淮安），将驻扎在那里的淮东军撤到镇江府。这自然是秦桧的主意。因这支军队原是韩世忠旧部，将韩留在京城高宗身边，而只派张、岳前往，是宋朝政府兵将分离的惯用伎俩。张、岳二人来到楚州后，张俊主张修筑楚州城壕，岳飞道："我们应当图谋收复中原，不能只着眼于眼前的防守。"岳飞检查兵籍才知，韩世忠部总计才只三万人，然而驻扎在楚州十多年，金军始终不敢入侵，而且还曾进攻到海州地区。心中连连赞叹："真是奇才！"按朝廷规定，移驻镇江的淮东军，除楚州兵外，还有韩世忠的一支亲兵，即所谓背嵬军，不在迁移范围内。张俊私下与岳飞商量，想把这支军队分成两半，分别归两人管治。岳飞道："这是乘人之危，落井下石，我怎么能做这样不仁不义的事呢？"张俊闹了个大红脸，暗暗骂道："早晚有一天我会叫你知道什么叫作不义！"平分背嵬军的消息不知怎么被韩世忠原来的兵士们知道了，军吏景著对朝廷派来的总领官胡纺说："听说二位枢密大人要平分韩元帅的军队，这样做会酿成大祸吧。"胡纺将此言上报朝廷。秦桧何等机灵，立刻想到机会来了，在景著头上加了个"煽摇军心、图谋作乱"的罪名，投入监狱，然后又多处取证，严刑审讯，一定要让此事牵连到韩世忠身上。岳飞闻讯，急忙派人送信给韩世忠。韩世忠不敢有丝毫怠慢，忙找高宗辩理。高宗不知秦桧用意，原谅了韩世忠，赦他无罪。张俊将此事报告秦桧，秦桧才知这番努力已付之流水，从此更恨岳飞。适巧金兀术自濠州撤兵以后，认为岳飞是金兵南侵的最大障碍，暗中派人给秦桧送去密信，说："你朝夕向我大金请求和谈，而岳飞却要以武力夺我中原。不杀掉岳飞，又怎么能说'和谈'二字，你一定要先杀了岳飞。否则，想和谈是万万不能的。"秦桧这时横下了一条心，一定要置岳飞于死地。

（6）岳飞遇害

开封原武县（今河南原阳县原武镇）人万俟卨，曾任提点湖北刑狱。岳飞为宣抚使时，是他的顶头上司。但岳飞瞧不起他，万俟卨一直暗中记恨。后来他调任湖南转运判官，赴任之前，向秦桧辞行，说了不少岳飞的坏话。秦桧闻言大喜，认为他跟自己是一路人，就将他留在朝中做了监察御史，又升为右正言、右谏大夫等。这时秦桧觉得正是用万俟卨的好机会，就授意他弹劾岳飞。

七月十六日，万俟卨向高宗上奏，说岳飞有两条大罪：一是救庐州，皇上连下十七道御旨，岳飞迟迟不肯启程，后不得已启行，才到舒蕲就停滞不前；二是拒绝修筑楚州城，说楚州不可守，动摇军心士气。请求撤销岳飞的枢密副使职务，贬到京城以外去做官。紧接着御史中丞何铸、殿中侍御史罗汝楫，都按照秦桧意思，相继上书申诉岳飞罪行。说他自任枢密副使以来，总是不高兴，动不动就请求辞官，私下对人说：数年以前执政要我做此官，我都不愿做，何况现在。真是妄自尊大，目中无人。万俟卨连上四道表章，还抄录副本拿给岳飞看，要他自裁。于是岳飞自己请求免去职务。

八月九日，岳飞被贬为武胜、定国军节度使，充万寿观使。宋代设立某某宫、观使，是专门安插那些被贬职或告老的闲散官员的，岳飞实际已是个没有任何实权的闲官了。

秦桧还是不能善罢甘休，与张俊谋划，以重金收买岳飞的部曲亲兵，能告发岳飞有罪的会获得重赏。结果没有一人响应。又听说岳飞曾要把部将王贵斩首，后虽免了死罪，却让他当众受了杖刑。就诱使王贵诬告岳飞，王贵道："作为大将，受赏、受罚都在所难免，怎能因此与主帅结怨？"也不肯答应。后张俊打听到王贵个人隐私并以此作为威胁。王贵害怕，才勉强答应下来。又有一个副都统制王俊，原是范琼部下，做士兵时因告密升为军头，觉得这是升官发财的好办法，于是专门讦人短处、告密状，人称"雕儿"。岳飞入朝后，鄂州军队由王贵和张宪共管，张宪知道王俊的为人，给他吃了些苦头，他就跑到秦桧那里去告状。秦桧如获至宝，与张俊一起定计，又把一张由张俊事先写好的状纸交给王俊和王贵二人，要他们去告发岳飞和张宪。大意是说：张宪策划逼朝廷将兵权交还岳飞。王贵逮捕了张宪，送枢密院交张俊设刑堂，亲自审理。枢密院属官王应求对张俊说："依照大宋法律，是不能在枢密院设立刑堂的。"张俊有秦桧做主，哪里管什么法律！可怜张宪被打得遍体鳞伤，始终不吐一字，不说岳飞半句坏话。张俊不得已自己写了假口供，逼张宪画押，草草结案，又到大理寺去复审。

张俊伪造的口供大意是说岳飞给张宪书信，要他逼朝廷给岳飞复官。秦桧根据这个假口供把岳飞关到大理寺狱，由御史中丞何铸、大理寺卿周三畏共同审理。何铸命人将王俊、张宪等人的状词、供词给岳飞看了，道：

"国家没有什么对不起你的,你还要造反?"岳飞道:"我从小受母亲教诲,不敢有半点对不起国家的地方,上天可以作证鉴明我的赤胆忠心。"说完伸手把衣衫扯破,露出后背上刺的"精忠报国"四个大字。何铸不禁为之动容,心中有所感动。于是吩咐手下先把岳飞关在监狱,再细细审理此案。

二十八日,韩世忠上奏皇上,历数秦桧罪过,言辞激烈。然而秦桧的手下却蜂拥而上,数落韩世忠的罪恶。韩世忠也自求免官。朝廷批复,撤销他的枢密使职务,做了醴泉观使。韩世忠很聪明,有岳飞的前车之鉴,知道这是按照整岳飞的路子整他,下一步该是诬陷策动部下造反了。从此便谢客静养,闭口不谈兵事。每天骑一头毛驴游荡在西湖岸边,两个童子肩挑酒担紧随其后,旧日部将难得见他一面。秦桧整倒韩世忠,迫害岳飞更加肆无忌惮了。

何铸审理岳飞案,无丝毫证据,断定是一桩冤案,就向秦桧禀报。秦桧道:"判定岳飞谋反的案子是皇上的意思,难道你要给岳飞开脱,违背皇上吗?"何铸非常气愤,慷慨陈词说:"我一生审了无数的案子,怎么会在乎岳飞一个人呢?我是为大宋江山着想,如今强敌压境,没有任何理由就杀害一员名将,将士们会寒心呀,如果这样谁又肯为大宋出力报效呢?"秦桧无话可说,改任万俟卨为中丞,再审此案,万俟卨仍无证据,谎称岳飞给张宪的书信已被张宪焚毁。但是,却始终拿不出证据来。有人教万俟卨从救庐州事入手,也可把岳飞定罪。又知高宗曾以手札表彰岳飞不专进退,处置得体,就派人赶往岳飞家中,把岳家收藏的御札搜出来,销毁证据。又逼部将孙革作证,给岳飞安上一个"违诏逗留"的罪名。但无物证,况且,自古有"将在外,君命有所不受"的成规,"逗留"二字,难定死罪。所以案子拖延了两个月,却迟迟不能结。韩世忠冒着被牵连的危险,直入丞相府质问秦桧:"你诬岳飞给张宪书信造反,有什么证据?如今已把他关押两个多月,还能永远关押下去不成?"秦桧道:"书信虽至今没有找到,事体莫须有。"韩世忠听了,气愤道:"莫须有三个字，如何让天下人心服！"皇叔宗正卿赵士价上书高宗，情愿以家中百口人性命作担保，保证岳飞无罪。秦桧获知后，示意万俟卨弹劾他交通大臣，贬为提举山崇福宫使，离开京城去上任了。秦桧仍不解恨，让他的手下人接连不断地弹劾，直到他贬死在建州为止。大理寺定案，寺丞李若朴、何彦猷认为，岳飞应受徒刑两年，汇报给大理寺卿周三畏，周转报御史中丞万俟卨，万俟卨道："岳飞这么大的罪过，只受徒刑，你这大理卿还想做吗？"周三畏毫不畏惧道："我只知依法行事，寺卿官职有什么可惜！"万俟卨奏明朝廷，将周、李、何三人都罢了官。上至皇叔，下到百姓，都有上书为岳飞讼冤者，但结果有的被罢官，有的被处死。虽然这样，秦桧还是感到很有压力。正如韩世忠所说，难道关押岳飞一世不成？眼看到了岁末，一日大雪，秦桧抱着火盆在书房东窗下想对策：现在继续关押岳飞只会引得民怨四起，要是就此罢手放了他呢，也不是好主意。思来想去，不知如何是好。顺手拿起一只火筷，在火盆灰烬中乱画。妻子王氏来书房探视，见他将一个"飞"字写了又涂，涂了再写，就知道他在想什么，说道："相爷是否为岳飞的事为难？"秦桧知道王氏颇有心计，顺口道："不错，夫人以为怎么办才好呢？"王氏一听，拿起另一只火筷在火盆中写了"缚虎容易纵虎难"数字，秦桧看了不禁心惊肉跳，这才下定决心，写了一张字条，命人送到狱吏手中，秘密将岳飞杀害在狱中。又上报朝廷，说岳飞畏罪自杀了。《系年要录》记载，说是大理寺定案：赐岳飞在狱中自尽。死因是什么，已搞不清了。

岳飞死后，诏命将岳云、张宪在闹市中斩首示众，家产籍没入官，岳飞全家发配岭南。所有审案有功人员全都升了官。这时，徽猷阁待制洪浩出使金国，被拘留在燕山，以蜡丸书向朝廷报告说：金人称岳飞为"岳爷爷"，最怕、最佩服的人就是他。听说岳飞死了，金人相互举杯祝贺。

除了岳飞，秦桧终于除去眼中钉、肉中刺。但由于手段卑鄙，受天下人谴责，他自己心理上也难得平衡。据记载，秦桧晚年携家游西湖，患了急症，恍惚中看见一人厉声说道："你一生祸国殃民，我已在上天那里告发你，当在太祖皇帝殿下受铁杖刑。"从此，秦桧全身像杖击般疼痛，过了不多久便死了。不久，儿子秦熺也死掉了。家人这才害怕是有冤鬼作祟，请道士作法事消解。道士故弄玄虚后，说要到阴司追查原委。然后道士说，看到秦熺在阴司里面戴着一副大的铁枷，向他打听秦桧的去处，答说："在冥都受审。"找到冥都，果然见秦桧与万俟卨各带一大铁枷，囚在铁笼子里，忍受各种阴司酷刑。临别，秦桧请求道士给夫人王氏带口信说："东窗事发了"，要她及早做准备。秦桧与王氏于东窗下密谋害岳飞，十分秘密，世上无第三人知晓，道士能说出"东窗事发"四个字来，世人便相信他真的到了冥都。这个故事长盛不衰，我国的诗词、小说、戏剧中都有绘声绘色的描写。且不论这个故事的迷信成分，至少它反映了一个不容忽视的事实，即岳飞之死受到后人的无比同情，而秦桧和家人都为秦桧作的孽背负了沉重"枷锁"。

秦桧死后，朝廷曾想为岳飞冤狱平反，由于万俟卨阻挠没有实现。绍兴末年，人们在金海陵王完颜亮蠢蠢欲动意欲南侵时才更意识到妥协不能换来长久的和平，所谓"国乱思忠臣"，金军南侵更加深了人民对岳飞的无比怀念。太学生程洪图首先上书，为岳飞诉冤，朝廷命令解除对岳飞家人的监禁。后御史中丞汪澈任荆湖宣抚使，到任后，岳飞的旧部曲亲兵联合上诉，哭声如雷。孝宗担心引起兵变，忙下令岳飞官复原职，赐钱百万，以礼改葬，岳飞后人全部加官。又在鄂州为岳飞建庙，叫"忠烈祠"。淳熙六年（公元1179年），加谥号为"武穆"。宁宗嘉定四年（公元1211年），又追封为鄂王。说到丧葬，也有一段曲折的故事。岳飞死后，因为他是抗金英雄，狱卒对他十分敬重，就偷偷地把尸首运出来，葬在杭州九曲丛祠。孝宗时改葬，按岳飞生前的心愿，连同岳云等人棺木全都朝南，表示他到死都效忠朝廷。明朝景泰年间（公元1450~1456年）杭州同知马伟重修岳飞墓，将墓前一株桧树劈为二半，称为"分尸桧"，以表示对秦桧的痛恨。明武宗正德八年（公元1513年），都指挥马隆又铸了秦桧、妻王氏和万俟卨三人的铜像，列于墓前。三个铜像全都是双膝跪地，反绑双手。

凡来游览参观的人都会在秦桧夫妇像的脸上吐一口唾沫，此后约定俗成。

秦桧身后受的惩罚虽是罪有应得，但岳飞之死是多种因素造成的。收大将兵权一直是宋朝政策，张浚、赵鼎也干过，但没成功，秦桧干成了。但我们并非说岳飞的这场悲剧与秦桧无关。若说是秦桧利用了这种矛盾，倒不如说是张俊利用秦桧报了个人仇怨。而张岳的矛盾激化，到最后竟发展到你死我活的地步，是与朝政腐败紧密相关的。今人不断批评岳飞的愚忠，他只知忠君，心无杂念，却不知不觉中触犯了皇上的禁忌。如他请求兼领刘光世的淮西军，请求立皇太子等，一个手握重兵的人是不应该做这样的事的。此外，加上他性情刚直暴躁，动不动就请求辞职，从而皇上对他也生了不满之心。自然，在所有因素中，最大因素是他主战的坚定立场与高宗皇帝的妥协政策相矛盾。高宗曾表示：不惜一切代价迎梓宫、迎太后还朝，他又认为这些必须通过议和才能做到。为达到这个目的，杀一个岳飞他自然也在所不惜、毫不计较了。从罢三大将兵权，到治岳飞全家罪，每件诏书都是他批复的。岳飞身为枢密副使，没有皇上的认可，谁也不敢将他下入大狱。所以，高宗皇帝才是杀害岳飞的元凶。

第二章 南宋腐朽

1.孝宗登基

绍兴三十二年（公元1162年），当了三十多年皇帝的宋高宗，在和金政策失败后，因抗战声高而自己又觉威信扫地，难以发号施令，便以"淡泊为心，颐神养志"为由宣布退位，养子赵眘即位，是为孝宗。从此宋金对峙形势进入了一个新的阶段。

宋孝宗从被立为皇太子，到登上皇位，中间有许多曲折的故事，既有一定的必然性也带有极大的偶然性。

（1）太子病死

宋孝宗名眘，字元永，是宋太祖赵匡胤少子秦王赵德芳的后代。宋太祖死后，其弟赵匡义继位，这就是宋太宗。宋高宗是宋太宗的子孙，怎么会立太祖的七世孙赵眘为太子呢？

起初，高宗赵构并非没有子嗣，他后宫嫔妃如云，儿子却只有元懿太子赵旉一人。赵旉生于建炎元年（公元1127年），体弱多病。当时正是金兵南侵，高宗赵构戎马倥偬，自己都顾不了了，根本没有精力照料他。赵旉小小年纪就随着高宗颠沛流离，辗转逃命，因此身体一直非常差。建炎二年（公元1128年），苗、刘在临安（浙江杭州）作乱时，迫使高宗把皇位传给年仅三岁的赵旉。赵旉经过如此种种磨难，身体状况更差了。苗、刘之乱平定后，高宗为了对全国人民抗金的热情做出回应，把建康（江苏南京）作为行都，率文武百官和后宫从临安移驻建康。赵旉虽身患重病，也只得随行。真是祸不单行，到建康后的一天，由于一个宫女不小心碰掉一个金香炉，香炉落地后发出响声，赵旉由此受了惊吓，立即抽搐不止，几天后死去。这位宫女虽受到了严惩，但高宗从此绝后。高宗忍着悲痛，把儿子的尸体在建康城中铁塔寺西边的一间小屋之下安葬了。

太子已死，高宗又在金兵南侵时逃亡途中受了惊吓，得了不育症，这样就没了皇储。皇储是封建国家的根本，没有皇储，人民就没有希望，国家也不会稳定，有发生动乱的可能。大臣范宗尹上书高宗，奏请早立太子使朝臣民众安心。高宗也想早早立下太子，使臣子百姓安心，国家也不会因此而招致动乱，他对范宗尹说了自己的想法："我们的太祖皇上开国辟疆，平定天下，可是直系子孙并没有享受皇位，以至于败落，想起这些我就难受，现在我要是不能学仁宗皇帝的做法，又怎么对得起太祖在天之灵呢？"高宗这些话，已明确透露了要传位给侄子赵眘的意思。

原来，高宗时，太祖这一支已默默无闻，毫无影响力了。眼下北宋已经灭亡，太宗的子孙徽、钦二帝和大批宗室或被金兵所俘，或在战乱中失踪，不知生死，高宗唯一的儿子又夭折了，现在眼看着没有人继承皇统，高宗怎么不着急？为了使赵姓江山世代相继，高宗才说出了这些听起来深明大义的话。

高宗一说这话，人们便再也无所顾忌了。一时朝野大臣纷纷上书请求立太祖之后为太子。大臣李回上书说："太祖没有把皇位传给自己的儿子，而是传给了自己的弟弟，可见手足情深，现在陛下也可以以太祖为榜样选择皇位继承人啊。"另一大臣张守也上书说："太祖诸子并不是没有德行，可是他不传位给自己的儿子而传位给太宗，高风亮节，胜过尧舜百倍。"上虞县丞娄寅亮更直截了当地上书说："太祖之后一直默默无闻，跟平常老百姓没有什么区别，从情理上说不过去呀。请陛下在'伯'字行内选太祖子孙中有贤德的，作为皇位的继承人。如果将来陛下有了儿子，再让他退位做藩王。这样，上可告慰太祖在天之灵，下可告慰天下之人！"高宗认为他的奏章考虑周密细致，有情有理，答应了他的请求。

（2）伯琮入宫

绍兴三年（公元1132年），高宗派遣主管宫庭宗族事务的大臣在"伯"字行中访求太祖的后代。这时，太祖后代里已经有一千六百多"伯"字辈的人了。于是宫庭宗族大臣先在这些人中选出十名七岁以下儿童，把他们带回临安，再与别的大臣一道悉心选拔。最后他们将选中的两人带到宫中，请高宗最后决定。这两人一胖一瘦：胖的名叫伯浩，瘦的叫伯琮。高宗大体看了看，决定留胖去瘦，赐伯琮三百两银子让他回原地。伯琮捧着银子正要走，高宗又把他叫了回来，说是没有看仔细。高宗让二人叉手并立，自己则站在旁边认真地看了又看。这时，有一只猫突然跑过来，两个孩子都见了，但伯琮纹丝不动，胖孩子却飞起一脚向猫踢去。高宗对胖孩子这种行为非常厌恶，连连皱眉说："这只猫只不过是偶然打此经过，又没有招惹你，为什么踢它？小小年纪就这样轻狂妄动，怎么能成大器，担当起治理国家的重任呢？"于是，高宗又决定留瘦去胖。这样，伯琮就做为储君候选人，在宫中生活了。

伯琮于建炎元年（公元1127年）在秀州（浙江嘉兴）出生。传说他的母亲张氏有天夜里梦见有人牵着一只羊送给他，不久就怀了孕，所以伯琮小名叫羊。他被选进皇宫的时候刚刚六岁，得有人照料他的生活。高宗领着他直接去后宫，见张婕妤、潘贤妃、吴才人。三个女人正围坐在一起谈天说地，见他们进来，潘贤妃由于死了亲生儿子元懿太子，不禁触景伤情，转头向着墙角暗自哭泣，默默不语，张婕妤一见伯琮就喜欢上了，笑着向伯琮招手，伯琮也很善解人意，一头扑进张婕妤的怀里。于是，高宗就命张婕妤担当起了养育伯琮的责任，并赐给伯琮"瑗"的名字。而吴才人由于孤单没有依靠，也想抚养一个孩子。高宗就又挑选了一个太祖之后，名伯玖，赐名为璩，交给吴才人抚养。

为了培养伯琮，高宗应大臣赵鼎的请求，将新建的书院作为资善堂，用来做供伯琮学习的地方。赵鼎推荐徽猷阁待制范冲兼翊善，起居郎朱震兼赞读，做教育培养伯琮的工作。朝中大臣和天下百姓都极力推崇范、朱二人的学识和人品。伯琮颇有天分，也聪明好学，而且心地善良，高宗和大臣们都十分喜欢他。岳飞曾到资善堂见伯琮，回来后兴奋地说："我们大宋后继有人啊，伯琮一定能够完成复兴中原的大任。"

绍兴十二年（公元1142年），伯琮晋封为普安郡王，伯玖同时也被封为恩平郡王。伯琮一天天长大，懂事了，对时局世事有了自己的见解，这些见解很不合秦桧的心思，就在高宗面前进谗言，想撺掇高宗改变主意，不要立伯琮做太子。绍兴二十四年，衢州发生了强盗抢劫事件，秦桧没有报告给高宗，就私自派殿前司将官辛立领兵讨伐。伯琮把此事告诉了高宗，高宗大吃一惊。次日，高宗追问此事，秦桧竟然找借口说："一伙小小毛贼，何劳皇上烦心呢？把他们平定后再向您汇报不是更好吗？"秦桧知道这事是伯琮告诉高宗的，心中十分恼火，对伯琮更加恨之入骨。此时伯琮和伯玖皆已长大成人，两人都是太祖之后，才能又不相上下，高宗对到底让谁来做太子继承皇位很是犹豫，迟迟下不了决心。秦桧见状，认为有机可乘，就拼命说伯琮的坏话，推荐伯玖，秦桧还向韦太后和吴皇后吹风说伯琮的才德不如伯玖，让她们劝说高宗。高宗为了检验二人的优劣，经过思考，终于想出了一个好办法来对两人的品行进行检验。高宗分别赐给二人十名美貌的宫女。伯琮的老师史浩看出了高宗的用意，便对他说："这是皇帝想借此考验你，千万不能胡来。"伯琮对老师的话牢记在心。过了几天，高宗果然将宫女召回，经过检验，赐给伯琮的十人仍为处女，赐给伯玖的十人都不是处女了，高宗虽没将结果告诉别人，但两人品德孰优孰劣已知道得一清二楚了。

（3）伯琮登基

时间过得很快，转眼高宗已到了垂暮之年，已不可能再有皇子了。他几次想把伯琮立为太子，但韦太后总是不置可否，意思是不愿意立伯琮，高宗也不好违背母亲的意愿，所以立皇储的事一拖再拖。

绍兴二十九年（公元1159年），韦太后去世了，高宗再次想起立储之事，向大臣张焘征求意见。张焘说："立储君是国家的头等大事，陛下不能再犹豫不决了，您应尽早把普安郡王和思平郡王的名分确立下来，到底让谁来继承皇位，这样人心才可以安定啊。"高宗回答说："朕考虑这件事已经好久了，但由于一直得不到太后的同意，所以才久拖不决，现在爱卿的话真是说到了我的心坎上。明年春天一定举行立储典礼。"这时，利州（今四川广元）提点刑狱范如圭收集仁宗至和到嘉祐年间名臣的奏章三十六篇，密封后献给高宗。这些奏章是仁宗时大臣劝帝建储的，高宗看了更下定决心要立伯琮为太子。不久，高宗任命伯琮为宁国军节度使、开府仪同三司，进封为建王。

绍兴三十年（公元1160年）二月，高宗宣布立伯琮为皇子。改名叫作玮，并诏告天下。三月，确定称伯玖为皇侄。皇位继承人的位置就此决定了下来。当时南宋边境屡受金人侵扰，很不安宁，高宗下诏亲征。两淮又告失守，朝内的一些大臣害怕金人，主张妥协退让。伯琮听了非常气愤，上书请求亲自讨伐，做讨伐金军的开路先锋，以平民愤，挽回面子。高宗也想让他熟悉朝中将领，就同意伯琮随驾亲征，一起前往建康（江苏南京）前线。

高宗在建炎元年登基，一直是在与金人的周旋中度过的，颠沛流离了半生，现在年纪大了，精力也跟不上，对朝中政治十分厌倦了。同时由于议和不成，使南宋军民的抗金热情高涨，这使他非常难堪，因而早就有了禅位的想法。伯琮被立为皇子后，高宗数次表示要禅位给他，可他却始终含泪拒绝。后来，因金海陵王完颜亮入侵，军务繁忙，这事就此耽搁了下来。金兵北撤后，高宗自建康返回临安，又提起了禅位的事。大臣陈康伯认为，此事应做好充分准备，先诏告天下，正式立太子，确定名分，待人心稳定后，就可以让位了。高宗采纳了他的意见，命学士承旨洪遵为伯琮择字。洪遵一连拟了四字，都不合高宗的心意。高宗自己经过反复推敲，亲赐伯琮字元永。

绍兴三十二年（公元1162年）五月，高宗下了一道诏书，正式册立伯琮为太子。诏书说："朕缺才少德，早就有禅让之心，只因国家总是处于危急之中，让我不能不担当起兴复社稷的重任。现在宋金边境暂时获得了和平，真是天遂人愿。皇子老成稳重，可担大任，我也可以放心了。现立皇子为皇太子，改名为昚，敕命有司择日备礼册命。"到了六月，再下诏书说："皇太子以贤圣仁孝闻名天下，世事炎凉也都尽知，总把百姓疾苦放在心上，皇太子可即皇帝位，朕称太上皇，迁往德寿宫，皇后称太上皇后。"同时又下诏封皇太子生父为秀王，谥号安僖；封皇太子母张氏为王夫人。

高宗将这一切做好以后，召来太子，亲自劝说他即位。太子不肯接受，退到大殿一侧的旁门，想返回东宫。高宗再三相劝，太子方才答应。于是，便在紫宸殿行了禅位之礼。随后，高宗起驾回德寿宫，伯琮冒雨扶辇送行，一直送到德寿宫门，高宗再三劝阻，才停下来。高宗回头对随同送行的群臣说："这样的人来治理国家，我是大可放心了。"

随后，进行了登基大典，然后按着官阶高低鱼贯进入大殿内迎接新皇帝。不一会儿，太子身穿朝服，在内侍扶掖下来到御座前，却拱手站在御座旁，迟迟不坐下，内侍扶掖了七八次，才稍稍就坐。宰相率领百官朝贺，皇太子又从御座上站起来。大臣陈康伯说："请陛下面南正坐，接受我等臣僚的祝贺，这才不负太上皇的托付。"太子悲怆地说："父皇自己决断，让我登基坐殿，我怎么能在父皇健在时就做皇上，还是让我辞掉吧！"群臣当然不依，又经过一番苦劝之后，太子方才答应，受了皇位，正式继皇帝位，是为宋孝宗。

后人评价高宗，说他一生行事，只有选太子一件事是做得最出色、最让人满意的。然而一则有宋太祖的先例，二来自己没有儿子，实际上高宗之所以这么做，也是没有办法的办法。

2.隆兴和议

隆兴二年（公元1164年），因奸臣汤思退破坏，孝宗、张浚发动的第一次北伐战争失败，孝宗屈辱求和，被迫重新订立宋金和约。史称"隆兴和议"。

　　绍兴三十一年（公元1161年），金朝皇帝完颜亮分四路大军攻打南宋，被南宋将领虞允文击败，史称"采石大捷"。此时，金朝内部发生政变，完颜雍取代完颜亮当了皇帝。完颜亮被前线金军将士杀死，金军兵败返回本部。

　　此次大捷，使得南宋军民上下情绪高涨，朝野上下反对和议的舆论又占了主导地位。战场局势的不断变化，再次使南宋朝廷内部产生了矛盾。宋高宗既不敢抗金，又无法再继续推行他的投降政策，左右为难，只好以"体倦神疲"为借口，让位给孝宗。

（1）孝宗抗金

　　宋孝宗在做皇子时就主张抗金，因此收复失地成了他即位后首抓的第一件大事。多年来的宫廷生活，使他耳闻目睹了多次和战之争和高宗的忍辱求和。他清楚地知道，要想发动抗金战争，首先必须搞好朝野舆论指向。

　　绍兴三十二年七月，孝宗即位伊始，就召见抗金名将张浚，并对他说："久闻张公大名，现在朝廷就全靠你来保卫了。"张浚，汉州绵竹（四川）人，他身经两朝，亲眼目睹"靖康之难"，一生不主和议，力求抗金，立下了赫赫战功。但后来由于说秦桧的坏话，而被排斥，二十年不受重用。朝野上下听说张浚被罢官全都唉声叹气。每次金兵的使者来宋朝都要打探张浚的消息，就是因为害怕宋朝派张浚来抗金。金将粘罕临终前曾留下遗言："自从我进入中原以来，唯独有张枢密敢与我正面交锋。"张浚被召见后，劝说孝宗兴兵抗金而不要重蹈覆辙。孝宗皇帝十分欣赏张浚的主张，便把江淮东西两路宣抚使的职务授与张浚。

　　为了伸张抗金正气，七月，孝宗又下诏恢复岳飞和岳云的官爵，依官礼改葬，岳飞子孙也被提拔。孝宗即位，起用张浚，追复岳飞，表明对抗战派的支持，南宋人民为之振奋。

　　因为朝廷上下实行和议政策的时间太长，所以从思想上很难马上转变。孝宗倡议抗战，难免遭到阻挠和反对。其中最主要的反对力量则是右相史浩，他是高宗时的老臣，坚持高宗的和议政策，又为孝宗之师，曾为孝宗继位出过不少力气，因此很受新皇帝的器重，史浩依此地位，对孝宗加以影响。

金主完颜亮动兵侵略宋朝时，宋将吴璘从四川出兵一举收复秦陇三路。史浩担任丞相后做的第一件事，就是要求孝宗下令，迫使吴璘放弃刚收复的陕西州郡，回来防守四川地区。他对孝宗说："因为陕西离四川太远，容易被金兵偷袭，搞不好倒丢了蜀地。"远在川陕的虞允文反对撤军。他上书孝宗说："恢复旧疆，陕西应列在首位，一旦抛弃陕西，会使金军得陇望蜀，四川就保不住了。"虞允文连续上书十五次，反复劝谏。孝宗偏信了史浩的意见，并没有采纳他的意见，还是发出了诏书令吴璘退师。

虞允文见没有采纳他的意见，昼夜兼程地赶回，亲自面见孝宗陈词利害。讲到激动处，就用朝笏在地上比画起来，孝宗恍然大悟，大惊失色叫道："史浩坏了我的大事！"急忙派出使者通知吴璘，阻止他退守四川，但此时已经迟了。

陕西前线的吴璘接到班师的命令，感到疑惑不解，手下的将官也认为将在外君命有所不受，不能轻易还师。吴璘猜到是和议派的主张，但自己掌握着重兵，不敢因此违抗圣旨，欺凌新主，经过再三考虑，还是忍痛下令撤军。宋军撤军之时，金军乘机追击，吴璘惨败，伤亡部将数十员、士卒三万多人。宋军将士全都伤心痛哭，天地为之动容，宋朝收复的秦陇三路之地，尽数被金侵占。孝宗第一次与金人较量，就落得如此败局。

隆兴元年（公元1163年）正月，孝宗传命张浚为枢密使，执掌江淮两路军马，并且再次启用数次被贬的辛次膺为同知枢密院事。同时，孝宗又命史浩为右相兼枢密使。这个由战和两派组成的班子，表明孝宗在抗金问题上仍犹豫不决。但这时的孝宗大致上仍是主张抗金的。四月，孝宗召见张浚，要他制定出反击抗金，收复失地的计策，张浚请孝宗马上下命令，占领建康（江苏南京），鼓舞士气，进行北伐。但史浩百般阻挠，他说："目前形势下，先作防御，是最好的打算，而且与金是战是和，总是由金兵说了算，不要听那些无知小人的鬼话，否则会不能收复失地，遗憾终世的。"张浚与史浩的谬论针锋相对，他对孝宗说："史浩已经不可救药，若再听他的意见，迟早会误国。"面对两位大臣的争论，孝宗左右为难。他同意张浚的意见，但又无力说服史浩，更不愿罢免这位恩师。在此情况下，孝宗不能不命令张浚单独策划北伐抗金，避免与史浩冲突。这样重大的军事行动，史浩很快便知道了，他得知消息后，不由大怒道："我是宰相，连出兵这样的大事都不和我商量，还当什么宰相！"他上书攻击张浚越权动兵，陷害国家，并请求辞去相位。在这种情况下，孝宗只好做出取舍，同意了史浩的辞职，坚持北伐。

（2）符离之败

但是，先前的大好形势现在已不复存在，战机早已被高宗、史浩一再拖延而失掉。本来从绍兴三十一年十月金世宗完颜雍政变即位，到第二年的九月近一年的时间内，金军一直忙于镇压国内叛乱，金朝内部十分混乱，这为北伐提供了一个绝佳的机会。但这时在位的高宗不想打仗，让位之前甚至撤销了为抗金而设立的军事机构"招讨司"和"宣抚司"，遗留给孝宗的是一个只能求和不能抗战的死局。孝宗虽主张抗金，但即位初期，由于受史浩的迷惑，始终犹豫不决。孝宗也曾幻想不通过抗战就能与金取得平等的地位，竟然受到史浩迷惑，派使臣前往金朝通报自己登基之事，希望双方关系有所改善。金朝当然不会同意，坚持原来的不平等条件。宋使被迫退回，打破了孝宗的幻想。就这样，一直拖到了隆兴元年四月，这时金朝内部叛乱已被镇压，主力部队调到了商丘。金军封仆散忠义为帅，坐阵开封指挥金军，在宋人北伐之前，他们已经做好准备了。

张浚在五月份命令濠州的李显忠、泗州的邵宏渊率领军队多路开战，打起了抗击金军侵略的大旗。

李显忠按计划收复了灵璧县，邵宏渊攻打不下虹县。李显忠派灵璧投降的小兵招安了虹县的守将，另外两员大将蒲察徒穆、大周仁献也弃城投降南宋。所以这二仗的功劳全为李显忠所得，邵宏渊非常嫉妒。当时有一位投降的金军千户长诉说邵宏渊手下夺去了他的佩刀，李显忠因此大为恼火，斩杀了夺刀的士卒。邵宏渊更加不快。因此，前方的两将之间产生了分歧。

李、邵两军会师后，共同进攻宿州（今安徽宿州市）。宋军渡濠登城，英勇杀敌，展开殊死的巷战，杀数千人，擒敌八千人，一举收复了宿州城。南宋人民为这一喜报欢欣鼓舞。孝宗任命李显忠为淮南京东河北招讨使，邵宏渊为副。邵宏渊是一个心胸十分狭窄的人，因攻虹县无功，位在李显忠之下，心中极为不满。此后，金兵纥石烈志宁部自睢阳攻打宿州，被李显忠击败。此时金军派来大批援兵，李显忠请求支援。面对强大的金兵，邵宏渊应以国家安危为重，出兵支援，但他坚持按兵不动。他对部将说："当此盛夏，摇着扇子都不凉快，怎么能在烈日下披甲苦战呢？"士卒听主帅如是说，自己当然不想去了。有些军官们见李、邵二人不和，便领兵逃脱了。金兵攻至宿州城下，李显忠尽力抵抗，邵宏渊却极力主张撤退。李显忠孤军难敌，只好乘着夜色撤离宿州。金军穷追不舍直到符离，宋军大败。张浚仓促组织起的这次北伐，因符离之败而告终。

（3）汤思退误国

符离战败，张浚主动上书请罪，投降派官员也乘机大肆诬陷他，孝宗开始动摇了，七月秦桧的老部下汤思退为右相，开始了求和之路。汤思退排挤抗金将领，笼络主和同党。张浚在数次被排挤后丢了官，其他主战派官员也都辞去官职。宋孝宗求和的大局已定。

金朝在取得军事优势的情况下，扬言宋朝若要议和必须割让海、泗、唐、邓等州地。八月，孝宗派卢仲贤到金军议和，临行前孝宗命令他无论如何不能割四州之地。汤思退这一次居然敢违抗圣命，暗地里让他答应金军的要求。卢仲贤与金和谈回来，果然答应了割四州之地。汤思退想立即派秦桧余党王之望出使金朝，具体谈论割取四州之地一事。这时，抗战派官员坚决反对拿土地换和谈，右正言陈良翰上书说："卢仲贤已经辱没了使命，你不追究他的过错，却仍要我朝再退一步去割地。这样，金国不损一兵就能坐收四千里要害之地，决不可许。"张浚、虞允文、胡铨等人也上书力争，坚决反对议和。在众口一词的反对声中，孝宗有些觉悟，他派使臣告诉金人，四州不可割，如果金国坚持割四州之地，就不再议和。金国不但未答应此条件，还扣押了南宋的使者。孝宗闻讯，气愤地对张浚说："上天不想让我们和谈，往后就只想怎样收复失地了。"

隆兴二年（公元1164年）三月，孝宗重新任命张浚为右相兼枢密使。张浚感动之下，马上视察江淮军兵准备作战。金人原在江淮驻扎重兵，来吓唬南宋。听说张浚再次出山，连忙西撤。事实说明以南宋的力量，金军并没有能力来入侵。

汤思退乘张浚阅军的时机，迷惑孝宗以求和谈，暗地里让右正言尹穑诬陷张浚大肆挥霍军费，欺上瞒下违抗圣命。在如此多人的大肆鼓吹下，孝宗再次动摇，从前线召回张浚，免去他的丞相职位，令他赶去福州。在汤思退等人的建议下，孝宗还命令虞允文放弃唐、邓两州。虞允文坚决不从圣旨，也被强行调回免职了。汤思退又下令解散张浚在两淮筹建的万弩营，停修海船，拆除水陆防御工事，撤退海、泗两州守军，做出割地求和的姿态。

张浚因受排挤出朝，在赶往福州的路上抑郁病死。除去张浚之后，汤思退更是无所顾忌，马上命令魏杞出使金朝求和。兵部侍郎胡铨否定和议，太学生王质责难孝宗软弱，不能早下决定，救国救民。汤思退一帮人为了根除抗战后患，坚定孝宗求和决心，竟然请求金军南下过淮水，以便对孝宗施加压力早日议和。此时的汤思退成了继秦桧之后又一个名符其实的大卖国贼。

金军得此机会马上抢渡淮水。因为汤思退暗中调离南宋部队，再加上宋军毫无准备，所以根本不堪一击，全军溃退。金军迅速占领了濠州、滁州，长驱直入，再次饮马长江，直接威胁着江南的安全。大小官员对汤思退害国伤民的行为咬牙切齿，太学生张观等七十二人上书责骂汤思退、王之望、尹穑三人叛敌害国，应立即斩首示众。孝宗一怒之下免去三人官职，汤思退在罢官回乡途中，一路遭受唾骂，心惊胆战而死。

（4）隆兴之约

孝宗罢免汤思退之后，任命陈康伯为左相兼枢密使，虞允文为同签书枢密院事。此时宋军在前线不断取得胜利。但是，被汤思退等破坏后的宋军毕竟不是十万金军的对手，而孝宗上头还有一个太上皇求和，无奈之下孝宗派人又开始了求和投降。隆兴二年十二月，宋金又重订了合议，南宋不再附属于金朝，改称为侄皇帝；以"岁币"取代了南宋每年向金交纳的"岁贡"，并减少了十万个数目单位；双方依"绍兴和议"划定了疆界，金朝又收回了完颜亮侵略失败后丢失的土地，历史称为"隆兴和议"。

"隆兴和议"的订立，使南宋许多有识之士彻底失去了信心与希望。有个叫章甫的诗人写了一首《即事》诗，这样悲叹道："天意诚难测，人言果有不？便令江汉竭，未厌虎狼求。独下伤时泪，谁陈活国谋。……余生偷岁月，无处避风尘。……懦夫忧国泪，欲忍已沾巾。"

尽管如此，仍有许多爱国的人们在隆兴和议后继续要求收复失地并为此出谋划策。孝宗也有此想法：收复失地，振兴南宋，改变一贯的不平等地位。可见这时的南宋抗战的武士将领不多了，只剩下文人俗臣空谈理论。乾道三年（公元1167年），在当时可谓是凤毛麟角的名将吴璘也病死了。吴璘与其兄吴玠一生坚持抗金，在四川苦心经营了多年，临终前上书孝宗说："希望陛下不要抛弃四川。"书中绝口不提家事。他一生忠诚，受到人们的称赞。吴璘死后，除了老将虞允文外有名的抗金将领已几乎没有，虞允文虽是文人出身但会打仗，比如他指挥了采石一战大获全胜，威望极高，还在枢密院任过职。当时，孝宗正立志复仇，因此虞允文就成了他少有的得力助手。乾道五年四月，孝宗把虞允文从川陕调回临安，出任枢密使。八月，孝宗又任命虞允文为右相兼枢密使。在此前后，孝宗积极备战，修筑沿边城池，打造兵器，训练士卒，选择将帅。他自己也带头天天练习，以至在一次意外中一只眼被断弦击伤，整月不能上朝。

在虞允文的支持下，孝宗于乾道六年的夏天，派范成大出使金朝，提出归还河南祖宗陵寝和改变受书礼的要求。因为，绍兴年间，宋朝皇帝在金朝使者来的时候，需要以臣子礼来接受，受尽侮辱。到了孝宗时就只有宰相陪使者上殿，皇帝不再行此礼。到汤思退为相时，他一味奉迎讨好金朝，又恢复了高宗时的旧例。孝宗对此极为恼怒，现在积蓄兵力后，即派范成大出使金国，要求金主改变受书之礼，同时要求金归还河南之地。

金朝断然拒绝了南宋这一请求，但也彻底打碎了孝宗想靠和谈取得自己平等地位的幻想。他下定决心要靠军队的力量收回中原失地，成就一番宏伟大业。他曾对虞允文说："我们君臣当同心协力，共雪和议之耻！"虞允文也慷慨陈词，表示绝不会辜负皇帝的一片心意。乾道八年（1172年），孝宗又任命虞允文为少保、武安军节度使、四川宣抚使，派他到四川整军备战。临行前，孝宗又安排进攻金军的方法和策略，约定将来会师河南。虞允文担心发生意外，双方不能遥相呼应，孝宗回答说："如果你进攻金军而我丧失战机，那是我愧对于你；而如果我先出兵你耽误了战争，那就是你失信于我了。"君臣相约，同心协力，东西并举，同时北伐。孝宗举行盛大仪式，亲自为虞允文饯行，希望能够在中原胜利会师。

虞允文离开临安后，孝宗更加积极备战，多次检阅军队。孝宗决定以更改不平等的受书仪式为借口，想借机攻打金军。年底，金使完颜璋来宋贺元旦，孝宗以受书仪式不合要求为由，下令改期。太上皇高宗听说，出面干涉，父亲的话儿子必须听从，孝宗只好听从父亲的意见，暗中派人从金朝使者住处偷走国书。为了堵住完颜璋的嘴，孝宗又派人用重金贿赂他。但不幸的是此事很快便为金主查清，有辱使命的完颜璋被处分。宋金关系又紧张起来。孝宗火速派人持亲笔密信前往四川，特别命令要亲自当面交给虞允文，督促他迅速出兵。但是，事与愿违，虞允文已经带着遗憾离开人世了。

宋金形势虽然紧张，但金世宗却不想与南宋打仗。他在位期间，加强国内的建设、治理，对外却不过多树敌。淳熙元年（公元1174年）三月，金世宗另派梁肃为宋国详问使，携带国书前往临安，了解事情的来龙去脉。他在国书中指责孝宗说："隆兴年间的和议免除了称臣、称名、两拜之礼，又减少了岁币，对南宋已经很客气、很友好了。那时商定好你亲自接受国书，而且已经实行了十年左右，而今年我国大使去你国，为何却令人偷走国书，不按先例执行了呢？这不应该是你们伲国所做的。"孝宗虽然心中不服，但此时虞允文已去世，再加上太上皇高宗的干预，只有按先例亲自去接金国的国书了。

孝宗和虞允文策划的北伐，尚未实施就宣告彻底流产了，这又一次令中原的大宋难民失望。诗人范成大以开封的州桥为题，写了一首《州桥》诗云："州桥南北是天街，父老年年等驾回。忍泪失声询使者，几时真有六军来？"此诗淋漓尽致的表达了中原父老乡亲的心声，他们不甘愿做亡国奴，真心希望南宋王朝能够收复失地，统一中原。

淳熙年间（公元1174~1189年），宋金之间重新维持相对和平的局面。孝宗虽然仍坚持积极备战，但苦于无人可用，回天无力，只好采取守势。

宋金之间的"隆兴和议"一直维持了四十年之久，直到宋宁宗时的"开禧（公元1205~1207年）北伐"，形势才又一次发生了变化。

3.两次内禅

淳熙十六年（公元1189年）孝宗正式禅位给光宗，而后光宗又在糊里糊涂中下台，这是南宋小朝廷内忧外患的真实写照。

（1）孝宗禅位

淳熙十四年（公元1187年）八月，八十一岁的太上皇宋高宗，突然生病，九月份就去世了。在位多年也有六十多岁的孝宗对政事十分厌倦，想乘机退位，只是由于大臣们苦留才继续在位，但退位的决心已不可更改。后来，孝宗又与丞相府、枢密院的大臣们说起退位之事，大家都赞成他的意见，只有同知枢密院事黄洽有些歧义。孝宗征求他的意见，黄洽回答说："皇太子有能耐继承皇位，但太子妃李氏做不到礼教天下百姓，皇上应该仔细考虑一下。"孝宗被他说中心思，也暗暗担忧起来。他早就对太子妃不满，对她教育过许多次，不仅无用反而使二人结下了仇恨。

淳熙十六年（公元1189年）正月，金世宗完颜雍驾崩，他的孙子完颜璟继承王位，时年二十一岁。因"隆兴和议"约定金宋是叔侄之国，所以南宋皇帝应尊称金朝皇帝为叔，但此时的宋孝宗已经年老体衰，更不愿向比自己小四十多岁的金章宗称侄。所以二月份在紫宸殿不顾大臣们的反对，把皇位传给太子赵惇，称为宋光宗。孝宗在重华宫做起了太上皇，尊称寿皇。

宋光宗排行老三，与赵愭、赵恺同母，其母是郭皇后。孝宗即位后封赵惇为恭王，赵愭为邓王、赵恺为庆王。乾道元年（公元1165年），邓王赵愭被立为皇太子。赵惇心中不悦，因为自己也想当皇上，但是大哥已被定为皇位继承人，何况还有二哥排在前面，只得作罢。谁料乾道三年，太子突生伤暑病，偏巧太医开错药方，最后害得太子命归西天。因大哥死去，所以太子之位空缺，赵惇喜忧参半，又重新萌发了争夺太子之位的野心，习文练武，处处表现自己。每次在王府与侍讲官员评论前代帝王为政得失，他都常发表令别人意料不到的高见，连讲官也自以为不及。他的这些表现通过各种方式传到孝宗耳中，受到高度的表扬称赞。孝宗这时就想把同自己一样英武过人的恭王立为太子，对二子庆王赵恺不太赞成，嫌他软弱，不能担此大任。但这样做却要打破祖制，颠倒皇位继承的顺序，孝宗觉得时机未到，不能草率行事，便将立太子之事暂且搁置起来。

三年后，主管天文的太史上奏说："根据天象的变化，现在是立太子的好时机。"宰相虞允文也乘机请求孝宗早立太子，以稳国安民。孝宗回答说："朕很早就有此意，太子的人选也早已想好。只是恐怕他当了太子以后，骄傲放纵自己，不再勤奋学习，反而渐渐变坏。朕之所以迟迟不立太子，是想让他进一步严格要求自己，熟悉政务，博古通今，以免后悔现在不努力学习。"第二年，虞允文再次上书请求孝宗立太子。孝宗见条件已经成熟，便下旨立二十六岁的恭王赵惇为皇太子，同时改封赵恺为魏王，封疆外地为王。册立太子的前一天晚上，孝宗把自己的想法告诉了高宗。高宗怕赵恺不服闹事，立即派人把他召来，并让他留宿宫中。赵恺次日返回自己王府后，见孝宗册立太子的诏书已经颁布，立即回宫面见高宗，埋怨他说："爷爷把我留在宫中，却让三哥越过次序做太子！"高宗听了，抚着魏王的背安慰他说："你认为做皇帝就好吗？不做皇帝少了许多烦恼。"恭王赵惇终于得到了皇太子之位。

不久，孝宗又命太子兼任临安（浙江杭州）府尹。太子赵惇刚开始上任时规规矩矩，小心翼翼，关心民政，了解民情，谦虚谨慎地做好自己的本职工作，多次受到孝宗的称赞和鼓励。

弹指一挥间，赵惇已做了十几年的太子，早已厌烦，但又不能让孝宗让位于他。因此，他开始烦躁不安，行为举止开始有些反常。皇太后看到太子的变化，就向太子贴身侍卫询问原因，近侍直言不讳地说："太子大概是希望皇太后替他督促一下皇上吧。"过了几天，皇太后找孝宗闲聊时，太后对孝宗说："官家（宋朝宫内称皇帝为官家）已经老了，也应当安度晚年了，不如把国事交与皇儿吧！"孝宗说："我很早就想退休了。只是孩儿还小，不太成熟，所以不敢将皇位交给他。"太后不便勉强，就对太子说："我曾劝过你父亲，他说你还小呢。"太子听了，立刻解下头巾，迫不急待地说："看，我头发都白了，怎么还以为我是孩子呢？"的确，赵惇此时也已经四十多岁，胡子也有些发白了。有一次，太子入宫侍奉孝宗，闲谈中暗示孝宗说："有人送臣一些染胡子药，我未敢使用。"孝宗嘴上说："胡子白怕什么，天下人正好因此而看出你的老成，不用染它。"但他心里明白，儿子在催他让位了。他想，等太上皇一死，他就退位，自己也当太上皇。

淳熙十六年（公元1189年），孝宗正式让位给光宗。光宗很早就颇受孝宗的宠爱，所以才能以第三子的身份打乱皇位继承的顺序被立为太子。此后，他对孝宗一直非常尊敬，处理政事也十分尽心。后来见孝宗久久没有让位之意，慢慢变得急躁、不满，不过仍和孝宗相处得很好。

（2）两宫失和

光宗继承皇位后，孝宗退居重华宫，被尊为寿圣皇帝，孝宗皇后谢氏被尊为寿圣皇后，高宗皇后吴氏也被尊为宪圣皇太后，黄氏被立为贵妃，太子妃李凤娘则立为了皇后，凤娘之子赵扩封为嘉王，并大赦天下。这时金朝的世宗皇帝已去世，继承王位的新皇帝章宗昏庸无能，这样也使宋金边境多年相安无事，光宗也算得上一个懂得治国的皇帝，很想借这个较安定的环境发展国力。可事与愿违，皇后李氏是一个悍妒跋扈、喜欢弄权的人，她掀起一场场宫廷风波，把光宗搅得晕头转向，狼狈不堪。她甚至弄虚作假，混淆视听，将孝宗视为一块心病，不断地挑拨离间，使孝宗和光宗两宫失和。

李后名凤娘，相州（河南安阳）人，庆远军节度使李道的二女儿。李道从军之前是一个打劫的盗匪，后来成了戚方的一个将领，金兵南下时，他投靠宗泽。宗泽死后，李道又率军投靠襄阳镇抚使桑仲，驻扎在湖北。绍兴十五年，李凤娘出生了。传说在她出世时恰巧飞来一群黑凤凰，在李道营前的石头上落下，李道感到惊奇，便给她起名为"凤娘"。

凤娘长到十多岁时，已经成长为一个如花似玉的妙龄少女。李道听说游方道士皇甫坦懂得相面之术，能预测人间吉凶祸福，于是就请他到家中来看看，让几个女儿出来拜见皇甫坦。等到凤娘出来行礼时，皇甫坦一见，大惊失色，忙离开座位，无论怎样也不让她对自己行礼。并告诉李道说："你女儿长得超凡脱俗，一定是做皇后的料。"李道本是一介武夫，不学无术，对皇甫坦的话深信不疑。他便开始更加溺爱凤娘，对她有求必应，视之为无价之宝。凤娘在李道的娇生惯养下我行我素，养成一种悍妒跋扈的性格。

皇甫坦说的那番话本是毫无根据，随口乱说，但历史也有许多巧合。皇甫坦与高宗赵构曾有浅交，绍兴三十一年（公元1161年）冬，皇甫坦云游到临安，高宗听说他道术高超，又擅相面，在一个大雪纷飞的日子召见了他。高宗看他身上裹着好几层棉袍，问道："先生为何那么怕冷？"皇甫坦道："臣闻顺天者昌，逆天者亡。"当时正是金主完颜亮南侵南宋失败之后，高宗心里郁闷，皇甫坦便借故说出那些话，以讨高宗欢心。高宗听后果然龙颜大悦。当高宗问他这次拜见的目的时，皇甫坦开门见山地说："臣为陛下做媒来了。"高宗听皇甫坦竟出此言，很是心疑，心想自己已做了三十多年皇帝，都一大把年纪了，你还为我做什么媒？皇甫坦看出高宗疑惑不解的神情，忙接着说："臣为陛下寻得个好孙媳妇。"高宗立刻问她是哪家的小姐，皇甫坦在高宗面前把李凤娘着实夸奖了一番。吹嘘凤娘如何端庄贤淑，高宗受骗听信谎言，将凤娘立为赵惇之妃，号称荣国夫人，后来又晋升为定国夫人。

乾道四年（公元1168年），二十三岁的李凤娘生下一男孩，取名为扩。乾道七年，恭王赵惇被立为太子，凤娘自然成为太子妃。孝宗想到太子新立不久，身边肯定缺少服侍的姬妾，便将贵妃谢氏宫中的一位侍女黄氏赏赐给太子。黄氏极为温柔，端庄贤淑，通情达理，对太子又关怀备至，得到太子的宠幸。凤娘自恃生男子有大功，并且自己处于皇后的高位，因此对皇帝宠幸黄氏醋性大发。

凤娘的悍妒跋扈，高宗、孝宗也有察觉。在她当太子妃期间，就把宫中嫔妃视为情敌，还经常在吴太后、谢皇后面前搬弄是非，说了不少太子左右亲信的坏话，就连太子赵惇也不敢轻易惹她。高宗知道后很不高兴，就对吴太后说："我让皇甫坦的谎话给骗了，太子妃将来怎么能以国母的身份礼仪天下呢，她毕竟是将门之女，且悍妒成性呀！"高宗十分悔恨自己草率行事，才至于此。孝宗也屡次教训凤娘说："你应该像皇太后那样抚育子女，宽厚待人，不要整天与太子吵吵嚷嚷，争斗不止。不然，便废掉你。"面对孝宗严厉的训斥，凤娘不但毫无悔改之意，反而更加地疑神疑鬼，认定谢后在从中作梗。因此，对孝宗和谢后恨之入骨。光宗即位后，凤娘被册立为皇后。现在，凤娘位居六宫之首，儿子赵扩又晋封为嘉王，是当然的太子人选，权势显赫，于是就寻找借口，伺机报复。

光宗看到太监们为非作歹，干预朝政，便想寻找机会除掉他们，维护朝廷尊严。但他不能果断行事，贻误了时机，结果消息被泄露出去。太监们极为害怕，凑在一起搬弄是非，在吴太后、孝宗、光宗之间制造矛盾，并恳求李后作内应，李后欣然答应。以后每逢光宗对宦官有所举动，李后就出来阻挠，光宗又没有办法，便闷闷不乐，慢慢地累积成心病。

孝宗听说儿子有病，忧心忡忡，坐卧不安。一面让御医精心呵护，一面亲自翻检医书，按照药方采购良药，做成药丸，以便为光宗治病。本想做好就差人送去，但担心李后会耍什么花招，只好收起，等光宗来问安时当面交给他。宦官听到了这件事，便搬弄是非，在李后面前挑拨说："奴才们听说太上皇求得药方炼成药丸，专等皇上进宫问安时服用。服这种药能让人死亡，万一出了意外，大宋江山不就大受损害吗！"李后派人调查，确有这回事，于是想尽方法不让光宗去重华宫向孝宗请安。光宗竟然听信了李后的话，不肯去见太上皇。光宗原本没有大病，休养几日就好了。但父子之间的情谊已完全不存了。

一日，李后在内宫为光宗病体康复设宴庆贺。凤娘喝了不少酒，兴致很高，一会儿就面红耳赤，借酒劲对光宗说："陛下龙体一向虚弱，现在刚刚痊愈，不要再日理万机过于操劳，以免再犯旧病。扩儿既已长大成人，才干与日俱增，干脆将他立为太子，为陛下分忧。"光宗听后也觉有些道理，但要向父皇征求意见后再决定。凤娘听说要寿皇批准，不由暗自叫苦，心想寿皇一直对自己不满，处处与自己过不去，怕册立太子之事成为泡影，便怂恿光宗说："确立未来皇太子是祖宗常规，天经地义。陛下身为一国之君，难道没有这点权力，为何还去劳驾寿皇，难道陛下不能作主吗？"光宗不敢自己作主，仍坚持禀告父皇后才能确定。李后见光宗绝不松口，立太子无望，便羞恼地离开了，宴会不欢而散。光宗对李后的品性很了解，知道她粗俗多事，所以不与她计较，遇有争执多让步了事。只是立储是国家大事，才没有贸然应允。

爱子心切的孝宗两天后一听说光宗病好，便召他来重华宫，还专门设宴，以修复父子关系。可是李后没有通知光宗，一个人偷偷跑到重华宫来。寿皇问她："皇上不是病好了吗，怎么没有同来？"李后没有说光宗痊愈，却摆出心事重重的样子，叹气说："真是天有不测风云，本来已经好了，今天又突然着凉，只能我一个人来拜见父皇。"寿皇更为担心，忧虑地说："皇儿还很年轻，国家离不开他。但他这般地虚弱，将来怎么是好啊！"李后一听，心中暗喜，趁机说："我也正在忧虑，我想皇上既然多病，不如立嘉王扩为太子，也好辅助皇上，让皇上能安心养病，父皇您看这不是很好吗？"寿皇默默无语，面带难色地说："皇儿刚即位不久，刚开始熟悉政事，现在就忙着册立太子，未免过于仓促。立国储是国家大事，应该慎重考虑。再者你是一个女流之辈，对国事怎能私自干预？"李后目的未能达到，又受了申斥，恼羞成怒，怒气冲冲地说："我是明媒正娶，扩儿是我亲生，立为太子，于情于理都说得过去，有什么不可以的？"原来孝宗不是高宗亲子，太后谢氏也是由贵妃晋升为皇后，并非明媒正娶。李后如此无礼，暗骂孝宗，年迈的寿皇被气得浑身哆嗦，愤然离去，李后也心怀恶恨，匆匆离开重华宫。

李后用尽心机，遭到申斥，又气又恼。她回来后，便将嘉王扩召来，一起去找光宗告恶状，并对寿皇恶语中伤说："父皇不仅不答应册立嘉王为太子，还要把我赶出宫去再立其她皇妃，我们母子就要见不到陛下了！不如让臣妾死了，以报皇上的恩宠。"说着就要撞柱自尽，光宗和嘉王赶快上前拦住。李后的撒谎和哭闹，使光宗乱了方寸，信以为真。他安慰李后说："朕自继位以来，国泰民安，没有做过什么对不起国家的事，他还不能将我轻易废去。我是一国之君，还不能保护妻子儿女吗？从今之后，朕不再踏进重华宫半步！"光宗与孝宗的矛盾日益加深，光宗从此再也不去朝见寿皇了。

李后不但搬弄是非，而且悍妒成性。绍熙二年（公元1191年）十一月的一天，光宗在宫中处理完政务，欲洗手除垢，侍从就安排了一个宫女在旁边端水侍奉。李后随即令人砍下那位宫女的双手，放在食盒内，送给光宗。当时光宗正在便殿批阅奏章，时间一长，便觉得腹中饥饿，恰巧这时有人把食盒送来，光宗以为是美味佳肴，他打开食盒时，吓得心惊肉跳。光宗这么一吓竟生了场大病，多日不能起床，更说不上上朝办公了。

转眼到了冬至，按照惯例，皇帝须在这一天祭祀祖宗。光宗只好带病去斋宫。李后一直把光宗所宠爱的黄贵妃视为眼中钉、肉中刺，早就想除掉这个情敌，一直苦于没有机会下手。这次光宗不在，真是千载难逢的好机会，于是李后派人杀死了黄贵妃，后来对光宗却谎称暴死。在祭祀那天，忽然狂风大作，电闪雷鸣，暴雨如注。风雨将祭坛上的蜡烛吹倒，使光宗不能行礼祭祀。光宗身体本来就不太好，又被风雨折磨，痛苦不堪。回到宫中，又听到贵妃暴亡。这双重袭击，使他再次病倒，比上次更加沉重。李后趁机独揽朝廷大权，更加骄横跋扈，朝廷大小官员，对她无不恨之入骨。李后却不予理会，依旧我行我素。

寿皇得知光宗病重，亲自到宫中探望。他到时光宗还在睡觉，寿皇便静静等候不去惊动他。直到光宗醒来，小黄门才上前报告，寿皇已等了好久，光宗慌忙下床磕头请罪，寿皇好言宽慰，父子之间说了许多知心的话。忽然，寿皇发现李后不在宫中，从太监那里得知，她竟越权批阅起奏章了。按照宋朝惯例，皇后、妃子不得干预朝政，李后竟敢违背祖宗之规，寿皇十分恼怒，派人将她叫来，狠狠地教训了一通。孝宗还对李后威胁说："皇上的安危关系到江山社稷的存亡，皇上身体不适都因你侍候不周，如果再有损害皇上之处，就要灭你家九族。"李后被寿皇教训后，心中更加深了对孝宗的怨恨。

绍熙三年（公元1192年）三月，光宗身体稍有好转后便在延和殿处理政务。宰相率领文武百官进谏说，寿皇年迈，陛下应前往探望。光宗以大病刚好身体不适为由没去探望，其实是李后从中使坏，挑拨父子关系，光宗对寿皇又趋冷淡。百官看到这个情形，心中十分地难过，纷纷进言，而且涕泪俱下。光宗无奈，只好在四月份朝拜寿皇，糊弄过关以堵众人之口。后来又一连半年不去重华宫。按照宋朝礼制，皇上和皇后在节日时应去重华宫去朝贺请安，到临近冬至节，兵部尚书罗点等上书给光宗提醒：节日到了，该按礼节朝拜孝宗父皇了，光宗竟拂袖退朝。秘书郎彭龟看不惯皇上的做法，异常激动地说："寿皇当年侍奉高宗，十分地孝顺，有口皆碑，这陛下自己也是亲眼看到过的。何况寿皇今日只有陛下一个皇子，听说陛下有病，不是亲自派人多寻良药，就是亲自过宫探视，无不说明太上皇爱子的深切之情。陛下对上皇如此冷淡，上皇还降旨替陛下开脱，以免大臣们对陛下不满。而陛下却误听小人离间之言，使父子关系冷淡。陛下应向太上皇请罪谢恩，使父子重归于好，江山社稷永存。"宗室大臣赵汝愚也反复进谏。纵然文武群臣百般苦劝，却被李后的一句话轻易抵挡，光宗还得回宫去征求李后的意见。光宗怎么也没想到，李后竟一口答应。当然这并不是李后的孝心复萌。她本想回家参拜家庙，好好出一出风头，但又担心大臣会不满，所以同意和光宗去重华宫，借机参拜家庙。寿皇却认为李后从此回心转意，心中欣喜万分，父子二人久别重逢，无话不谈。直到傍晚，寿皇才让光宗夫妇回宫。接着，李后便去参拜家庙。李后家庙盖得气势非凡，与太庙不分上下。李后的父、祖、曾祖三代都已封王，这次参拜又有亲属二十六人、故旧二百多人新授官职，真是"一人得道，鸡犬升天"，李氏的权力已经到了一人之下万人之上的程度。李后参拜家庙的目的达到后，又继续挑拨两宫的关系，两宫的矛盾又一次激化，成了当时困扰群臣的难题。

李后的花言巧语，让光宗对孝宗忽冷忽热，反复无常，时而朝拜，时而推病数月不去。一眨眼又到了绍熙四年的重阳节，百官上寿完毕，便请光宗去重华宫朝见寿皇，光宗却拿不定主意，得听李后的意见。中书舍人陈傅良、给事中谢深甫都劝说光宗："父子至亲，天理昭然。太上皇爱儿子和陛下爱儿子是一个道理，都是爱心。太上皇日渐衰老，风雨难测。陛下若不尽早孝敬，恐千秋万代后，留下笑柄啊？"光宗听后，也觉得这几年没尽孝道，当即传旨，前往重华宫。大臣立即喜形于色，直立恭候起驾重华宫。光宗走出屏风几步远时，李后却忽然出现，扯住光宗衣袖，说："天气寒冷，皇上久病初愈，还是回去饮酒御寒吧，等明日再去不迟。"光宗不好坚持己见，只得转身退回。百官、侍卫见此情形，目瞪口呆，不敢言语。陈傅良忠心一片，跑上前去，将光宗的衣角抓住，恳求说："车驾都准备好了，百官也已恭候起驾，陛下千万不要还宫。晚秋天气，并不寒冷，陛下还是前往吧！"李后上前对准陈傅良踹了一脚，将他踢倒在地，急忙将光宗拉到屏风后面去了。陈傅良并不灰心，也跟到屏风里面，李后大声骂道："这是什么地方！一个酸秀才竟敢如此放肆，难道不怕砍掉你的驴头！"陈傅良无奈，只得退到殿下，号啕大哭起来。李后对此大为恼火，又派人来问话："这是什么礼节？"陈傅良毫不让步地说："皇上不听我的劝告，所以才号啕大哭。"李后气极了，私自传旨退朝回宫。从此之后，不管是大臣苦谏，臣僚讽刺嘲弄，还是数百名太学生集体联名上书，李后通通拦截下来，阻止光宗拜见上皇。宫廷内外，街头巷尾，众人议论纷纷，谴责李后。临安市民也有了"皇帝老儿怕老婆"的话题。

风烛残年的寿皇，在重华宫一天天都在孤独寂寞、思念中度过，却总不见光宗，终于郁闷生病。到了绍熙五年四月，六十八岁的孝宗病势日趋严重。群臣多次恳求光宗过宫探病，以尽儿子之孝。光宗根本不听，却去玉律园和李后一起游玩享乐。大臣彭龟年等为了使光宗行朝拜之礼叩破了头却仍无济于事。最后在舆论的压力下，光宗在五月份才让儿子嘉王去探视父皇的病情。孝宗对此竟十分地感动，不计较光宗以前的行为。

六月九日夜，孝宗在伤心中死去。次日，光宗上朝，赵汝愚上奏，孝宗昨夜病逝，请光宗到重华宫行礼。光宗嘴上答应，却拖到了晚上也没去。十三日，是孝宗举行丧礼之日，仍不见光宗来主持丧礼，群情激愤，人心骚动。宰相留正等大臣只得请吴太后垂帘主持丧礼。

光宗即位后，太子妃李氏被册封为皇后。李后是六宫之首，千方百计挑拨孝宗父子，报复孝宗，父子之间关系越来越疏远。孝宗因为光宗一年都不来拜见他而闷闷不乐。有一天，孝宗登上朝露台，听见几个儿童在嬉戏，不停叫着陛下。孝宗听了，心中十分难受，自叹道："朕喊他他都不听不来，你们白白地叫唤又有什么用呢？"孝宗为儿子的不孝而痛心，郁闷成疾，身体状况越来越差。父子情深，病中的孝宗很想见儿子一面，可直到临死，光宗也不去看一次。绍熙五年（公元1194年），太上皇孝宗在失望、孤独中病死，终年六十八岁。一生讲究孝道的孝宗死于不孝儿子之手，如此可悲的结局，他大概死也不会料到。

（3）光宗禅位

群臣向光宗报告了太上皇孝宗的死讯，光宗毫无感觉，仍不肯出宫。几天以后，孝宗大殓，光宗仍不肯出面主持丧礼。光宗的行为，激起了朝中众多大臣的不满，群情激愤，丞相留正等人只好上书请求皇太后垂帘听政。太后没有同意，只要求主持孝宗的丧礼。朝野上下，见此情景，心中无主，一片混乱，认为国家政事将会有大的变故。大臣叶适感到，如果不及早设法，天下必定大乱，江山将不保。就对留正说："皇上以生病为由不肯主持丧礼，怎能使天下人信服？现在嘉王已经成人，如能参预大政，就会解除天下人的疑虑，安定人心稳定社稷。"丞相留正于是又领百官进谏说："皇子嘉王，天性仁孝，应该早日立为太子，安定人心，维护江山社稷。"光宗看了，在奏章上批了"甚好"两字，却再也无下文。留正等再次奏请，当时传出皇书便条，上写"历事岁久，念欲退闲"八个字。留正悉心揣摩，不得要领，便与宗室赵汝愚商量。赵汝愚建议，干脆请太皇太后下令让光宗退位传给嘉王。留正认为光宗连立太子的诏书都不肯下，现在的批语模棱两可，担心将来出了差错，自己担当不起，就以病推托，不再上朝，溜出城去躲了起来。大臣徐谊请赵汝愚早定大计，赵汝愚很是为难地说："现在丞相逃避，我无法作主，能有什么法子呢？"徐谊建议说："今日之事，只有太后能主持了。韩侂胄是吴太后妹妹之子，请他出面禀明太后，下令内禅，事情定会成功。"他们去找韩侂胄说了，韩侂胄一口答应，立刻进宫向吴太后述说了当前形势的危急。吴太后也意识到目前形势的严重性，不得不出面干预，决定次日在孝宗棺材前召集执政大臣。消息传出，赵汝愚一边向各个大臣传达，一边令人将皇袍赶制好，并准备举行禅位大典需要的礼仪物品，以供明日嘉王登基使用。

第二天，便是换吉服的日子，百官齐集，举行仪式，结束丧服。嘉王赵扩一身丧衣，前来行祭，赵汝愚和群臣聚集在寿皇灵柩前，看见吴太后坐在帘后，就上奏说："太上皇去世，皇帝又有病，不能主持丧礼，臣等多次奏请皇上立嘉王为皇太子，好使人心安定。皇上先是批示'甚好'，后来又批'历事岁久，念俗退闲'八字，我等不知何意，还请太皇太后拿定主意。"吴太后说："既然有皇帝的亲笔信，你们就按皇帝所说的去办吧！"赵汝愚说："此事重大，必须有文字凭据才行。臣等写了一份草稿，太后看可否实行。"吴太后接过草稿，见上面写道："皇帝因为有病，不能亲自主持丧礼，写有亲笔信，自欲退闲，由皇儿嘉王继承王位，皇帝、皇后分别尊为太上皇帝，太上皇后。"吴太后看完，立即点头答应说："就这样办吧！"群臣命令内侍扶嘉王进入帘内，吴太后勉励了他一番。嘉王一再推辞说："这样做是不孝吧。"吴太后继而召进韩侂胄，让他为太子穿上皇袍。赵汝愚带领大小官员多次劝说，太子这才接受百官的朝贺，稀里糊涂当了新皇帝，史称宋宁宗。

赵扩，即宋宁宗，乾道四年（公元1168）十月出生。父光宗被立为太子后，他也于淳熙五年（公元1178年）被封为英国公。淳熙七年（公元1180年），开始有国师传教。他虽是王子，却并不娇生惯养，从小就知书达礼，尊敬师长，所以，高宗、孝宗和大臣们都很喜欢他。不过赵扩不太聪明也不善讲话。淳熙十一年，赵扩已经十六岁了，按规矩应有自己独立的行宫，可是两宫十分疼爱他，不想让他远离膝前，就在东宫旁边为他建了一处宅第。淳熙十二年，他被进封为平阳郡王。同年，他娶了妻子韩氏。韩氏是北宋名将韩琦之后，温柔贤惠，赵扩很宠爱她。淳熙十六年三月，光宗继承皇位后又封他为嘉王。随后，皇后李氏和宰相留正都曾分别请立嘉王为太子，但当时孝宗不同意。

新皇帝宁宗在禅位大典完毕后，便宣告正式即位，光宗此时还被蒙在鼓里。直到第二天，新皇帝参拜他，才如梦初醒。光宗本来无意禅位，只因对孝宗不孝受到人民的斥责，只好将错就错，他本打算丧事办完再出来，却不料被赶下了台。这时知道消息已经太晚了，生米已经煮成熟饭，无法挽回了，只好对着随侍新皇帝的韩侂胄大发脾气："你们好大的胆子，如此重大的事情也不与我商议。但既然是我儿子继承了皇位，我也不用再说别的了。"话虽如此，光宗却深感遭人遗弃、被玩弄的痛苦，心中充满无限惆怅。

光宗迫不得已当上了太上皇，退居泰安宫，百无聊赖之时，就回忆过去的日子，反思自己的过错。这时他常常不能控制感情，突然怒骂或突然流泪哭泣。这时李后只好为他斟酒解愁。李后下令宫中所有侍从说话小心，不得有半点关于外面的事。有一年，宁宗行完郊祀之礼，在赶回宫中时，宫廷仪仗队的奏乐声传进了泰安宫。光宗闻乐伤感，眼前又浮现出当年自己傲视天下的情景，明明知道是皇帝的乐队在奏乐，却仍旧问李后外面在作什么，李后不屑地说："市里百姓在街上寻乐。"光宗一听，知是李后故意隐瞒，盛怒之下，抬手就打，自己也失足跌倒。从此一病不起，加上心中郁闷，使病情越来越恶化，庆元六年（公元1200年）八月，光宗做了六年太上皇后忧心生病而死，年五十四岁。

光宗统治南宋仅五年，在这五年间，边境安定，百姓安生，天下太平。他本可以建立一番功业，却因李后的挑拨使父子不和，再加上疾病缠身贻误政事。后又让李后与宦官把持朝政，祸国殃民，遭人讥笑，最终落得被遗弃的下场。

宋宁宗在位三十年。他没有什么本事，不懂得治国方针，赏罚不明，又不能辨别忠奸，这才有了韩侂胄和史弥远的专权，一生无所作为受人摆布。嘉定十七年（公元1224年）八月，病死于福宁殿，终年五十七岁。

南宋的两次内禅，反映了南宋朝廷当时所处的内忧外患的现实。

4.开禧北伐

开禧二年（公元1206年）五月，韩侂胄请宁宗下诏出师伐金。这次北伐称为"开禧北伐"。

（1）准备北伐

宋宁宗嘉泰四年（公元1204年）正月，韩侂胄决定向金国开战。当时，金国被北部边境新兴的蒙古族所侵扰，连绵的战事将国力消耗一空，百姓积怨，士卒涂炭。鉴于金国的形势，有人建议权臣韩侂胄出师北伐，以建功立业树立威名，稳固自己的地位，韩侂胄表示同意，于是开始着手准备北伐。韩侂胄执政，将在光宗朝被罢的主战官员纷纷召回。陈贾任兵部侍郎，吴挺子吴曦，任四川宣抚副使。他下令屯积粮草，招兵买马，动用封椿库黄金万两，作为立下战功的军士的奖赏。又令吴曦在四川练兵，准备出击。

事隔数日，浙东安抚使辛弃疾、安丰守臣厉仲方都上奏赞同出兵，韩侂胄十分高兴。嘉泰三年（公元1203年）十二月，邓友龙出使金国返回。他说："在他出使时，金国曾有人半夜求见，宣称金国为蒙古部困扰，国势很弱。宋廷此时出兵援助，一定会所向披靡，大胜蒙古。"这更坚定了韩侂胄北伐的决心。

在宁宗、韩侂胄决策伐金的过程中，出知绍兴府兼浙东安抚使辛弃疾起了重要的作用。

庆元二年（公元1196年），辛弃疾从上饶迁居到铅山县。朱熹曾为辛弃疾的斋室写了题词："克己复礼，夙兴夜寐"。朱熹临死前写信给辛弃疾，劝他"克己复礼"。但辛弃疾虽在家中闲居，却不忘北上抗金。他同友人慨叹壮志难酬，作《鹧鸪天》词，抒发他一生的追求与梦想："壮岁旌旗拥万夫，锦襜（音掺）突骑渡江初。燕兵夜娖（音促整饬）银胡䩮（音录箭室），汉箭朝飞金仆姑。追往事，叹金吾，春风不染白髭须。却将万字平戎策，换得东家种树书。"这时，金朝的北边正遭多个民族陆续发动的战争的骚扰。各族各地兴起了反金起义，金朝内外交困。困居铅山的辛弃疾，对金国内部的发展形势密切关注。1204年，他被起用后，向宁宗极力主张"金国必乱必亡""预为应变计"，让元老大臣准备抗金。生活在金、宋边境的汉人也不时地越境投宋，还有驻守安丰军的官员也请宋朝保护流民渡河，都说明了金国处于内外交困的窘境。

四月，韩侂胄在为韩世忠镇江立庙后，五月，为了振奋军威，为岳飞举行了追封仪式，封他为鄂王。六月，令沿江及四川诸位将帅加紧操练，充实兵力，准备北伐。

开禧元年（公元1205年）四月，武学生华岳又奏书进言，建议朝廷立刻派兵北伐，并且请求将韩侂胄、苏师旦、周筠斩首以谢天下。韩侂胄勃然大怒，将华岳移交大理寺治罪，流放建宁。

五月，金章宗完颜璟听到了南宋要攻伐自己的风声，便与群臣商议对策。大臣们都说："宋朝是败军之国，连自身都难保，又怎么敢撕毁和议，发动战争呢？"只有完颜匡说："南宋取先世开宝，天禧纪元的称号，合为'开禧'，又增添了忠义保捷军，说明仍想收复中原。"金章宗认为有道理，于是，命令各位将领聚集兵力，任命金国平章政事仆散揆为河南宣抚使，置司汴京（今河南开封），会合各军准备同宋军作战。

八月，金国罢河南宣抚司。原因是这样的：仆散揆到达汴梁，向南宋呈递官方文书，责问为何毁坏协议。南宋三省、枢密院一边回答金国："一切都是误会，滋事的大臣已被革职，军队也已解散。"一边派军队暗中行动。仆散揆相信南宋的答复。恰好，南宋殿前副都指挥使郭倪、濠州（今安徽凤阳）守将田俊迈诱使虹县（今安徽泗县）百姓苏贵等人前来迷惑视听，苏贵等人对仆散揆说："宋增加防守的兵力，是为了防范盗匪，您一责问，吓得他们连边界也不敢防备了，何况他们都是民兵，没有粮饷供应，已死了多半。"仆散揆便打消疑虑，他将苏贵等人的话禀告了金章宗完颜璟。这时，金国群臣都劝金主事先发动战争以占先机。完颜璟说："南北和好四十多年，人民已厌恶了战争，不可轻易发动战争。"等到听了仆散揆关于南宋军情的汇报后，将河南宣抚司撤销，新召集的军队也随之解散。

就在金国放松警惕撤兵的同时，韩侂胄积极地为北伐作准备，他令湖北安抚司招兵买马充实神劲军，又以郭倪为镇江都统，兼知扬州。九月，以丘崈为江淮宣抚使，丘崈拒绝不做。起初，韩侂胄在丘崈入奏宁宗时召见他，给他看北伐的奏疏，希望能得到他的支持。丘崈说："我们应时刻牢记中原失落近百年的耻辱，但发动战争后胜败难定，如果战败谁来承担责任？肯定是有些人想建奇功，加官晋爵，才有如此下策。"当韩侂胄听说金人设置平章宣抚河南时，请丘崈为签书枢密院事，宣抚江淮以便应付将要来临的战争局面。丘崈坚决拒绝上任，令韩侂胄很不高兴。

十一月，金下令山东、陕西帅臣训练士卒，并耗用十五万两白银派人侦察南宋军情。又派武卫军副都指挥完颜太平、殿前右卫副将军富察阿哩率军增守边疆，随时抵御宋军的进犯。

十二月，金派遣太常卿赵之杰为正旦使，来宋恭贺新年。韩侂胄故意使赞礼官犯金主国君名讳，以此惹怒使者。赵之杰在拜见宁宗时，态度也十分的傲慢无礼。韩侂胄请宁宗返回宫中，著作郎朱质请求将金使斩首，宁宗没有同意，诏金使改为正旦朝见。

南宋正旦使陈景俊于开禧二年（公元1206年）正月准备返回，金章宗派孟铸送行，并转告金主的话："大定初年（公元1161年），宋金议和，确定金宋为叔侄关系。我国严于遵守，却被你国屡次破坏，冒犯我边疆，所以我才派遣大臣宣抚河南。后来收到你国公文，知道已撤去边臣和军队，我马上回应撤掉河南宣抚司。不料，你们变本加厉地侵扰我边境。群臣都说你国图谋不轨，要改变盟誓，我考虑到两国和好已久，不计较侵扰之事，怕侄皇帝不知详情，你回国后要告诉他全部情况。"陈景俊回国后，首先向右丞相陈自强诉说了这些情况，陈自强警告他不能再说这些。于是，韩侂胄北伐的决心更加坚定。

三月，南宋朝廷任命程松为四川宣抚使，吴曦为宣抚副使。吴曦统率军队六万，在河池（今甘肃徽县）西部驻扎，程松率军三万，在光元（今陕西汉中）东部驻扎，吴曦还负责节制四川财赋和陕西、河东路招抚使。又先后任命薛叔似为湖北京西宣抚使，御史中丞邓友龙为两淮宣谕使，郭倪兼山东、京、洛招抚使，鄂州都统赵淳兼京西北路招抚使，皇甫斌兼京西北路招抚副使，向淮东增防。

四月，南宋权礼部侍郎李壁又上书，称秦桧陷害忠良，卖国求荣，应赶快贬秦桧以示天下。于是，朝廷追讨秦桧主和误国的罪行，削夺其王爵，称之为缪丑。

四月，金章宗知道宋军出动军队，打算收复唐州（今河南唐河）、邓州（今河南邓州市），又令仆散揆驻兵汴梁，调遣河南之兵，命他随机应变，同时还在各要害地区布下重兵。

这月，郭倪派武义大夫毕再遇与镇江都统陈孝庆约定时机攻取泗州，金探窃到情况，提前关闭榷场，封闭城楼。毕再遇知道金军已有所准备，便与陈孝庆决定提前一日攻打泗州。泗州有东、西两城，毕再遇令一部分兵假装围攻西城，自己则率精兵向东城南角进攻，杀得金兵一败涂地。西城仍负隅顽抗，毕再遇立起大将旗，高声呼喊："我，大宋毕将军，中原遗民可快投降。"城中汉族官员立即投降，这样宋军一举攻下了泗州两城，郭倪因此要授毕再遇刺史官衔。毕再遇说："国家仅在河南就有八十一州，现在才攻下泗州两城就得一刺史，以后拿什么来奖赏我！"拒不接受。同一时期，江州统制许进率军占领新息县（今河南息县），光州忠义军孙成攻克褒信县（今河南息县包信镇）五月，陈孝先拿下虹县。南宋突然出击，赢得战争主动权，取得了战争初期的胜利。

（2）北伐开始

韩侂胄得知宋军已攻取新息、泗州、褒信及虹县，于是请宋宁宗向宗庙祖先宣告北伐后出师伐金。开禧北伐正式开始。

全国上下一听到伐金的诏书，群情激昂。辛弃疾作词赞颂韩侂胄："君不见，韩献子，晋将军，赵孤存。千载传忠献（韩琦谥），两定策，纪元勋。孙又子，方谈笑，整乾坤。"诗人陆游号称"小李白"，在四川军中也曾任"干办公事"。在孝宗召见时多次奏请北伐，迁都建康，又在光宗时悲叹："公卿有党排宗泽，帷幄无人用岳飞"。在山阴家居的陆游对刚刚执政的韩侂胄寄予了厚望："吾侪虽益老，忠义传子孙，征辽诏傥下，从我属橐鞬（音高尖）。"朝廷果然下诏伐金，诗人大受鼓舞。八十二岁的陆游写诗抒情，表示还要奔赴战场："中原蝗旱胡运衰，王师北伐方传诏。一闻战鼓意气生，犹能为国平燕赵。"辛弃疾、陆游写下的豪言壮语，从一定程度上反映了宋朝军民斗志昂扬一心抗金的情景。

韩侂胄出兵伐金，在政治上思想上的准备是充分的，但军事准备却很不足。符离打了败仗后，已有多年没再从事军事活动，即使是辛弃疾这样坚决抗金的将领，也已是六十五岁了。"四十三年，望中犹记，烽火扬州路。""廉颇老矣，尚能饭否？"后来有的人在对辛弃疾进行评价时无不惋惜孝宗没有出兵中原，"机会一差，至于开禧，则向之文武名臣欲尽，而公亦老矣！"辛弃疾宫廷受命，后到镇江府驻守伐金。庆元五年（公元1200年），韩侂胄举荐自己的启蒙老师陈自强为相，旧日的僚属苏师旦为枢密院都承旨，负责军事指挥与参谋工作。宁宗、韩侂胄曾在决策出兵前解除伪学逆党籍，重新任用一些在籍的官员，鼓舞他们的士气，但收效甚微。韩侂胄想任命薛叔似去前线统帅淮西军兵，但被拒绝。又命知枢密院事许及之去金陵驻守，许及之却按兵不动。光宗时派往四川的丘崈不去江淮宣抚使任命。针对宋朝无大将，宁宗下诏：朝内外举荐将帅守护边塞。邓友龙曾多次出使金朝，知道金朝国力衰弱，坚持北伐，用为两淮宣抚使。程松为四川宣抚使，吴曦仍为副使。伐金的主力军分布在江淮、四川两侧。

（3）吴曦降金

但在韩侂胄准备北伐时，内奸已经出现了。早在宁宗下诏伐金前，吴曦已在四川私通金军阴谋叛国。他向金军派遣门客，密约献出关外成、和、阶、凤四州，并恳请金朝封他为蜀王。宋出兵伐金，吴曦却受金朝指令，按兵不动，配合金军东下，免去防备西边进攻的忧患，这才得到作蜀王的许诺。韩侂胄时刻盼望四川进兵，多次催促吴曦而他却置之不理。金蒲察贞率领军队对和尚原进行了猛烈攻击，宋将王喜死命抵抗。吴曦却抽去援军，致使金兵入城，宋军溃败。不仅如此，他还焚烧城池，退军青野。兴元都统制毋丘思（毋音贯）领重兵守关。金兵到关，吴曦下令撤防。毋丘思得不到援助，被金军围困了很长时间，最终溃败。开禧元年（公元1205年）底，吴曦受金朝许诺，下令程松离开。程松兼程逃出陕西。吴曦的叛变，令北伐工作难以顺利展开，各项计划都被破坏。

金军有吴曦在四川作内应，便可以安心集中兵力到东线作战。金章宗立刻调兵遣将，任命陕西兵马都统使充为右监军，知真定府事乌库哩谊为左都监，左元帅则是平章政事仆散揆。金章宗考虑到合东北新调之兵、河南之兵也难以满足战争需要，又命大名、河北、北京之兵一万五千屯驻真定、清县、河间以便随时援助。

宋军在开始一直打得很主动。郭倪派郭倬、李汝翼攻宿州（今安徽宿州市），金守军骑兵三千人与郭倬、李汝翼率领的五万宋军展开殊死的搏斗。金军负隅顽抗，死守不退，箭像雨点一般射向宋军。宋军久攻不克，露宿野外，疲劳困乏，又突遭金兵二百名骑兵袭击，混乱中数千人被杀。

就在这时，郭倪又命毕再遇向徐州（今属江苏）发动进攻，恰好与陈孝庆的部队在灵壁（今属安徽）凤凰山相遇。陈孝庆因宿州受挫正准备退兵，毕再遇坚决反对。不久就接到郭倪退兵令，毕再遇主动断后，率兵冲入金的追击部队，金兵见其旗，吓得闻风丧胆大喊"毕将军来了"，大败而归，丢盔弃甲，鬼哭狼嚎，被追击了有二十里。

同期，京西北路招抚副使皇甫斌率兵攻打唐州，被金将乌克逊鄂屯击溃。建康都统李爽又向寿州（今安徽寿县）进军，金军刺史图克坦义死守寿州一个多月，河南统军判官奇珠及迈格等赶来增援，金兵内外夹击宋军，李爽惨遭失败。江州都统王大节攻蔡州遇挫。韩侂胄盼望吴曦开战后突袭陕西，造成北伐有利形势。而吴曦却图谋叛变，宋金开战后按兵不动。六月，金封吴曦为蜀王。

同月，韩侂胄见北伐无功，便不停地换将。罢免两淮宣抚使邓友龙，由丘崈接任。丘崈进驻扬州（今属江苏）后，布置诸将，让三衙兵在江淮要害地区防守。韩侂胄派人来扬州与丘崈商议收聚逃兵，并征求怎样扭转战局的意见。丘崈建议韩侂胄向皇上说明苏师旦、周筠等煽动出师北伐的奸情，另有李汝翼、郭倬等人丧师有罪，应被正法；还要求丢弃四川，退兵盱眙（今属江苏），韩侂胄采纳了丘崈的建议。于是，王大节、李汝翼、皇甫斌、李爽等都因战败被贬官，郭倬被斩首于镇江（今属江苏）。

北伐陷入困境，城池尽失。韩侂胄开始怀疑抗金决策的正确性，感到自己上了苏师旦的当。一天，他与李壁饮酒畅谈，谈到苏师旦最早谋划北伐之事。李壁不敢贸然发表意见，先进行了试探性的询问，见韩侂胄十分讨厌苏师旦，这才大胆地说："都因苏师旦鼓动北伐才使您遭受责难，只有流放了他，才能挽回您的英名。"韩侂胄表示同意。七月，苏师旦被罢官，流放在韶州（今广东韶关）居住。

十月，金平章事仆散揆发动总攻，分出了九路人马，南下攻宋。他本人率主力三万人进攻颍州（今安徽阜阳）、寿州；完颜匡率二万五千兵向唐州、邓州进发；纥石烈子仁率兵三万攻涡口（今安徽怀远东北涡水入淮水处）；纥石烈胡沙虎率二万兵攻清河口；蒲察贞率兵一万攻成纪，完颜充领军一万向陈仓进军；完颜璟率兵五千攻向来远；完颜纲率兵向临潭进发；石抹仲温率兵五千向临川进发。

金将胡沙虎率金军抢渡清河口淮河一段，围攻楚州，宋朝派出盱眙军毕再遇前去救助。这时金军在淮阴守粮草的只有三千人，而以七万人马屯楚州。毕再遇探得实情后带许俊等绕行赶往淮阴，夜烧金军粮库五十多所，使金淮阴守军不战而退，宋军活捉了乌哩库帅勒、富察元怒等二十三人。

十一月，丘崈任签书枢密院，统率江、淮宋军。金人向淮南进攻，形势十分危急，宋廷诏郭杲率兵驻扎真州（今江苏仪征），作为援兵。有人劝丘崈放弃庐州（今安徽合肥）、和州（今安徽和县），退守长江。丘崈说："放弃两淮会使敌军也能利用长江天险，我要死守淮南。"于是，宋在淮南布署了重兵防守。

这一月，枣阳、光化军、江陵又被金完颜匡占领，宋江陵副都统魏友谅杀出一条血路逃往襄阳（今湖北襄阳）。

金仆散揆想领兵涉渡淮河，秘密测得只有八叠滩可以通过，所以用了声东击西的战术，让宋军找不到进攻的地点。他派奥屯骧领兵至下蔡，佯装强渡，宋将何汝砺、姚公佐上当受骗，把全部守军屯扎在花黡（今安徽寿县西北），准备阻止金军南渡。完颜萨布则率军悄悄渡过八叠滩，上岸攻击宋军。宋军一片混乱，自相践踏，死伤无数。仆散揆很快攻下颖口，占领安丰军及霍丘县，围攻和州。当月，金军进攻庐州时，遇到了宋军田林的顽强抵抗。而金纥石烈子仁侵占了滁州（今安徽滁州市）。

金军十一月在占领信阳郡、随州后，又围攻襄阳府和德安府。

十二月，中军副都统穆延斯赟塔在进攻和州时，中箭身亡。穆延斯赟塔骁勇善战，因持二丈长枪军中称其为"长枪副统"。他擅长弓箭，能百发百中，在攻占安丰、霍丘、花黡时多立战功。穆延斯赟塔死后，金军便撤退，向六合（今属江苏）进攻，郭倪派前军统制郭僎接应六合守军。但在胥浦桥被金人打败，只好放弃扬州。这月，金纥石烈子仁占领真州，宋军顿时乱了阵脚，四散溃逃，死了二万人。这样，金人占领了整个淮西镇。

由于吴曦已经投降金国，程松只身驻守兴元，不敢贸然出兵，吴曦对金军的进攻，置之不理。于是金蒲察贞很快就攻下湫田堡，破天水，攻占关外四州。十二月，蒲察贞进攻成州（今甘肃成县），吴曦焚河池，退到清野原。金兵又向大散关（今陕西宝鸡西南）进攻，吴曦便撤去戍兵，大散关沦陷了。

金兵已围攻楚州两月有余仍未攻克，只因有毕再遇在此把守。十二月，毕再遇估计楚州城池坚固，士卒又多，短期内不会拿下，而六合位置重要，故领兵到六合支援。当时金人驻扎在竹镇，距六合二十五里，毕再遇在六合悄悄地埋伏下兵卒、弓弩手。金军刚到城下，宋军纷纷射箭，擂鼓不断，金兵惊恐逃窜。金仆散揆派完颜图拉与纥石烈等合兵十多万与宋军再战，把六合城围得水泄不通。又欲烧壩木，决濠水，却被毕再遇派去的劲旅打得落荒而逃。金兵攻城猛烈，而宋军已无箭可用，毕再遇设计用假人求得弓箭，确是又一个"草船借箭"，一下子宋军就得到二十多万支箭。金军增兵围城，营帐长达三十余里，毕再遇乘其不备攻击金营，金兵溃退。到这时，楚州被围达三个月，毕再遇又遣将分道袭击金军，于是金兵迫于无奈只得退去，楚州之围遂解。

（4）宋金和战

宋金讲和始于十二月。金仆散揆想和谈罢战，派遣一位自称是韩琦五世孙的韩元靓南下，被丘崈逮住。丘崈对韩元靓进行审讯，打听他南行的目的，他便讲出了和解之意。丘崈派人秘密将他送回金国。丘崈并将这一信息上报朝廷。由于宋军屡遭失败，韩侂胄有些后悔出兵北伐，主动拿出二十万家财，同时谕令丘崈选派灵活善辩之人持书、币赴金营议和。丘崈派陈璧充当小使持书前往。仆散揆提出议和条件是：南宋向金俯首称臣，割地给金的同时，交出挑起战争的南宋大臣。丘崈又派王文前往对仆散揆说："发动战争是苏师旦、邓友龙、皇甫斌的自做主张，与朝廷无关，现在他们都被治罪。"仆散揆反问道："苏师旦等人要没有韩侂胄的指使，怎敢私自发兵！"此后，丘崈又挑选使臣赶往金营说和，并答应把淮北南移的百姓和当年的岁币归还给金营。金才答应议和。金军只派一统军守卫濠州，其余退回下蔡。

皇帝十二月下诏，命令镇江郡都统毕再遇任山东、京东招抚使。宋军自出师后，将领们很少获胜，立功较多的只有毕再遇，所以将此权授予毕再遇。

开禧三年（公元1207）正月，丘崈上疏，金人此时也不愿再打下去了，恳请向金帅送一封书信，请立和约。同时提议：金人既指韩侂胄为首谋，如果撰写公文，暂时先免去他的职衔比较合适。

吴曦在西线叛变，丘崈又在东线求和，韩侂胄日益陷于孤立了。韩侂胄大怒，将丘崈免职，改以知枢密院张岩督视江淮军马。韩侂胄自出家财二十万，补助军需，又令方信儒作为使者去和金朝谈判。

开禧三年正月，叛徒吴曦建行宫，封官，称王；请金兵入内献出城池，准备俯首称臣，四川军民极力反对。吴曦召用大安郡杨震仲，杨震仲对此以死抗拒。陈咸削去头发以表抗议，史次秦自瞎双眼拒不俯首称臣，其他官员也都告老还乡，只有随军转运使安丙卑躬屈膝，作了吴曦的丞相长史。监光州合江仓杨巨源和吴曦的下属朱邦宁、张林、义士朱福等在一起密谋将吴曦杀死。杨巨源找到安丙责骂："你难道愿做一个叛徒吗？"安丙见风使舵，假哭说："我没有兵将，不能奋起反抗。要灭此贼必得找一个英雄豪杰。"此时兴州的李好义、李贵、杨君玉、李坤辰、李彪等人正计划杀吴曦，其中杨巨源、李好义建议杀掉吴后找个头脑人物来统帅，想推选安丙出来主持大局。杨君玉等人密谋假传圣旨，令安丙为招抚使以杀吴曦。之后，由李好义等七十多人闯入宫殿以假圣旨驱散士兵，把吴曦当场杀死。吴曦作了四十一天的蜀王，便落得个身首异处的悲惨结局！

诛灭叛徒，大快人心。军民抗金情绪顿时高涨起来，韩侂胄获知吴曦叛变后，曾密写帛书给安丙说："假如你能把吴曦杀掉，报效国家，去掉我的一块心病，我立即就奖赏你。"吴曦一死，金朝失去了一个内应，很是苦恼。杨巨源、李好义等请乘势收复四州。李好义出兵，一举收复西和州。张林、李简收复成州。接下来阶州、凤州、大散关也由刘昌国、张翼、孙忠锐收复。李好义会合狨头岭民兵，大败金军，乘胜追至西和，迫使金兵大将完颜钦逃走。李好义整顿好军马整装入城，受到了城里军民的热烈欢迎。安丙不允许李好义进攻秦陇，使士气大受挫折，金兵不久便又夺取了大散关。

在宋军大败金兵时，安丙不是乘胜追击，反而策划由杨巨源除掉孙忠锐搞起了内部争斗。吴曦的旧将王喜命心腹刘昌国下毒将李好义暗害。事后，安丙又诬陷杨巨源并将其害死，对外却宣称是自尽，抗金战士纷纷指责。在抗金形势好转之时，安丙等又把它葬送了。

这时的金朝，正如辛弃疾所判断的，处在"必乱必亡"的前夕。只是由于宋朝出了叛徒和内部的不和，军事部署也不合理，才让金兵得以挥军南下；但是，金朝已经没有进攻的能力，只剩下威胁、讹诈的手段。

方信孺为宋国信所参议官，在四月前往金营，准备议和。在韩侂胄招揽人才出使金国时，有臣子推荐了方信孺，于是，方信孺便由县丞改为国信所参议官。临行前，方信孺问："战事由我国挑起，金人要问首谋是谁，该如何答复？"在韩侂胄避而不谈的情况下，方信孺只得带着张岩的书信出发了。

方信孺到濠州（今安徽凤阳），纥石烈子仁把他关进监狱，威逼利诱，几经折磨，逼迫方信孺接受他们提出的五个条件。方信孺说："交还俘虏、赔钱都可以，绑送首谋自古以来都没有先例。自立为王，分割土地，不是我的权限范围。"纥石烈子仁很生气，喝道："你就不怕死吗？"方信孺说："我如果贪生怕死就不会受命作为使者来和谈了。"纥石烈子仁把方信孺送到汴梁。方信孺见到金帅完颜崇浩后返回住处，完颜崇浩派传令官前往方信孺住处，仍要求满足五个条件，并说称藩割地按以前的说法办。方信孺要求与完颜崇浩辩解。完颜崇浩摆阵势吓唬方信孺，并扬言："如果不答应五个条件，我的兵马将杀进南宋。"方信孺毫不畏惧。完颜崇浩大声吼叫："你们先是挑衅，又是议和，为了什么？"方信孺答道："为了国家的尊严，我们出兵向你们复仇；现在为了百姓的安危生存，我们忍辱和谈。"完颜崇浩无言以对。于是将一封信给方信孺说："这件事你回去商量商量，和好还是作战，下次来我们给你答复。"

宁宗等方信孺一回到南宋，便召集侍从、两省、台谏官商议如何答复。大家对归还俘虏和增岁币五万都没有异议。在吴曦已经被杀掉，金国坚持五个条件又想早做了结的背景下，方信孺再次去金营求和。方信孺说："我们已经答应了你们的三个条件；至于判断你我双方的责任大小，我国先兴兵，你国却在此之前诱降吴曦；从战场上看，你我各有胜负。如果你们仍要坚持全部条件，那我们只好再次开战。"方信孺说得从容不迫，语气强硬。金人见状只好退让，这才说："割地的事可以暂且放下不谈，但必须增加岁币外，同时付给金兵犒师银，才可以坐下来和谈。"方信孺回朝复命。不久，南宋朝廷以林拱辰为通谢使，与方信孺一道持国书赴金。双方讨论来讨论去一直没有结果。方信孺无功而返，只带回了完颜崇浩写给宋朝的一封信。韩侂胄询问方信孺北行情况，方信孺告诉他金议和的五个条件。第一个条件是割让两淮地区，二是增加进贡的岁币，三是交还俘虏，四是犒师费，第五个方信孺不敢说。韩侂胄再三追问，方信孺只得告诉他实情："金人想得太师的头颅。"韩侂胄听后大怒。九月，将方信孺贬官，软禁到临江郡居住。

（5）嘉定和议

九月，金左丞相兼都元帅完颜崇浩逝世在军营中。由"左手"完颜匡接替完颜崇浩，在汴梁全权指挥金军。完颜匡是金军换的第三任主帅。像仆散揆、完颜崇浩这样的老将都死了，金军已经换了三次主将，南宋却没有好好利用这个机会，反而去屈膝求和搞得人心大乱。在方信孺被贬后，又派王柟以右司郎中身份持国书北行求和。

韩侂胄得知金人想治他的罪，便在九月份将赵淳替换张岩准备再战。张岩花了三百七十万缗，督战九个月，却毫无建树。

十月，宋礼部侍郎史弥远上奏："自北伐以来，蜀口、汉、淮百姓死于战乱的不可胜数，国力大大削弱。韩侂胄却仍沉迷于此，让朝廷深感忧患。"史弥远极力主张不要再打仗，并请诛杀韩侂胄。宁宗皇后因册立的事与韩侂胄有仇，也主张将韩侂胄除去。史弥远与皇后勾结让皇子出面都未能让宁宗答应杀韩侂胄。杨后又请求宁宗，指派其兄杨次山去挑选可信之士，谋划杀死韩侂胄，宁宗才应允。杨次山、史弥远、钱象祖、李壁秘密商议，决定派夏震见机行事，刺杀韩侂胄。

十一月的一天，韩侂胄坐轿入朝，夏震率三百兵将他截在太庙。很快，韩侂胄被他们押到玉津园的夹墙内杀死。史弥远、钱象祖把杀韩侂胄之事禀告宁宗。宁宗下令把韩侂胄的罪恶公布于世。钱象祖在韩侂胄死后，从怀中取出了堂贴给陈自强："有旨，丞相罢政。"陈自强随即上马离去。宋宁宗下令把陈自强软禁在永州，并杀了苏师旦。

嘉定元年（公元1208年）三月，南宋又恢复了秦桧的官爵名位，向金朝讨好。

这时的王柟也结束了逃亡生涯从金营回到南宋。他同意依靖康故事，金、宋两国建立伯侄关系，向金国增岁币为三十万，犒军钱三百万贯，等和议一签定便将苏师旦的首级献上。完颜匡将此意上报给金章宗，金主便命取回韩侂胄人头，让宋朝来换淮南等地。这就是"嘉定和议"。刚好这时候，宋右丞相兼枢密院事钱象祖递书金帅府，将南宋诛死韩侂胄的事告诉金方。一天，完颜匡问王柟："韩侂胄专权几年了？"王柟说："已十余年，他升为平章军国事才二年。"完颜匡又问："现在想去掉这个人，可以吗？"王柟答道："宁宗英明果断，韩侂胄有什么不可除去的呢？"完颜匡听罢开怀大笑，这才决定与宋和议，并让王柟回南宋去取韩侂胄首级。宁宗召集臣子们商量，权兵部尚书倪思认为向金献韩侂胄人头使宋朝颜面不存。吏部尚书楼钥说："要想谈议和这类大事，必须先看这个举措有没有执行。不用可惜死后的奸臣的人头！"因此南宋决定以人头换失地。南宋派王柟去金国献上韩侂胄、苏师旦二人的头颅。

金章宗完颜璟在六月份亲自到应天门举行仪式接受韩、苏二人的首级。金在交通要道悬挂韩、苏二人的首级及画像，以示警告。然后，命令用漆将首级密封保存在军械库，并命令完颜匡收兵，以枢密院代替元帅府。同时，派使臣归还宋的大散关和濠州等地。

开禧北伐就这样结束了。

第三章 蒙古崛起

1.成吉思汗称雄

成吉思汗元年（公元1206年），铁木真经过多年征战，平定群雄，统一蒙古各部，在斡难河畔召开库里勒台（亦称忽里台，蒙古语"聚会"的意思），铁木真被尊为成吉思汗，大蒙古帝国由此建立。

（1）征服乞颜部

1162年，正当塔塔儿部与蒙古部在进行激战的时候，一位后来威震世界的巨人——成吉思汗在斡难河旁的迭里温盘陀山出生了。恰逢他父亲也速该打败了塔塔儿人归来，掳掠了大量人口牲畜，并俘获其首领铁木真兀格。他给新生儿取名铁木真以纪念这次重大胜利。

铁木真九岁时，也速该带他到"舅家"——弘吉剌部的斡勒忽讷兀惕氏族去相亲。按照蒙古人的习俗，订亲后的铁木真必须留在岳父德薛禅家。也速该在路经塔塔儿人住地时，吃了他们下了毒的食物，到家后即死去。铁木真闻讯，急忙赶回本部。

也速该死后，早就对他怀恨在心的忽邻拔都、塔儿忽台等泰赤乌氏贵族夺走他的部众，抛弃了他的寡妻弱子。一些乞颜贵族也离开铁木真而依附泰赤乌氏。从此，蒙古贵族联盟彻底破裂了，曾经盛极一时的蒙古兀鲁思陷入了内部纷争中。

少年铁木真一家暂时陷入贫困的境地，月伦母亲带着几个孩子和留下来的少数部众在斡难河上游不儿罕山一带居住，靠采集野果、钓鱼和打土拨鼠为生。

日子一天天过去，铁木真兄弟渐渐长大了。为了防止铁木真家族东山再起，泰赤乌氏贵族塔儿忽台率领护卫军前来进攻，把铁木真抓去。由于泰赤乌氏的属民速勒都思人锁儿罕失剌的暗中救助，他才得以逃脱，与母亲和兄弟们会合，迁到桑沽儿小河（今克鲁伦河支流臣赫尔河）附近，后来又迁到不儿吉之地（今克鲁伦河上游布尔肯小河旁）。

为了取得强大势力的支持和保护，铁木真来到土兀剌河黑林（今蒙古乌兰巴托南）他父亲的"安答"——克烈部首领王罕处尊王罕为父，向其贡献大量珍贵礼品，表示愿意臣属。在王罕的帮助下，他开始积聚力量，阿鲁剌氏的博尔术来做他家的伴当，兀良合人札儿赤兀歹老人把其子折里麦送来做他的奴隶。

就在铁木真羽翼未丰之时，三姓篾儿乞人对他发动了三次袭击，把他的妻子和家人抢走。他向王罕和札史剌氏贵族札木合求援。王罕、札木合和铁木真共同出兵四万，袭击篾儿乞人的营盘不兀剌川（今恰克图南布拉河地）。由于毫无防备，篾儿乞部首领脱脱，只带少数随从沿着薛良格河逃入八儿忽真隘，其余部众全被打散，铁木真夺回了妻子和家人，把他的许多仇敌杀掉，他们的妇女、儿童被掳为奴婢。

铁木真的力量经过这次战争逐渐壮大。一两年后，他摆脱了对札木合的依附，从斡难河中游的札木合营地迁移到怯绿连河上游的桑沽儿小河，独立地建立营寨，吸引了许多蒙古部众加入到他的阵营，其中有札剌亦儿人合赤温兄弟、兀良合人速不台兄弟和阿儿孩合撒儿父子，速客客族人速客该者温，以及伯牙乌族人等；有忙兀族人者台兄弟，阿鲁剌族人斡歌来兄弟，晃豁坛族人速亦客秃，速勒都思族人塔海、赤勒古台兄弟，把鲁剌思族人忽必来兄弟，别速惕族人古出古儿、迭该等，铁木真获得了这些人的支持并被拥戴为领袖。

一些原来有名望的乞颜氏贵族也不断靠拢铁木真。这些人包括合不勒汗的长支主儿乞氏的泰出、撒察别乞，忽图剌汗之子拙赤汗和阿勒坛，也剌该之弟答里台斡赤斤，兄捍坤太子之子忽察儿等。这些贵族投靠铁木真的目的是想借助他的力量去掠夺更多的奴隶和财富，他们有资格参加推举可汗的贵族会议，而且和铁木真一样有被推举为可汗的资格。只是这时铁木真已拥有了强大的那可儿队伍，他们只得推举铁木真为可汗，并表示愿意臣服。

1189年，铁木真首次被推举为可汗，为了巩固自己的地位，他接着建立起一套制度。最早追随他的亲信那可儿博尔术和折里麦被他任命为那可儿之长，并分别设立了管饮膳的、带弓箭的、掌管牧羊的、管家内人口的、管修造车辆的、掌驭马的、带刀的、管牧养马群的、守卫营帐的和负责远哨近哨的等十种官职。担任这些职务的除了他的弟弟外，几乎全是他的那可儿，铁木真对他们"用人肉养着，用铁索拴着"，随时可以放出去捕食猎物。

曾经帮助成吉思汗战胜篾儿乞人的札木合，看到铁木真的力量日益强大，逐渐与铁木真产生矛盾，关系不断恶化，札木合于是联合泰赤乌部，共出兵三万，进攻成吉思汗。成吉思汗得到消息后，就将自己的部众分为十三个作战集团，当时称"十三翼"，全力抗击来犯之敌。两军在答兰版朱思之野展开激战，成吉思汗战败，被迫向斡难河退却。然而，由于札木合十分残暴，使得更多的蒙古部落投到成吉思汗帐下。因此，成吉思汗很快恢复了自己的力量，并且不断发展壮大。

为了统一蒙古诸部，1200年成吉思汗联合王罕，共同出兵征讨蒙古诸部中最强大的泰赤兀族。得到篾儿乞部首领脱脱支持的泰赤兀人的首领沆忽阿忽出、忽邻等人率兵迎击。两军在斡难河边展开激战，最后，成吉思汗打败了对手，显示出强大的军事实力。

第二年，一些与成吉思汗为敌、听命于泰赤兀部的蒙古诸部，如散只兀部、哈答斤部、弘吉剌部等，得知泰赤兀部战败的消息后，为了遏止成吉思汗的力量继续发展，于是联合塔塔儿部等，于阿雷泉边相会，并斩马立誓，共同出兵向成吉思汗与王罕的联军发动进攻。两军于盃亦烈川展开激战，成吉思汗又取得胜利。

这时，与成吉思汗相邻的各个部落感到了强大的军事威胁，那些曾败给成吉思汗的对手，被迫联合起来，共同对付成吉思汗。他们包括弘吉剌、哈答斤、札只剌、亦乞剌思、朵鲁班、散只兀以及塔塔儿等，足智多谋的札木合被他们推举为总首领——局儿罕，他们在犍河边会合，然后向成吉思汗发动进攻。

成吉思汗得报后，再次与王罕联合，共同迎击札木合之联军。双方在海剌儿、帖尼火鲁罕之地遭遇，展开激战。由于当时正赶上狂风暴雪，成吉思汗幸运地打败了对手。札木合的联军彻底溃败，有很多人被赶下了悬崖。经过这次战争，蒙古诸部的有生力量遭到严重损失，已经无力再与成吉思汗抗衡，遂大多投靠了成吉思汗。

（2）剪除塔塔儿部

塔塔儿部是蒙古草原东部强大的部落之一。他们包括许多支系，其中主要有六大部，相互之间经常发生战争，而在遇到外族侵扰时，则又会暂时联合，共同抵御外来侵略。早在蒙古葛不律寒时，他们即与蒙古部产生了矛盾，经常发生纠纷并互相侵扰。又因为他们臣服于金朝，遂把那些不服金朝统治的部族首领抓住，送给金朝处治。蒙古泰赤乌部的首领俺巴孩汗和葛不律寒的长子，都被他们逮捕并送交金廷处死了。

塔塔儿部由于势力十分强大，又有金朝作后盾，蒙古人很难消灭他们。成吉思汗在取得蒙古乞颜部首领地位后，就把塔塔儿人作为首要攻击对象。金承安元年（公元1196年），由于塔塔儿人把金廷的马、羊等牲畜抢去，于是，金派大将完颜襄亲率大军，向塔塔儿部发动进攻，其主力被彻底击溃，残部四处逃散。

这也许是天赐良机，成吉思汗决不会放过这个既能扩张自己势力又能消灭强敌的好机会，于是，打出替祖先报仇及帮助金廷平叛的旗号，与王罕军队联合向东进发。他们在斡里札河畔，遇到塔塔儿残部，经过一番激烈厮杀，成吉思汗大胜，杀死其首领篾兀真，并俘获许多财物、珍宝。塔塔儿人遭受这次沉重打击后，势力立即衰弱下去。

此后一段时期，由于成吉思汗忙于消除泰赤乌部的威胁以及对付札木合联军的进攻，连年发动战争，没有时间顾及征服塔塔儿之事。为报新仇、夙怨，塔塔儿部和札木合、泰赤乌等势力联合起来共同对抗成吉思汗。在泰赤乌部的进攻和札木合的联军被打垮后，成吉思汗才又腾出手来，消除塔塔儿部对他的威胁。

1201年，札木合又网罗一批溃散的贵族，包括塔塔儿、弘吉剌、散只兀、合答斤、朵儿边、泰赤乌、豁罗剌思等，在也是古纳河与犍河（今根河）、秃律别儿河（今得尔木尔河）汇流处附近的忽兰也儿吉会合，结成联盟，札木合被推举为"吉儿罕"。联盟决定会集诸部之军向铁木真发动进攻，但他们的军马刚刚出动，就有豁罗剌思人将这一阴谋告诉了铁木真的部属召烈台抄兀儿，并立即报告了铁木真。铁木真得知，立即起兵迎敌，双方在海剌儿河（今海拉尔河）的小支流帖尼火罗罕之地展开激战，札木合军被击溃，参加联盟的诸部首领作鸟兽散。

打败札木合后，铁木真集中精力巩固新占的东部地区。1202年，成吉思汗会集部众，出兵征讨塔塔儿之察察、按赤二部。由于塔塔儿部是草原上最富有的部族，为了避免因瓜分财富不均而引起士兵的纷争，以及因贪财而削弱自己的战斗力，成吉思汗明确宣布："如果此战能打胜，不许私藏敌人丢下的财物，必须等到战事结束后再统一分配。"战争的结果当然以塔塔儿的失败，成吉思汗的胜利而告终。或许是为了根除后患，成吉思汗残酷地命令将所有被俘的塔塔儿人全部杀死，就连孕妇、儿童也未能幸免，只有少数美女被留了下来。曾经作为蒙古东部最强大的、唯一能够与成吉思汗相抗衡的塔塔儿部族，就这样被彻底地消灭了。

在统一草原的战争中，成吉思汗取得了一次次重大的胜利。一方面，后顾之忧完全解除，他因而可以放手西向，去同乃蛮、克烈等部争夺草原霸主的地位。另一方面，东部蒙古的其他中小部落，为了避免被消灭，纷纷向成吉思汗投降。而这些中小部落的归顺，进一步壮大了成吉思汗的力量，使他有足够的力量去和草原上的其他强敌去进行残酷的争夺。

（3）攻灭克烈部

克烈部是雄踞于蒙古中部的强大部族之一。其首领忽儿札忽思死后，为了争夺汗位诸子互相残杀。其中，王罕由于得到成吉思汗先父也速该的支持，先后战胜叔父古儿罕和兄弟额儿客合剌等人，取得了克烈部首领的地位。故而，他欣然答应了成吉思汗的求助。而成吉思汗依靠与王罕的联盟，先后把身边的塔塔儿、篾儿乞、泰赤乌及札木合等各个强大部落打垮后，成吉思汗实际上成为蒙古东方的新霸主。而对成吉思汗势力的迅速增长，王罕感到了严重的威胁。二者之间的联盟已经无法继续维持下去了。

1203年春，王罕由于受了前来投靠的札木合和己子桑昆的怂恿，以商议两家的婚事为由，邀请成吉思汗，企图加害于他。在半途中成吉思汗得到消息后，及时转回。王罕见阴谋暴露，于是率军向成吉思汗发动进攻。两军在阿兰塞展开激战，双方都损失惨重。成吉思汗由于兵力较少，被迫向董哥泽之地败退，仅剩下两千余部众。

王罕并没有就此放手，而是继续追击成吉思汗。两军在哈阑真沙陀之地相遇，再次展开激战。虽然成吉思汗最后击退了王罕的军队，但是成吉思汗的手下也差不多丧失殆尽。王罕以为成吉思汗已经不足以再对他构成威胁，于是回师折折运都山，准备安享太平。

这次严重的挫败，并没有使成吉思汗心灰意冷。他与剩下的十九名部众同饮班朱尼河水，发誓要继续奋斗，重整旗鼓，东山再起。于是，他一面陆续把溃散的旧部众召集起来，一面收纳那些与王罕有旧仇的部族，力量逐渐得到恢复。正在这时，投靠王罕的札木合及蒙古部众又联合起来，密谋推翻王罕。由于消息不慎泄露，王罕将他们击败。

得到王罕联盟出现分裂的消息后，成吉思汗决定乘机对王罕发动突然袭击。他一方面派使者到王罕那里，诈称要与其尽释前嫌，重叙旧好，以使王罕放松戒备。另一方面，他亲率大军跟随在使者之后，悄悄逼近王罕大帐。

王罕果然上当，相信了成吉思汗的谎言，并派人与使者一同回见成吉思汗，还带来了血囊准备重新誓盟。然而，成吉思汗的军队却出其不意地偷袭了王罕。经过三天三夜的激战，虽然王罕部众进行了顽强的抵抗，最终仍没有逃脱失败的命运。王罕父子被迫出逃。在逃跑途中，又不幸遇到乃蛮部族的军队，遂被捕获并被杀死。而王罕的部众，则全都投降了成吉思汗，成吉思汗把他们分散后，编入各个蒙古部族的军队之中。

经过折折运都山之战，成吉思汗征服了蒙古中部最强大的势力。克烈部归降后，成吉思汗的势力得到大大扩张，已经占有了广阔的蒙古东部与中部，并且开始延伸到蒙古的西部。故而与西方霸主乃蛮人产生了严重冲突，一场新的龙争虎斗将必不可免。就像乃蛮部的首领太阳罕所说："天无二日，民岂有二王邪？"

（4）征服乃蛮部

乃蛮部是蒙古西部最强大的部族。他们的军队装备精良，首领必勒格汗相当英明。所以相邻的许多部族，相继被他们征服。但是，必勒格汗死后，他的儿子为争夺汗位相互残杀而导致乃蛮部的分裂。经过争夺，长子太阳罕占有了广阔的平原，而他的兄弟不欲鲁罕则被迫在山地间居住。乃蛮部的力量因此遭到很大削弱。这就给他们的邻居——克烈人带来了复仇的机会。

1199年，王罕联合成吉思汗共同进攻不欲鲁罕，以报当年被驱逐、几乎失去汗位的夙仇。两军在黑辛八石之地相遇，成吉思汗擒获其先锋将也的脱孛鲁。到两军主力决战之际，王罕却连夜自行退兵，置成吉思汗于危险之中而不顾。成吉思汗天明方才发觉，亦只能回师而去。

不久，乃蛮骁将曲薛吾等伏击王罕，抢走了许多部众及财物。王罕势单力孤，只得向成吉思汗求援。成吉思汗得报后，立即派出木华黎、博尔术、赤老温、博尔忽四员大将率军增援王罕。等到追上乃蛮军时，王罕已被打败，四大将奋力拼杀，又将乃蛮军打败，把被掠去的部众及财物重新夺回。成吉思汗率军乘胜进击，与不欲鲁罕军在忽阑盏侧山展开大战，蒙古军又获全胜，"尽杀其诸将族众，积尸以为京观"。（所谓"京观"，原指台形建筑，此处喻堆敌尸如小山。）经此大败，不欲鲁罕遂一蹶不振。而他的兄长太阳罕，对此却漠然视之。

待到克烈部被征服，成吉思汗雄霸一方之后，太阳罕才感受到了严重的威胁。于是，他派使者前往位于蒙古南面的汪古部，约其首领阿剌忽思，共同出兵，夹攻成吉思汗。可是，汪古部人并不想与蒙古人为敌，因而不愿帮助乃蛮人。阿剌忽思还将太阳罕要进攻蒙古的消息告诉了成吉思汗，并表示愿意站在成吉思汗一边。

1204年春，成吉思汗在帖麦该川举行大会，商讨征伐乃蛮太阳罕的方略。经过商议，决定立即起兵。成吉思汗再次整编了他的军队，然后在建忒该山驻扎下来。太阳罕得到消息后，也率部驻营于沆海山。许多曾经败于成吉思汗手下的旧敌，如篾儿乞部之脱脱、札只剌部之札木合、克烈部之阿怜大石，以及哈答斤、塔塔儿、散只兀等诸部之部众也随同太阳罕一起前来。虽然他们人马众多，而士气却不够旺盛，远逊于成吉思汗之部众。这最终决定了他们的失败。

两军对垒后，成吉思汗考虑到己方军少，乃广布疑兵，虚张声势，使从未经过大阵势的太阳罕惊慌失措，犹豫不决。而札木合等败军之将更是如惊弓之鸟，随时准备逃跑。等到两军展开激战时，札木合果然溜走，并向成吉思汗通风报信。

在两军正式激战后，虽然乃蛮部众奋力拼杀，太阳罕也奋勇当先，却仍然没有能够挡住蒙古军的攻势。经过一天的厮杀，太阳罕身负重伤后被擒杀，乃蛮部众也大多数战死。而塔塔儿、散只兀、哈答斤等部众，见乃蛮部大势已去，遂归降成吉思汗。至此，曾经活跃于大草原上的五大部落联盟，皆降服于蒙古部落的麾下。

2.蒙古帝国诞生

经过十几年的苦战，成吉思汗终于1206年春登上了众汗之汗的大位，大蒙古帝国由此建立。

（1）国家制度建立

成吉思汗灭克烈后就开始建立大蒙古国的统治制度，建国后进一步完善。主要包括以下几项：

一是千户制。把全国百姓（游牧民）按十进制统一编组，分千户、百户、十户三级，全国共划分为九十五个千户，并对各千户的牧地范围进行划分，分别授予那可儿们世袭管领，并封立下战功的贵族为千户那颜。千户的编组原则，一种是那些始终如一地联合或附庸于成吉思汗的部落首领（如亦乞列思、弘吉剌等姻族，兀鲁、八邻、忙兀等尼鲁温蒙古部落），或主动归附者（如斡亦剌部的忽都合别乞、汪古部的阿剌兀思惕吉忽里），均获准仍可以"统其国族"（即本部人民），但需按照统一编制组成若干千户；少数战功卓著的那可儿（如木华黎）也可以把分散的本部落人民召集起来组成千户。另一种是由不同部落的人民混合组成，如泰赤乌、蔑儿乞、乃蛮、克烈、塔塔儿等人数众多的大部落，在被征服后，其部民都被"分与了众伴当"，加上这些伴当（那可儿）在战争中"收集"（掳掠）来的人口，编组为千户。前一类比较少，后一类占大多数。千户体制完全取代了旧时代的氏族部落组织，它既是大蒙古国的军事单位，同时也是地方行政单位。千户百户那颜是大汗任命的行政和军事长官，如果他们有过错或对大汗不忠诚，大汗可剥夺其职务，另授予他人甚至可将他们治罪。全国百姓都是成吉思汗的臣民，他们被划归各千户"著籍应役"，只得在指定的牧地范围内进行游牧，不得擅自离开所部。在千户之上设左右翼两个万户，作为最高统兵官，所有千户（除分给诸子弟者外）都属于这两个万户管辖。

二是怯薛机构。1204年成吉思汗在与乃蛮作战之前，着手"整顿军马"，以原有的怯薛组织为基础建立了一支护卫军，由八十名宿卫（客卜帖兀勒，Kebte'ul）、七十名散班（土儿合兀惕，又译秃鲁花，Turqa'ut）、四百名箭筒士（火儿赤，qorchi）组成。建国后，护卫军被扩充为一万名，包括一千名宿卫，一千名箭筒士，八千名散班。散班从千户、百户、十户官员和白身人（都里因古温，duri-yin gu'un）的儿子中挑选，必须有技能、身体健壮；千户之子可带十名伴当（随从），百户之子带五名伴当，十户及白身人之子带三名伴当。各级那颜都必须把他们的儿子送到成吉思汗身边服役，不得逃避，也不准以他人代充。这实际上是把有掌管征调兵民的那颜子弟作为人质，以便更有效地控制他们，所以元人亦把秃鲁花译为"质子军"。护卫军以守卫大汗金帐和分管汗廷的各种事务为职责。规定散班和箭筒值日班，宿卫值夜班，各分四队，轮番值日，每番三昼夜，故总称为"四怯薛"。护卫军由大汗直接掌握，是最精锐的军队，凭此足够用来"制轻重之势"（《元史·兵志》），故又称为大中军。成吉思汗最亲信的那可儿木华黎、赤老温、博尔术、博尔忽（四杰、四骏）四家子弟被任命为四怯薛之长并且可以世袭。怯薛职务的分工有十多种，如火儿赤（qorchi，佩弓矢者）、札里赤（jarliqchi，书写圣旨者）、云都赤（ulduchi，带刀者）、博尔赤（ba'urchi，厨子）、必阇赤（bichigchi，书记）、昔宝赤（siba'uchi，掌鹰者）、速古儿赤（sugurchi，尚供衣服者）等。诸怯薛执事官作为大汗的侍从近臣，地位高于外任千户那颜。怯薛不仅是大汗的亲卫军的宫廷事务机构，而且执行各种行政活动，在大蒙古国的军政事务中作用相当大。

三是设置大断事官。昔宝赤（siba'uchi，掌鹰者）建国前，曾任命其异母弟别里古台担任断事官（札鲁忽赤，jarquci），审断斗殴、诈伪、偷盗等事件。1206年，又任命养弟失吉忽秃忽为最高断事官（大断事官），主持分封民户和惩治诈伪、盗贼等事，分配给宗室诸王和各千户的民户数、判决的案件，都由大断事官记在青册（koko debter）上，任何人不得更改。大断事官实际上就是大蒙古国中央的最高司法行政长官，所以被称为"国相"，后来汉人就称失吉忽秃忽（又译胡土虎）为胡丞相。直到元世祖初年，大断事官一直掌握着中央最高行政权。在他下面有许多僚属，组成断事官机构。诸王为了管理本部百姓也在自己部内分别设立断事官。

四是制定札撒。札撒（jasaq）就是"法令""命令"的意思。古代蒙古人中有许多"古来的约孙"（yosun，意为规矩、道理、缘故，通常译为"体例"），蒙古人在长期历史过程中形成的种种社会习惯和行为规范都包含在其中。当贵族（那颜）成为统治者、可以对部人发号施令时，札撒就产生了。在各部贵族为了争夺蒙古高原霸权而激烈地相互攻战、兼并的时候，旧的统治秩序日益崩溃，"子不从父教，弟不听兄言，夫不信其妻，妻不顺其夫，长不护其幼，幼不奉其老……慢视约孙，不遵札撒"，以致"犯上作乱，欺窃风行，盗贼不宁"，因此，成吉思汗深知要使野蛮的众民变得服服帖帖，必须"用极严厉的札撒来建立秩序，智者勇者使为统将，捷者巧者使掌后营（奥鲁，a'uruq），愚者贱者亦授以执鞭之役，遣就畜牧"，使人们各安其位，各得其所。建国前后，他先后颁布了一系列法令和训言（必里克，bilik）。在1219年西征前举行的大会上，又"重新确定了训言、法令和古来的体制"，并且全部写在纸卷上，编订为《大札撒》。后来每当新大汗即位，或诸王上朝商议国家大事，都要首先诵读《大札撒》，并遵照其中的有关条文行事。元人说："凡大宴，世臣掌金匮之书，必陈祖宗《大札撒》以为训。"《大札撒》是大蒙古国的法典，原书虽已经无法找到，但它的许多条款被中外史籍记录了下来，如那颜们除君主外不得投靠他人，不得擅自离开自己的岗位，违者处死；构乱皇室，挑拨离间，助此反彼者处死；收留逃跑的奴隶不归还其主者处死；盗人牲畜者必须用九倍偿还，不能偿还者以子女作抵押。此外还规定了保护水源、草场、马匹以及宰杀牲畜的方法等。

五是分封子弟。成吉思汗统一蒙古后，原来隶属于各部贵族的所有"有毡帐的百姓"，都成了他的"黄金家族"的臣民，在编组为九十五千户之后，他按照蒙古社会分配家产的体例和方法，给诸子、诸弟和母亲月伦太后各分配一"份子"（忽必）百姓。成吉思汗还给诸子、诸弟划定了各自的封地范围。诸弟的封地在蒙古东部，称为"东道诸王"。合撒儿的封地在阔连海子（呼伦湖）和海剌儿河之北，即古纳河流域，与斡赤斤封地相近；合赤温子按赤台的封地在金边墙附近，合兰真沙陀与兀鲁灰河（今东乌珠穆沁旗乌里勒吉河）地区；斡赤斤的封地在蒙古最东部，捕鱼儿海（贝尔湖）哈剌哈河流域至海剌儿河之地；别里古台的封地在斡难河与怯绿连河中游一带。术赤、窝阔台、察合台三家的封地都在阿勒台山之西，称为"西道诸王"。拖雷作为幼子，继承成吉思汗四大斡耳朵和国之中心蒙古本土之地。术赤于1218年领兵征服失必儿吉利吉思至亦必儿等部，即把征服的土地授给他，后来又授以也儿的石河以西，包括花剌子模至不里阿耳，以及这个方面马蹄所至之地，而吉利吉思地区则授给拖雷。察合台的封地为畏兀儿以西的伊犁河、塔剌思河、楚河流域、原西辽与哈剌鲁之地，以阿力麻里为其统治中心。窝阔台的封地为阿勒台山原乃蛮之地及霍博、叶迷立等处，以叶迷立为其统治中心。诸宗王封地都是游牧地区，被征服的定居地区则作为黄金家族的共有财产，由大汗政府管辖。

六是创制文字。蒙古人起初没有文字，"凡发命令，遣使往来，止是刻指以记之"（《蒙鞑备录》）。成吉思汗建国前后，逐渐用畏兀儿字母来书写蒙古语，从而创制了畏兀儿字蒙古文。《元史·塔塔统阿传》记载，成吉思汗灭乃蛮时，乃蛮的掌印官塔塔统阿被俘虏，成吉思汗见他怀抱金印，就问他此物有何用处，他回答说："出纳钱谷，委任人材，一切事皆用之，以为信验耳。"成吉思汗知他懂得文字，就命他教子弟学习。除乃蛮人外，有的克烈人可能也懂得和使用畏兀儿文，他们对蒙古文字的创制作出了很大贡献。后来更有许多畏兀儿人当了蒙古诸王贵族的书记官和教师。有了文字后，蒙古人用其来记录表册，编定《大札撒》，制作印玺，发布命令，编纂史书（《元朝秘史》）。蒙古族的文化从此得到巨大的发展。

新建立的蒙古国家制度，当然还比较原始，各方面都不是太完备。但是，蒙古国家的出现结束了草原长期以来的部落纷争，蒙古社会由此进入了奴隶社会。这是蒙古族历史上，也是中国历史上的重大事件。它对中国各民族的历史，以及欧、亚两洲许多国家的历史，都产生了深远的影响。

（2）巩固帝国政权

蒙古国家建立后，成吉思汗着手消除各种敌对势力，以巩固他的统治。

打击巫师势力。蒙古在建国前信奉原始的巫教，巫师具有很大的权威，是天的代表，支配氏族部落事务。也速该临死时，把他的家族和铁木真托付给以巫为业的晃豁坛部人蒙力克照顾。1206年成吉思汗建国时，蒙力克的儿子阔阔出充当部落的神巫（帖卜腾格里），代天发言，他宣称成吉思汗的降生是上天的安排。但是，蒙古建立国家后，成吉思汗发现，帖卜腾格里严重地威胁着可汗的势力。阔阔出和他的兄弟们擅自抓住并痛打成吉思汗的兄弟合撒儿，并向成吉思汗说："长生天曾有指示，令合撒儿掌管国政"，成吉思汗因而对合撒儿不再信任，收回了原来分给合撒儿的部分人口。此后，阔阔出又把成吉思汗封赏给各贵族的讲不同语言的百姓陆续窃为己有，就连成吉思汗的幼弟铁木哥斡赤斤的一些部众也去投奔阔阔出。当铁木哥去索要部众时，却遭到阔阔出的斥责，还被罚跪。成吉思汗逐渐看到了巫师势力对他的严重威胁，于是就以比武摔跤为名，命铁木哥和力士们把阔阔出脊骨折断致死。成吉思汗向部众宣告说："帖卜腾格里打了我的兄弟们，天不爱他，便把他召走了。"又对蒙力克说："他与我齐等，所以将他送走了。"阔阔出被处死，使产生于原始社会的巫师代天立言、干预部落事务的制度被彻底废除。成吉思汗通过采取这一坚决而果断的行动，进一步巩固了可汗的最高权力。

追击乃蛮、蔑儿乞和北征。成吉思汗建国时，虽然已经消灭了太阳罕统治的乃蛮部，但不亦鲁黑汗率其残部仍占据着兀鲁塔黑山的西麓莎合水（索里克河）一带，宣称继承太阳罕的大统。蔑儿乞部的脱脱和太阳罕的儿子屈出律也逃到这里，与不亦鲁黑汗会聚在一起。这些残余的力量，严重威胁着蒙古国的安宁。

宋开禧二年（公元1206年），成吉思汗建国时，就派兵向西进发，乘其不备突然袭击聚集在索果克河的不亦鲁黑汗、屈出律和脱脱。不亦鲁黑汗被赶过阿尔泰山，沿兀泷古（乌伦古）河而下，直到乞湿泐巴失海子（布伦托海），但最终不亦鲁黑汗仍被擒杀，大批的牲畜和家口（奴隶）被掳获，乃蛮终于被消灭。屈出律和脱脱西逃。

宋开禧三年（公元1207年），成吉思汗派他的长子术赤领兵北进。

成吉思汗在建国前的连年作战中，已先后把蒙古草原上的游牧民，即所谓"毡帐里的百姓"征服。蒙古草原的北面便是森林地带的狩猎部落即所谓"林木中的百姓"，与草原最接近的狩猎部落是斡亦剌部。他们的一支居住在库苏古尔湖以西色楞格河北源德勒格尔河一带，曾经与王罕、札木合和太阳罕联合对抗成吉思汗。术赤统率蒙古军到来时，此部首领忽都合别乞即率众投降。

术赤军以忽都合作为向导，向失思失惕河（锡什锡德河）流域进军，征服了斡亦剌各部落，八河地区（贝加尔湖以西，安加拉诸源流）的秃马部、巴尔古津河流域的巴儿忽和贝加尔湖以南的不里牙惕部等部也相继归降。

乞儿吉思及其附庸昂哥剌部居住在叶尼塞河流域，西南至阿浦水（阿巴坎河），东北直到安加拉河一带。唐代史书上把乞儿吉思译作"黠戛斯"，曾在唐文宗开成五年（公元848年）与唐朝共同打败回鹘汗国，接受唐朝的册封，但他们很快就衰落下去。契丹建国后，臣属于辽朝，他们主要以放牧牛羊为生，但也在谦河一带从事农业经营。术赤来到这里时，乞儿吉思部的首领也迪亦纳勒（亦纳勒是首领的称号）不战而降。成吉思汗命令术赤统治草原以北森林地带的属民。斡亦剌部编为四千户，仍任忽都合为首领。秃马部则由豁儿赤受命去统治。但是，秃马部女首领孛脱灰答儿浑等进行反抗，拘捕了豁儿赤。成吉思汗命忽都合去救援，也被捉去。号称"四杰"之一的博尔忽领兵前往征讨，在森林中被射死。在屡遭失败的情况下，成吉思汗派遣朵儿伯多黑申率领大军，从林中小路进军，登上山顶，才最后征服了秃马部。孛脱灰答儿浑被俘掳并被赐给忽都合为妻，一百名秃马部民则成了博尔忽家属的奴隶。

秃马部反抗蒙古征服者，成吉思汗遣使到乞儿吉思部征兵，被乞儿吉思拒绝，同时起兵反抗。成吉思汗又令术赤率兵征讨，沿叶尼塞河而下，秃巴思（即谦谦州人）、撼合纳、乌思等部先后降服。乞儿吉思人根本没有力量抵抗蒙古军，便向西溃逃。术赤一直追到亦马儿河（鄂毕河上游）才撤军，同时招降了帖良古、脱额列思、失必儿、客失的迷等部落。

忽都合为成吉思汗立了大功，因而受命统治秃马部旧地。成吉思汗还将他的女儿和长子术赤的女儿嫁给忽都合的两个儿子为妻。忽都合的女儿斡兀立海迷失则嫁给成吉思汗的孙儿贵由（窝阔台之子）为妻。通过家族的联姻，成吉思汗和斡亦剌部忽都合结成"安答和忽答"（亲家）（《集史》第一卷第一册）。八邻部的贵族豁儿赤在乞儿吉思、以西直到额尔齐斯河一带驻守，充当镇守额思的迷、帖良古、脱额列思等"林木中的百姓"的万户。

（3）继续征服

北方诸部落被征服后。宋嘉定元年（公元1208年），成吉思汗又继续进攻追击屈出律和脱脱两个残敌。脱脱和屈出律在索里克河遭到突袭后，率残部越过阿尔泰山的阿来岭（奎屯岭），逃到额尔齐斯河的支流不黑都儿麻（布克图尔玛）河的发源地。蒙古军由斡亦剌部忽都合为向导，追上了屈出律和脱脱。双方展开激战，脱脱在作战中中流矢而死。又一个顽敌被成吉思汗消灭了。

屈出律吃了败仗后，经过畏兀儿人的别失八里、曲先等处，以及巴尔喀什湖东面哈剌鲁人的住地，逃到垂河（楚河），投靠西辽。脱脱的儿子火都（《集史》作脱脱弟，今从《秘史》）渡甘额尔齐斯河向南逃窜，企图进入畏兀儿地界。

畏兀儿族降服。元代文献中记载的畏兀儿，其统治者是唐代回鹘汗国的后裔，在天山以南的哈剌火州（即吐鲁番）和以北的别失八里（旧称北庭）一带居住。宋代史籍把他们称为"西州回鹘"或"高昌"。辽朝西迁后，畏兀儿被西辽控制。西辽在这里设立"监国"（少监），向畏兀儿人征收苛捐杂税，还监督君主（亦都护）的一言一行。当蒙古军西进时，畏兀儿亦都护巴而尤阿而忒的斤便把西辽的少监杀死，派遣使臣向成吉思汗进贡珠宝财物。它在宋嘉定二年（公元1209年）向蒙古称臣。

蔑儿乞部脱脱的儿子火都战败向南逃窜，派遣使者到哈剌火州要求收容。巴而尤阿而忒的斤拒绝了他的要求，杀死了其派去的使者，并领兵抗战。火都的残部在楚河一带被畏兀儿军和速不台率领的蒙古军击溃。

宋嘉定四年（公元1211年），巴而尤阿而忒的斤亲自到克鲁伦河畔拜见成吉思汗。按照氏族收养子的旧例，成吉思汗把巴而尤阿而忒的斤认作自己的第五个儿子，并把自己的女儿也立安敦公主嫁给巴而尤阿而忒的斤为妻。畏兀儿的亦都护由此与蒙古的汗族建立了婚姻关系，因此，加入了贵戚的行列。

对于新建的蒙古国家来说，畏兀儿的归服具有重大的意义。从畏兀儿往东南，可直接威胁西夏，往西则可进军西辽。成吉思汗还得到了一批文化水平较高的畏兀儿的人才，这在一定程度上促进了蒙古国家的发展。

哈剌鲁等部的降服。哈剌鲁部居住在巴尔喀什湖南，处于西辽的控制之下。哈剌鲁的马木笃汗驻在海押立（卡帕尔城附近），西辽也派遣"监国"进行统治。马木笃汗的父亲，前一代的汗就是被西辽逼迫自杀而死。西辽的残暴统治，加深了哈剌鲁贵族的背叛情绪。

屈出律逃到西辽后，即与哈剌鲁马木笃汗联络，企图联合起来共同抗击西辽。宋嘉定四年（公元1211年），成吉思汗派大将忽必来率兵西进，到达哈剌鲁境内。哈剌鲁的阿尔思兰汗（一说即马木笃、一说马木笃之弟，见《巴托尔德全集》第二卷上册）乘机杀死西辽监国，向蒙古投降，并随忽必来（亦称虎必来）去见成吉思汗。成吉思汗把阿勒合别姬公主赐给他为妻。哈剌鲁从此臣服于蒙古。

伊犁河谷地区。占据阿力麻里（霍城西北、阿尔泰古城、克根河西岸）一带的脱黑鲁儿汗不扎儿是这里的首领。但是西辽强迫他们信奉佛教，他们于是联合起来反抗西辽的统治。蒙古军到来时，脱黑鲁儿汗也投降了蒙古。

西辽的这些属国被征服后，蒙古国的统治区便和西辽接壤了。

成吉思汗顺应历史潮流，充分利用各部贵族与其属民和奴隶的矛盾以及人民对部族林立、混战不休局面的厌恶，对贵族联盟时代的准则毫不犹豫地进行践踏，并极力加强自己的权力，把敢于与他分庭抗礼的各个贵族一一予以消灭。完全从属于他的那可儿集团是他的力量的基点。这支那可儿队伍，只要他一动桦皮箭筒，就立刻聚集在一起，他的柳木弓弦一响，就会奋不顾身地前进。铁木真正是依靠这支"用人肉养着，用铁索拴着"、如同饿鹰猛狗般的队伍，把漠北平原上的贵族部落一一扫平，最终完成了统一事业。

蒙古高原的统一具有重大的历史意义，它极大地推动了蒙古民族的形成，促进了蒙古社会的发展，提高了蒙古社会的生产力，丰富了蒙古的文化。此外，蒙古的统一还为后来蒙古的大力扩张积蓄了力量，打下了基础。

（4）进兵中原

成吉思汗十年（公元1215年），蒙古大军攻克金中都（今北京），蒙古帝国的版图由此扩张到中原。

金国与蒙古结怨已久。金廷不仅擒杀了成吉思汗的祖上，而且金军还曾多次北上，对草原诸部烧杀抢掠，称为"灭丁"或"减丁"。蒙古人虽为了报复，也经常侵扰金国北疆，但在大多数情况下，却臣服于金廷，按时纳贡。成吉思汗统一草原，成为众汗之汗后，其军力足以战胜任何强劲对手，金朝在这时却日益腐败衰落，但是由于受到传统畏金心理的影响，认为上天在保佑金朝的帝王，故而未敢轻举妄动。

直到金章宗死后，即位的卫绍王十分懦弱。成吉思汗因为与卫绍王打过交道，知卫绍王昏庸无能，畏金心理即刻消除。于是他公然宣称："我谓中原皇帝是天上人做，此等庸懦，亦为之耶？"于是正式对金廷发动进攻。翌年秋，他亲率大军，由丰利、大水泺直取金边防重镇乌沙堡，并最终攻克。又与金军主力在会河川（今河北怀安东）大战，经激战获胜，被杀的金军漫山遍野。进而又攻克德兴府（今河北涿鹿）。前锋大将哲别冲入居庸关，直抵中都（今北京）城下。由于城内戒备森严，未敢贸然攻城，乃退兵而去。

成吉思汗首次与金军交战就大获全胜，更增加了灭金的信心。于是，连年出兵侵金。在与金军决战于会河川的时候，又遣诸子察合台、尤赤、窝阔台等分兵从西面攻掠金朝境内之东胜、云内、武州、朔州等处，大胜而归。翌年，成吉思汗又亲率大军进围金西京（今山西大同），前来救援的奥屯襄之军被他击败，复攻城，却遇到顽强抵抗。成吉思汗还被流矢射伤，只得退兵。而察罕率军复克德兴府，哲别率军攻占金东京（今辽宁沈阳），不久即回师。

元太祖八年（公元1213年），成吉思汗再次率大军进攻金国。连克德兴、宣德（今河北张家口市宣化区）、怀来（今河北怀来东），与金军主力展开大战，大败金军，乘胜进至居庸关。金军凭借天险，顽强抵抗，因此无法攻克。成吉思汗于是率军向西迁回，由紫荆关而入，打败金援军，克涿州和易州，由关内直取居庸关，两面夹攻，遂攻克居庸关，并在金中都之北再次与守城金军大战，全歼金军主力。在攻打中都城时，遇到顽强抵抗未能攻克。成吉思汗遂采取惯用的手段，移军到中原各地大肆掠夺。

蒙古军兵分三路，诸皇子尤赤、窝阔台、察合台等率领右路军，沿太行山南下，攻掠河北之遂、保、安肃、洛、邢诸州，然后直指河南，沿途攻城掠财，到达黄河边。又转攻山西，至太原、平阳等地，再转而向东，回师中都。皇弟哈撒儿与拙赤鲟、斡陈那颜等率领右路军，先攻京东之蓟州、滦、平、辽西，沿渤海而上，掠夺大量财物后，还至中都。成吉思汗以及拖雷率领中路军，攻取河北之霸、雄、河间、景、仓诸州，然后东向，转攻山东之济南、泰安、益都、密州等地，亦还至中都。是时，整个中原大地只有中都、顺、通、真定等十一座城池未被蒙古军攻破。

1214年，蒙古三路大军在中都城下会合，虽掠获众多财物，但亦疲惫不堪。成吉思汗于是重演攻西夏国时的伎俩，派出使者，向金宣宗求和。

金廷也想急于罢战，遂贡纳大批财宝，把岐国公主献给成吉思汗，以便求和。成吉思汗率军北还。蒙古军的这次进扰，给中原地区的民众带来了巨大的灾难，被屠杀的民众数不胜数，被掠夺的财产不计其数，城庐被焚毁，千里萧条，渺无人烟。

蒙古帝国强大的军事力量使金宣宗闻风丧胆，随即南逃，迁都到汴京（今河南开封），成吉思汗闻讯后，即遣大将三摸合、石抹明安等又进兵围攻中都，并于翌年五月攻克。蒙古帝国的势力，由此扩张到中原地区。在此前后，蒙古军又连克兴中府（今辽宁朝阳）、金北京（今内蒙古宁城）等地方，至元太祖十年秋，共攻占三千八百六十余座城邑。

其后不久，成吉思汗因要进兵西域，遂于元太祖十二年封大将木华黎为国王、太师，建九游白旗，专门负责经略中原，为了处理中原地区的军政诸事在西京（即今大同）、燕京（即今北京），设立行省。这是蒙古帝国第一次在中原地区设置的重要管理机构。此后，木华黎果然没有辜负成吉思汗的托付，率军东征西讨，为蒙古政权在中原地区站稳脚跟，立下了汗马功劳。

3.蒙古灭西夏

成吉思汗二十二年（公元1227年），蒙古大军长驱直入，灭掉了西夏。

（1）逼夏求和

成吉思汗在统一了大草原之后，并没有高枕无忧，尽情享乐，而是继续扩大帝国的势力，并把这作为首要任务。一方面，他进一步肃清大草原上的残敌，出兵擒杀篾儿乞部首领脱脱及乃蛮部首领不欲鲁汗，处死多次与他作对的札木合，又降服野牒亦纳里部、斡亦剌部、阿里替也儿部等，从而巩固了自己的统治。另一方面，他又把扩张的矛头，对准了大漠南边的西夏和金国。

成吉思汗比较了解漠南的这两个国家。就国力、军力而言，西夏不及金国；就地理位置而言，只有先征服西夏，才能免除进攻金国的后顾之忧。

因此，在战胜乃蛮部太阳罕之后，成吉思汗立即着手征服西夏的战争。

公元1205年，成吉思汗第一次率军进攻西夏，并且连续攻克力吉里寨、落思城等处，掳获众多牲畜、民众及财物。然而，尽管没有受挫败，他却没有进一步向纵深挺进，而是班师回去。这样做的原因一方面是对西夏军力进行试探性攻击，为以后的大规模征服战争做准备；另一方面，也是由于他的军队刚刚讨平乃蛮部，十分疲惫，需要有一段时间的休整，这时不宜再进行大规模的战争。

两年之后，成吉思汗已取得了众汗之汗的大位，并且已经消灭了不欲鲁黑汗。于是，在军力强盛、秋高马肥之时，他正式对西夏发动战争。经过数月激战，西夏重镇兀剌海城被攻克（《元史·太祖纪》作斡罗孩城，即此）。由于西夏军队的顽强抵抗，第二年春，他只得回师。到成吉思汗四年（公元1209年），成吉思汗第二次对西夏发动了大规模的进攻。

蒙古军首先大败西夏军于河西，进而攻打兀剌海城，西夏国王李安全（襄宗）派太子率西夏军主力迎战，也被击败。西夏军大将高逸及太傅鲜卑讹答被俘虏，前锋直指西夏都城中兴府（今宁夏银川市）。蒙、西夏两军再次于此展开激战，历时两个多月。蒙古军虽又擒获西夏大将嵬名令公（此处"令公"非其名，而是一种尊称，其名已佚），但由于中兴城非常坚固，迟迟没能攻下。蒙古军于是引黄河之水灌城，后不慎使河水倒灌，蒙古军反而被淹。

成吉思汗见长期相持下去对己不利，只得暂时撤军。在临撤前他派使者进城，劝夏主脱离对金朝的附属归降于他，如答应条件，蒙古军将不再进攻西夏。李安全虽不肯轻易投降，但苦于蒙古几番征伐使国力大损，现在终于有了喘息之机，就同意送爱女察合公主给成吉思汗做妾，并答应每年向蒙古纳贡。成吉思汗得到西夏国奉送的宝物和夏主的女儿后，率领部队回去了。

这次征夏双方打成平手，又导致了一次西夏国君易位。蒙军攻中兴府时，李安全曾求援于金国。而当时金章宗已死，刚继位的卫王永济，拒绝联夏抗蒙的主张，拒绝向西夏发兵。战后，李安全赔了公主又折兵失地，威信扫地，于宋宁宗嘉定四年（公元1211年）被废而死。宗室李遵顼继位，称为夏神宗。他一上来就改变了联金抗蒙路线，极力主张联蒙抗金。此举促成了西夏和蒙古修好十年，也使成吉思汗可以集中兵力转向与金国作战。

成吉思汗达到了他的第一步目的。他不但获得了大量的战利品，在经济上得到了很大的补充，又可以利用西夏来夹攻金朝。

（2）再次用兵西夏

蒙古军退后不久，西夏统治集团内部为争夺权位发生了政变。宋嘉定四年（公元1211年），襄宗被废，其子承桢也没能继承父位，宗室齐王李遵顼被立为帝，称为夏神宗。

蒙古的南侵使西夏与金国的一些人认识到唇亡齿寒的道理，提出两国间必须互相救援。但两国统治者都目光短浅，想乘人之危为己谋利，夏金关系不但没有改善，反而更加恶化。公元1209年西夏都城被蒙古包围时，派使者向金请求援兵，金卫绍王竟说："敌人相互攻击，是我们的福气。"不肯救援。蒙古军撤退后，西夏即派兵进攻金葭州（今陕西佳县），作为对金的报复。宋嘉定四年（公元1211年）冬天，刚即位的李遵顼得知金军在举河堡被蒙军打败，就派兵侵扰金国的泾、邠二州，并围攻平凉府。此后在金与蒙古交战时，西夏又多次袭击金境，金朝也时时对西夏进行报复。

宋嘉定九年（公元1216年），一支蒙古军经西夏国境进攻金国的关、陕地区，西夏出兵配合蒙古，攻下潼关。次年，蒙古征调西夏兵攻金，结果金人大胜，西夏兵则惨败。自降蒙以来，西夏虽凭借蒙古的势力多次掳掠金国，但金人抗蒙不足，打西夏则绰绰有余，所以西夏获利很少。而役属蒙古以后，蒙古向西夏索要的贡品越来越多，使西夏疲于应付，于是西夏朝内许多人对这种政策怀疑和不满起来，与蒙古的间隙越来越大了。

宋嘉定十年（公元1217年），成吉思汗决定讨伐西域，又命西夏出兵随征，遭到西夏拒绝，遂遣一支军队突入。而此时西夏一点准备也没有，蒙古军没有遇到强有力的抵抗就打到中兴府，李遵顼逃到西凉，遣人求降。

成吉思汗决定暂时放下西夏，专心进行西征。不久蒙军退走了。

成吉思汗西征后，木华黎受命经略中原，专门攻打金国，不时假道西夏境内，并征召西夏兵从征。李遵顼不愿充当蒙古帮凶，他以为金国大势已去，可以乘机取利，因此连年攻掠金国城寨。但西夏兵战斗力薄弱，在对金作战中屡次打败仗。自李遵顼即位以来，奉行依附蒙古，攻打金国的政策，不断对金用兵，使交战双方两败俱伤。由于蒙古军的抄掠、征发，特别是长期的对金作战，西夏国内人民耕织无时，田野荒芜，饥民逃亡，国家贫困不堪，几乎所有人都知道国家即将灭亡了。但统治集团依然歌舞升平，醉生梦死，过着腐朽奢侈的生活，对勋臣贵戚的赏赐，仍依过去那样毫无节制。这时有些人出来反对李遵顼的政策。宋嘉定十六年（公元1223年），李遵顼遣太子德任率兵攻金，德任认为金国兵力强大，建议与金讲和，但李遵顼没有接受他的劝谏。德任遂请辞去太子位，想去当和尚，李遵顼非常生气，将他囚禁于灵州。御史中丞梁德懿上书切谏，痛陈时政，并提出同样的与金讲和的意见，也被罢职。同年，李遵顼派遣十万步骑协助木华黎进攻金凤翔府，金兵坚守不战，西夏统兵官见久攻不下，士兵产生了厌战的情绪，遂在没有告知木华黎的情况下，率军退回。蒙古遣使问罪，李遵顼十分害怕，急把位让给次子德旺，自称上皇。

夏献宗李德旺即位后，改变其父的政策，决定与金约和。宋嘉定十七年（公元1224年）春，金、夏达成协议，互为兄弟之国。德旺见成吉思汗统兵西征长期未回，以为反抗蒙古的机会到了，于是遣使去联络漠北诸部，共抗蒙古，但此时已经晚了。

木华黎死后，其子孛鲁奉命继续统军经略中原汉地，孛鲁前往西域朝见成吉思汗。成吉思汗密令他抓紧机会，去讨伐怀有二心的西夏。宋嘉定十七年（公元1224年）秋天，孛鲁率大军攻破银川，数万夏军被消灭，大将塔海被俘获，此外还掳掠牲口牛羊马驼数十万。

（3）西夏灭亡

成吉思汗认为西夏"乃不能移动的国家，再过几年仍留存此地等待攻击，何必急在此时？"（见《元朝秘史》续集卷一）所以攻西夏时常常小胜便止，转而进攻其他国家。成吉思汗到了暮年，深感没有消灭西夏是他一生还未实现的一大心愿，因而灭西夏的愿望日益强烈。加上西夏又与金朝联合抗蒙，所以西征归来的成吉思汗，虽已六十四岁高龄，仍不顾鞍马劳顿，亲自领兵征夏。

宋理宗宝庆元年、夏献宗乾定三年（公元1225年）秋，征夏大军出发。在进军路上，成吉思汗在围猎一群野马时坐骑被冲撞，他摔成重伤。大军于是停止了进攻，派使者去召降，被西夏拒绝。成吉思汗驳回了劝他放弃攻击的建议，经一段时间的休整后，令蒙军分两路进军，并令从斡罗斯前线归来的速不台军从西面进攻。第二年夏天，沙州、肃州、甘州接连被西路军攻破。成吉思汗率主力从东北方长驱直入西夏境内。十月，西夏献宗德旺病死，其侄（亦有称其弟）赵睍继位，成了西夏最后一个皇帝。随后，蒙古军攻下西凉府，乘胜进军，接连攻克河罗、搠罗等县，越过沙漠地带，到达黄河九渡，取应里等县，攻入夏州。十一月围攻灵州，西夏以全部力量迎战，大将嵬名令公亲自挂帅迎战，结果被蒙军大败于黄河之滨。当时黄河已经结冰，成吉思汗站在冰上指挥战斗，令箭手射敌人的脚，使之无法渡河。

蒙古军一路攻无不克，但在攻打小小的德顺城（今宁夏隆德县）时却碰到了顽强抵抗。蒙古军起初未把这个小城放在眼里，以为可以轻而易举把其攻下。德顺城守将马肩龙，趁蒙古军骄兵气盛，戒备松懈之时，突然打开城门杀出，打得围城蒙古军措手不及，取得大胜。待蒙古军整理阵容准备还击时，马肩龙已退回城中，并把砍下的蒙古兵人头挂在城垛上示众，大大灭了蒙古军的威风。第二天，蒙古军发动强攻，马肩龙亲自登城指挥，全城百姓同心协力，守住了城池。傍晚，乘蒙古军攻城疲惫时，马肩龙又突然出城袭击，杀了许多蒙古兵。成吉思汗知道自己犯了轻敌的兵家大忌，便仔细研究了攻城战术，决定把军队分成四个批次，流番进攻，使守城军疲于奔命，极度疲劳。这样一来，守军士气下降，抵挡不住。成吉思汗见马肩龙有勇有谋，便想劝其归降，就命令攻城军队不得伤害马肩龙，但马肩龙誓死不降，死于乱军之中。

经过一年多的征杀，西夏国元气大伤，土地荒芜，人口减少，国土已大部分丧失，只剩下一个孤零零的中兴府。宋理宗宝庆三年、夏末主宝义二年（公元1227年）春，成吉思汗命大将阿术鲁等领兵围攻中兴府，自己率大军向金进攻，攻下积石州等地，后由隆德县移至六盘山驻夏。六月，成吉思汗进至清水县。这期间，他派使者往中兴府，谕降夏主。夏主迫于国势衰微，不得不投降。他派使者去见成吉思汗，请求以一个月为期，把城中居民迁出，并准备给蒙古国的献礼。成吉思汗答应了这个请求。此时的成吉思汗已老病缠身，自知命已不长，便把几个儿子召到身边说："我寿已将终，依赖上天之助，终于建立大蒙古国。我为你们创下了大汗基业，你们只有齐心协力才能保证国家安定。大位必有人继承，我死后应奉窝阔台为主。"他还嘱咐道："今后应先联合宋朝消灭金朝，然后再兴兵灭宋，决不可同时对金宋用兵。"宋理宗宝庆三年（公元1227年）八月二十五日，成吉思汗结束了金戈铁马、轰轰烈烈的一生，病死于清水县，终年六十六岁。为防西夏反悔，临终前嘱咐诸子诸将，死后秘不发丧，万万不可让西夏人知道。如西夏人按商定时期出城投降，要当时就把他们全部杀掉。三天后，西夏国王献城投降，夏主被杀，出城的军民也惨遭屠杀。西夏国从此灭亡，总共建国一百九十年，传位十世。

成吉思汗的儿子和部众灭夏后，便护送成吉思汗的灵柩返回故土三河源头，把这位盖世英才、一代天骄葬在一棵大树下，不起坟墓，周围遍种林木，致使后人弄不清埋葬他的地方。

4.窝阔台即位

宋绍定二年（公元1229年），成吉思汗第三子窝阔台登上汗位，并利用攻金的机会削弱拖雷的力量。公元1232年，拖雷与金军在三峰山会战，金朝濒临灭亡。

窝阔台，是成吉思汗的第三个儿子。母亲是光献皇后，出身于弘吉剌氏族。成吉思汗讨伐金朝平定西域时，窝阔台攻占的城池以及开拓的土地最多，功劳很大。成吉思汗归天时，窝阔台则从霍博地区赶回来参加丧礼。

公元1229年秋，八月二十四日，诸侯王和群臣在怯绿连河边的曲雕阿阑地方举行盛大集会，太宗遵照太祖的遗诏在库铁乌阿剌里登上帝位。从这时起开始制定朝廷礼仪，皇族和贵戚都要向皇帝行叩拜礼。

成吉思汗的长妻、弘吉剌氏勃儿帖为他生了四个儿子：术赤、察合台、窝阔台、拖雷。他们随成吉思汗东征西讨，为蒙古帝国立下了赫赫战功，成为帝国的四根台柱。作为一代开国之君，成吉思汗在晚年已考虑到他的接班人问题。四个儿子各有才能和特点，成吉思汗于是分别给他们安排不同的职责：长子术赤管狩猎，次子察合台掌法令，三子窝阔台主朝政，四子拖雷统军队。从这种安排看来，成吉思汗有意把窝阔台立为汗位继承人。

成吉思汗选择三子窝阔台，是对蒙古旧有习俗的挑战。因为蒙古本土自古流行着这样的习惯：幼子有优先继承权。一户蒙古家庭，长妻生的最小的儿子，蒙古语叫作斡惕赤斤，意思是"守炉灶之主"，是留守家业者。而他的兄长，在成年后则要到外面去自立成家。这个传统被成吉思汗打破了，没有把四子拖雷作为继承人，而是按窝阔台的治国才能选他为继承人。

成吉思汗兴起前，蒙古各部落之间相互攻杀，他结束了分裂的局面，使蒙古日趋强盛并逐渐封建化。受文明程度较高的契丹、汉族、女真的影响，他采取一系列封建化的措施，废除幼子继承，而由自己亲自选定，就是这些措施之一。但是，成吉思汗对此是做了充分考虑的，在一定程度上他还是遵守旧的风俗。《史集》的作者拉施特生动地叙述说："当成吉思汗考察了诸子的才能，并且发现他们各自适宜的职务后，他对帝位的安排有所犹豫，时而想到窝阔台，时而又想到他的幼子拖雷。虽然古来蒙古人的风俗和习惯是，父亲的禹儿惕，即老营和家室，由幼子掌管，他后来却说：'王位和国家的事是桩困难的事，让窝阔台去治理吧。可是，说到我的禹儿惕和家室，及我征集的军队、珍宝财物等，都交给拖雷管。'"

拖雷是成吉思汗最宠爱之子，征战中一直与成吉思汗在一起，成吉思汗称他为那可儿，也就是伴侣。采取上述的折衷做法，大概是对他的一种安慰和补偿。拖雷因此拥有较多的军队和财富，在以后的宫廷斗争中发挥了重要作用。同时，幼子继承的风俗也并没有完全消除，一些宗王和大臣始终把其作为夺取汗位的根本。直到阿里不哥向忽必烈争夺帝位时，仍把这作为理由。

在西征的前夕，成吉思汗正式向诸子提出继承人的事，四子之间的矛盾当场就暴露出来。在继位人这个敏感的问题上，诸子间营垒分明，分成两派：察合台和窝阔台是一派、术赤和拖雷是一派。实际上，术赤长期跟窝阔台、察合台矛盾很大，经常争执，而术赤和拖雷及其家庭相当友善，据说拖雷不嫌术赤是篾儿乞种。不管怎样，由此产生了两派的对立，构成蒙古宫廷斗争的主线。为夺取至高无上的帝国权力，两派的成员互施阴谋诡计，相互残杀，演绎出一幕幕宫廷政变。

术赤和拖雷由于不敢违抗成吉思汗的命令，虽然不情愿，还是不得不表态支持窝阔台。但长子术赤很快便流露出对抗情绪。

当成吉思汗踏上西征之途时，幼子拖雷留在其身边，另遣其他三子往攻花剌子模的都城兀笼格赤。三子挥师到达该城前下营。这时术赤和察合台发生冲突，因此该城久久都不能攻下。他们遣使向成吉思汗请示："如今俺三人听谁调遣？"成吉思汗指示听窝阔台调遣。既然已在西征前夕当着诸子和大臣的面确定了继位人，为什么还要请示以谁为首呢？显然，术赤反对窝阔台为继承人。他每每与察合台争吵，以致闹到彼此不服，必是由汗位的继承问题引起的。

在窝阔台的调解下，三子取得暂时的团结，攻克了兀笼格赤。然后，察合台和窝阔台往塔里寒会合成吉思汗，术赤则返回了他自己在也儿的石河的基地。原先，成吉思汗曾命术赤去征讨迤北钦察草原诸部，术赤拒绝前往，且私自返回他的营地。成吉思汗很生气地说："看不见他的面，我要把他宰了。"以后，术赤又以生病为由，拒绝去见成吉思汗，仅送去些牲口，以表示歉意。不久，有个忙忽惕部的人从术赤的营地来，向成吉思汗说他亲眼看见术赤在打猎。成吉思汗更加大发雷霆，认为术赤露出了造反的苗头，说："术赤这样干是疯了。"他准备带兵攻打术赤，以察合台、窝阔台为前锋，自己亲自垫后，但这时传来术赤的死讯，他才罢兵，并且他非常后悔。术赤为什么反抗成吉思汗？史书上没有明确记载，但是，我们可以完全猜测到，他是不满其父对继位人的选择。

成吉思汗死于宋宝庆三年（公元1227年）八月征西夏期间。临死前他把诸子召集到身边，要他们服从窝阔台的领导，兄弟间应该彼此团结，为蒙古帝国的发展赴汤蹈火。他多次给诸子讲一支箭易折，许多支箭难折，以及一头蛇和多头蛇的故事。这后一故事是说，一个十分寒冷的夜晚，多头蛇想进洞抵御风寒，但一个头要进洞，别的头就反对它，谁也没能进去，结果全在洞外冻死了，另一条一头蛇却顺利进洞，保全了性命。大概，成吉思汗觉察到诸子间的矛盾，为了帝国的前途，他不得不再次强调团结的重要性。

按照封建制度，帝王崩驾后他指定的继承人立即登基。但是，由于蒙古的库里勒台制仍起着作用，窝阔台不能凭着其父的遗命而继位，而要等到库里勒台作出最后决定。在王位空缺的两年内，拖雷临时代理国政。

库里勒台（也称忽里台）原是各部落首领举行的一种会议，即部落议事会，主要是讨论和决定战争与和平、推选部落领袖等重大事件。例如，宋嘉泰元年（公元1201年）合答斤等十一部的首领在阿勒灰不剌阿之地聚会，推扎木合为古儿罕，决定讨伐成吉思汗。在成吉思汗及其后人统治时期，这种会议形式，演变成蒙古宗王大会，重要的臣子可以参加。它在大政方针的决策方面仍起着关键的作用，在库里勒台上往往可以反映出蒙古宫廷斗争。

据波斯史家志费尼所说，从宗王会齐到窝阔台登基，一共经过了四十天时间，头三天举行狂欢，余下的时间便是商量。为了这事，会议争执了三十五天，产生了两种不同的意见。对继位人选，宫廷内持旧传统的人，主张立幼子拖雷，从而否定成吉思汗的选择。难怪窝阔台谦让道："虽则父亲遗诏若此，然尚有我的兄长和叔伯，他们比我更胜任此职。此外，遵照蒙古风俗，长室中的幼子是父亲的继承人，而兀鲁黑那颜是长斡耳朵的幼子，始终日夜侍候在父亲身边，对父亲的所有札撒律令应该十分熟悉。这些人都还健在，参与此会，我怎能继承汗位呢？"

拖雷已经监摄国政，肯定不愿轻易交出大权，但术赤已死，察合台站在窝阔台一边，在斗争中拖雷势孤力单，不能取胜。到最后关键时刻，拖雷采取了暂时退让办法，表示愿支持窝阔台，避免了一场宫廷内讧。因此，库里勒台上的斗争真相被掩盖起来。人们普遍赞扬拖雷的行为。中外史家都对拖雷留下称颂之词。志费尼说他对其兄诚心诚意，费尽心机拥立窝阔台，《元史》特别提到他拥立窝阔台的所谓"定册"之功，其实这些都有悖于历史真相，否则，既然已有成吉思汗遗命，且窝阔台得到宗王的一致推选，何需拖雷以九牛二虎之力把窝阔台推上汗位呢？

窝阔台即位后，为了巩固内政，制定了一系列典章制度。同时继续向四方派兵，不断扩大帝国的疆域。

窝阔台曾自我总结说："自从我继承汗位后，添了四件勾当，一件平了金国，一件无水处教穿井，一件立了站赤，一件各城池内立探马赤镇守了。差了四件，一件既嗣大位，沉湎于酒，一件是听信妇人之言，取斡赤斤叔叔百姓的女子，一件将有忠义的朵豁勒忽因私阴害了，一件将天生的野兽筑墙寨围拦住，恐走入兄弟之国，致有怨言。"颇有点反省自责的味道。《元史》也记载，太宗窝阔台"有宽弘之量，忠恕之心，量时度力，举无过事，华夏富庶，羊马成群，旅不赍粮，时称治平"。这一评价尽管有些夸大其词，但窝阔台统治时期，蒙古帝国国力日益强盛却是不容置疑的事实。

5.蒙古灭金

窝阔台继承汗位以后，继续奉行对外扩张政策，继成吉思汗、木华黎之后，终于在公元1234年灭掉金政权。

宋端平元年（公元1234年）蒙古灭金，从而完成了先征西夏、再取金国、最后灭宋的第二步战略计划，然而蒙古灭金却经历了成吉思汗攻金、木华黎经略中原和蒙宋联合灭金三个历史阶段。

（1）成吉思汗攻金

蒙金最早来往是在金太宗时期，合不勒汗应召入朝臣服于金。由于后来合不勒汗杀死金朝使臣，双方关系长期互相敌对。金朝多次出兵征讨，或令属部塔塔儿向蒙古进攻，蒙古部首领斡勤巴儿合黑、俺巴孩汗、合答安把阿秃儿等先后被捕杀。蒙古忽图剌汗也率军攻金，打败了金军并取得了不少地方。宋绍兴三十一年至宋淳熙十六年（公元1161~1189年），契丹和燕京流传着这样一首民谣："鞑靼来，鞑靼去，赶得官家没去处。"金世宗听到后，下令每隔三年出兵围剿蒙古一次，是谓"减丁"，将掳掠到的蒙古子女卖为奴婢。同时每年蒙古入贡时，金朝只在塞外接受，不允许蒙古人入境。因而蒙古人对金朝极度仇恨。金朝对所属的民族残酷地进行压迫，引起他们的深刻仇恨，成吉思汗就以此为理由鼓动部众进攻金朝。

宋庆元二年（公元1196年），因成吉思汗协助金朝讨平塔塔儿部，被授予"札兀惕忽里"的官号。虽有父祖之仇，但金朝一直是中原大邦，成吉思汗仍十分看重这个不大的官职，并常以官号来抬高自己的身份；很长一段时间内，蒙古一直向金称臣，直到做了大汗以后，还按例每年向金朝进贡。但此时的金朝已是快落山的太阳，它虽然压服了属部的叛乱，却不得不南移边防线，为了防范蒙古等部犯境，再次役使兵民修筑壕障，而边墙以外的广大地区却是无力顾及了。就在这时，有些对金朝不满的汉族和契丹人投靠蒙古，向成吉思汗说金章宗荒淫无比，杀戮宗室和金朝不修边备、竞相奢侈；在河北、山东各地经商的回鹘商人也向他进言说，中原十分繁庶，鼓动他南侵。因此，成吉思汗对金朝可算是了如指掌了。建国后，他就计划攻金，只是未敢轻举妄动，而是首先攻掠西夏。

成吉思汗曾到净州（今内蒙古四子王旗西北城卜子古城）进贡岁币，金章宗命卫王永济受贡。宋嘉定元年（公元1208年）章宗死，永济即位。次年，金朝使臣来到蒙古，带来新皇帝的诏旨，要求成吉思汗跪拜接旨，成吉思汗知道新皇帝是永济，就说："我原以为中原皇帝是德才兼备之人，没想到却是如此庸才！"于是对金朝更加轻视，不肯按传统礼节跪拜接诏，乘马北去。永济得到使者回报，密谋等成吉思汗再次进贡时杀害他，然后率兵讨伐蒙古。不料消息泄露，成吉思汗决定先发制人，于公元1211年春亲统大军攻金。

金廷官员对蒙古侵金的意图早有戒心。平章政事徒单镒曾向金主建议：集中兵力进攻是蒙古用兵的特点，如果我们分散防守，蒙古以聚攻散，必然散守者败。因此要集中防御重要地区，重点在昌州（今河北张家口市宣化区）、抚州（今河北张北县）、桓州（今河北蔚县、阳原与内蒙古、山西邻近地区）布置防线，这样可进可退亦可守（《金史·徒单镒传》）。但是，金主未采纳这个"三州布防"的建议，当时金廷的多数人始终认为，依金国之力根本无需多担心，也不必拒关守卫。因而便有了乌沙堡——野狐岭——会河堡之战。

宋宁宗嘉定四年、金卫绍王大安三年（公元1211年）二月，成吉思汗在克鲁伦河畔举行誓师大会，由此开始了七年的侵金战争。金军在北线可调动的兵力为四十至五十万。蒙军的兵力编为九十五个千户，约为十万人，加上藩属诸部的杂牌军，也不会超出二十万。参加南征作战的蒙军，当有十万之众。

蒙军出征后，首先越过大沙漠进入汪古部驻地。汪古部本来依附金朝，一直替金镇守净州界壕，后来投靠了成吉思汗。蒙古建国时，封汪古部长为第八十八功臣，命他率领五个千户。可这一切，金朝居然多年都不知道。这样，越长城南下的通道就为成吉思汗敞开。大军势如破竹，三月即抵达金抚州以北边堡乌沙堡（今内蒙古兴和县西北一带）。乌沙堡是金军的屯兵堡垒，是为了阻击突破长城的敌军而修筑的。堡垒以暗道相连，可通向作为补充支援基地的乌月营，形成了强大的防御阵线。从三月至七月，蒙军经过艰苦作战攻克乌沙堡和乌月营，金军节节败退。蒙军兵分两路推进：成吉思汗亲率一路，陆续攻下桓州、昌州、抚州；窝阔台等率另一路，连续攻克宣州、武州、宁州诸城。

在蒙军的滚滚铁骑攻击下，金廷孤注一掷，在野狐岭（今河北张家口市西北）一带集中主力，准备与蒙军决一雌雄。金军的数量，以集结于野狐岭和后续增援军队计，一说是三十万，一说是四十万，一说是五十万，无论怎么说，金军人数上占绝对的优势。接到金军重兵集结的消息时，蒙军正在煮食开伙，成吉思汗急令部队把锅中食物全部倒掉，跨上马立即行动，迅速夺取了野狐岭北面的山口。交战后，金军顽强作战，且兵力占优势，蒙军遭到很大损失。危急时刻，大将木华黎挺身而出，向其部说"彼众我寡，不拼死力战，不能克也"。成吉思汗命他带领冲锋突击队，率先冲入敌阵，大军随后全力压上。金军顿时大乱，而蒙军却杀声震天，越战越勇。这场拼杀十分惨烈，双方都死伤甚众。但蒙军士气高昂，金军终于被击溃。

金军溃逃后，蒙军穷追不舍，一直追到会河堡。蒙军在这里又同来援的金军相遇并展开会战，结果将所有的金军一举歼灭，金领军主帅完颜胡沙单骑逃入宣德（河北张家口市宣化区）。这一仗，蒙军歼灭了金军北线精锐之师。当年金军曾以六万人马把北宋数十万大军打败。而今天在蒙军的铁马雄师面前，虽有数倍于敌人的兵力，却一败涂地。此役后，金朝"亡可立待"。

乌沙堡——野狐岭——会河堡大战后，蒙军于当年年底长驱直入，越过居庸关，逼进中都城下。金主卫绍王惊恐不安，准备往南迁都。由于中都城防坚固，再加上守军英勇抵抗，使攻城的蒙军损失重大，领军哲别不得不放弃攻城。金主这才定下心来。成吉思汗命哲别移师攻击东京。哲别先佯攻东京，而后撤出五百余里，金军以为蒙军放弃攻城，放松了戒备。谁知哲别突然率军返回，每个将士都带两匹快马，一昼夜便杀到东京城下，金军猝不及防，被打得大败，蒙军很快攻克东京。与此同时，成吉思汗分兵向金朝各地攻掠，"德兴府、昌平、弘州、缙山、怀来、丰润、海云、集宁、抚宁，东过平、滦，南至清仓，由临潢过辽河，西南至忻、代"，都被蒙军攻克。但蒙军攻占城池后并不守卫，只是疯狂抢掠财物，然后即撤走。各被掠占之地，蒙军走后，又被金军得到。

宋嘉定六年（公元1213年），成吉思汗会集大军，再次入野狐岭，连续攻克宣德、德兴诸城，进至怀来（今河北怀来东），与术虎高琪、完颜纲所率金兵、汉守军展开激战，击溃金军，一直追至居庸北口。经此一役，金军死伤惨重。蒙古攻金取得了第二次大胜利。居庸关天险，分南北二门口。北门称北口，就是现在的居庸关；南门称南口。两门相距四十里，其间两山夹峙，中有深涧，地势非常险峻。两年前蒙军曾一度攻克居庸关。金军赶紧加强防备，派重兵屯驻于此，在关口铸铁为门，并在居庸关外百余里布设铁蒺藜。成吉思汗知道强攻无法取胜，于是派客台、薄察二将留在北口，佯作攻击，自己亲自率领主力沿桑干河西行，绕道迂回，南入紫荆关。得知蒙军的迂回动作，金派大将奥敦急忙赶去阻击。但奥敦却迟了一步，等他赶到时，紫荆关已被攻破，成吉思汗已越关而入，并派速不台、哲别领军突袭居庸关南口，并将其攻克。成吉思汗率军与留下的薄察、客台会师。金守关大将献出居庸关北口投降。随后，成吉思汗攻下涿州（今河北涿州市）和易州（今河北易县），命怯台等率一部分军队围攻中都，其余兵分三路：术赤、察合台、窝阔台率领右军，沿太行山东麓向南，直抵黄河北岸卫（今河南卫辉市）、孟（今河南孟州市）诸州，再从太行山西麓向北，攻掠河东南、北路诸府州而还；哈撒儿、斡赤斤等率左军向东，攻掠蓟（今天津市蓟州区）、平（今河北卢龙）、滦（今河北滦州市）诸州而还；成吉思汗与拖雷率领中军南下，攻河北东路、大名、山东东、西路诸府州而还，另遣木华黎率所部人马攻陷密州（今山东诸城），屠杀了大量军民。

至此，蒙古三路大军几乎侵掠了黄河以北的所有金朝领土，仅有中都等十一城仍未被攻下。蒙古大军仍沿用游牧部族奴隶主的掳掠作战法，并不打算长驻城池，只满足于劫杀掠夺，攻下一地后便大肆掳掠，然后便离去。宋嘉定九年（公元1216年）春，蒙古三军在各地掳掠了大批的奴隶、财物、牲畜后，在中都城北会集，围困中都。

当蒙古军在金朝境内到处掳掠时，金中都城内为了争夺皇位而发生了政变。纥石烈执中等把金帝卫绍王永济杀死，另立宣宗（完颜珣）为帝。宋嘉定七年（公元1214年），金宣宗纳贡求和，并把歧国公主献给成吉思汗为妾。成吉思汗统率蒙古军驱掳大批奴隶和牲畜财货后，撤兵北还。

成吉思汗引军退出居庸关，在鱼儿泺（今内蒙古克什克腾旗达里泊）驻扎下来，并遣孛秃、木华黎攻取辽东、辽西诸州郡。

五月，金宣宗往南迁都。六月，驻守中都之南的军士发动政变，杀其详稳，投降蒙古，成吉思汗遂遣三模合拔都，以契丹人石抹明安、汉人王楫为向导，引蒙古军南下会合，围攻中都。中都附近州县守将和官员纷纷投降，蒙军又击溃了前来救援的金军，留守中都的主帅平章政事抹捻尽忠只得弃城逃跑，于是，蒙古军于公元1215年5月进占中都。当时驻在桓州的成吉思汗得到报告后，立即派遣失吉忽秃忽等把中都的金银钱财，全部运走，留下札八儿火者、石抹明安镇守中都。

与此同时，木华黎率军攻取临潢府（今内蒙古巴林左旗）、北京路（今内蒙古宁城县大名城）诸州县，在花道（今内蒙古赤峰东南）大破金军，进而攻克辽西重镇北京，派人到兴中府（今辽宁朝阳）招降。兴中土豪石天应等杀死守官后投降蒙古，义州（今辽宁义县）契丹土豪王恂及附近地区土豪、地主也纷纷率所部黑军乡党投降。锦州张鲸先是反金自立、后来投降蒙古。公元1215年初夏，张鲸被派追随蒙古军攻打山东、河北地区，由于企图叛逃被杀。其弟张致于是占据锦州反蒙，辽西许多州县被其攻下，并占领兴中府，声势十分浩大，一直坚持到宋嘉定九年（公元1216年）秋天才失败。

攻取中都以后，成吉思汗又派脱栾扯儿必统领蒙古军及投降的汉军、契丹攻掠山东、河北各地，遣三模合拔都从西夏直趋关中，然后出潼关，在河南大肆劫掠后北回。他自己则于宋嘉定九年（公元1216年）春回到克鲁伦河的斡耳朵。

这个阶段战争的特点是，蒙古军以烧杀、掳掠为目的。宋嘉定六年（公元1213年）秋至宋嘉定七年（1214年）春，仅仅几个月间，蒙古军就攻破九十余郡，所到之处无不生灵涂炭。两河、山东数千里，荒无人烟，子女、金帛、牛羊马畜都被掳掠走。蒙古军攻下保州（今河北保定）时，把居民全部驱赶出城，士兵以杀人为嬉戏，被杀者数十万。永清地主史秉直投降蒙古后，受命管领投降的十余万户降民，并迁到漠北，路上冻死者、饿死者无数。但在大部分州县，蒙古军都是杀掠后即离去，金又重新夺回，而其中一部分则被当地土豪地主武装控制。

（2）木华黎经略中原

宋嘉定十年（公元1217年）秋，成吉思汗封木华黎为太师、国王，赐九尾白旗，使承制行事，命统札剌亦儿、亦气列思、弘吉剌、忙兀、兀鲁、汪古诸部军以及归降的女真、契丹、汉诸军，专门征讨金。成吉思汗对木华黎说："太行山以北，我自己经略；太行山以南，你自去努力。"将攻取中原的大权全部交给了他。宋嘉定十六年（公元1223年）木华黎死后，其职务由其子孛鲁继承。

这个阶段蒙金战争的特点是：一是蒙古军开始注重利用汉族地主武装，如兴中土豪石天应和石抹也先分别招募的黑军，永清地主史天倪组织的清乐军；同时金朝也用高薪爵位笼络许多各地土豪，因此，两军的战争往往是两方面地主武装之间的战争。二是蒙古方面除继续进行烧杀掳掠外，为了作长久打算，开始注意占领城邑、安抚百姓。三是双方的战争呈现拉锯的趋势。

木华黎受命专征金后，继续奉行成吉思汗的政策，笼络汉族地主武装，他手下的契丹、女真、汉族武装则成了攻金的重要武装力量。

宋嘉定十年（公元1217年），木华黎军攻山东、河北诸州，刘伯林、石抹也先等所部汉军随从，攻陷蠡州（今河北蠡县）、益都、大名府、密州等城。易州人张柔把数千家宗族聚在一起，选壮士组织队伍，结寨自保，被金授以经略使职。宋嘉定十一年（公元1218年）张柔兵败投降蒙古，木华黎仍任命他为旧职，统领本部兵马，于是他结集力量，攻下雄、易、安（今河北安新西南）、保等州，屯兵于满城（今河北保定市满城区西）。当时，河北地区的地主武装中，以占据真定（今河北正定）的武仙兵力最强。武仙归附金，屡次攻打张柔，张柔也攻入武仙控制的地区。宋嘉定十二年（公元1219年），先已降蒙的董俊攻下真定，武仙被逐走。宋嘉定十三年（公元1220年），金封武仙为恒山公，并派兵援助武仙，武仙得到援兵后，打败董俊，重新占据真定。

宋嘉定十一年（公元1218年），木华黎统兵攻入山西，史天祥、史天倪兄弟等各领所部汉军随行，攻下平阳、太原、绛州等八十余城。宋嘉定十二年（公元1219年），金派张开、郭文振收复太原，派胡天作收复平阳。次年，郭文振被金封为晋阳公，张开为上党公，胡天作为平阳公，让他们分疆守土，抗击蒙古军。

木华黎主力攻山西时，河北许多地方被几支地主武装夺据。宋嘉定十三年（公元1220年），木华黎决定重点攻掠河北，亲驻满城，遣史天祥攻真定。在史天祥劝说下，武仙投降，于是真定复归蒙古，蒙古军又相继攻下邢（今河北邢台）、相（今河南安阳）、卫、怀（今河南沁阳）、孟等州。

红袄军在山东很活跃。宋嘉定十一年（公元1218年），红袄军领袖李全归附南宋，宋授予他京东路兵马副都总管的职务，遂用宋朝名义把义军召集起来，收复山东南部诸州。济南严实、益都张林都相继归宋，一时宋占有了山东全境。可南宋始终不完全信任李全，没有全力支持他，而山东各支武装力量名义上虽归附南宋，实际上则各自为政，为自己的利益打算，首鼠两端，在宋、金、蒙古之间游移不定。宋嘉定十三年（公元1220年）秋，木华黎军入济南境，严实看见南宋日益衰弱，而蒙军却日益强大，于是献出所控制的大名、彰德、磁、洺（今河北邯郸市永年区东南）、恩（今山东开城旧城）、博（今山东聊城）、滑（今河南滑县东）、浚等州，木华黎承制授以山东西路行尚书省事，令其总管本部军民。严实的投降，使蒙古军不战而胜，取得大片土地，大大加强了攻略山东的力量。严实协助蒙古军攻下曹（今山东菏泽）、濮（今山东鄄城北）、单三州；宋嘉定十四年（公元1221年）入据东平，遂在此立行台。同年，红袄军石硅、益都张林等也都投靠了蒙古。

宋嘉定十四年（公元1221年）秋，木华黎率蒙古军主力及史天祥、石天应等汉军攻山西、陕西。由东胜渡过黄河，征召西夏兵从战，攻下葭州，派石天应守卫；攻延安时受阻，未能成功，遂破绥德、鄜（今陕西富县）、坊（今陕西黄陵）等州，从丹州（今陕西宜川）东渡黄河，夺取隰州。宋嘉定十五年（公元1222年），蒙古军又夺回平阳、太原等地，并派遣官员守卫这些地方。冬，木华黎率大军渡河向西，攻下同州（今陕西大荔）、蒲城，径直向长安进发。金京兆行省完颜合达顽强抵抗，蒙古军不能攻下，于是向西攻打凤翔，再召西夏兵助战。凤翔军民英勇抵抗，木华黎虽围攻一个多月，想尽各种方法，但始终不能攻克，这时西夏军队又离去，只得引兵退还，于宋嘉定十六年（公元1223年）三月死于闻喜。

武仙降蒙后，木华黎命史天倪为河北西路都元帅，治理真定，让武仙辅佐他。但两个人的势力相当，武仙不服于史天倪，常闹矛盾。宋宝庆元年（公元1225年），史天倪攻取武仙部下所据山寨，武仙怕他进一步来对付自己，就设下圈套请史天倪赴宴，杀掉史天倪，献上真定地投归金朝。河北一时震动，许多州县纷纷背叛蒙军投靠金朝。孛鲁命史天泽继承其兄职，召集史氏部下进攻武仙，并遣肖乃台率蒙古军进行援助，藁城董俊也出兵会攻，武仙败走逃到汴京，蒙古军又占领了真定及河北诸州。

正当木华黎集中全力进攻山西、陕西时，原红袄军首领、后被南宋授为大名路总管的彭义斌于宋嘉定十五年（公元1222年）出兵攻取山东州县，获得了严实的兵卒和所控制的地区。彭义斌又大败李全，尽得其降兵，一时声势大振，遂于宋宝庆元年（公元1225年）围攻东平，严实被迫与他约和。彭义斌提兵西进，并联合武仙，夺取真定。孛里海所统蒙古军至，严实率部投归孛里海，合兵进攻彭义斌，双方在内黄展开激战，彭义斌战败被俘，宁死不降，终被杀害。严实与蒙军一起又收复了原先的州县。宋宝庆二年（公元1226年），济南土豪张荣投降蒙古。当时李全控制了山东东路大部分地区，逮捕张林送到南宋，进占益都。木华黎弟带孙统蒙古军和严实汉军攻益都，孛鲁亦领兵援助。李全抵抗至宋宝庆三年（公元1227年）初夏，终因寡不敌众，投降蒙军。至此，山东全境被蒙军全部占领。孛鲁任命李全为山东淮南楚州行省。

至此，金朝差不多丧失了河北、山东的所有地盘，虽然在山西取得了一些胜利，收复了太原、平阳等地，但已无法挽回整个败局。正值此时，在击溃西夏主力后，成吉思汗亲率大军挥师入金，攻陷了临洮等州府。金统治者急忙派使者求和。不久，成吉思汗在清水县附近死去。临死前，他制定了如下灭金战略：假道于宋，进攻唐州和邓州，然后直捣大梁，接着集中全力攻下潼关。

（3）蒙宋联合灭金

成吉思汗死后，在陕西的蒙古军继续进攻凤翔等地。宋绍定元年（公元1228年），八千蒙古军进入大昌原（今甘肃宁县西），却被金完颜陈和尚所率的四百骑兵打败。金朝取得了与蒙古作战以来第一次辉煌的胜利，这在一定程度上振奋了军心。宋绍定二年（公元1229年）窝阔台即位后，决定亲征金朝。

宋绍定三年（公元1230年）秋，窝阔台与拖雷率军穿过沙漠而南下，攻下了天成等城堡以后，进入山西，渡过黄河，会合陕西蒙古军，进攻凤翔。金哀宗命行省完颜合达、移剌蒲阿从阌乡（今河南灵宝西）率兵出关救援，合达等兵到达渭北，但一看到气势旺盛的蒙古兵，慌忙收兵入关。

次年春，凤翔被蒙古军攻破，金弃京兆，往河南迁民，蒙古因而占据潼关以西之地。

宋绍定四年（公元1231年）夏，窝阔台避暑于官山九十九泉（今内蒙古卓资北灰腾梁），召集诸侯王聚会，讨论进攻金朝的策略。当时，金派重兵把守潼关，不易攻破，猛将速不台在此接连遭到挫折；黄河一线守备也很严密，史天泽曾率军进攻屯于北岸卫州的武仙军，但未能得胜。蒙古军一度受挫。窝阔台采纳拖雷的意见，决定分兵三路进攻：窝阔台自统中军渡河，由洛阳进发；斡赤斤率领左军由济南进发；拖雷统领右军，由宝鸡南下，通过宋境，沿汉水到达唐、邓，以形成包抄汴京之势，并约好第二年在汴京会师。

同年秋天，窝阔台率军围攻河中府城（在今山西永济西），金兵拼命抵抗，窝阔台花了两个月才好不容易将其攻克。于是由白坡渡河，进屯郑州。金卫州节度使弃城逃到汴京，蒙军因此瓦解了金军黄河一线的防御。

拖雷出宝鸡，遣搠不罕为使臣到宋请求借道，却被宋守边将领杀害。于是拖雷提兵攻破大散关，攻入汉中，破凤州、西和（今甘肃西和）、沔州（今四川阆中），大肆掠夺后返回。蒙古军进而从金州（今陕西安康）东下，取均州、房州，渡过汉水，进入邓州境内。早在一个月前，蒙军由金州东下的消息已被金军得知，金军急忙调完颜合达、移刺蒲阿军自阌乡驰援守卫邓州。完颜合达等以二十万大军据险在邓州西禹山设下埋伏，小胜蒙古军，即以大捷向金帝奏报。拖雷不足四万兵力，遂避开金兵主力，率领轻骑直奔汴京。完颜合达知道后，率军尾追不舍，路上会合杨沃衍、武仙军，继续北进，入援汴京。拖雷出动骑兵沿途不断袭击，弄得金军疲惫不堪。宋绍定五年（公元1232年）春，金军进至钧州（今河南禹州市）南三峰山，拖雷集中精骑进行阻截。当时正下大雪，金朝军士身披甲胄僵立于雪中，枪矛都已冻结，有的士兵接连三天没有吃饭，精疲力竭。蒙古军乘此良机，猛攻金军，金军大败，武仙逃跑，移刺蒲阿被俘，杨沃衍、完颜合达逃到钧州，蒙古军进攻钧州，杨沃衍自杀，完颜合达在城破时被杀。

三峰山一战，金军几乎丧失了其全部精锐，潼关守将献关投降，蒙军继续攻陷河南十余州。不久，窝阔台、拖雷北还，留下速不台攻打汴京。金哀宗及其军政大臣惊慌失措，决定向蒙古求和。而汴京军民则顽强抵抗，用飞火枪、震天雷等火药武器回击攻城的蒙古军，中炮死者极多，速不台只得引军暂退。这时周围州县的难民纷纷逃入汴京，汴京城中人满为患，导致瘟疫流行，死者达九十余万人以上。同年秋，蒙古派遣唐庆等入城胁迫金朝投降，被金将士所杀，议和不成。蒙古军在中牟击溃入援的金军，汴京至此粮草断绝，有的居民竟食人肉。宋绍定六年（公元1233年）初，金哀宗带着一部分臣僚和军队出奔逃至归德（今河南商丘），撒吉思卜华率蒙古军追击包围，攻了四个月仍没能攻下。金将官奴夜袭蒙古军营，全歼撒吉思卜华军。金哀宗出逃不久，速不台进围汴京，金西面元帅崔立杀死留守完颜奴申等，献城投降。

当时，虽然金朝的灭亡已成定局，但河南许多州县还在坚守抵抗，蒙古军攻中京（洛阳）、归德等城都未能攻下。自三峰山败后，武仙又收集起十万溃军，驻扎于唐、邓山中。由于长久作战，蒙古军力大为减弱，将卒病者又颇多；再加上战争严重破坏了河南的农业生产，蒙军得粮也很困难。蒙古统治者看到，单凭自己的力量，很难消灭金朝。因此，在宋绍定五年（公元1232年）年底，蒙古派王檝出使南宋，建议联合灭金，宋京湖制置使史嵩之遣邹伸之往报，约定共同灭金后，将河南之地归还宋朝。宋绍定六年（公元1233年）夏，武仙进犯光化，宋襄阳守将孟珙击败武仙军，进入金境，金邓州节度使等献城降宋。秋，孟珙再次出兵击溃武仙，武仙北奔山西，被杀。

宋绍定六年（公元1233年）夏，金哀宗从归德迁到蔡州（今河南汝南），都元帅塔察儿率蒙古军及史天泽部汉军进行包围，再遣王檝请南宋出兵共同攻打蔡州。八月，孟珙从襄阳提兵北上，攻下唐州。金哀宗派使臣到南宋乞求粮草，并希望联合南宋攻蒙，遭到南宋拒绝。十一月，孟珙率二万宋军、三十万石粮至蔡州，遂与蒙古军一起攻城。宋端平元年（公元1234年）春，蒙古军攻破西城，宋军攻破南城，金哀宗在绝望中嘱咐身边的随从：我死了以后，焚烧掉我的尸体。说完以后就上吊自尽了。至此，金朝宣告灭亡，共立国一百一十九年。

消灭金朝是蒙古统一中国的重要步骤之一。它进一步增强了蒙古的力量，为日后蒙古消灭南宋、统一全国打下了坚实的基础。

公元1235年，窝阔台灭掉金以后，为巩固其政权，开始建造蒙古帝国的都城。

窝阔台率军攻灭中原强大的金王朝后，效仿历代中原王朝的政体，于宋端平二年（公元1235年）春天，开始在蒙古大草原上建立起第一座帝国的都城。窝阔台汗颇费了一番心思才最终确定都城的位置。若按常理，都城的位置应安放在成吉思汗的大斡耳朵所在地，这不用多考虑，因为这里既是整个帝国的中心地带，又是蒙古族赖以起家的大本营。然而，成吉思汗临死前，把这里分封给幼子拖雷。虽然拖雷已经死去，但他的妻儿一系的势力依然十分强大。因此，窝阔台不愿把都城设于此地。

若把都城安放在自己封国的中心叶密立（今新疆额敏），又偏离整个帝国的中心，其他宗王也可能会反对。不得已，窝阔台汗于是将都城选在了和林（今蒙古国哈尔和林）。这里既脱离了拖雷系所驻守的成吉思汗大斡耳朵，又与他自己的封地只有十日的路程，也不失为帝国的中心部位。同时，在这里可以比较方便地监视拖雷系的动向。

经过多年的苦心经营，都城和林具备了一定的规模。城中的皇宫位于都城的西南部，名为"万安宫"，座北朝南，辟有三门，布置得富丽堂皇。皇宫外面筑有宫墙。诸宗王和皇子的居舍，建在皇宫四周，从而形成了一个庞大的宫殿建筑群体。此外，为了储存帝国从外地搜括来的各种珍宝、财物等，在皇宫周围，还建有许多仓库，并有专人负责看管。

都城中，又建两个市区，作为进行手工业和商业等活动的主要场所，分别住有许多汉民和回回等少数民族。在都城里，还设有不同的宗教派别活动的场所，包括道教活动的道观、佛教活动的寺院、景教（为基督教的一个支派，当时称为"也里可温"）活动的教堂，以及伊斯兰教（又称"答失蛮"或"回回教"）的回回礼拜堂等。这座蒙古帝国的第一座都城，逐渐成为蒙古帝国的政治、经济、文化的中心。

6.窝阔台征宋

公元1241年，窝阔台死，暂时停止了对南宋的战争。

宋端平二年（公元1235年），窝阔台调集三路大军南下伐宋。西路由次子阔端率领进入陕西、四川；东路由大将口温不花与史天泽率领进军江淮；中路由三子阔出和诸王率领攻襄汉。三路大军汇集了蒙古、契丹、汉族部队的精锐之师。

西路军于当年十月进至今天的甘肃陇西县一带，旧称巩昌。金将汪世昌，直到这时才投降蒙古。阔端将汪部编入蒙军。翌年一月，阔端军自凤州出发。十月，在兴元西南的阳平关与宋军交战，宋将曹友闻战败身亡。而后攻入四川。四川战区有二十多万平方公里，非常辽阔，且山多、江多、林多。只有成都附近有五千多平方公里的平原，绝大部分地区为丘陵和山地，"车不得成轨，马不得成列"，加之险关接连、江河纵横，这些严重限制了蒙古骑兵的优势。窝阔台将伐宋的主攻方向选在蜀中，战场条件十分不利，这是一个不小的战略错误。

当时，南宋对蒙古的进攻，基本上采取了消极防御的战略。兵力成一条线布置，分兵把守东西延伸几千公里的两淮（东至黄海，西自湖北红安，南至长江，北自淮河）、荆湖（大部在今湖北、湖南）、四川三个防区，而后方纵深则兵力空虚，可调动的机动力量很弱。窝阔台企图先夺取设防较弱的四川，再平江南。但四川远离南宋经济、政治中心，主力伐蜀，并不能使南宋的防御体系受到震撼，而且这样做既分散了兵力，又容易使主要力量陷入困境。幸亏当时四川制置使赵彦呐、陈隆之等，分兵把守各个城镇及关隘，没有利用天时地利机动灵活地进行作战，因此蒙军在战略上虽然失策，在战役上却未失势。蒙军入蜀后，首先攻打文州（今文县）。

守将刘锐拼死抵抗,蒙军久攻不下。后来,蒙军探听到文州城中没有水井后,把城外流入城内的水源切断,文州城断水半个月后终于被蒙军攻破。蒙军进城后屠杀了数万城内守军和百姓。文州失陷后,蒙军在蜀一路势如破竹,一月之间连克成都等数城。这时,伐宋中路军主帅阔出身亡的消息传来,阔端无心再战,在大肆掳掠之后,放弃成都,向陕西退却。宋嘉熙三年(公元1239年)八月,阔端命大将塔海再次率军入蜀,又一次进攻成都。塔海率军自新井(今四川南部县)入蜀。为了迷惑宋军,他令士兵打起宋军的旗帜。但宋军没有上当,杀出成都城迎战。当部队开出成都西门外时,宋军胆颤心惊,四散奔逃,蒙军再次攻克成都,重庆等重地也相继失陷。蒙军在蜀屡进屡退,并没有打算长期占据四川。宋淳祐元年(公元1241年)十一月,蒙军第三次入蜀作战。成都守将陈隆之坚守数月,誓死不降。可他部下的决心却动摇了,在一天深夜打开城门,放进蒙军。成都再次被攻克,蒙军直逼汉州(今四川广汉市)。宋军三千守城将士出城迎战,被蒙军杀败。蒙军攻克汉州后,第二年攻下叙州(今四川宜宾是叙州区),此外,进展不大。

蒙宋之间,横隔有近六千公里的长江和一千公里的淮水、汉水天堑,宋军在江汉地区布置好,重兵防守。宋端平二年(公元1235年)七月,中路军发动进攻,从唐、邓进军,直指江汉,攻下宋郢州(今湖北钟祥市),掠获数万人及牲畜。翌年四月,阔出率军攻陷随州(今湖北今县)。秋季,蒙军又攻陷宋枣阳军(元降为县,今湖北枣阳)、光化军(元降为县,今湖北老河口市西北),以及德安府(今湖北安陆市)等城。十一月,阔出在军中亡故。十二月,蒙军攻打江陵。宋将孟珙领军前去救援。孟珙足智多谋,深知蒙古骁勇,不可硬拼,他命部队每日变换服装和旗帜,夜间到处点燃火炬,蒙军因而误认为宋军兵马强盛,不敢轻易出击,宋军则士气高昂,在蒙军迟疑不决之际,主动出击,多次大败蒙军。南宋军在江陵获得胜利后,士气开始振作起来。但襄阳守将却在此时献城投降,这样蒙军兵不血刃就夺取了江汉战略重镇——襄阳(今湖北襄阳市汉水以南市区）。南宋的整个防御体系由此受到极大震动。宋嘉熙二年（公元1238年），宋朝廷任命孟珙为京湖制置使，宋军在孟珙的指挥下发动反攻，陆续收复了信阳、郢州、樊城（今湖北襄阳市汉水以北市区）和襄阳等地。孟珙提出必须以襄、樊为朝廷根本，在此重点设防，使襄、樊的防御得到加强。为防备蒙军避开长江、汉水天堑迂回南宋战略后方，同时对湖南、湖北部分地区加强防御，训练军队，屯田备战，为长期作战作准备。在孟珙的指挥下，宋军在江汉连年取得胜绩，京湖防区得到很大加强，使蒙军中路进攻无所作为。

蒙古的东路军由宗王口温不花率领，他们先是于宋端平二年（公元1235年）七月进取唐州，掩护阔出主力进军江汉，翌年年底大举进攻淮西。河南、安徽州县的守臣纷纷逃跑。只有真州（今江苏仪征）守臣邱岳顽强抵抗，在城外打埋伏，击败了蒙古。宋理宗嘉熙元年（公元1237年），蒙军攻克光州（今河南潢川县），进逼复州（今湖北仙桃市）。守军以水师三千迎战，并用船在湖面上筑成水栅。蒙军一鼓作气攻破水栅，宋军溃败，守城将士投降。温口不花乘胜进取黄州。这时孟珙等率军驰援，击退蒙军。蒙军转而进攻安丰（今安徽寿县南）。安丰守将杜杲擅长防御，蒙军采用火攻、强攻、筑坝围攻多种战术，都未能攻破安丰。直到宋援兵从扬州赶来，蒙军迫不得已而撤退。翌年九月，口温不花派察罕率大军进围庐州。企图破庐州后，进攻江南。因此，蒙军在巢湖造船，编练水师。蒙军还在庐州城壕外高筑土城，有的高度比城墙还高，长达几十里。庐州守将正是在安丰守备战中大败蒙军的杜杲。他率领宋军采用火攻战术，并在城墙上架炮向蒙军筑起的高坝猛烈轰击。火焚、炮击，使蒙军无法施展筑坝围攻战术。杜杲在攻城蒙军疲惫时，果断发动突击，蒙军一溃千里。宋淳祐元年（公元1241年），窝阔台在一次放纵的饮酒之后死去，享年五十六岁，在位十三年。在他死后的五年间，蒙宋之间基本上停止了战争。

第四章 宋朝灭亡

1.蒙哥登基

窝阔台统治蒙古期间，在军事上、政治上表现出卓越的才能，但在蒙古帝国的汗位继承制度上却没有建树，以至他去世不久，诸系便围绕着汗位继承展开了激烈的争夺，最终酿成骨肉相残的悲剧。贵由死后，公元1251年蒙哥终于夺取实权，登上汗位。

成吉思汗的长妻弘吉刺氏孛儿帖生有四个儿子：术赤、察合台、窝阔台、拖雷。成吉思汗死后，窝阔台系暂时执掌了政权。贵由死去，使窝阔台系失掉最后一位治理国家的人才，剩下的全是孤儿寡妇。贵由妻斡兀立海迷失沉溺于巫术之中，成天和萨满巫师在密室策划，对朝政一概不知，只是偶尔跟商人做点买卖。她的两个儿子，忽察和脑忽，年轻任性，而且谁也不服对方，他们又和曲出之子失烈门交恶，只是在反对把汗位从窝阔台系转移出去这一点上，他们才又暂时结合。

而术赤系内，拔都继位后，兄弟之间和平相处，内部稳定。他征服南俄草原，建立了钦察汗国，驻军伏尔加河畔，兵强马壮，一直在等待时机。拖雷系内，唆鲁禾帖尼别吉抚育的四个儿子蒙哥、忽必烈、旭烈兀、阿里不哥长大成人，兄弟四人个个能征善战，都有继承汗位的能力。拔都、唆鲁和帖尼别吉结成斗争同盟，准备里应外合，夺取政权。

蒙哥之所以夺得汗位，其母有很大的功劳。

(1) 唆鲁禾帖尼辅政理事

唆鲁禾帖尼，克烈部王罕弟扎合敢不之女，宋嘉泰三年（公元1203年）克烈部灭亡后，成吉思汗把她赐给拖雷为妻。王罕是蒙古兴起前漠北最强大的游牧部族领袖，成吉思汗曾归属于他；克烈部的文明程度高于蒙古部，他们信奉基督教聂思脱里派。因此，唆鲁禾帖尼可以说是出身于当时最显赫的草原贵族家庭。《史集》称颂她谦逊、坚定、聪明、贞洁，才能超群，善于抚育子女、统御部众，蒙古人把她称为"赛因额客"（意为好母亲）。

拖雷死后，唆鲁禾帖尼掌管了他生前的一切事务。窝阔台打算把她嫁给自己的长子贵由，但她婉言拒绝了，表示只愿意把诸子抚养成人。窝阔台未与宗亲商议，就以大汗地位擅自把属于拖雷的二千户逊都思、一千户雪你惕授与自己的儿子阔端，拖雷属下大臣宿敦、失吉忽秃忽、忙哥撒儿等不服，告诉了唆鲁禾帖尼并要她向窝阔台提出质问，她说服了他们，让他们遵从大汗旨意，不要计较财产问题。前一件事，她坚定地维护了拖雷家庭的权益和地位；后一件事则审时度势，顾全大局，不仅避免了内讧的发生，而且讨好了阔端，使他后来支持她和拖雷诸子。唆鲁禾帖尼治家有方，遵守札撒管教诸子。"她考虑到他们（诸子）和丈夫的军队的食品和装备之时，建立了严格的核算措施，使任何欺骗都不可能得逞。合罕（窝阔台）一切事情都同她商量，不违背她所作出的决定，而且不允许对她的命令作任何更改。"窝阔台死后，汗位暂时没人继承，脱列哥那皇后干预朝政，致使法纪败坏，朝廷动荡不安。诸王为了征敛财物滥发牌符，只有她和诸子没有这样做，从而赢得了声誉。她对属下臣民爱护有加，严惩过度征敛赋税、压榨百姓的税吏、达鲁花赤和军士，因而她领地内百姓比其他诸王领地境内百姓的处境要好。宋端平三年（公元1236年），窝阔台对汉地州县民户进行分封，以真定路八万户属唆鲁禾帖尼。当时驻在真定境内的数万蒙古军，在其驻地附近经常骚扰百姓，"伐桑蹂稼"，农业生产遭到很大破坏，真定地方长官史天泽向她报告，她立即下令把他们迁到岭北草原，"由是军民息肩，田里遂有生之乐"。真定的农业生产很快得到恢复，人口也迅速增加起来。

窝阔台死后，汗位空悬长达五年，脱列哥那皇后本打算立自己的小儿子贵由做大汗，而拔都与贵由不和，拒绝参加选汗大会，不断拖延时间，成吉思汗幼弟斡赤斤这时也领兵来争汗位，内战随时可能爆发，而且朝政日益败坏。在这样的形势下，唆鲁禾帖尼率诸子参加大会，同意推举贵由，稳定了动荡局势，同时也使自己的声望和权威得到进一步提高。但贵由即位后，一直怨恨拔都，通过种种方法，不断排挤他，削弱他的力量。宋淳祐八年（公元1248年）初，贵由以叶迷立的气候更适宜于他的病体为借口，率领军队离开都城和林向西进发，其真实目的是讨伐拔都。这一点被唆鲁禾帖尼洞察，她秘密派使者驰告拔都，请他做好准备，拔都立即起兵东进迎敌。拖雷家族和术赤家族经过这件事后关系更加密切，形成了反对窝阔台系的联盟。三月，贵由在西行途中死去，传说是被拔都毒死。拔都即以长兄（长支宗王）身份邀请各支诸王、大臣到他的驻地召开忽里台大会，商议推举新大汗。窝阔台系和察合台系两支，只有很少诸王去赴会，贵由皇后斡兀立海迷失只派大臣八剌为代表到会。机智的唆鲁禾帖尼赶快把长子蒙哥遣往那里与拔都会面。从当时形势看，拔都已在钦察草原立国，似乎没有争夺汗位的意图，并且实际上他也不可能取得汗位，汗位的合法候选人应是窝阔台后裔。拖雷家族虽有幼子宗支的特殊地位，并且实力雄厚，但要取代窝阔台系，则需要借助各支宗王的支持。

（2）拥蒙哥登基

这次会见，加强了术赤系和拖雷系的团结，他们决定了共同的汗位人选。拔都对蒙哥的到来非常欢迎，他念在与拖雷系的交情，并且与窝阔台系诸王有矛盾，故此决定推选蒙哥为汗。他称赞蒙哥才能非凡，并且指出窝阔台系诸王违背父命立贵由；他还责备他们不应该把成吉思汗最宠爱的幼女处死，因此，他们不能继承汗位。

贵由死后二年（公元1249年）推选新汗的库里勒台在阿剌豁马黑召开。

与会者除术赤、拖雷两系诸王外，还有窝阔台系的合丹以及察合台系的合刺旭列。会上出现了一面倒的形势，但争论还是十分激烈。当拔都发言宣布推举蒙哥后，斡兀立海迷失的使者八剌立即反对说："过去太宗指定皇孙失烈门为继承人，诸王百官都知道这件事。如今失烈门还活着，若你们不把皇位让给他，你们准备将失烈门置于何地？"蒙哥的异母弟木哥反驳说："太宗的命令，谁敢违背？然而前次议立定宗，完全是由皇后脱列忽那同你们一手操纵，那么是你们先违背了太宗的命令，现在又能责怪谁呢？"八剌顿时哑口无言。由此，蒙哥顺利地获得库里勒台的推选。

拔都派他的兄弟别儿哥、脱哈帖木儿护送蒙哥返回斡难怯绿连，准备来年正式举行登基大典，同时也等待窝阔台系下诸王忽察、失烈门、脑忽，察合台系下不里、也速蒙哥、也孙脱哈参加。双方为争夺宝座继续进行着激烈的斗争。

窝阔台、察合台两系诸王接连不断向拔都遣使，反对大会的决定，拒绝出席登基大典。窝阔台系诸王说："你怎么能把应归属我们的汗位授予他人？"拔都答复道："推选是兄弟的一致意见，已经无从更改。蒙哥有治国才能，而且，他会照顾窝阔台系诸王的利益，因为治理如此一个从东至西的大帝国，决非孩提之辈力所能及。"使者只好无功而返。

唆鲁禾帖尼也加紧她的活动。她不断对他人给予恩惠，大肆收买人心，并邀请亲友们参加库里勒台。对她不友好的诸王，她一开始则施展怀柔手段，向他们派遣使者，表达她的诚意和关怀，要他们站在她一方。这招行不通之后，她又采取软硬兼施的办法，温言抚慰和威胁恐吓交替使用。

一年过去了，协议仍没有达成，登基大典只好延期举行。最后，拥立蒙哥的诸王在斡难怯绿连集会，派遣袭剌门必阇赤去见斡兀立海迷失及其子，派遣阿兰答儿必阇赤去见也速蒙哥，要他们马上来参加大会。迫于大势，忽察、脑忽、失烈门、也孙脱哈等相继动身出发，但他们故意拖拖拉拉，落在后面。预定日期已过，他们仍没有到达，别儿哥遣使向拔都请示办法，拔都回答说："拥蒙哥登基，胆敢违反法令者，斩。"于是，在宋淳祐十一年（公元1251年）七月，与会诸王单方面举行库里勒台，蒙哥即位，窝阔台系对蒙古的统治至此宣告结束。

窝阔台系诸王灭里、合丹以及察合台系的合剌旭烈，在大典后前去向蒙哥祝贺，蒙哥接待了他们。灭里、合丹是窝阔台庶出之子，即使汗位留在窝阔台系内，他们也没资格继承，因此他们不愿得罪蒙哥。合剌旭烈为了从其叔也速蒙哥手中夺回察合台封地，也只有投靠蒙哥，支持蒙哥。

窝阔台系的蒙哥都也参加了大典。蒙哥都是贵由弟阔端之子，但是，唆鲁禾帖尼别吉曾拉拢过阔端。有一次，窝阔台把两个原属拖雷的逊都思部兵赐给阔端，拖雷系下大将对此非常气愤，要向窝阔台抗议，但被唆鲁禾帖尼制止，他们趁机向阔端表示友好，所以阔端及其家属与唆鲁禾帖尼和他的儿子们并没有成为敌人。

（3）清除异己

蒙哥争得帝位后，两大支系间的矛盾并未解决。对于姗姗来迟的脑忽、失烈门、不里、也速蒙哥、火者等人，蒙哥早有戒心，决心铲除异己，克薛杰的告变带来了契机。其经过是这样：失烈门和脑忽的地盘离大会的地址最近。蒙哥宫廷的一个名叫克薛杰的鹰人，他的一头母驴丢了，他便四处寻找，闯入两王的营地，发现有武器藏在作朝贺用的车辆中。他进一步打听到他们想趁朝贺之机，发动政变，情急之下，他马不停蹄地赶了三天的路程，向蒙哥告发此事。蒙哥命忙哥撒儿立即率兵包围两王，把他们连同他们的手下全部抓了起来，然后命尚未到来的诸王忽察及其母斡兀立海迷失、不里、也速蒙哥及其妻脱合失投案自首。为了防备察合台系诸王的进攻，以不怜吉觯和十万人马在别失八里至哈剌和林一线驻防，与驻守海押立的弘吉兰王子相呼应。诸王被迫前去，然后被全部拘留。

拔都当场处死了不里，合剌旭烈当着也速蒙哥的面活活踢死了其妻脱合失。合剌旭烈重新获得察合台封地的统治权，但不幸的是他在途中便死了。后来，合剌旭烈的寡妻斡儿吉纳奉蒙哥命杀死了也速蒙哥。其余诸王遭流放。失烈门后来跟随忽必烈南征，被投入河中死去。

斡兀立海迷失始终不肯归案。她回答蒙哥说："诸王曾立下文书，说王位应由窝阔台系继承，你等现在却食言与他的后人为敌。"蒙哥听后大为恼怒，下令说："成吉思汗之诸弟合撒儿、斡赤斤、别里古台的妻子均来朝贺，但斡兀立海迷失没有到来。若珊蛮、镇海、合答、八刺可立人为帝或皇后，他们将不会有好下场。"斡兀立海迷失被捕后，送给唆鲁禾帖尼，忙哥撒儿对她进行审讯。她的衣服被剥光，她说："我的身体仅能呈露于皇帝一人前，其他人怎敢窥见？"按照蒙古的习惯作法，她最后被裹在毡子里，扔进河中。蒙哥在答复圣路易九世的信中，称她比狗还贱。失烈门之母合管合赤也被处死。

贵由的三位大臣：师傅合答、丞相镇海、书记八刺，前二人被捕处死，合答因为地位和资格都很高，所以他是被单独捕杀。镇海是畏兀儿人，他和另一大臣答失蛮长期敌对，被交给答失蛮处死。八刺也是畏兀儿人，为反对蒙哥登基，他和畏吾亦都护密谋准备举事，但事情败露，他们被判死刑。在行刑那天，正好唆鲁禾帖尼别吉生病，为替她祈福，朝廷赦免了当天受刑者，八刺也就捡了一条活命！

窝阔台和察合台两系的臣属也大部分被处死，被杀者共有七十七人，两系遭到这次毁灭性打击后，从此再也没有什么大的作为。蒙哥登基后，作为众汗之汗的大位，就由窝阔台系，转移到了拖雷一系。而由此造成的成吉思汗子孙之间的分裂也到了无法弥补的地步。大蒙古帝国的统一实质上已经名存实亡，各大汗国开始各自为政，各据一方。

拔都推选蒙哥，固然有个人恩怨；但是，他以长兄身份，又拥有优势兵力，完全可以继承汗位，但他没有自取宝座，而是推举比他年轻的蒙哥，表明他并不是一个野心家，他还是在为蒙古帝国的前途着想。在推选蒙哥的库里勒台上，他指出了蒙哥适宜治国的种种才能。同时，他在回答窝阔台系诸王的复信中指出，蒙哥即位将不会损害窝阔台系的利益，因为治理如此一个从东到西的大帝国，非孩提之辈力所能及。这已经超出了纯粹个人恩怨的范围，因此，拔都受到大多数蒙古人的尊敬。

蒙哥为人严谨，他的登基暂时平息了蒙古宫廷内的长期斗争。他整饬朝政，重委官吏，继续东征西讨，把蒙古帝国从危亡中拯救出来，并得到巩固和发展，为忽必烈灭宋以及旭烈兀平哈里发奠定了基础。他从窝阔台系手中夺取政权，对蒙古帝国来说，具有进步意义。

2.忽必烈假道吐蕃灭大理

公元1254年，忽必烈派兵攻入大理，这之后三四年，虽遭致大理的反抗，到公元1258年蒙古便巩固了对大理的统治。

宋宝祐元年（公元1253年）夏，蒙哥为实施"攻占西南，合围南宋"的战略计划，派忽必烈开始了进攻大理的战争。

公元10世纪初年，南诏国统治者乌蛮（今彝族）蒙氏日渐衰微，郑买嗣取得了统治权，随后赵善政、杨祯二氏又相继夺取政权，但都昙花一现。晋高祖六福二年（公元937年），白蛮（今白族）段氏兴起，段思平团结白蛮、乌蛮各部力量，驱走了杨氏，取得政权，建都大理（今云南大理），大理国从此建国。大理国的实际范围包括今云南全省、贵州、广西西部和四川南部以及泰国、缅甸、老挝的一部。主要民族是乌蛮和白蛮，其中乌蛮占大多数，分布最广，乌蛮的统治阶级在大理国占有重要地位。大理境内还有许多其他少数民族，如麽些（今纳西族）、和泥（今哈尼族）、蒲、朴子（今布朗、崩龙族）、峨昌（今阿昌族）、金齿、白夷（皆今傣族）等。还有一些人数少、力量小的"杂蛮"，多被乌蛮人所征服，沦为被统治种族。此外，在大理国中也长期居住有一些汉人，他们与各少数民族共同杂居。

到13世纪中叶，大理国主段兴智微弱，大臣高氏窃取了国家大权。高氏党人依仗势力攻夺他族地区、奴役其人民。势力强大的乌蛮诸部，更常常欺凌其他弱族，致使大族与小族之间产生了严重的矛盾。到大理国势衰弱时，有些弱族逐渐强盛起来，乘机摆脱了大理国的统治。例如丽江麽些蛮便独占一方，自立盟主治理本族事务；为南诏所征服的金齿人也逐渐收复故地，势力开始强盛起来。而乌蛮、白蛮统治阶级内部为了争夺地盘，发生了斗争，产生了割据现象，如建昌府原分四部，段氏一部强盛，吞并了其他部的地区，自为府主，大理国也没有办法治理他们。

与此同时，北方的蒙古部落却迅速兴起强大，并不断发动对外战争。大理国原本距蒙古国有千里之遥，中隔崇山峻岭、沙漠荒原、激流险滩，自古以来即与草原交往甚少。蒙哥汗即位后，为攻灭南宋，统一天下，采用蒙古帝国一贯行之有效的战略，企图出奇兵，由西南地区迂回包抄宋朝，以避开阻隔中原与江南的长江天险及各处军防要塞。而实施这一战略战术，也就使远在漠北的蒙古国势力向南伸展到了西南边陲的大理国等地。

宋淳祐十二年（公元1252年），宪宗蒙哥派忽必烈率军南侵大理，以速不台之子兀良合台总领军事，打算把大理征服以后，一方面利用西南少数民族军队增强蒙军侵宋的兵力，一方面从背后包抄夹攻南宋。参加忽必烈这次远征的，有蒙军的精锐之师，还有投降蒙古的汉族地主武装和色目人的军队。忽必烈还把富有政治才能的汉族地主知识分子如刘秉忠、姚枢、张文谦等人带在身边，任行军参谋。这些参谋们建议忽必烈要采用少杀人的怀柔政策。这年暮秋，忽必烈起兵从蒙古南下。

宋宝祐元年（公元1253年）夏，忽必烈驻扎在六盘山，准备粮饷、器械，等到诸军齐集，即于秋天进至临洮，取道吐蕃向大理进发。蒙古军在忒剌（今四川松潘）稍加休息，就兵分三路继续前进。这次出征以征服大理为主要目的，随后从南面合兵围攻宋朝。只是由于四川这时还在南宋手里，只好借道路途艰险的吐蕃境，但这一次向吐蕃进军，对蒙古具有重大历史意义。虽然在战略计划上这仅是假道，然而实际上它本身就是一次规模很大的军事行动，与征服大理有着同样的地位。实际上，蒙古帝国崛起之时，成吉思汗四处征伐，在攻打西夏时，兵锋即濒临吐蕃之境，然而没有深入其腹地即回。窝阔台汗时，进一步执行扩张方针，命其子阔端经略甘陕及吐蕃各地。阔端听从其部将道尔达的建议，利用佛教在这个地区的特殊地位，把其宗教领袖收为己用。贵由汗元年（公元1246年），萨斯迦派佛教领袖萨班应召，携同他的两个侄儿恰纳朵儿只、八思巴前往凉州，与阔端共同商定了归附蒙古的各项条款。蒙古帝国的势力进入西藏地区由此真正开始了。忽必烈进入吐蕃时，吐蕃已经四分五裂，忽必烈军所过吐蕃东部（今四川甘孜藏族自治州）地，极大地破坏了藏族人民的生产和生活。忽必烈进军其地，攻下许多城寨，穿过了雪山和草地，留下深刻的影响。在蒙军强大的攻势面前，分裂割据的吐蕃诸王不得不陆续投降蒙古，使这个地区归入到蒙古版图。事实上，元朝有些史料确实把征服吐蕃与征服大理相提并论。可惜因为在吐蕃境内的征战留下的记载绝无仅有，后人对这个重大事件无法作深入详细的了解。

宋宝祐元年（公元1253年）初冬，兀良合台西道军和忽必烈中道军穿过吐蕃，进入大理，大理北面四百余里的麽些蛮各部分别降服，麽些诸部酋长唆火脱因、麦良、塔里马等投降蒙军。但蒙军也遭到了一些部落的顽强抵抗。忽必烈遣使到大理招降，但大理国杀了使臣。忽必烈与兀良合台又分军继续前进，攻下了大理国西部白蛮诸寨栅。许多白蛮部落都对入侵之敌进行英勇抵抗，直到寨破人亡。当忽必烈军包围了大理城时，西道兀良合台军亦至，攻下大理北部的龙首关，同攻大理城。大理国王段兴智与权臣高祥、高和兄弟背城出战，被蒙军大败，但他们拒绝投降，而是弃城逃跑，大理城陷。忽必烈因恨使臣被大理所杀，本欲屠城，汉人参谋张文谦等及时劝止，晓以利弊，忽必烈即命姚枢裂帛为旗，写上止杀令，传示于城内各街巷，大理人民才免遭杀戮。又命姚枢等搜访大理国图籍。东道兵这时也到达大理与大军会合。又从大理分军追击高氏兄弟，在姚州擒获并斩首。

宋宝祐二年（公元1254年）春，忽必烈回师蒙古草原，为了控制云南，任命大臣刘时中为大理宣抚使，统治该地区，又命大将兀良合台率军留守大理，继续征服大理境内其他尚未降附的部落。同年秋，兀良合台领兵继续向东进取段兴智据守的押赤（今云南昆明）。蒙古军出动其精锐部队攻城，发炮把城门摧毁，并采用火攻，用尽各种办法都没能攻下。押赤军民坚持了七天，终因寡不敌众，城池陷落。段兴智逃至昆泽，被俘。宋宝祐三年（公元1255年），兀良合台把段兴智与其季父遣送到蒙古。蒙哥采用怀柔政策，没有杀他，而是赐金符使其归国，协同蒙古所委官员、将领安抚征服未归顺的诸部落。段兴智归国后，又献上地图，统率本族军队帮助蒙古征服国中坚持抗战的各部落。蒙哥赐其"摩诃罗嵯"的称号，命其治理云南各族。

国王虽然投降，但大理各族人民依靠山谷，坚守城寨，进行抗战。宋宝祐三年（公元1255年），攻下了押赤府诸城后，兀良合台又命其子阿术领兵进取罗罗斯（今四川凉山地区）、赤秃哥（今贵州西部）等地。经过近两年的艰苦作战，才陆续征服了大理五城、八府、四郡之地和大部分白蛮、乌蛮部落。兀良合台在大理境内设置十九万户府，万户下分设千户、百户，宋宝祐四年（公元1256年），蒙哥命兀良合台取道北上，会合四川的蒙古军。兀良合台遂领兵出乌蒙（今云南昭通），破秃剌蛮三城（今四川筠连境），进抵马湖江（今四川宜宾西南），大败宋兵，进至合州（今重庆市合川），会师蒙军后再回到大理镇守。宋宝祐六年（公元1258年），蒙哥大举攻宋，复命兀良合台率军北上，并商议好第二年正月在长沙会师，以实施包抄南宋的原定计划。

由于大理人民的顽强抵抗，蒙古军也遭受了重大损失。《史集》记载说，忽必烈与兀良合台率十万大军远征云南，因为该地气候潮湿恶劣，北方士兵不适应，导致军中疾病流行，死者甚多，加上大理国"居民极多，军队众多，因而每日每至一处，都遇到抵抗。因为这两个原因，十万军队得生还者不到二万人"。蒙古用武力使大理臣服，大理各部也因被征服而统一起来。后来又按照内地制度在此设置郡县，把云南统一于元朝中央政府管辖之下，并在大理进行屯田，推广汉族的先进生产技术和文化。云南自8世纪中叶南诏割据以来，历经五百余年，到现在才与内地获得统一。这极大地促进了我国多民族统一国家的发展，也推动了云南地区经济、文化的进步。

3.蒙哥汗伐宋

公元1259年，蒙哥率军攻宋时，负重伤不治而亡，忽必烈因争夺王位而暂时停止了对南宋的战争。

蒙哥夺得大汗之位后，与受封于蒙古本土两边的察合台、窝阔台二系后裔建立的汗国之间的关系已经破裂。而对于支持他登上汗位的拔都，出于各方面的考虑，也不便侵犯其利益。故而，他把中原大国宋朝作为扩张的重点目标。为此，蒙古再次发动大规模的侵宋战争。

鉴于南宋长江防线很难突破，蒙哥对伐宋的战略作了重新考虑。此时郭宝玉向他献策："中原势大，而西南诸蕃，勇悍可用。宜先取之，藉以图宋，必得志焉。"（《元史·郭宝玉传》）这个意见被他采纳，他因而拟定了对南宋实行军事上的大迂回、大包围的战略，即仍集中主力侵略欧洲，同时着力巩固河南、关陕新的占领区，并在西至汉水、东至淮水一线分兵屯田，筑城列障，为伐宋作好准备。另外，先进兵西南，占据大理（今云南）和吐蕃（今西藏）之地，迂回包抄南宋大后方。尔后发兵南下，采用前后夹击的办法，将南宋防线压缩至江淮一带，再进行最后决战。

宋淳祐十二年（公元1252年）七月，蒙哥命忽必烈统兵进攻大理。同年底，又命汪德臣领兵入蜀作战，开辟进军大理的通路。翌年八月，忽必烈从甘肃临洮率军出发，九月进入吐蕃境内，尔后兵分三路，抄合也只烈出东道，兀良合台领军出西道，忽必烈亲自率领主力走中道。蒙军主力经西番界山谷，疾奔二千余里，十月渡过大渡河到达金沙江，全军乘木筏和革囊渡了江。进至大理城附近的白蛮地，主将投降。十一月，忽必烈派使者前往大理城受降，使者被杀，忽必烈即率领大军把大理城团团围住。国王段兴智昏庸无能，国事由权臣高祥决断。高祥惧战自保，乘着黑夜率部属逃跑，段兴智也仓皇逃到昆明，大理沦陷。蒙军诸将领对大理杀掉蒙古使者非常愤恨，要求忽必烈下命屠城。汉人幕僚姚枢、张文谦进谏劝阻。

忽必烈命姚枢书写止杀之令，然后传给入城诸军，使全城军民因而免遭屠戮。平定大理后，忽必烈留下兀良合台继续征服南方未平各地，然后亲率中路、东路两军班师。

西路兀良合台率军直入吐蕃。当地约有三十万户居民，酋长畏惧蒙军，不战自降。兀良合台以吐蕃军为前锋，乘势向其他诸部发动进攻。宋宝祐三年（公元1255年），兀良合台率军攻克昆明，大理国王段兴智被擒获。慑于蒙军的强大攻势，云南地区诸部族纷纷投降。两年之内，蒙军连平大理五城、四郡、八府，以及白蛮、乌蛮等三十七个部落。而后，兀良合台奉蒙哥之命挥师进入四川，一连攻破数座城池，击败宋将张都，在马湖江夺了宋朝二百多只船，打开了重庆、嘉定、合洲的通道，与先期入蜀的蒙军将领汪德臣军会师。

宋宝祐五年（公元1257年），兀良合台被封为大元帅，率领军队回到大理镇守。翌年攻占交趾（今越南北部）。至此，蒙哥从云南地区迂回攻南宋的战略企图实现了。

自窝阔台汗以来，蒙军曾三次入蜀作战，都是攻下抢掠一番后即离开，并没有做长期占据的打算，在蒙哥的大包围的战略计划中，主攻方向仍是四川。在控制云南地区后，命先期入蜀诸军筑城守备，一边耕作，一边战斗，不再实行游动作战，而是稳扎稳打。宋宝祐五年（公元1257年）秋，蒙哥亲率四万兵马入蜀作战。出征前，他对诸王诸将说："我的父、祖都成大业而享盛名，我也要这样做！"

蒙哥攻四川前，宋廷就在四川加强了防御，从宋淳祐二年（1242年）开始，宋廷委派余玠任四川安抚制置使和总领。余玠总结了屡次抗击蒙军经验，筑成了大获、青居、钓鱼、云顶、天生等十余城，"皆固山为垒，棋布星分，为诸郡治所，屯兵聚粮为必守计"。但四川宋军只有四五万部队且战斗力很弱，朝廷也没有调给机动作战的兵马，因而在蒙军的强力攻击下，只有招架之力。蒙军主力从六盘山（今宁夏南部）出发，分三路南进。蒙哥亲率一路入大散关（今陕西宝鸡市西南）；蒙哥的异母胞弟末哥率领一路入米仓关（通过今陕西汉中市西南川陕界米仓山的米仓道）；字里叉万户率军入沔洲（今陕西勉县）。入川后，主力军沿嘉陵江南下。宝祐六年（公元1258年）二月，蒙将纽璘率先锋向成都进兵，击败宋将刘整的军队，攻克成都。十月，纽璘率军进至渡马湖（今金沙江畔），接应由蒙哥率领的主力军队，随后蒙哥渡嘉陵江至剑阁县北，两军会合。宋守卫隘口的军队被蒙军击溃，蒙军继而进围鹅顶堡（今广元市昭化区西南），守城宋将王仲出降。至宪宗九年初，蒙哥在重贵山之北大宴众将，并商议是否回师。诸将或言攻，或言退，意见不一。最后，蒙哥决意继续攻宋，遂于二月进兵，渡过鸡爪滩，并攻合州（今重庆市合川区）之钓鱼山。另外两路入蜀蒙军在川东、川西也攻城掠地，捷报频传。这样，蒙军即对"川蜀之地，三分有其二"了。

然而，在江汉、江淮方面，蒙军却屡遭失败。自窝阔台攻宋以来，由于江汉、江淮多有水域，使蒙军的铁骑很难发挥大作用。而宋军则水陆结合，作战能力颇强。蒙哥见蒙古汉将张柔率汉军在江淮连年作战，却没取得什么战果，便于宋宝祐六年（公元1258年）秋，让忽必烈统一筹划进攻江淮。开庆元年（公元1259年），忽必烈领兵渡过淮河。由于多年来地方官吏残酷压榨水域渔民，因而在忽必烈进军时纷纷起来反抗宋军，提供蒙军船只，充当向导，这样忽必烈毫不费力地进围鄂州（今武昌区）。忽必烈登香炉山俯大江，见宋军战船众多，军阵严整。蒙军汉将董文炳对忽必烈说："长江天堑是宋朝的屏障，势必死守，不夺其气不可，臣请试之。"忽必烈即命董文炳率一百多名敢死士卒打头阵，令大队战船擂鼓助威，后面跟进的将士高呼冲杀以壮士气。蒙军一鼓作气登岸，与宋军展开肉搏战。蒙军气势震慑了宋军，一触即溃。忽必烈率大军渡江，进逼鄂州城下，并分兵进攻江西，攻入临江（今江西樟树市），打下瑞州（今江西高安市）。宋廷急命宰相贾似道领军驰援鄂州。贾似道是南宋投降妥协派首领，他屯兵不进，却派人去忽必烈处议和，表示愿意称臣划江而治，纳"岁币"二十万两银、二十万匹绢，被忽必烈拒绝。

这时，蒙哥攻打合州正遭到宋军的拼死抵抗，自二月至六月，蒙军虽发动多次猛攻，并派人劝降，皆不见效。蒙军伤亡惨重，就连蒙哥自己，也为宋军的飞石所伤。至七月，不得不中止进攻合州，转而进攻重庆。宋开庆元年（公元1259年）八月，蒙哥因伤势过重而死于军中。

九月，随从蒙哥在蜀中作战的宗王穆哥也劝忽必烈一同率军北还，争夺大汗之位。

忽必烈却认为，奉天子命令出征，一定要打胜，就拒绝了穆哥及手下的劝阻，执意渡江。于是准备好舟楫，兵分三道，大举渡江。经过激战，击败宋守江之水师，进占了对岸的浒黄州，然后猛攻鄂城（今湖北武汉之武昌区）。是时，蒙哥汗战死蜀中的消息已传到宋军中，宋军顿时士气大振，防守更加严密。忽必烈部将张柔等虽亦率军会合，仍未能攻克鄂州城。

至十一月，进克鄂城已经毫无希望，而后方却传来不利于忽必烈的形势。是时，留守都城和林的蒙哥汗的幼弟阿里不哥，得知蒙哥的死讯后，立即遣其亲信浑都海、阿蓝答儿、脱火思、脱里赤等人四出征兵，以便争夺大汗之位，脱里赤征兵于漠南，阿蓝答儿则负责征集漠北诸部之兵，形势十分严峻。

忽必烈之妻察必皇后，一面对阿蓝答儿的征兵举措竭力进行阻挠，一面派使臣火速赶到前线，把蒙古草原上的政治变动情况向忽必烈汇报，并催促忽必烈迅速回师。这时，忽必烈的谋臣郝经也呈《班师议》一文，对当时的政治形势作了详细分析。他指出，前有宋军的顽强抵抗；中原有李璮等割据势力居心叵测；漠北有阿里不哥企图篡夺大位。如果不及时回师，将会腹背受敌，重蹈金海陵王兵败被弒的覆辙。

忽必烈这时对局势的认识也十分清楚，又恰逢宋朝宰相贾似道遣使前来求和，遂乘机讲和撤兵。为了防止宋军前来追杀，他一方面谎称要率军转攻宋都临安（今浙江杭州），一方面留下大将张柔、亲信张文谦等仍据守江边，几天后再班师回朝。而自己则急速赶回燕京，为同漠北的阿里不哥争夺大汗之位而作殊死之争。

早在九月，兀良合台已率军由交趾北上，从广西入湖南，包围潭州（长沙），准备与忽必烈会师。到十二月，攻打潭州的兀良合台遇到守城军民顽强抵抗，毫无进展，忽必烈撤兵北返后，亦放弃围攻潭州。蒙哥对南宋大迂回、大包围的战略企图，就这样无果而终。

4.宋理宗宠信宦官

公元1264年，南宋理宗不理朝政，宠信宦官达到登峰造极的程度，致使南宋政权处于风雨飘摇之中。

（1）董宋臣受宠

董宋臣是南宋理宗时的宦官，人们称他为董阎罗。他非常善于讨好理宗，陪理宗玩乐，所以皇上很是宠爱他。

理宗后宫贾贵妃于淳祐七年（公元1247年）去世，在董宋臣的帮助下，阎婉容得封贵妃。为报答董宋臣的帮助，阎贵妃经常在理宗面前夸奖董宋臣忠心，任劳任怨，因此，理宗很信任他。

宝祐三年（公元1255年）正月，董宋臣为取悦理宗，特意把西湖妓院里的妓女召进宫中，让他们陪理宗过元宵佳夜。起居郎牟子才上章说："元宵张灯铺张浪费，已是不该。又使倡优等下贱之人，使用一些低俗的手段向圣上献媚，在这宫廷禁地，这些淫荡的活动是来破坏陛下德行的。前不久，苍天有响雷，想必是上天震怒。愿陛下及早觉悟，疏远小人，亲近君子，才能顺应天意。"理宗表面上听了，但还是宠爱董宋臣。监察御史洪天锡又奏道："如今天下有三大祸患：一是宦官，二是外戚，三是小人。"接着以董宋臣、谢堂、厉文翁为例，痛心疾首地把他们的罪行讲了一番，让理宗治他们的罪。理宗命吴燧耐心地劝说他，洪天锡却毫不退让，说道："如今贵戚、幸臣，无视王法，犯上作乱，又彼此联系密切，相互庇护，若不绳之以法，气焰肯定会更嚣张，等到大祸临头之日就为时已晚了。"理宗不得已，亲自写了手札，要洪天锡把奏章中过激的语言改一改，自己定会当面训斥、管教他们。洪天锡道："自古小人靠主子的宠爱，但他们怕主人知道他们做了坏事。倘若知道主人知晓他们做的坏事后只不过将他们训斥、管教一番，以后就会更加无所顾忌了。"于是接连五次上奏声明，若不惩治这三人，决不甘休。言下之意，不治他们罪就制我罪。跪到都门以外，等待圣上发落。理宗不得已，将厉文翁、谢堂贬为州县官，董宋臣也假惺惺的奏请罢免，但理宗怕洪天锡等人不肯放过他，竟压下了董宋臣的奏折。理宗下诏书对洪天锡道："你弹劾的三个人，我已治了两个，只有董宋臣一人，我不会放过他的，你放心！"洪天锡道："陛下若留董宋臣，那就把臣贬出京城吧；若以为臣言有理，留臣在京城供职，就应该将董宋臣贬逐出京。望陛下明断。"

理宗虽答应了，却迟迟不肯行动。过了一月多，天降浊雨，混浊无比，那时说是"天雨土"。按《洪范》推五行，占卜吉凶，天雨土表示有小人作乱。洪天锡借机又向皇上陈辞了一番，把蜀中地震、闽浙大水灾等事也联系在一起，说这些迹象是由于不分忠奸而造成的。"如今天下动荡，百姓怨声载道，流疾泛滥。只有贵戚、宦官数十人安享富贵，难道陛下只与这数十人共享天下吗？"而此时恰好有吴中百姓仲大论等人状告董宋臣抢夺霸占他们的田产。洪天锡在御史之职，受理这个案子。将案子交给有关官员审理。不久，御前提举所呈文说，该田产是御庄的财产，不属民事诉讼，御史台无权审理；仪鸾司也牒告常平司，说这个案子应由常平司受理。洪天锡奏道："御史台职责就是雪平冤狱，常平司职责则是均平徭役。而御前提举所、仪鸾司均是宦官主持的部门，竟对御史台常平司的职责权限大发议论，这样，内外台省不是没用了？还有纲纪国法吗？"又说这是为董宋臣开脱罪责，又痛斥一番董的罪恶。理宗仍旧想替他遮掩，洪天锡道："宦官主持的修内司，只不过是负责处理在宫中修缮房屋的有关事宜罢了。近年来，动辄打起'御前'的幌子，不管是贪赃枉法的老吏，还是天下缉捕的凶犯，只要有一个人入修内司，官府就拿他没办法。以致其中藏污纳垢，出密谋，施暴力，狼狈为奸，助纣为虐，干尽坏事。无辜百姓受尽苦头，陛下怎能毫不动心？但愿不要让史官记述说：'修内司的恣横自陛下临朝时始。'"洪天锡一连上了六七本奏章，最后连大印也上交了，表示若不严惩董宋臣等宦官，他便没脸再做御史的官。要皇上抉择：是为民除害，还是轻视给舍台谏官和百司遮府，重爱北司。北司就是宦官衙门，是董宋臣把持的机构。在这种情形下，理宗进退两难，并且只能二者取其全。经过再三考虑，还是决定不要言官，要董宋臣。于是改让洪天锡做了大理少卿，不再做御史，洪天锡便不能再随便进言。

宗正寺丞赵崇得知消息便写信给丞相谢方叔，责备他连这种事也熟视无睹，若不支持洪天锡，此后朝廷之上还有什么真理、正义之可言？董宋臣的党羽立刻上奏说："原来谢方叔是洪天锡的后台，难怪赵崇嶓要他出马来救助。"监察御史朱应元上书把谢方叔和参知政事徐清叟一并弹劾。理宗看了之后立即采纳，罢了谢、徐二人的官。董宋臣仍未解心头之恨，上书诬陷洪天锡和谢方叔，必欲将二人置于死地而后快。同时还要告知天下，宰相、御史置官都是出自圣裁，是皇帝一个人的主意，与他们宦官无关。宋朝历来有不杀宰相的传统，所以只罢了谢方叔的职，并未杀他。

（2）丁大全骄横

理宗还有一个幸臣丁大全。此人是嘉熙二年（公元1238年）进士，镇江府人。长了一张大蓝脸。相法说，这样的人都是奸险狠愎。唐德宗时的宰相卢杞就是这样的面貌，被写入了奸臣传。凑巧，这丁大全也是狠毒异常。他娶了一个外戚的婢女做妻子，算是做了"皇帝国戚"；靠巴结宦官董宋臣、卢允升而步步高升，不数年做了侍御史兼侍读，成了皇上的侍从官。当时右相董槐，认为受皇恩应无所不言无所不为，对国家做有利的事。曾对皇上说："现在天下有三件事正危害朝政：一是皇亲国戚不奉国法；二是执法大臣在位太久，作威作福；第三是皇城司与将帅不对士卒约束，士卒许多都不守法令。亲戚不奉法则执法不平，执法不平则朝廷没有威信；执法大臣擅作威福则贤不肖混淆，贤不肖混淆则奸邪无所顾忌，贤者不肯为朝廷所用；不加约束就会惹事生非。这三事不加纠正，百年基业就会毁于一旦，愿陛下好自为之！"皇上没有"好自为之"，大臣倒是对他一片抱怨。皇亲国戚、文武大臣大都嫉恨这个无事生非的右丞相。理宗现在已经五十多岁了，很老了，久居皇位，独断惯了，忠言逆耳他接受不了，对那些只说笑话，善于迎合他的人，或者是善解人意、看风使舵的佞人，反而倍加宠爱。丁大全与皇上喜欢的许多人建立关系就是靠的这些。他逐渐谋取权力，而理宗毫无觉察。丁大全也曾想拉拢董槐，因为宰相及朝廷重臣，对他大有用处。先派一个亲信去见董槐，表示了愿与董槐定交的意向。不料董愧反说："大臣无私交这话你听过吗？我只知道替皇上做事，不敢与人私相结交。请你把我的话转告丁君，多谢他的一番美意了。"丁大全自讨没趣，料想以后有事，他也不会帮自己，从此之后就想方设法除去这块绊脚石。董槐也深知丁大全终究会危害朝纲，便经常向皇上进言，说明丁大全的为人。皇上道："丁大全从没有说过你的坏话，你何苦这样对他？不要总是怀疑他。"董槐道："我与丁大全没有私人恩怨，只是因为陛下将臣从众人中选拔出来，并委以重任，倘若明知丁大全奸邪却闭口不言，是辜负了陛下对我的信任，对不起陛下。皇上认为丁大全是忠臣，我却以为他是个大奸臣，怎能再与他同殿称臣？！"于是上书请求辞职，要告老还乡。理宗不准他辞。丁大全得知此事，对董槐痛恨不已，便上书弹劾董槐，不等皇上批示，擅自调动人马，半夜里闯入董槐宅院，把董槐逮住。说是要送他到大理寺听审，吓唬董槐。董槐自然一点不怕，要与丁大全去大理寺讲理，这帮人自然不敢，于是一哄而上，将董槐塞入一座小轿，从北门抬了出去。出了北关，将董槐赶下轿子，又一哄而散。一个大宋宰相就这样被扔在了荒郊野外。董槐只得步行回城，走到接待寺时天已大亮。经过大半夜的折腾，又饿又累，便到寺中暂歇，想找人将此事告知圣上，并希望圣上派人来接自己。谁知不久朝廷却发布诏书，罢免了他的相位。没人接旨，这时人们才知道宰相受了侮辱。丁大全竟敢如此跋扈，朝野上下一片骇然。从此，丁大全更加目中无人，肆无忌惮了。当时朝中还有陈大方、胡大昌也是诬陷忠良的言官，人们叫他们"闷狗。"人们便把他们三人名字中的"大"字上加了一点，就成个"犬"

字，称他们为"三大吠犬"。

丁大全有阎妃、董宋臣、卢允升为后台，虽然骄横却平步青云。刚赶走董槐就升了右谏大夫，接着又连升几级，任端明殿学士、签书枢密院事，参与政事，旋又升任同知枢密院事兼权参知政事。宝祐六年（公元1258年），拜参知政事，四月升右相兼枢密使。常言说"物以类聚"，他能用什么好人！他曾提拔袁玠为九江制置副使。袁玠是一个与丁大全一样又狠又贪的人。到任后，便刻意盘剥鄱阳湖上土豪的财富，逼得土豪无路可走，适逢北方遭受侵扰，土豪们便用渔船帮敌人渡江。太学生陈宜中、黄镛、林则祖、曾唯、刘黻、陈宗六人闻讯，联名上书弹劾丁大全。丁大全便指使御史吴衍，劾奏六人妄言乱政，于是便削了这六个人籍，送到远州拘管，严格禁止三学的学生议论国事。此时阎贵妃仗恃理宗宠信，篡权夺位，丁大全、马天骥在朝用事，南宋还有何希望？有无名氏在朝门上题书八字："阎马丁当，国势将亡。"

宝祐六年（公元1258年）召任牟子才权工部侍郎，牟子才因为丁大全与董宋臣里应外合，势力庞大，于是辞官不做了。

（3）董丁沉浮

开庆元年（公元1259年）正月，国子监主簿徐宗上书："赏功罚罪，是国家的纲纪。……现在丁大全、高铸之徒破坏朝纲，为非作歹，而董宋臣更是恶贯满盈。近来大臣们群情激奋，纷纷上书，学生们敲打宫门询问，也有人甚至想用尚方宝剑杀掉他。而陛下却放在一边置之不理，难道你真的要得一小人而失天下心吗？如今国家危难，世风日下，首恶不除战士便无心杀敌。东南之一角地盘，一半就会坏在这些人的手中。"

九月，边疆的报告一天比一天紧，频频传进宫中。蒙古兵已打到鄂州，这震动了临安。董宋臣主张迁都四明，以避免与敌人交锋。军器大监何子举对吴潜说："若皇上迁都走开，京城里上百万黎民怎么办？"御史朱貔孙也说："皇帝后妃的车驾一动，边防将士就会军心涣散，那样会使形势更加危急，四方的盗贼就会蜂涌而起，这样后果将不堪设想。"这时皇后也请求理宗不要迁都，以安定民心和军心，理宗这才没有接纳迁都的主张。海宁节度使判官文天祥上书，请求圣上诛杀董宋臣。但这些丝毫没有动摇理宗对董宋臣的宠信。十月，在台谏官一再弹击下，才把丁大全的宰相免去，但因董宋臣无恙，朝中仍是人心惶惶，人们都不敢进谏。只有太学诸生与学官间或上书论奏，但是谏章朝上，贬书夕至，谁也没法动摇理宗对董宋臣的宠信。

景定元年（公元1260年）三月，出现日蚀，王府教授、校书郎马廷鸾与秘书省同守局，联合上书。那时理宗的宠妃贾贵妃之弟贾似道权势渐重。没过几天，就将董宋臣贬逐到了安吉州。董宋臣虽然出居安吉州，但其朝中党羽众多，所以还有相当势力。新任丞相贾似道采取了一些措施，来排挤董宋臣的势力，董宋臣所推荐的人也被赶走了。六月阎贵妃死亡。没过多久，被贬逐的丁大全在半路上被押送官毕迁挤入河水中淹死。

景定四年（公元1263年），董宋臣被召回并任命为入内内侍省押班，引起满朝争论。秘书少监汤汉上章奏说："这些年来董宋臣的声威越来越大，诬陷朝廷官员，排斥朝中大臣，结党谋私，臭名远扬，满朝文武无人不知。陛下圣明，送他到外地。臣以为人走了，影响就会逐渐消逝。谁能想到他却死灰复燃，东山再起。自古以来，小人再度当政就会以复仇的心理私结党羽，混淆黑白，扰乱朝纲。陛下的一世英明便会损失殆尽，行动就会受到阻碍，后果不堪设想！"可忠言逆耳，理宗听不进去。著作佐郎文天祥上书辞职，说自己决不愿与董宋臣这样的小人同朝为官，于是文天祥出知瑞州。

景定五年（公元1264年）六月，理宗让董宋臣兼主管御前马院和御前酒库。理宗一如既往地对他倍加宠爱，直到死去还追赠他为节度使。

宋理宗在政治上无所作为，又宠信宦官，致使南宋政权政纲废弛，吏治败坏，国力日益衰败。与此同时，元帝国国力日益强大，元世祖忽必烈力图灭掉南宋统一中国。不久之后，忽必烈采取先攻襄阳后取临安的战略，开始发动对南宋的大规模战争。南宋政权在元帝国强大的攻势下迅速土崩瓦解了。